1000 Gartentips

Helmut Jantra

1000 ganz bewährte GARTEN-Tips

Inhalt

Inhalt

Vorwort

Der Garten soll Freude bereiten, es soll Spaß machen, in ihm zu arbeiten, das „grüne Wohnzimmer" nach eigenen Vorstellungen zu gestalten und zu bepflanzen – so oder ähnlich lauten die wohlgemeinten Ratschläge. Wer bisher noch keine Gelegenheit hatte, sich mit dem Garten – einem eigenen gar – zu beschäftigen und nach dem Hausbau quasi über Nacht vor diese schwierige Aufgabe gestellt wird, kann mit blumigen Philosophien nicht viel anfangen. Erst ein gerüttelt Maß an Erfahrungen, guten wie schlechten, macht den Weg frei für gelassene, nachdenkliche Betrachtungen zum Thema Garten. Für den Neuling, übrigens nicht nur für ihn, geht es zunächst darum, mit den Problemen der täglichen Praxis fertig zu werden. Und das sind wahrhaftig nicht wenige.

Nun hält der Garten im Gegensatz zu manchen anderen Tätigkeitsbereichen den Trost für uns bereit, daß Fehler fast immer korrigierbar sind. Verluste kostbarer Pflanzen machen uns traurig, aber sie lassen sich verschmerzen, wenn wir nach Ersatz Umschau halten, der vielleicht noch schöner ist. Es dauert seine Zeit, bis man verstanden hat, daß der Garten durch Veränderungen lebt; nehmen wir diese Modellierungen nicht selbst ganz bewußt vor, besorgt er das auf seine Weise – nicht in jedem Fall zu unserer Freude, zugegeben. Und ebenso sei zugegeben: Im täglichen Umgang mit dem Grün des Gartens lernen wir allemal mehr als durch noch so gut gemeinte Lektionen vom grünen Tisch.

Lernen bedeutet jedoch zunächst einmal fragen; haben wir die Antwort gefunden, sind wir schon einen Schritt weiter. Es würde viel Zeit und Mühe kosten, diesen Prozeß im Alleingang zu bewältigen – von den Enttäuschungen, die mutlos machen, nicht zu reden. So gesehen hat Wissen, haben Gartenbücher durchaus ihren Sinn und, wie ich hoffe, auch dieses Buch. Nicht ohne Absicht wurden teilweise ungewöhnliche Ideen zur Gestaltung des Gartens an den Anfang gestellt. Sie sollen auf das Thema einstimmen, zeigen, was man mit einfachen Mitteln alles bewerkstelligen kann, zum Nachmachen reizen, die Phantasie mit Blick auf den eigenen Garten wecken. Im folgenden Hauptteil wurde dann zusammengetragen, was für die Gartenpraxis wichtig ist, Vielerprobtes wie Neues, sofern es sich bewährt hat.

Neuried-Altenheim/Baden
Im Frühjahr 1990

Helmut Jantra

Der eigene Garten

Die in privatem Besitz befindlichen Gärten in der Bundesrepublik nehmen eine Fläche von rund 7000 km² ein, knapp dreimal so viel wie das Saarland. Rund 47% der Haushalte sind ohne Gartenbesitz.

Daß die Gärten kleiner werden, liegt nicht zuletzt an den Grundstückspreisen. Bei der Parzellierung des Baulands durch die Kommunen wird berücksichtigt, daß der Erwerb größerer Grundstücke die Einkommensgrenze der meisten Bürger überschreitet.

Etwa 13 Millionen Haushalte in der Bundesrepublik verfügen über Gartenbesitz. Von ungefähr 6 Millionen wird dieser sowohl als Nutz- wie auch als Ziergarten verwendet; 4 Millionen betrachten ihn als reinen Ziergarten, und für mehr als 2 Millionen ist er ausschließlich ein Nutzgarten. Für ihr grünes Hobby geben diese 13 Millionen Haushalte Jahr für Jahr etwa 5 Milliarden Mark aus, was einer jährlichen Investition pro Haushalt von rund 400 Mark entspricht. Nun kann man über die Exaktheit statistischer Angaben immer geteilter Meinung sein, doch in unserer Zusammenfassung kommt es auf einige 10 000 Gärten mehr oder weniger nicht an. Jedenfalls ist der Trend zum Garten als Freizeitbeschäftigung ebenso im Steigen begriffen wie die Anzahl der Gärten, und zwar um 12% von 1977 bis 1985.

Ganz anders verläuft die Entwicklung hinsichtlich der Größe der als lebendiges Grün gestalteten Fläche: Die Gärten werden kleiner. 1 000-Quadratmeter-Grundstücke sind rar geworden, Areale von 200–400 m² haben dem weiträumigen, großzügigen Hausgarten von einst längst den Rang abgelaufen. Für den Hobbygärtner braucht das nicht von Nachteil zu sein, wenn er sich sein Fleckchen Erde, seinen eigenen kleinen Garten richtig einteilt, wenn er ihn so plant oder im nachhinein einrichtet, daß er ihn optimal zu nutzen vermag und nicht unnötig wertvollen Platz verschenkt.

Ob der Trend eher zum Nutz- oder mehr zum Ziergarten hingeht, darüber gibt es unterschiedliche Auffassungen. Mit konkreten Zahlen läßt sich kaum belegen, wie viele Gartenbesitzer Teile ihres Rasens oder ihrer Blumenrabatte in Gemüsebeete umwandeln und umgekehrt. Die überwiegende Zahl unserer Gärten besteht, wie die Statistik zeigt, aus einer Mischform von beiden, wobei Blumen, Sträucher und ein Stückchen Rasen den Gemüseanteil um so mehr zurückdrängen, je kleiner die zur Verfügung stehende Fläche ist. Wer vor seinem Reihenhaus im städtischen Siedlungsbereich nur einen „Handtuchgarten" zum Begrünen hat, wird dort schwerlich Kohl und Kartoffeln anbauen.

Natur ist gefragt

Der Wunsch vieler Hausbesitzer nach einem natürlichen Garten ist unbestritten. Das zeigt sich im Bestreben, alles von ihm fernzuhalten, was den Anschein von Gift erweckt, ein Begriff, der heute mit Chemie gleichgesetzt wird. Daß auf diese Weise Millionen von Gartenfreunden – ohne viel Aufhebens davon zu machen – im besten Sinne des Wortes effektive Naturpflege und -bewahrung betreiben, ist kaum jemals offiziell gewürdigt worden, schon gar nicht von den beamteten oder organisierten Naturschützern. Den gut gemeinten Begriff vom Biogärtner und vom Biogarten hat mittlerweile das Schicksal aller Schlagworte ereilt: Er ist abgenutzt, durch unseriöse Manipulationen verantwortungsloser Händler und Vermarkter oft genug abgewertet worden. Das hat dazu geführt, daß manche Gartenbesitzer zwar gerne einräumen, auf Pflanzenschutzmittel jedweder Art zu verzichten, jedoch anfügen, keineswegs Biogärtner zu sein.

Ein Garten soll Freude bereiten. In der heutigen Zeit ist er ja in der Regel nicht mehr dazu bestimmt, seine Besitzer zu Selbstversorgern zu machen. Gartenarbeit ist also keine Fronarbeit mit dem Ziel, vollen Ertrag zu liefern und leere Mägen zu füllen, sondern Freizeitbeschäftigung in einer Epoche, die uns immer mehr freie Zeit beschert. Außerdem sind Garten und Haus unsere letzten Refugien, in die wir uns aus der Enge verbauter Städte, aus dem Verkehrsgewühl, aus klimatisierten Büros und computergesteuerten Fabrikationsstätten zurückziehen können. Das Geschehen hier wird allein von uns bestimmt, die „Öffentlichkeit" bleibt vor der Tür, das Diktat festgeschriebener Reglements hat keine Gültigkeit mehr.

Wer beruflich engen Kontakt zu Gartenbesitzern aller Altersklassen und aller sozialen Schichten

hat, ihre Freude und Sorgen, Probleme und Neigungen kennt, muß zwangsläufig eine aufregende Feststellung machen: In der überwiegenden Mehrzahl unserer Hausgärten, gleich welcher Größe und unabhängig von ihrer Nutzungsart, hat die Natur längst wieder Einzug gehalten, wurden ihr alte Rechte neuerlich eingeräumt. Wer sich wirklich mit seinem Garten beschäftigt, greift heute kaum mehr ohne Not zu einem Insektizid: Man besinnt sich auf sanftere Methoden, denn es ist bekannt, daß eine buntgemischte Vielfalt von Tieren und Pflanzen das Geschehen im Garten regulierend bestimmt.

Die ideale Lage

Der ideale Garten soll möglichst viel Sonne abbekommen – für eventuell erwünschte Schattenpartien kann man später durch eine entsprechende Pflanzung selber sorgen. Er soll geschützt sein vor kalten, austrocknenden Winden, andererseits aber auch kein „Hitzeloch" bilden. Ein guter Anteil Westlage ist erwünscht, so daß es hell und sonnig, aber über Mittag nicht so heiß wie auf einer Südseite ist. Und ein nach Osten ausgerichteter Platz, möglichst vor dem Haus zur Straße hin gelegen, wäre auch ganz angenehm, weil dort im Frühjahr die Blütenpracht der Rhododendren Gartenbesitzer und Passanten erfreuen würde. Die Realität sieht meist weniger pflanzen- und menschenfreundlich aus, und wir müssen danach trachten, aus den vorgefundenen Verhältnissen das Beste zu machen.

Den Garten, der allen Wünschen gerecht wird, gibt es nicht. Aber wer sich mit Pflanzen und ihren Ansprüchen auskennt, braucht auch extreme Lagen nicht zu fürchten.

Begrünter Schatten

Glücklicherweise gibt es für jede Gartensituation die passenden Gewächse, wenn auch die Auswahl unter den sonnenliebenden größer ist als unter den schattenverträglichen. Wirklich schwierig wird es eigentlich nur dort, wo den ganzen Tag über kein Sonnenstrahl hinkommt und auch die Tageshelle durch hohe Bäume oder Gebäude auf ein Minimum herabgesetzt ist. Die Anzahl schattenverträglicher Laub- und Nadelgehölze ist weitaus größer als die der Stauden, die unter ebensolchen Bedingungen gedeihen und blühen. Schauen wir uns also eine Auswahl der in Frage kommenden Sträucher und kleinbleibender Bäume an.

Schattenverträgliche Laubgehölze

Botanischer Name	Deutscher Name	Wuchshöhe in m
Acer ginnala	Feuerahorn	6
Amelanchier lamarckii	Felsenbirne	6–10
Aucuba japonica	Aukube	2
Buxus	Buchsbaum (verschiedene Arten)	1–8
Cornus	Hartriegel (verschiedene Arten)	2–6
Cotoneaster dammeri	Zwergmispel	0,10–0,40
Daphne mezereum	Seidelbast	1–2
Hamamelis	Zaubernuß (verschiedene Arten)	2–5
Hedera	Efeu (kletternde Arten)	10–20
Hydrangea anomala ssp. *petiolaris*	Kletterhortensie	6–10
Ilex	Stechpalme (verschiedene Arten)	2–10
Lonicera	Geißblatt (kletternde Arten)	1-5
Philadelphus-Hybriden	Falscher Jasmin	1–2
Prunus laurocerasus	Lorbeerkirsche	1–2
Pyracantha-Hybriden	Feuerdorn	3–5
Rhododendron	Rhododendron (verschiedene Arten)	0,50–4
Salix	Weide (verschiedene Arten)	2–6

Schattenverträgliche Laubgehölze (Fortsetzung)

Botanischer Name	Deutscher Name	Wuchshöhe in m
Sambucus	Holunder (verschiedene Arten)	4–6
Viburnum	Schneeball (verschiedene Arten)	1–5

Schattenverträgliche Nadelgehölze

Botanischer Name	Deutscher Name	Wuchshöhe in m
Abies	Tanne (verschiedene Arten)	1–30
Chamaecyparis	Scheinzypresse (verschiedene Arten)	1–40
Juniperus	Wacholder (verschiedene Arten)	0,30–5
Taxus	Eibe (verschiedene Arten)	1–20
Thuja occidentalis	Thuja (Lebensbaum)	1–20
Tsuga	Hemlocktanne (verschiedene Arten)	1–30

Schattenverträgliche Stauden

Bei den niedrigen schattenverträglichen Stauden, die man teilweise auch als Bodendecker verwenden kann, wären zuallererst die zahlreichen Arten und Sorten der Elfenblume (*Epimedium*) zu nennen. Sie werden zwischen 20 und 40 cm hoch, einige sind wintergrün, alle blühen im April und Mai. Ein immergrüner, dankbarer Bodendecker, der kaum höher als 25 cm wird, ist *Pachysandra terminalis*, die botanisch eigentlich zu den Gehölzen zählt. Mit dem Lungenkraut (*Pulmonaria*) wären wir bereits bei den einheimischen Waldstauden. Sie alle sind auf Grund ihrer natürlichen Standorte mehr oder weniger schattenverträglich. Nicht vergessen sollte man das im Frühsommer beziehungsweise im Sommer blau blühende Immergrün mit seinen beiden Arten *Vinca major*, 30 cm, und *Vinca minor*, 15 cm hoch.

Viel interessanter als diese Kleinstauden sind für den Gartenbesitzer die schattenverträglichen großen Beetstauden. Hier stehen die Funkien (*Hosta*) ganz vorn, die mit einer Vielzahl von Arten und noch mehr Sorten im Staudensortiment vertreten sind und ihren Zierwert vor allem von den unterschiedlichen Formen und Färbungen der Blätter ableiten. Aber auch die blauen, violetten oder weißen, leider nicht sehr dauerhaften Blütenstände sind eine Bereicherung eines jeden Schattenplatzes. Blütezeit ist der

Holunder (Sambucus) ist ein einheimisches Gehölz und gedeiht in Sonne wie Schatten gleich gut. Leider finden Läuse an ihm genau so großen Gefallen wie Naturgärtner. Wer genügend Platz hat, sollte dennoch nicht auf diesen Frühsommerblüher verzichten.

Lichtarme Stellen im Garten, etwa unter Bäumen, lassen sich mit schattenverträglichen Kleinstauden oder Bodendeckern bepflanzen

Funkien (Hosta) sind absolut frostsicher, können sich aber stark ausbreiten. Die Blätter sind breit, herzförmig oder lanzettlich, entweder reingrün, stahlblau oder gelb- bzw. weißbunt gefärbt. Es gibt über 40 Arten und eine Fülle von Sorten.

Wer einheimische Gehölze in seinen Garten setzt, tut den Vögeln zweifellos einen Gefallen. Viel wichtiger aber sind dichte Belaubung und Artenvielfalt.

Sommer. Die Größe der Pflanzen reicht von kaum 10 cm kleinen Zwergen bis zu 1 m hohen, im Lauf der Jahre mächtige Horste bildenden Prachtstauden.

Weitere ansehnliche Schattenblüher sind der giftige Eisenhut (*Aconitum*), Japanische Anemonen (*Anemone-Japonica*-Hybriden), die Akelei (*Aquilegia*-Hybriden), Bergenien (*Bergenia*-Hybriden), Silberkerzen (*Cimicifuga*-Arten), Christrosen (*Helleborus*-Hybriden), Purpurglöckchen (*Heuchera*-Hybriden) und verschiedene Primeln (*Primula*). Nicht unerwähnt bleiben sollen hier noch zwei alte Bekannte aus der entschwundenen Beschaulichkeit der Bauerngärten: das Tränende Herz (*Dicentra spectabilis*) und die Nachtviole (*Hesperis matronalis*). Und damit sind wir wieder beim Thema naturnaher Garten, bei Gestaltungsfragen und Problemen der Pflanzenwahl.

Fremde Gewächse im heimischen Garten

Möglichst viel Natur in Hausnähe zu haben, ist wohl der Wunsch eines jeden Gartenbesitzers. Das bedeutet eine möglichst vielfältige Bepflanzung mit unterschiedlichen Sträuchern oder kleinen Bäumen, mit Sommerblumen und Stauden, mit einer durch Kletterpflanzen begrünten Wand und vielleicht noch dem einen oder anderen Obstgehölz in Buschform. Jeder Hobbygärtner weiß, daß um so mehr Tiere den Weg in seinen Garten finden werden, je bunter und variationsreicher sich die Flora darbietet. Folgt man dem Rat vieler Naturliebhaber und -förderer, so sollte der Gärtner einheimischen Bäumen und Sträuchern, Wildstauden und -kräutern, möglichst aus der näheren Umgebung, bei der Auswahl den Vorzug geben. Dagegen wäre nichts einzuwenden, würde damit nicht zugleich der unausgesprochene Vorwurf erhoben, anders handelnde Gartenliebhaber ließen es an Naturverbundenheit mangeln.

Nun lernt jedes Kind im Biologieunterricht den Begriff der „angestammten Lebensräume" kennen, und fraglos fühlen sich Vögel, um die es ja in diesem Zusammenhang in der Hauptsache geht, dort am wohlsten, wo ihnen im Hausgarten dichtbelaubte, bekannte Sträucher und Bäume Schutz und Nistmöglichkeit bieten. Das bedeutet noch lange nicht, Gärten ohne heimische Gewächse würden von Vögeln gemieden. Was heißt überhaupt „einheimische" Gewächse? Ge-

Dichtbelaubte Sträucher wie der Holunder sind Nistplatz und Nahrungsquelle für viele Vögel

wiß, Seidelbast, Schlehe, Mistel, Pfaffenhütchen und Weißdorn, Berberitze und der Gemeine Schneeball, Haselnuß und Holunder, Heckenkirsche und Heidekraut gehören in erster Linie dazu. Sie alle haben ihre Reize, zieren durch Blüten, Beeren und farbenprächtiges Herbstlaub.

Gegen Nadelbäume im Garten ist nichts einzuwenden, wenn sie mit Laubgehölzen abwechseln. Wer freilich nur Koniferen und sonst nichts um sich haben möchte, muß sich einen Ersatz für den sonnenliebenden Rasen einfallen lassen.

Die Roßkastanie, ein Zuwanderer aus Südosteuropa und Kleinasien, erfreut sich als Park- und Straßenbaum großer Beliebtheit

Wer sich nun penibel an die Empfehlungen der Naturgärtner hält, müßte auf zusätzliche Gewächse verzichten, die zu den schönsten im Garten gehören. Hinzu kommt: sie haben sich in unseren Breiten in einem Maße eingebürgert, daß man von ihrer ursprünglichen Heimat in fernen Ländern und Kontinenten kaum mehr weiß. Mit einigen Beispielen läßt sich dies leicht belegen. Der Essigbaum stammt aus Nordamerika und Ostasien; der Wilde Wein ist ursprünglich gleichfalls in den USA und in Asien zu Hause gewesen, ebenso die winterblühende Zaubernuß, die Scheinzypresse, der Lebensbaum – auch wenn des letzteren botanische Bezeichnung *Thuja occidentalis* soviel wie „Abendländischer Lebensbaum" bedeutet. Forsythie, Deutzie, Flieder, Felsenbirne, Glyzine, – keines dieser Gewächse ist in Mitteleuropa beheimatet.

Von so beliebten Gehölzen wie Robinie, Aralie, Weigelie, Magnolie, Hortensie, Perückenstrauch oder gar Rhododendron, den Japanischen Ahornen oder Zierkirschen und zahllosen anderen, längst in unseren Gärten heimisch gewordenen Fremdlingen soll hier nicht weiter die Rede sein. Nur der Hinweis auf unsere gute alte Roßkastanie mag noch demonstrieren, wie schwierig die Trennung zwischen „Exoten" und „Einheimischen" bisweilen ist. Auch sie stammt nämlich aus Asien und Amerika, kommt außerdem noch in Griechenland und Albanien vor. Erst im 16. Jahrhundert fand sie dann über den Balkan den Weg nach West- und Mitteleuropa.

Man sollte sich bei der Ausstattung des eigenen Gartens nicht durch vorgefaßte und unter einem bestimmten Gesichtspunkt auch begründete Meinungen beeinflussen lassen, sondern das pflanzen, was einem gefällt – die Eignung für das jeweilige Klima, die Lage und den Boden vorausgesetzt. Wer Nadelbäume über alles liebt und auch im Winter viel Grün um sich herum braucht, der soll seinen Garten getrost nach Herzenslust mit Koniferen füllen, darf dann freilich vom Rasen nichts mehr erwarten. Das Angebot an Nadelgehölzen ist so groß, vielgestaltig und vielfarbig, daß zahllose Varianten das Gesamtbild beleben können.

Und wer den Blütenrausch von Magnolie und Hortensie, von Pfingstrose und Rhododendron nicht missen möchte, soll sich daran erfreuen, soviel er mag. Zu bedenken ist jedoch, daß zum Beispiel mehrere, in ihren Blütenfarben aufeinander abgestimmte Rhododendren im Frühjahr zwar wie eine Symphonie in Rot, Orange und Gelb wirken, die übrige Zeit des Jahres aber ziemlich langweilig aussehen. Im übrigen läßt sich gerade am Haus fast jeder Kompromiß zwischen Freude und Vernunft schließen. Denn wie schon gesagt: Der realisierte Wunsch nach Vielfalt beschert uns den Naturgarten auf natürliche Weise.

Der kleine Garten – kein Problem

In kleineren und kleinen Gärten, wie sie heute die Regel sind, tut man sich mit der Pflanzenauswahl zwangsläufig schwerer als in einer großflächigen Anlage. Große Flächen bieten Platz für vieles, und selbst wer kein Gestaltungsperfektionist ist, kann hier schon einiges unterbringen. Wem Raummangel eine solche Großzügigkeit verbietet, muß nach Meisterschaft in der Beschränkung trachten. Der kleine Garten lebt vom Detail, von der Phantasie und dem Erfindungsreichtum seines Besitzers. Es ist ungemein reizvoll, was sich an gestalterischen Möglichkeiten gerade auf engstem Raum anbietet. Auf der einen Seite wird man jeden Fleck nutzen wollen; auf der anderen zwingt die kleine Fläche zur Zurückhaltung, was den Blick fürs Wesentliche schärft. Kleine Pflanzengemeinschaften können gebündelt wie Juwele aufleuchten und ihre Schönheit en miniature entfalten, wo der große Garten mit Farbflächen auf weitgedehnten Beeten und Rabatten protzen muß.

Sehen wir uns doch einmal das Grün ums Haus etwas näher an, lassen wir Revue passieren, wie

Gerade im kleinen Garten ist Phantasie gefragt. Weil man hier in allem maßhalten muß, liegt die Meisterschaft in der Beschränkung. Die große Gefahr besteht darin, daß man zu viel anpflanzt.

Kübel- und Kletterpflanzen eignen sich gut zur Verschönerung des Wäscheplatzes

man aus den verschiedenen Pflanzen und Begleitmaterialien ein geglücktes Ganzes entstehen lassen kann. Wie aus einem kleinen, mit Platten belegten Wäschetrockenplatz hinter dem Haus ein südländisch angehauchter Innenhof wird; wie Kletter- und Schlingpflanzen ganz

ungewohnt als Gestaltungshelfer Lauben bauen; was Steine hergeben, und wie man Sand und Zement zum Blühen bringt. Übrigens: Was hier beschrieben wird, ist nicht am grünen Tisch erdacht, sondern das gibt es wirklich, alle Anregungen und Vorschläge wurden gesehen, erlebt und erprobt.

Beliebtes Gestaltungselement im Ziergarten: die Blumenrabatte (im Bild mit Rosen, Rittersporn und Löwenmaul)

Das grüne Zentrum

Zu Anfang ein Wort zum Rasen. Dem überzeugten Natur- oder Wildgartenverfechter ist er stets ein Dorn im Auge, weil er – die Hochzuchtgräser stets kurzgeschoren – in der Natur so wenig vorkommt wie Haare auf einem Ei. Im Garten kann man dennoch nur schwer auf ein Stück Rasen verzichten. Meist wird er als ruhender Pol in die Mitte des Geländes plaziert, ringsum lassen sich Rabatten, Sträucher, Hecken und Beete mit Sommerblumen gruppieren. Dabei ist es ohne weiteres möglich, mitten ins grüne Zentrum hinein einen Solitärstrauch oder ein rundes Blumenbeet zu setzen. Außerdem kann man am Rand der Rasenfläche dekorative Kübelpflanzen verteilen, um so das Grün farblich aufzulockern.

Die Fläche braucht keineswegs groß zu sein. Im kleinen Garten wird man sie vielleicht bewußt reduzieren, um Platz für anderes zu gewinnen. Aber gänzlich verbannen läßt sich der Rasen nur in besonderen Gartensituationen.

Hier ist nun auch eine Anmerkung zur vielgepriesenen Blumenwiese angebracht, auf die an anderer Stelle noch näher eingegangen wird. Um etwas von ihr zu haben, bedarf es besonderer Voraussetzungen, vor allem aber braucht sie ausreichend Platz. Wo nicht genügend Raum zur Verfügung steht, wirkt die Wiese nicht nur deplaziert, sie verbaut auch den Zugang zum Garten, denn diese Versammlung hoher Gräser und blühender Wildkräuter ist nicht begehbar. Auf einer großen Fläche behilft man sich, indem mit dem Rasenmäher ein Weg durch das wuchernde Grün freigemacht und der Bewuchs an den betreffenden Stellen stets kurz und strapazierbar gehalten wird. Wer auch auf kleinstem Raum auf die einheimische Blütenflora nicht verzichten möchte, dem bietet sich als Alternative die separate Pflanzung von Wildstauden an; sie lassen sich in kleinen Gruppen und Horsten dekorativ an die Rasenränder setzen, wo sie außerhalb des Mähbereichs bleiben.

Auch über „Rasenersatz" in Form von niedrigen Bodendeckern wird heute viel diskutiert. In erst er Linie, weil zur Not auch begehbar, kommen hierfür Efeu und die kriechenden Sorten der Zwergmispel (*Cotoneaster dammeri*) in Betracht. Wirklich ersetzen können Bodendecker den grünen Rasenteppich jedoch nicht, und es müßte schon ein Garten mit Waldanteil oder Gehölzrandcharakter sein, damit diese Immergrünen auch passen. Überall sonst bleiben sie Fremdkörper, wirken verdüsternd, sind optisch schwierige Partner für die meisten Begleitpflanzen. Nicht umsonst findet man beide Gehölze häufig als Grabbepflanzung. Im Hausgarten sollte man sie dort verwenden, wo sie dank ihrer bodenbedeckenden Eigenschaften wirklich nützlich sind, beispielsweise auf stark beschatteten Partien unter größeren Gehölzen, auf denen sonst nichts wachsen mag. Zur Begrünung derartiger Problemflächen ist gerade die Zwergmispel hervorragend geeignet.

Blühende Steine

Der Steingarten

Der Steingarten hat einen unschätzbaren Vorteil: Er kann winzig klein oder aber flächendeckend groß sein. Schon ein einziger, zerklüfteter Natursteinbrocken oder ein Kalkknollen, in deren Mulden etwas Erde Platz findet, reicht für die Bepflanzung mit geeigneten Winzlingen aus. Wer etwas mehr Raum zur Verfügung hat, kann schon auf einem Qua-

Eine Blumenwiese besteht aus Wildkräutern, die ihre ganz individuellen Ansprüche stellen und ihre Schönheit erst entfalten, wenn die Lebensbedingungen günstig sind. Deshalb zeigt die Wiese in jedem Jahr ein anderes Gesicht.

Wenn die Wiese nicht hält, was man sich von ihr verspricht – und das ist leider häufig der Fall –, kann man zusätzlich Wildstauden hineinpflanzen oder -säen.

Ideen zur Gartengestaltung

Der Platz für den Steingarten soll nicht nur sonnig sein, er soll es auch bleiben. Berücksichtigen Sie, daß benachbarte Gehölze im Lauf der Jahre größer werden und die Beschattung an diesen Stellen zunimmt.

Das beste Pflanzsubstrat für Steingartengewächse ist reifer, unkrautfreier Kompost. Man kann ihn ruhig reichlich einbringen oder ausschließlich verwenden.

dratmeter – geschickt angeordnet – eine ganze Menge von Gewächsen unterbringen. Es ist auch möglich, einen ganzen Hang unterhalb einer Terrasse als Steingarten zu gestalten. Bepflanzte Tröge und Tische, auf die noch ausführlich eingegangen wird, sind im Grunde genommen auch nichts weiter als Steingärten im Kleinen.

Lage und Anlage

Ganz zu Unrecht haftet dem Steingarten der Ruf des Schwierigen an. Wenn man sich nicht mit seltenen Wildpflanzen der Gebirgs- und Vorgebirgsregionen befassen will – und das sollte in der Tat nur kenntnisreichen Liebhabern vorbehalten bleiben –, braucht es für die Kultur einer derartigen Pflanzengemeinschaft nur zweierlei: eine sonnige Lage und einen gut durchlässigen, wasserableitenden Boden. Einen Sonnenplatz kann man sich aussuchen, die

Strukturierung der Erde mit Hilfsstoffen verbessern, den Wasserabfluß mit einfachen Maßnahmen regulieren. Viel ist schon gewonnen, wenn die Fläche, auf der später der Steingarten untergebracht werden soll, eine leichte Schräglage aufweist. Auf jeden Fall aber sollte das Pflanzsubstrat durch eine Dränschicht aus grobem Kies, zerkleinertem Bauschutt, Schotter oder Blähton vom gewachsenen Boden getrennt werden. Meist wird es notwendig sein, den Mutterboden etwas abzutragen und dort zunächst den Kies oder Ähnliches einzufüllen. Als Pflanzerde eignet sich jeder normale, lockere Gartenboden. Auch Einheitserden lassen sich verwenden. Es ist ein nicht ausrottbarer Irrtum, daß Steingartenpflanzen und alpine Gewächse ein karges Milieu als Standort benötigen. Der Kalkgehalt spielt, entgegen der landläufigen Meinung, eine untergeordnete Rolle. Wichtig ist allein, und

Ein Steingarten wird häufig in Hanglage und möglichst nach Süden geneigt angelegt

das kann man nicht oft genug betonen, die Vermeidung von Nässe oder gar Staunässe. Schweres Erdreich muß man daher mit Torf und Sand durchlässiger machen. Die Dicke dieses Kulturbodens sollte 30–40 cm betragen.

Auswahl der Steine

Wie der Steingarten im einzelnen gestaltet werden soll, wird allein von optischen Überlegungen abhängen. Je kleiner die Fläche ist, desto kleiner sollten auch die Steine sein, desto sparsamer muß man mit ihnen umgehen. Daß ausschließlich Natursteine verwendet werden, entspricht dem Charakter dieses ursprünglichen Gartens. Doch sollten die einzelnen Steine geschickt ausgewählt und angeordnet werden. Nicht alles kann man zusammenwürfeln, was einem beim Spazierengehen in die Hände gerät. Ungeeignet sind beispielsweise große, glatte Flußkiesel oder Wacken. Auch an den natürlichen Standorten der alpinen Gewächse kommen solche Steine nicht vor. Wie im Gebirge auch, sollte das Material möglichst kantig und zerklüftet sein; in einem Steinbruch lassen sich meist entsprechende Stücke finden. Mit einigem Vorbehalt können auch Sandsteinbrocken in der Anlage ihren Platz finden, sofern man nicht an den ebenmäßig bearbeiteten Oberflächen erkennt, daß sie von einer alten Mauer oder einem Stallgebäude stammen.

Bepflanzung

Bei der Auswahl geeigneter Pflanzen spielt der Raum, der zur Verfügung steht, eine herausra-

Schon im Namen klingt es an: Steinbrecharten und -sorten sind ausgesprochene Steingartenpflanzen

gende Rolle. Da wir davon ausgehen, daß es sich um eine kleine Anlage von nur wenigen Quadratmetern handelt, lassen wir hier alle höher wachsenden Gehölze außer acht. Auch zwergige Formen von Tannen, Scheinzypressen, Fichten, Kiefern oder vom Wacholder kommen hier allenfalls für eine Randbepflanzung an einer Seite oder als Hintergrund in Frage. Dasselbe gilt für Zwerglaubgehölze. Ist der Steingarten erst einmal eingewachsen, kann man sich immer noch überlegen, ob man das eine oder andere Kleingehölz nachträglich dazunimmt. Das Angebot an geeigneten Stauden ist so groß, daß man auch für eine flächige Anlage aus dem Vollen schöpfen kann.

Auf keinen Fall dürfen verschiedene Steinbrecharten und -sorten (*Saxifraga*) fehlen – vor allem nicht die vielgestaltigen Formen des Rosettensteinbrechs. Dasselbe gilt für *Sempervivum*, die Haus- oder Dachwurz. Sie nimmt selbst kleinste Vertiefungen und

Als Steinmaterial eignen sich unter anderem Urgestein, Granit und Sandstein, Schiefer oder Basalt. Tuff sollte nur bei kalkliebenden Pflanzen verwendet werden.

Mit Steinkraut, Blaukissen und Zwiebelblumen sieht der Steingarten im Frühling besonders bunt aus. Achten Sie aber bei der Bepflanzung darauf, daß er auch im Sommer nicht verödet.

Fugen in Besitz und breitet sich willig zu reizenden Polstern aus. Grasnelken (*Armeria*), Steinnelken (*Dianthus sylvestris*), alpine Glockenblumen (*Campanula*), Hungerblümchen (*Draba*), Fingerkraut (*Potentilla*) und Fetthenne (*Sedum*) blühen und grünen üppig auch auf kleinstem Raum. Das bekannte Blaukissen (*Aubrieta*) kommt am wirkungsvollsten zur Geltung, wenn man es über einen größeren Stein wachsen läßt. Etwas entfernt davon kann das ebenfalls blau blühende Leberblümchen (*Hepatica*) angesiedelt werden. Alle diese Kleinstauden gibt es in Staudengärtnereien und Gartencentern als Containerpflanzen zu kaufen; alle sind frosthart und müssen einzig vor Bodennässe bewahrt werden, besonders im Winter, denn nichts ist für Steingartenpflanzen ungünstiger als stehendes Schmelzwasser. Für Gewächse mit speziellen Bodenansprüchen ist der Standort entsprechend vorzubereiten.

Nur wo viel Platz zur Verfügung steht, kann man einen freistehenden Trockenmauerwall errichten, bei dem die Steine beidseitig aufgeschichtet werden. Dieser Wall muß sich nach oben hin leicht verjüngen.

Die Trockenmauer

Bei Mauern denkt man unwillkürlich an dickwandige, hohe Einfriedungen, wie sie früher bäuerliche Anwesen umgaben. Damit hat unsere Trockenmauer, die mörtellos aufgeschichtet wird, nichts gemein. Sie übt keinerlei Schutzfunktion aus, sondern ist eine besondere Form von Pflanzquartier, ein senkrechter Steingarten sozusagen, der von ähnlichen Gewächsen besiedelt wird. Nur sollte man sich an der Mauer auf Pflanzen beschränken, deren Wurzelwerk mit dem spärlichen Erdreich in Ritzen und Fugen auskommt und die mit kurzgestielten oder herabhängenden Formen aufwarten. Eine einseitige Trockenmauer wird niemals frei im Garten stehen, sondern sich stets an eine Geländeerhöhung anlehnen, an den Hang unterhalb der Terrasse beispielsweise, oder sie wird an einer Stelle aufgebaut, an der der Garten endet. Hier kann man die Auf-

Die pflanzenbesiedelte Trockenmauer – das wohl wichtigste Element zur baulichen Gestaltung des architektonischen Steingartens

schüttung, die der Mauer Halt gibt, selbst vornehmen. Machen Sie nicht den Fehler, sie zu hoch zu bauen; wenn der Garten sowieso schon klein oder dicht bepflanzt ist, nimmt sich ein massives Steinbauwerk optisch nicht gut aus. Je nachdem, wie groß die Quader sind, genügen drei oder vier Schichtungen, um im Rahmen des Gartenbildes zu bleiben. Mindestens zwei Steinreihen müssen übereinanderliegen, damit sich eine waagerechte Fuge zum Bepflanzen ergibt. Eine Dränageschicht aus Kies hinter den Mauersteinen beugt der Verwässerung vor.

Als Baumaterial wählt man am besten blockartige Natursteine, zum Beispiel Sandstein. Was an Materialien dieser Art im Baustoffhandel angeboten wird, ist teuer, und man kann sich leicht verschätzen, wenn es um die Menge geht, die man braucht. Wenn Sie auf dem Land leben, achten Sie ein bißchen darauf, wo alte Gebäude, wie Viehställe oder Schuppen, abgerissen werden. Früher wurde zum Bauen viel Sandstein benutzt, der heute anderen Materialien weichen muß. Bevor die Blöcke auf einer Schutthalde eingebaggert werden, sollten Sie sich Ihren Bedarf sichern.

Wenn die Mauer nicht höher als 80 cm werden soll, erübrigt sich ein Betonfundament. Es genügt, einen flachen Graben in der Länge der Mauer auszuheben und in diesen die unterste Steinlage zu verlegen, eventuell auf einem Kiesbett. Dafür wählt man die breitesten Stücke mit ebener Oberfläche. Der Aufbau erfolgt nun nach dem Prinzip der Ziegelmauer, das heißt es wird Stein um Stein so gelegt, daß die waagerechten Fugen eine möglichst gerade Linie ergeben, während die senkrechten versetzt sein müssen, so daß niemals Fuge auf Fuge zu liegen kommt. Daß man die Steine nicht hochkant aufbaut, ist selbstverständlich. Die breite Seite sollte stets nach vorne weisen und jede Schicht eine leichte Neigung zum Stützwall hin haben. Das erhöht die Stabilität und ermöglicht eine bessere Wasserzufuhr an die Wurzeln der Pflanzen, die später in den Fugen sitzen.

Das Rundbeet

Eine Variante der Trockenmauer ist das Rundbeet. Dabei handelt es sich um einen erhöht angelegten Steingarten, der ringsum von einer Mauer aus Natursteinen abgestützt ist. Man schüttet dazu einen flachen Hügel aus grobem Kies auf (nicht zu hoch, sonst ergibt das später einen Turm) und beginnt genau wie bei der Trockenmauer mit der Aufschichtung des Steinmaterials. Ist die erste Steinreihe fertig, wird mit Gartenerde aufgefüllt, dann wird die nächste Reihe gelegt und wieder Erde hineingeschaufelt. Um den Umfang des Rundbeets festzulegen, kann man auch ganz zu Beginn einen Holzpflock in die geplante Mitte schlagen, daran eine Schnur mit einem an einem Ende verknoteten Nagel befestigen und den Kreisumfang in den Boden ritzen. Entlang dieser Markierung wird dann der flache Graben für die unterste Steinreihe ausgehoben und mit einer dünnen Kiesschicht gefüllt. Der große Kieskern des Beets dient nur der besseren Dränage; so

> Achten Sie beim Aufschichten darauf, daß die Fugen nicht zu schmal werden, damit sie sich noch bepflanzen lassen.

Das Rundbeet,
eine optisch reizvolle Variante
der Trockenmauer

kann überschüssiges Wasser aus dem Bereich der Wurzeln sofort nach unten ablaufen. Die zu den Seiten hin leicht abfallende Oberfläche des Rundbeets wird wiederum mit einigen Steinen dekoriert, zwischen die dann die Pflanzen verteilt werden.

Die Praxis hat gezeigt, daß man die Mauerfugen am besten bereits während des Aufbaus bepflanzt, weil die Wurzeln der Pflanzen dadurch geschont werden und die Arbeit einfacher ist. Andernfalls muß beim Schichten dafür gesorgt werden, daß die Zwischenräume zwischen den einzelnen Steinen gut mit Erde gefüllt sind.

So ein rundes Beet sieht besonders hübsch aus, wenn man polsterbildende Stauden derart an den oberen Innenrad setzt, daß ihre Blätter und Blüten kaskadenartig über die Steine herabhängen. Leuchtende Farbkombinationen ergeben zum Beispiel Blaukissen (*Aubrieta*) und Steinkraut (*Alyssum*), die beide von April bis Juni blühen. Dichte, hängende Polster bildet auch die Pfingstnelke (*Dianthus gratianopolitanus*), die von Mai bis in den

Juli hinein ihre rosaroten Blüten öffnet. Im oberen Bereich kommen besonders farbintensive Gewächse am besten zur Geltung: die polsterbildende, weiße Schafgarbe (*Achillea ageratifolia*), der Steintäschel (*Aethionema*), der dunkelrosa blüht, Seifenkraut (*Saponaria*) in Rosa und Weiß, kleinbleibende Arten von Mannsschild (*Androsace*), ebenfalls mit rosa Blüten, dazu frühjahrsblühende Waldanemonen (*Anemone nemorosa*), die weiß, blau und rosa blühen, die Kugelblume (*Globularia*) in Blautönen, rosa und rot blühende Lichtnelken (*Lychnis*) oder verschiedene Leinarten (*Linum*) in Blau, Rosaviolett und Gelb. Außer dieser kleinen Auswahl und neben den schon im Abschnitt Steingarten genannten Gewächsen gibt es eine Vielzahl weiterer unkomplizierter und dankbarer Begleiter, die sich für alle Formen der Steingartenpflanzung eignen.

Tischgärten

Es handelt sich dabei um nichts weiter als um eine ebene Platte, die mit den passenden, zwergigwachsenden oder polsterbildenden Pflanzen bestückt wird und die, je nach Geschmack, mehr oder weniger erhöht aufgestellt wird. Man kann so eine Platte nach dem gleichen Verfahren selbst gießen, wie es im nachfolgenden Abschnitt Troggärten beschrieben wird. Noch einfacher ist es, größere Sandsteinplatten zu verwenden, wie man sie gelegentlich auf Schuttdeponien findet. Auch in Baumärkten und Baustoffhandlungen lassen sich überraschende Entdeckungen von geeigneten Materialien machen, die man für einen Tischgarten zweckentfremden kann. Dasselbe gilt für den Unterbau der Platte, der notfalls aus übereinandergestellten Hohlziegeln, aus kleinen U-Steinen oder anderen stabilen Elementen bestehen kann.

Wie so oft bei der Gartengestaltung finden sich die originellsten und besten Lösungen, wenn man seiner Phantasie freien Lauf läßt. Auf die fertige Platte wird einfach Gartenerde aufgetragen, die man durch drumherumgelegte kleinere Steine vor Abschwemmung schützt. Da diese Erdschicht zwangsläufig verhältnismäßig dünn ist, sind die Bepflanzungsmöglichkeiten begrenzt. Aber Hauswurz (*Sempervivum*), Fetthenne (*Sedum*), Steinbrech (*Saxifraga*) und andere Steingarten-Winzlinge kommen allemal in Frage. Sie wachsen schon bald dicht zusammen, halten mit ihren Wurzeln das Pflanzsubstrat fest, benötigen keine Pflege und können völlig sich selbst überlassen bleiben.

Auch um den Wasserabzug braucht man sich bei der dünnen Erdschicht nicht zu sorgen, so lange die Platte keine nach innen gewölbte Mulde aufweist. So ein Tischgarten führt uns die Bedürfnislosigkeit und Lebensfähigkeit unserer Pflanzen vor Augen, wie wir sie in der freien Natur so oft bewundern.

Steintröge als Pflanzbehälter

Gemeint sind hier große Steintröge, wie sie früher zum Tränken des Viehs verwendet wurden oder als Brunnentrog dienten.

Tischgärten werden mit polsterbildenden Steingartenpflanzen wie Fetthenne oder Hauswurz besetzt

Heute sind sie bei Gartenbesitzern gefragt, weil sie sich in ihrer rustikalen Derbheit hervorragend mit Steingarten- oder Wildgewächsen bepflanzen lassen und – am richtigen Platz aufgestellt – mit den richtigen Gewächsen bestückt einfach schön und wunderbar altmodisch aussehen. Sogar in einem getrimmten Vorgarten mit Edelstauden und gepflegtem Rasen brauchen sie keinen Stilbruch darzustellen.

Leider muß man sich von mehreren großen Scheinen trennen, wenn man einigermaßen ansehnliche Steintröge im Gartenhandel kaufen will. Gießt man sie dagegen selber, kostet das nur ein paar Mark. Man braucht dazu weder besondere Kenntnisse noch handwerkliches Geschick, und auch das wenige Zubehör kann sich jedermann beschaffen. Wenn man dann noch die Regeln des Gießens beherrscht und einige Kniffe kennt, ist das Ganze ein Kinderspiel. Sie müssen nur achtgeben, daß Sie vor lauter Begeisterung – und weil's solchen Spaß macht – nicht in eine Massenproduktion hineingeraten; ohne es recht zu merken,

Ein Steintrog paßt auch auf die Terrasse und wirkt dort sehr dekorativ, wenn man ein Zwergnadelgehölz zu den alpinen Pflanzen setzt, zum Beispiel einen Wacholder (Juniperus communis 'Compressa').

könnten Sie so Ihren Garten in eine „Steinwüste" verwandeln. Andererseits werden Sie für die steinernen Behälter jederzeit Abnehmer finden. Eine weitere Annehmlichkeit: Man kann alle beliebigen Größen herstellen, vom Schuhkartonmaß bis zu meterlangen Ungetümen; die letzteren brauchen dann allerdings ein Stützkorsett aus Eisenverstrebungen in ihrem Innern.

Der Steintrog Marke Eigenbau

Wenn man selbst einen Steintrog gießen will, benötigt man folgende Materialien: Sand, Zement, Torf, einen Karton und Styropor. Sehr praktisch sind die Faltpakete der Bundespost, die es an jedem Postschalter zu kaufen gibt. Die Größe 4 ist 50 cm lang, 30 cm breit und 20 cm tief. Tröge mit diesen Ausmaßen haben die ideale Form für unser Vorhaben; sie sind nicht zu groß und nicht zu klein, und man kann sie an jedem Platz im Garten aufstellen. Für einen Trog dieser Größe braucht man 1 Eimer Torf, 1 Eimer Zement und 1,5 Eimer Sand (10-Liter-Eimer).

Nachdem Torf und Sand durchgesiebt worden sind, werden sie zusammen mit dem Zement in trockenem Zustand gut vermischt – entweder direkt in der Schubkarre oder in einer Plastikwanne. Dann wird aus einer Gießkanne unter ständigem Mischen so lange Wasser zugegeben, bis eine dicke, breiige Masse entsteht.

Vor dem Einfüllen der Masse in den Karton haben wir uns einen Styroporkern zugeschnitten, der so groß ist – er spart ja den späteren Innenraum des Trogs aus –, daß Boden und Wandungen

etwa 8 cm dick, in keinem Fall dünner als 5 cm werden. Styropor in allen Stärken ist in Heimwerkermärkten erhältlich. Wenn man diesen Kern beim nächsten Gießen wieder verwenden will, schneidet man ihn vor Gebrauch in drei Teile. Diese werden in Plastik gewickelt und lassen sich später leicht einzeln herausziehen. Sie können zum Einwickeln die Tragetasche verwenden, in der die Post ihre Faltpakete verkauft.

Gießen Sie zuerst den Kartonboden in der Stärke aus, die Sie für den Trogboden wünschen, also 5–8 cm dick. Auf keinen Fall darf er zu schwach sein. Anschließend werden drei Holzpflöcke (zersägter alter Besenstiel) oder Styroporstücke, deren Länge der Bodendicke entspricht, in die weiche Masse hineingedrückt. Diese Stöpsel sparen die späteren Abzugslöcher aus. Als nächstes wird der Styroporkern auf den Boden gesetzt, genau in die Mitte des Kartons, so daß der Abstand zum Rand an allen Seiten gleich groß ist. Das ergibt Wandungen von regelmäßiger Stärke. Als zweckmäßig hat es sich erwiesen, den ganzen Karton vor dem Ausgießen mit dünnen Styroporplatten auszukleiden; sie geben dem feuchten Gemisch zusätzlichen Halt.

Jetzt wird die Masse zwischen Kartonwandung und Kern eingefüllt und mit einem Stück Holzlatte immer wieder festgepreßt oder -gestampft – so entstehen keine Hohlräume. Damit unser Trog nicht wie mit dem Lineal gezogen aussieht, werden vor oder während des Einfüllens der Masse die Längs- und Seitenwandungen locker stabilisiert.

Tröge, die so gegossen werden, wie es hier beschrieben ist, sind absolut winterfest und daher für eine Dauerbepflanzung geeignet.

Achten Sie beim Gießen auf genügend dicke Wandungen; sonst bricht Ihnen später nur allzu leicht ein Stück heraus.

Den für die Bearbeitung noch nicht voll ausgehärteten Trog darf man auf keinen Fall anheben oder transportieren. Die Wandungen würden dabei wegbrechen.

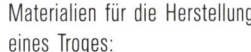

Materialien für die Herstellung
eines Troges:
1. Styropor 2. Karton 3. Zement
4. Sand 5. Torf

Torf, Sand und Zement werden
in trockenem Zustand gut
vermischt und mit Wasser
zu einer breiigen Masse verrührt,
die man 5–8 cm dick in den
Karton gießt. Dann werden drei
Holzpflöcke in die weiche Masse
gedrückt. Sie sparen die späteren
Abzugslöcher aus

Der Styroporkern
(drei Teile bei Wiederverwendung)
wird in die Mitte des Kartons
gesetzt, dann füllt man die Masse
zwischen Wandung und Kern ein

Nach etwa 24 Stunden entfernt
man das Styropor und die
Holzpflöcke. Mit Spachtel
und Drahtbürste erhält der Trog
den letzten Schliff

Dies geschieht mit Gegenständen, die man dagegenstellt, etwa
Eternitblumenkästen, Torfsäcke
oder Blumenkübel. Die Wände
sollen sich durch den Druck von
innen ruhig ein bißchen nach außen wölben. Mitunter genügen
zum Stabilisieren auch die von
der Post mitgelieferten Verpak-
kungsschnüre, die man um den
Karton wickelt, um ein Aufplatzen
zu verhindern.
Bei trockenem, warmem Wetter
dauert es in der Regel 24 Stunden, dann kann die Verschalung
entfernt werden. Außerdem zieht
man den Styroporkern heraus

und nimmt die Stöpsel aus den Abzugslöchern. Warten Sie damit nicht zu lange, denn allzu trocken darf der gegossene Trog nicht werden, weil er ja noch mit Spachtel und Drahtbürste den letzten Schliff erhält: Ecken und Kanten werden abgerundet, die Außenwandungen mit der Drahtbürste aufgerauht. Betätigen Sie sich ruhig als „Künstler", und bringen Sie Ihrem Werk hier und dort noch ein paar Kerben bei. Wenn sich im Lauf der Zeit auch noch ein grüner Algenteppich auf ihm angesiedelt hat, wirkt es um so schöner. An seinem endgültigen Standort muß der Trog dann etwas erhöht stehen, damit Gieß- und Regenwasser durch die Löcher im Boden abfließen können. Noch zwei Tips: Je mehr Zement Sie beim Trockenmischen zugeben, desto mehr sieht der Trog nach Kalkstein aus, desto stabiler und schwerer ist er aber auch. Hoher Torfanteil dagegen fördert den Sandsteincharakter, macht das Material aber auch leichter und brüchiger. Rotfärbung erreicht man durch Zugabe von roter Oxidfarbe beim Mischen (erhältlich im Baustoffhandel). Wieviel davon den gewünschten Farbton ergibt, muß man selbst ausprobieren. Fangen Sie mit geringen Zugaben von Oxid an, sonst erhalten Sie Gefäße, die auch tagsüber so aussehen, als glühte das Abendrot in Ihrem Garten!

Trogbepflanzung

Zum Bepflanzen kleiner Tröge eignen sich alpine Gewächse, niedrigbleibende Steingartenstauden, wie sie schon an anderer Stelle beschrieben wurden, und Zwergkoniferen. Wer es

bunt möchte, kann passende Sommerblumen dazusetzen oder die Zwischenräume und Ecken mit Polstergräsern auffüllen. Nicht vergessen dürfen wir auch hier die verschiedenen Hauswurz-Arten (*Sempervivum*). Diese reizenden, grünen, bläulichen oder roten, oft dicht an den Boden geschmiegten Kobolde bilden mit ihren Rosetten feingehäkelte Teppiche, die Erde und Wandung bedecken. In der Nachbarschaft von Felsglockenblumen (*Campanula cochleariifolia*) und Grasnelken (*Armeria*) sieht das sehr hübsch aus.

Auch gegen kleine, im Frühjahr blühende Zwiebelpflanzen ist nichts einzuwenden; sie ziehen ihr Laub nach dem Verblühen ein und machen so anderen Pflanzen Platz. Die vielen Arten der Fetthenne (*Sedum*) sind gleichfalls gern gesehene Steingartengäste und damit auch für den Troggarten geeignet. Wenn Sie nach und nach mehrere solcher Minitröge gießen und sie in einer Gartenecke hübsch arrangieren, haben Sie schon bald einen ganzen Steingarten beisammen, bepflanzt mit Gewächsen, die genügsam sind und den Sonnenschein lieben.

Ein in vieler Hinsicht idealer Standort für Tröge ist in der Nähe eines Gartenteichs. Ein Teich befindet sich stets an einer Stelle, wo die Sonne am längsten hinkommt; er sollte aber in seinem Randbereich nicht von Gehölzen oder hohen Stauden gesäumt sein, die Schatten auf das Wasser werfen. Verwitterte, niedrige Tröge aus Stein passen also optimal, verkörpern sie doch – wie der Teich selbst – ein Stück in Ruhe gelassene Natur.

Da die selbstgemachten Tröge absolut wasserdicht sind, kann man nach schließen der Löcher eine Mini-Seerose oder einige Tannenwedel (Hippuris vulgaris) darin wachsen lassen.

Kleinbleibende Steingartengewächse (Auswahl)

Botanischer Name	Deutscher Name	Blütemonat	Blütenfarbe
Acaena	Stachelnüßchen	VI–VII	karminrot
Adonis	Adonisröschen	IV	gelb
Alyssum	Steinkraut	IV–VI	gelb
Antennaria	Katzenpfötchen	V–VI	rosa/weiß
Aquilegia	Akelei	VI–VII	blau
Arabis	Gänsekresse	IV–V	weiß
Armeria	Grasnelke	IV–V	rosarot
Aster alpinus	Alpenaster	V–VI	violett/weiß
Aubrieta	Blaukissen	IV–V	blau/rot
Campanula	Glockenblume (verschiedene Arten)	VI–VIII	blau
Dianthus	Nelke (verschiedene Arten)	V–VIII	rot/weiß
Draba	Hungerblümchen	IV	gelb
Gentiana	Enzian (verschiedene Arten)	V–IX	blau
Globularia	Kugelblume	V–VI	blau/weiß
Gypsophila	Schleierkraut (verschiedene Arten)	V–VIII	weiß/rosa
Helleborus niger	Christrose	XII–III	weiß
Hepatica	Leberblümchen	III–IV	blau
Iberis	Schleifenblume	V–VI	weiß
Linum	Lein	V–VII	gelb/blau
Lychnis	Lichtnelke	VI–VIII	rosa
Myosotis	Vergißmeinnicht	IV–VII	blau
Penstemon	Bartfaden (verschiedene Arten)	V–VII	blau/rot
Potentilla	Fingerkraut	V–VIII	gelb/rot
Primula	Primel (verschiedene Arten)	III–VI	verschiedene

Kleinbleibende Steingartengewächse (Auswahl) (Fortsetzung)

Botanischer Name	Deutscher Name	Blütemonat	Blütenfarbe
Pulsatilla	Kuhschelle	III–VI	blau
Saponaria	Seifenkraut	V–VIII	rosa/weiß
Saxifraga	Steinbrech (verschiedene Arten)	VI–VIII	weiß/gelb/rot
Sedum	Fetthenne	V–VII	gelb/weiß
Sempervivum	Hauswurz (verschiedene Arten)	VI–VII	rot/rosa
Thymus	Thymian	VI–VII	lila/rosa
Veronica	Ehrenpreis	V–VI	blau/rosa
Viola	Veilchen (verschiedene Arten)	VI–IX	violett/gelb/rosa

Bevor Sie Ihr Haus von Kletterpflanzen begrünen lassen, sollten Sie sich die Fassade genau ansehen; zeigen sich Risse oder abblätternder Putz, muß vorher saniert werden.

Kletterpflanzen im Gespräch

„Risiken, Schäden und präventive Schadensverhütung bei Fassadenbegrünung mit Kletterpflanzen" lautet der etwas umständliche Titel der vielbeachteten Diplomarbeit von Christoph Althaus. Der Verfasser arbeitet am Institut für Stauden und Gehölze der Staatlichen Versuchsanstalt für Gartenbau in Freising-Weihenstephan. Nachdem in Gartenzeitschriften und Fachpublikationen die Ergebnisse der langjährigen Untersuchungen von Althaus aufgegriffen und mehr oder weniger richtig wiedergegeben worden waren, gab es unter den Hausbesitzern einige Unruhe. Im Grunde hat Althaus im Zusammenhang mit den verschiedenen Baustoffen und Verputzen nur präzisiert, was im großen und ganzen schon lange

bekannt ist: Bei schadhaften Fassaden können Kletterpflanzen problematisch sein.

Leider sieht man der Hauswand Schäden wie Feuchtigkeit unter dem Verputz oder feine Haarrisse von außen kaum an. Pflanzen mit Haftwurzeln oder -scheiben können hier ansetzen und dem Mauerwerk über einen längeren Zeitraum hinweg gefährlich werden. Auch bestimmte Putze auf Silikatbasis und Dispersionsbeschichtungen sind für eine direkte Begrünung ohne Spalier ein Risikofaktor.

In einem Interview brachte Christoph Althaus die heftig entbrannte Diskussion auf den Punkt: „Wir müssen von der Schwarzweißmalerei wegkommen, die sich in ein Lager von Begrünungsgegnern teilt, die mit Horrormärchen vor Kletterpflanzen am Haus warnen, und anderen, die völlig unkritisch die Fassadenbegrünung befürworten."

Ausdauernde Kletter-pflanzen

An dieser Stelle soll das Thema nicht weiter vertieft, sondern überlegt werden, wie sich der Gartenfreund die erstaunlichen Eigenschaften der Kletterer und Winder an der Hauswand und im Garten nutzbar machen kann. Neben der reinen Fassadenbegrünung durch Efeu (*Hedera*) oder Wilden Wein (*Parthenocissus*) gibt es eine Vielzahl von Pflanzen, mit deren Hilfe sich Räume im Garten schaffen lassen, zum Beispiel optische Höhepunkte durch eine berankte Pergola. Viele Kletterpflanzen sind auch bestens dazu geeignet, unter ihrem dichten, grünen, auch blühenden Pelz unschöne Bauelemente verschwinden zu lassen. Vom wenig attraktiven Maschendrahtzaun ist schon bald nicht mehr viel zu sehen, wenn man Kletterbrombeeren davor pflanzt oder Geißblatt (*Lonicera*) ranken läßt. Mit dem Schlingknöterich (*Fallopia aubertii*, früher *Polygonum*) läßt sich in Sachen Begrünung fast alles machen, vorausgesetzt, er wird oft und reichlich gedüngt. An einem Rankgerüst oder einer kleinen Pergola in halbschattiger

Mit dem dichten Blattwerk des Geißblatts kann der wenig attraktive Maschendrahtzaun völlig bedeckt werden

Kletterpflanzen sind ein Gestaltungselement, das sich für die verschiedensten Zwecke – etwa zur Begrünung einer Pergola – nutzen läßt

Glyzinen beanspruchen wenig Wurzelraum und verschönern jede Fassade mit ihren zartblauen Blütentrauben

Die großblütigen Clematis-Hybriden stellen in allem höhere Ansprüche und sind empfindlicher als die Wildarten. Wenn sie den richtigen, am Fuß beschatteten Platz erhalten, sind diese Sommerblüher mit bis zu 15 cm großen Blüten unvergleichlich schön.

Lage zeigen die Wildarten der Waldrebe (*Clematis*) im Frühjahr mit einem Meer weißer Blüten, was in ihnen steckt. Und wer etwas Geduld hat, wird seine helle Freude an den weißen, handtellergroßen Blütendolden der Kletterhortensie (*Hydrangea anomala* ssp. *petiolaris*) haben. Drei Jahre etwa sitzt diese Ostasiatin zögerlich in ihren Startlöchern, danach holt sie mit raschem Wuchs und Blühwilligkeit das Versäumte bald auf, wenn ihr Platz nur ausreichend beschattet ist.

Wo eine Westseite am Haus zur Verfügung steht, sollte man sich überlegen, ob an dieser Stelle nicht das Nützliche mit dem Angenehmen zu verbinden wäre. In leidlich warmen Gegenden kann man an einer Westwand nämlich sehr gut Kiwipflanzen (*Actinidia chinensis*) unterbringen. Die auch als Strahlengriffel bekannte Pflanze vereinigt eigentlich nur gute Eigenschaften in sich: dichtstehende, fast runde, große Blätter, hübsche, weißgelbe Blü-

ten im Frühjahr und wohlschmeckende Früchte, die man im Spätherbst ernten kann. Wegen ihres unerreicht hohen Vitamin-C-Gehalts werden die Kiwibeeren zu Recht als „Vitaminbomben" gepriesen.

Von den bekannten Sorten wie der bewährten 'Hayward' muß man männliche und weibliche Exemplare pflanzen, weil Kiwis zweihäusig sind, männliche und weibliche Blüten also an verschiedenen Sträuchern sitzen. Neuerdings ist durch Mutation eine Form entstanden, die beide Blütengeschlechter auf sich vereinigt, bei der eine Partnerpflanze also nicht notwendig ist. Auch in der Frosthärte soll die neue Kiwi besser sein als die herkömmlichen Sorten, die Früchte fallen allerdings etwas kleiner aus.

Zwar ohne eßbare Früchte, dafür aber mit bis zu einem halben Meter langen, meist blauen Blütentrauben wartet der Blauregen (*Wisteria*) auf; besser bekannt ist er unter der alten botanischen

Bezeichnung *Glycine*. Dieser aus China stammende Schlinger zählt zu den am schönsten blühenden Kletterpflanzen überhaupt. Ein sonniger Platz am Haus ist am günstigsten, aber auch im Halbschatten gedeiht er noch prächtig. Der Blauregen braucht im Sommer reichlich Wasser und sollte gelegentlich gedüngt werden. Hat er erst einmal Dachnähe erreicht, ist er allerdings mit Vorsicht zu genießen. Denn seine Eigenart, mit den Triebspitzen die Dunkelheit von Ritzen und Fugen zu suchen (man nennt das negativer Phototropismus), kann Regenrinnen und Pfannen gefährlich werden. Das zunehmende Dickenwachstum seiner Ranken führt dort zu einem Sprengmechanismus mit unliebsamen Folgen. Kontrollieren Sie also von Zeit zu Zeit, ob man nicht mit der Schere dazwischengehen muß. Man kann den Blauregen übrigens auch als

Baum ziehen, wenn junge Pflänzchen einen kräftigen Pfahl bekommen, an dem sie sich in die Höhe winden können. Zu lange Kronentriebe müssen dann immer wieder behutsam eingekürzt werden.

Eine tabellarische Übersicht der ausdauernden Kletterpflanzen mit Angabe der Wuchshöhe und Standortansprüche finden Sie auf Seite 239.

Kraftvolle Einjahrskletterer

Außer den ausdauernden Kletterpflanzen, die zu den Gehölzen zählen, gibt es auch noch zahlreiche einjährige Gattungen. Sie müssen in jedem Frühjahr neu aus Samen angezogen oder als Jungpflanzen gekauft werden. Es sind mit wenigen Ausnahmen Blütengewächse, deren Flor Zäune, Wände oder Klettergerü-

Die nicht übermäßig dicht wachsende Schwarzäugige Susanne ist eine hübsche Bereicherung von Balkonkästen in sonniger Lage

ste einen Sommer lang bedeckt. Hierher gehören so bekannte Pflanzen wie die Schwarzäugige Susanne (*Thunbergia*), die Kapuzinerkresse (*Tropaeolum*), die Feuerbohne (*Phaseolus*), die Duftwicke (*Lathyrus*), die Prunkwinde (*Ipomoea*) oder die Glokkenrebe (*Cobaea*). Da sich der Lebenszyklus dieser Kletterer innerhalb eines Jahres vollendet, müssen sie sich in dieser kurzen Zeit mit dem Wachsen und Blühen beeilen. Sie tun das teilweise so eifrig, daß sie der von uns gestellten Aufgabe des hochstrebenden Begrünens mehr als gerecht werden. Einjährige Kletterer sind eine ständige Herausforderung an unsere Phantasie, jedes Jahr kann man sich neue Möglichkeiten für sie ausdenken, ständig die verschiedensten Variationen der Berankung probieren, langweilige Zäune mal hinter den bunten Blüten der Duftwicke verschwinden lassen, mal die Kapuzinerkresse als Abwechslung wählen.

Auf die Idee, für diese Schnellstarter einmal natürliche Kletterstangen zu wählen, kommen merkwürdigerweise nur wenige Gartenfreunde. Stecken Sie doch versuchsweise im Frühjahr nach dem Auswintern einige Samenkörner der Prunkwinde in die Kübelerde ihrer Yucca oder ihres Oleanders. Da diese Pflanzen ohnedies gegossen und gedüngt werden müssen, braucht der „blinde Passagier" keine gesonderte Pflege und wird seine blauen Blütentrichter ganz von allein zwischen den Trieben der Kübelbewohner leuchten lassen. Prunkwinden blühen ununterbrochen den ganzen Sommer über. Die ausgefallenen Samen überwintern frostfrei in der Gefäßerde, und im Frühling darauf kann man sich die neue Aussaat sparen. Die Winde hat ihren sicheren, angenehmen Platz behauptet und kommt ganz von selbst immer wieder.

Auch Bäume und Sträucher lassen sich als Rankhilfen benutzen. Zwar werden die einjährigen Kletterer hier nicht immer ihre volle Kraft entfalten, weil die Beschattung durch das Blätterdach der „Wirtspflanzen" die Blüte beeinträchtigt; doch was tut's, wir streben ja keine Prämierung an. Bei einem Gewächs der einjährigen Kletterer kann man jedoch kaum umhin, einen ersten Preis zu vergeben, obgleich gerade dieses zu den wenigen Kletterpflanzen gehört, bei denen die Blüten als Zierde eine untergeordnete Rolle spielen. Die Rede ist von den Kalebassen. Damit ihre Qualitäten voll ausgeschöpft werden können, sollen sie im nächsten Abschnitt etwas ausführlicher behandelt werden.

Duftwicken können bereits ab Ende März direkt an Ort und Stelle gesät werden. Das ist allerdings eine etwas unsichere Sache. Besser kultiviert man im April am Zimmerfenster vor und pflanzt gegen Ende Mai in den Garten.

Der große Vorteil einjähriger Kletterer: Man kann sie gut in Kästen oder Kübeln kultivieren und daher auch dort ranken lassen, wo sich kein Beet anlegen läßt.

Eine ungewöhnliche Idee: Oleander und Prunkwinde im gemeinsamen Pflanzgefäß

Einjährige Kletterpflanzen

Botanischer Name	Deutscher Name	Wuchshöhe in m	Standort
Cobaea	Glockenrebe	3–5	○–◑
Cucurbita	Zierkürbis	3–5	○
Eccremocarpus	Schönranke	3–4	○
Humulus	Japanhopfen	3–4	○–●
Ipomoea	Prunkwinde	2–3	○
Lagenaria	Kalebasse	3–10	○
Lathyrus	Duftwicke	1–2	○
Pharbitis	Trichterwinde	2–4	○
Phaseolus	Feuerbohne	3–5	○–◑
Quamoclit	Sternwinde	2–3	○
Thunbergia	Schwarzäugige Susanne	1–2	○
Tropaeolum	Kapuzinerkresse	1–3	○–◑

○ = *sonnig;* ◑ = halbschattig; ● = schattig

Riesenspaß mit Kalebassen

Was ihre Kletter- und Wuchsfreudigkeit angeht, kann mit den Kalebassen so schnell kein anderes Gewächs mithalten. Sie bringen es fertig, im Lauf eines einzigen Sommers Pergolen, Garagen- und Hauswände oder was immer ihnen Halt bietet, mit einem dichten, grünen Blättermantel zu umhüllen. Nach oben hin sind ihnen meist nur deshalb Grenzen gesetzt, weil irgendwo die Rankhilfe endet. Die riesenfrüchtige Herkuleskeule zum Beispiel nimmt ohne Mühe ein zweistöckiges Eigenheim in Besitz und klettert dort munter auch

Im Gegensatz zu den anderen Kalebassen sind die jungen Früchte der Herkuleskeule eßbar. Man kann sie zum Beispiel würfeln und mit einem Dressing als Rohkostsalat zubereiten.

Kalebassen zählen zu den Kletterpflanzen, die den Hobbygärtner immer wieder aufs neue verblüffen

Die armdicken, grünen Früchte
der Herkuleskeule
werden bis zu 2 m lang

Auch Zierkürbisse (Cucurbita pepo var. ovifera), deren Früchte sich allerdings nicht sehr lang halten, sind lohnende Kletterpflanzen. Die großen Blätter begrünen Zäune und Rankgerüste, dazwischen leuchten die bunten Fruchtkugeln, die beim Turbankürbis durch die originelle Form besonders auffallen.

Samen von Kalebassen und Herkuleskeulen gibt es in Portionspackungen im Fachhandel zu kaufen.

noch auf dem Dach himmelwärts. Dieses Gewächs ist in der Tat für manche Überraschung gut.

Botanisch sind alle Kalebassen in der Art *Lagenaria siceraria* zusammengefaßt. Die Herkuleskeule trägt dabei die Sortenbezeichnung 'Clavata'. In den Katalogen des Samenfachhandels findet man sie auch unter der italienisierten Bezeichnung *Lagenaria leucantha* 'Longissima'; das stimmt zumindest bildlich, denn die Früchte dieser Form sind in Tat das Längste, was bei uns im Garten gedeiht: Bis zu 2 m schaffen die „Riesengurken" bei ausreichender Ernährung ohne weiteres. Kultiviert man sie in einem Eimer oder in anderen Behältern, wird ihr Wachstum natürlich ein bißchen gebremst.

Trockenstrauß in der verholzten
Frucht einer Kalebasse

Vielfalt der Früchte

Die „gewöhnlichen" Kalebassen oder Flaschenkürbisse fallen neben ihrer ebenfalls vehementen Wuchsfreudigkeit besonders durch die Vielgestaltigkeit der Früchte auf. Hier ist an Formenreichtum und Größe alles vertreten, was sich der Gärtner nur wünschen kann: von der mandarinenkleinen Kugel über Birnen- und Flaschenformen, von ovalrunden, scheibenförmig abgeplatteten, langhalsig-kugeligen Varianten bis zu bizarr geformten, großen Keulen plustern sich die Früchte zu einer faszinierenden Palette aus der Erfindungskiste von Mutter Natur auf. Und das Schönste sowohl bei der Herkuleskeule als auch bei den Flaschenkürbissen: Wenn man die Früchte im Herbst mit einem Stück Stiel abschneidet und luftig zum Trocknen aufhängt, verholzt die Außenschicht zu einer steinharten, undurchdringlichen Schale, wobei das wassergesättigte Fruchtfleisch vollkommen vertrocknet.

Die getrockneten, nun hohlen und bräunlich gefärbten Früchte lassen sich auf vielfältige Weise als ungewöhnliche Dekorationsstücke verwenden. Man kann sie mit Sandpapier abschmirgeln und danach mit farblosem Lack einsprühen oder bemalen. Man kann runde und abgeflachte Formen als Vasen verwenden, wenn man ihr Oberteil absägt; für Trockensträuße machen sich solche Gefäße besonders gut. Man kann aber auch eine Auswahl der verschiedenen Varianten dicht bei dicht an einem dicken Seil befestigen und als attraktiven Blickfang, zum Beispiel im Treppenhaus, von der Decke bis zum Fußboden herabhängen lassen: Das ergibt eine Eigenproduktion vom Samenkorn bis zum fertigen Raumschmuck, den kaum jemand sonst vorzuweisen hat.

Anzucht und Pflege

Am besten sät man im April am Zimmerfenster aus und pflanzt nach Mitte Mai an den vorgesehenen Platz. Oder es wird Ende Mai/Anfang Juni direkt in den Garten gesät. Das Praktische daran: Man kann Kalebassen hinsetzen, wo man will; denn die einjährigen Kürbisgewächse sind mobil, das heißt sie gedeihen auch in jedem größeren Eimer oder Kübel, wenn der Standort nur recht viel Sonne abbekommt. Und als Kletterhilfe läßt sich alles verwenden beziehungsweise zweckentfremden: Eine etwas schräg geneigte Schnur genügt ebenso wie eine nicht benutzte Wäscheleine oder eine ausgediente Wäschespinne.

Die Pflanzen wachsen an den Stützkonstruktionen zuerst nach oben und dann, wenn es dort nicht mehr weiter geht, horizontal an den Schnüren entlang. Mit anderen Worten: Überall, wo Platz für einen Kübel ist – im geplättelten Innenhof, auf Balkon oder Terrasse –, ist auch Platz für Kalebassen. Zweckmäßigerweise steckt man beim Pflanzen stets drei oder vier Körner nebeneinander in die Erde. Den Sommer über pflegt man die Kalebassen durch ausreichendes Wässern und wöchentliche Nährstoffgaben mit einem mineralischen Volldünger (zum Beispiel Blumendünger). Zu schneiden, entspitzen, kappen oder formieren gibt es nichts. Nur bei der Befruch-

Kalebassen
gedeihen auch im Kübel

tung muß man etwas nachhelfen, denn es handelt sich bei diesen Pflanzen um tropische Abend- und Nachtblüher, die zum Übertragen des Pollens auf bei uns seltene, dämmerungsaktive Insekten angewiesen sind. Mit einem Pinsel aus dem Tuschkasten der Kinder wird also gegen Abend der Blütenstaub der männlichen auf die weibliche Blüte übertragen, die man an der am Stengelansatz bereits in Miniaturform ausgebildeten zukünftigen Frucht erkennt. Das ist dann aber auch schon alles.

Zum Schluß noch ein paar Extratips: Wer ungewöhnliche Effekte nicht scheut, läßt Kalebassen einfach in einen Baum oder Strauch hineinwachsen. Es sieht schon ziemlich exotisch aus, wenn aus dem heimischen Geäst plötzlich seltsame, fremdländische Gebilde herabhängen. Aber Vorsicht vor Astbruch! Man darf das Gewicht der prallen Früchte nicht unterschätzen. Bietet man Kalebassen dagegen keine Klettermöglichkeiten, breiten sie sich wie Gurken oder Efeu kriechend auf dem Boden aus.

Die Miniaturausgabe der künftigen Frucht am Stengelansatz der Blüte zeigt zwar die Form, sagt aber noch nichts über die Größe der Kalebasse aus.

Mit dem Bestäuben darf man bei Kalebassen nicht zu lange warten. Die weiblichen Blüten sind häufig nur wenige Stunden befruchtungsfähig. Bei trübem Wetter halten sie etwas länger.

Wer das Bizarre liebt, läßt Kalebassen einen Baum hinaufwachsen

Um dabei Fäulnis zu vermeiden, sollte man die heranwachsenden Früchte durch Unterlegen eines Brettchens vor Bodenberührung bewahren. Und noch etwas: Werden die riesigen Herkuleskeulen durch einen Widerstand am Längenwachstum gehindert, biegen sie sich an dieser Stelle um und streben wieder in die Höhe; das Ergebnis ist ein überdimensionales „U".

Man darf Kalebassen nicht mit den ebenfalls rankenden Gartenkürbissen (Cucurbita pepo) verwechseln: Garten- oder Zierkürbisse verholzen nicht, sondern gehen nach etwa einem Jahr in Fäulnis über – von ganz seltenen Ausnahmen abgesehen. Mehr zum Thema Kletterpflanzen können Sie im Kapitel über die Gestaltung des Innenhofs nachlesen (siehe Seite 52).

Über Geschmack läßt sich nicht streiten

Es entspricht sicher nicht dem Verständnis, das wir von unserem Garten haben, wenn wir ihn mit Steinen und Betonfundamenten, mit Amphoren, schalenbestückten Kunststoffsockeln oder gar geweißten, zu Schwänen geschnittenen alten Autoreifen vollstopfen.

Nicht daß hier Stilfragen diskutiert werden sollen. Geschmack ist jedermanns eigene Sache, und vorschnelle Urteile sind unangebracht. Aber da unser Garten, ganz gleich wie er ausgestattet ist, ein Stück Natur widerspiegeln soll, muß man sich auch bei der Wahl der Ausstattungstücke einen kritischen Blick bewahren. Über die selbstgemauerte Miniatur-Ritterburg im Vorgarten wird wohl nur deren Erbauer glücklich sein. Soll er! In den Überlegungen zur Gartengestaltung spielt sie keine Rolle.

Doch um ein paar Bemerkungen zu den vielgeliebten Gartenzwergen möchten wir uns nicht herummogeln. Diese selbst noch in Kunststoffausführung teuren, stets vielbeschäftigten kleinen Kerle kommen in keinem Gartenbuch vor – nach dem Motto, daß nicht sein kann, was nicht sein darf! Man übersieht sie geflissentlich, obgleich ein Millionenheer von Zwergen in unseren Vorgärten unübersehbar seine gartentypischen Arbeiten verrichtet; mit Spaten, Harke, Axt oder Laterne versehen, wenigstens aber eine Pfeife schmauchend, sollen sie wohl keramik- oder plastikgewordene Erdgeister symbolisieren. Vielleicht gelingt es über den Umweg seiner allerdings ungewissen Herkunft, den rätselhaften Zwerg auch dem Skeptiker und strengen Naturgartenanhänger etwas sympathischer zu machen. Wer dennoch kein Verständnis dafür aufbringen kann, der sollte die kleine Gesellschaft buntfarbiger, rotbezipfelter Wichte doch wenigstens mit Humor und Nachsicht betrachten.

Woher stammt der Gartenzwerg?

Wer in Mystik und Märchenforschung zu Hause ist, neigt dazu, im Gartenzwerg die Verkörperung uralter Naturwesen zu sehen, wie Waldmännlein, Kobolde, Heinzelmännchen oder Wichtel, die es ja nach Ansicht mancher Esoteriker tatsächlich geben soll. Diese Wesen vollführen in den Volksmärchen aller europäischen Länder ihre spukhaf

In jedem sechsten deutschen Vorgarten steht mindestens ein Gartenzwerg, 25 Millionen sollen es insgesamt sein.

Vielgeschmäht
und doch weit verbreitet:
der Gartenzwerg

ten Scherze, zum Nutzen oder auch zum Schaden der Menschen. Nach Amerika haben sie wohl Einwanderer aus der Alten Welt mitgebracht. Der Schweizer Autor Sergius Golowin führt die Geschichten von Zauberern, Hexen, Feen, Zwergen und Kobolden auf das Wirken von kräuterkundigen Einzelgängern zurück, die es seit undenklichen Zeiten bis weit in unser Jahrhundert hinein gab und die vorzugsweise in der Abgeschiedenheit des Waldes lebten und dort ihrem durchaus segensreichen Gewerbe des Heilens von Krankheiten mit Hilfe geheimnisvoller Pflanzenkräfte nachgingen. Gleichermaßen gefürchtet wie hochgeachtet, war ihre Heilkunst in den Augen der Unkundigen Zauber und Magie. Man wähnte sie nicht nur mit Geistern im Bunde, sondern hielt sie selbst für nicht von dieser Welt. Im Lauf der Jahrtausende verwandelten sich diese Magier und Weisen in den Erzählungen zu Zwergen und Erdgeistern, die man nur selten zu Gesicht bekam, auf deren Konto aber Wohl- und Missetaten aller Art gingen. Allerdings kommt der Gartenzwerg weder in Golowins Buch vor, noch findet er in Nancy Arrowsmiths vergnüglicher Abhandlung „Welt der Naturgeister – Handbuch zur Bestimmung der Wald-, Feld-, Wasser-, Berg-, Hügel- und Luftgeister aller europäischer Länder" Erwähnung. Dabei hätte man doch gerade von dieser Autorin, die gleichzeitig eine engagierte Gärtnerin ist, einen Beitrag zur Ehrenrettung des Gartenzwergs erwartet!

Weitaus profaner – und ebensowenig schlüssig – ist eine andere Erklärung zur Herkunft der rotbezipfelten Wichte. Danach handelt es sich um eine im Lauf der Zeit abgewandelte Darstellung von Bergleuten. Ihre Zwergengestalt ist möglicherweise darauf zurückzuführen, daß im frühmittelalterlichen Erzabbau Schlesiens und Böhmens häufig Kinder in die engen Stollen geschickt wurden. Zur Bergmannstracht gehörten damals Kapuze und Grubenkittel, die wir noch gut an den Gartenzwergen erkennen können. Und die Laterne, die sie häufig in den Händen halten, kann sowohl die Suche nach Wissen und Erleuchtung symbolisieren, als auch die simple Nachbildung einer Grubenlampe darstellen.

Die Herkunft der Kobolde bleibt also im dunklen. Die unfreundliche Definition eines großen Gartenlexikons sollten wir uns allerdings nicht zu eigen machen. Dort heißt es unter dem Stichwort „Gartenzwerg": „Aus Märchen, Mythen und Sagen entlehnte, häßlich aussehende Gestalt mit freundlicher Physiognomie, die in der Romantik verbreitet auftrat und auch heute noch oft als kitschige Figur in Haus- und Vorgärten anzutreffen ist." Hierzu wäre nur anzumerken, daß es immer die anderen sind, die etwas als Kitsch bezeichnen. Da klingt ein Satz des irischen Dichters und Nobelpreisträgers William Butler Yeats schon versöhnlicher – obgleich er bei seiner Formulierung sicher nicht an den deutschen Gartenzwerg dachte: „Die ganze Natur ist erfüllt von unsichtbaren Wesen. Einige sind häßlich oder verwachsen, andere boshaft oder närrisch, viele aber sind derart schön, wie wir es

Bezüglich der Herkunft der Gartenzwerge gehen die Meinungen auseinander. Einer Version zufolge stand die Wiege dieses Gnoms im antiken Griechenland; man hat dort Darstellungen von kleinwüchsigen Pygmäen gefunden, die im Bergbau eingesetzt wurden.

noch nie gesehen haben, und diese Schönen sind nicht weit, wenn wir an stillen, freundlichen Plätzen spazieren gehen."

Abwechslung am Rasenrand

Lassen wir nun das Problem der Gartenzwerge beiseite.

Was also gibt es für Möglichkeiten, neue Elemente in das bunte Bild von Bäumen, Sträuchern, Blumen und Rasen einzufügen? Nehmen wir einmal an, in Ihrem Garten ist die eine Seite des Rasenstücks von Sträuchern begrenzt, einer rotblättrigen Berberitze (*Berberis thunbergii*) beispielsweise, einem Schneeball (*Viburnum*) und einer schwarzrot belaubten Lambertsnuß oder Bluthasel (*Corylus maxima* 'Purpurea'). Das ergibt eine hübsche, aber etwas düstere Partie, und sie wirkt recht eintönig, wenn sie sich noch dazu in Form einer Nadelholzhecke als Abgrenzung zum Nachbarn fortsetzt. Das Einfachste wäre, hier einen Streifen des Rasens abzustechen und ein Sommerblumenbeet oder eine schmale Staudenrabatte anzulegen. Vergessen Sie dabei nicht, das Stück durch Rasenkantensteine einzufassen, sonst gibt es Schwierigkeiten beim Mähen.

Farne

Wenn die Gehölze an so einer Stelle nicht zu dicht stehen oder wenn es sich um strauchartige Bäume handelt, unter denen noch etwas Bodenfreiheit ist, kann man auch eine kleine, aber interessante Schattenpflanzung

vornehmen. Außer den schon erwähnten formenreichen *Hosta*-Arten und -Sorten, Elfenblumen und anderen wäre dort der ideale Platz für Freilandfarne. In Frage kämen zum Beispiel der Frauenfarn (*Athyrium filix-femina*), von dem es einige hübsche Gartenformen gibt, ebenso der bis zu 2 m hohe und 3 m breite Königsfarn (*Osmunda*), der gewaltige Horste bildet und viel Platz beansprucht, der Hirschzungenfarn (*Phyllitis scolopendrium*), auffällig durch 60 cm lange, ungefiederte Blätter, und der wintergrüne Schildfarn (*Polystichum*). Farne brauchen als Waldpflanzen einen humosen, durchlässigen Boden, der nie völlig austrocknen darf. Unter dem dichten, schattenspendenden Gehölzdach finden die Farnwurzeln auch in heißen Sommern genügend Feuchtigkeit. Das Herbstlaub sollte unter Farnen unbedingt liegen bleiben, weil dadurch eine ständige Düngung

Der richtige Platz für Farne ist unter dem schattenspendenden Blätterdach von Gehölzen (im Bild: Hirschzungenfarn, links, und Schildfarn)

Für Abwechslung am Rasenrand sorgen Pflanzgefäße aus Terrakotta mit Einjahrsblumen oder Kleingehölzen

Holzpflaster können dort, wo sie hinpassen, sehr gut aussehen. Einen entscheidenden Nachteil haben sie allerdings: Bei Nässe sind sie so glitschig, daß man stürzen und sich ernsthaft verletzen kann.

Wenig standfeste Gefäße kann man stabilisieren, indem man einen schweren Kiesel hineinlegt.

und Humusanreicherung gesichert ist und wir nichts weiter zu tun haben, als aufkommende Unkräuter von Zeit zu Zeit aus dem lockeren Erdreich zu ziehen.

Ein Platz für Pflanzgefäße

Eine weitere Möglichkeit, am Rasenrand für Abwechslung zu sorgen, besteht in der Anlage eines kleinen gepflasterten oder mit unaufdringlichen Platten ausgelegten Areals. Auch Rasengittersteine, durch die das Gras hindurchwächst, machen sich recht hübsch. Auf derartige Flächen kann man dann attraktive Pflanzgefäße aus Terrakotta mit Einjahrsblumen oder Kleingehölzen wie Fuchsien und Strauchmargeriten in Weiß und Gelb hinsetzen. Kübel mit Stechapfel (*Datura*), Oleander oder Schmucklilie (*Agapanthus*) bringen ebenfalls Farbe in die grüne Kulisse. Alle

diese Gefäße bekommen durch den Unterbau einen festen, sicheren Stand.

Am ansprechendsten für so ein Areal sind Natursteinböden aus kleinen Würfelpflastersteinen, wie man sie überall im Baustoffhandel bekommt. Da es Natursteine in verschiedenen Farbtönen gibt, können damit dezente Muster verlegt werden. Ob das in den jeweiligen Garten paßt, muß jedermann selbst entscheiden. Natürlich sind auch andere Materialien möglich, etwa konisch geformte Betonpflastersteine, die sich besonders gut kreisförmig auslegen lassen, oder man entscheidet sich für ein Klinkerpflaster, in dessen Fugen sich bald schon Algen und Moose ansiedeln. Das tun sie übrigens auch bei Kleinpflastern, die dann weniger „steinig" wirken. Wer es lieber hölzern mag, kann sich auch für ein – sorgfältig imprägniertes – Rundholzpflaster entscheiden.

Die Verlegearbeiten sollten keinem Gartenbesitzer Schwierigkeiten bereiten. Es genügt, die vorgesehene Fläche so tief auszuheben, daß die Steine mit dem Oberboden oder Rasen bündig abschließen. Dabei muß die Höhe des Sandbetts mit eingerechnet werden, in dem das Pflastermaterial verlegt wird und Halt findet. Die Sandschicht darf nicht zu dick sein, weil die Steine sonst bei Belastung nach unten weggedrückt werden. Bei Holzpflaster muß ganz zuunterst noch eine Dränageschicht aus Kies oder Schotter kommen, damit die Hölzer unterseits vor Nässe und Fäulnis geschützt sind. Ein solcher stabilisierender Unterbau empfiehlt sich auch bei extrem leichten Böden. Wichtig ist ein sorgfältiges Feststampfen des Unterbaus, bevor die Sandschicht draufkommt.

Kleine Steine legt man Fuge an Fuge, große, zum Beispiel Klinker, werden versetzt verlegt, wie wir es schon vom Mauern her kennen; das sieht viel ansprechender aus als eine Fläche mit durchgehenden, schnurgeraden Linien.

Noch ein Hinweis zu den Terrakottagefäßen: Es gibt sie in allen Größen und Formen zu kaufen, häufig handelt es sich um Importe aus Spanien und Italien. Die Qualität ist recht unterschiedlich, und man sieht es dem Material von außen leider nicht an, was es aushält und wie es um seine Witterungsbeständigkeit bestellt ist. Bauchige Gefäße, die sich nach oben hin verjüngen, müssen unbedingt vor Wintereintritt entleert werden. Der Sprengwirkung durch Frost sind die Töpfe nicht gewachsen. Vorsichtshalber empfiehlt es sich, alle Ton- und Terrakottabehälter im Haus zu überwintern. Im porösen Material sitzt die Sommerfeuchtigkeit tief drin, und im nächsten Frühjahr wundern wir uns dann, wenn Schicht um Schicht abblättert – spätestens aber nach dem zweiten Jahr.

Der Sitzplatz im Garten

Auf ähnliche Weise wie eben beschrieben läßt sich auch ein Sitzplatz im Garten pflastern. Allerdings sollte man hier ein Material mit möglichst ebener Oberfläche wählen und nicht zu große Fugen entstehen lassen. Nichts beeinträchtigt die Gemütlichkeit mehr als wackelnde Stühle und Tische, ganz davon abgesehen, daß einseitige Belastung der Haltbarkeit von Sitzmöbeln nicht gerade zuträglich ist.

Und gleich noch ein Hinweis zum Sonnenschirm, auf den man bei der Sitzecke im Garten meist nicht verzichten will. Heute werden sogenannte Marktschirme angeboten, die so groß sind, daß sie, ohne versetzt werden zu müssen, für großflächige Beschattung sorgen. Entsprechend teuer kommen sie auch. Preiswerter sind die kleineren Ausführungen, die aber immer noch einen großen Schirm besitzen; allerdings verleiht ihnen nur ein schwerer, massiver Ständer die notwendige Standfestigkeit. Der kostet dann noch einmal extra. So einen Fuß kann man sich mit wenig Mühe und Geld selbst herstellen, indem man einen alten Autoreifen mit Zement ausgießt und in die noch weiche Masse

Bei stark wurzelnden Pflanzen muß man etwas achtgeben; sie können Ton- und Terrakottagefäße durch Wurzeldruck sprengen.

Verwenden Sie zur Beseitigung von Unkraut in den Pflasterfugen niemals ein Herbizid (Unkrautvernichtungsmittel); auch weiter entfernt stehende Kulturpflanzen werden dadurch in Mitleidenschaft gezogen.

Sitzgruppe
unter einem Marktschirm

ein passendes Rohrstück für die Mittelstange des Schirms steckt. Auch Wäschespinnen sitzen in so einer Halterung bombenfest. Das klingt alles ganz schön und gut, nur hat der kleinere Marktschirm im Eigenbauständer einen Haken. Er muß nämlich wie jeder normale Sonnenschirm, von Zeit zu Zeit dem Sonnenstand folgend seinen Platz wechseln, zumal er keine Kippvorrichtung besitzt. Der mit Beton gefüllte Autoreifen aber ist nur mit beträchtlichem Kraftaufwand von der Stelle zu bewegen.

Blumenhügel

Das mit Sommerblumen bepflanzte Rondell mitten im Rasen finden wir als beliebtes Belebungsmoment überall in öffentlichen Anlagen und auf weiträumigen Grünflächen. Natürlich wirkt es auch im Hausgarten als Blickfang, aber gerade da wäre noch eine Variante des blühenden Rundbeets überlegenswert: der Blumenhügel. Er erhält eine besondere Note, wenn er, ähnlich wie das schon beschriebene

Rundbeet für Steingartenpflanzen (siehe Seite 21), von einer niedrigen Mauer aus Natursteinen eingefaßt wird. Zwei Reihen, ohne Mörtel übereinandergelegt, genügen völlig, damit der Hügel nicht zu klobig aussieht und dadurch unversehens wie ein Fremdkörper wirkt. Wenn man drumherum noch eine Bahn schmaler Platten bodengleich verlegt, gibt es beim Rasenmähen keine Probleme.

Bepflanzen können Sie ganz nach eigenem Ermessen, bunte Mischungen sind ebenso möglich wie eine dichte Flächenpflanzung mit nur einer Blumenart, zum Beispiel mit dem Fleißigen Lieschen in leuchtendem Rot. Wählen Sie dafür moderne Züchtungen, die auch für sonnige Plätze geeignet sind. Wofür Sie sich auch entscheiden, es sollten etwa gleichhohe Gewächse sein, damit es auf dem Hügel nicht wie Kraut und Rüben durcheinandersteht. Besonders dekorativ wirkt in der Mitte des Hügels eine Hochstammrose mit weit herabhängenden Trieben, eine sogenannte Trauerrose. Im Verein Deutscher Rosenfreunde hat es um diese Bezeichnung übrigens heftige Diskussionen gegeben, weil der Begriff „Trauer" nun wirklich nichts Rosenspezifisches ausdrückt.

Sie können anstelle eines Blumenhügels auch einen Kräuterhügel in den Rasen setzen. Das sieht keineswegs nach Gemüsegarten aus, wenn man dabei den Staudenkräutern den Vorzug gibt; es handelt sich bei ihnen ja um Gewächse mit Wildpflanzencharakter, in deren Nachbarschaft auch so typische Küchenwürzen wie Petersilie oder

Schnittlauch nicht weiter auffallen. Den frostempfindlichen Rosmarin kann man mitsamt Topf in den Boden senken und im Herbst ins Haus holen. Falls der Gemüsegarten im hinteren Teil des Grundstücks angesiedelt wurde, hat der kleine Kräuterhügel den Vorteil, daß er schnell erreichbar ist. Man muß nur dafür sorgen, daß die hohen Gewächse in die Mitte zu stehen kommen, die niedrigen in Randnähe.

Übergänge vom Zier- zum Nutzgarten

Je nach Zuschnitt des Gartens stellt der Übergang vom Zier- zum Gemüseteil oftmals eine Art Bruchlinie dar, an der sich Schmuckpflanzen und Kohlköpfe in unpassender Nachbarschaft gegenüberstehen. Das ist zwar etwas überspitzt ausgedrückt, aber ganz läßt sich eine Konfrontation der beiden Gartenformen meist nicht vermeiden. Zur Trennung der Bereiche eine Hecke hinzusetzen, hört sich in der Theorie zwar gut an, die Verwirklichung hängt aber davon ab, ob man so viel Platz opfern kann. Wo die Situation es erlaubt, bietet sich als Sichtschutz und Raumtrenner ein Flechtzaun aus Holzleisten an, den es in Form fertiger Rahmenelemente zu kaufen gibt, beispielsweise in den recht praktischen Abmessungen von 1,20 x 1,20 m. Mit solchen Fertigteilen kann man schnell eine natürlich wirkende Trennung errichten, die sogar mobil ist, wenn man die Zaunteile an den Seitenpfosten

Für die Einfassung des Blumenhügels genügen meist schon zwei Steinreihen

Ein begrünter Flechtzaun aus Holzleisten bietet sich als natürlich wirkende Trennwand zwischen Zier- und Nutzgarten an

in Scharniere einhängt. Diese Pfosten sollten allerdings ein Punkt- oder Streifenfundament aus Beton erhalten, sonst wird der Zaun eine wackelige Angelegenheit. Punktfundament bedeutet, daß jeder Pfosten einzeln einbetoniert wird, das Streifenfundament besteht aus einem durchgehenden Betonsockel.

Ist der Trennzaun sehr lang und ein Durchgang erwünscht, wird zwischen zwei Flechtelementen ein entsprechender Zwischenraum für ein kleines Tor ausgespart. Aus Dachlatten oder den fertig imprägnierten Riegeln (Längsstreben) eines Jägerzauns ist es schnell zusammengenagelt oder -geschraubt. Man kann an dieser Stelle auch zwei etwas höhere Pfosten für die Toreinfassung wählen und durch ein horizontal daraufgenageltes Brett, eventuell mit quersitzenden „Reitern", eine Minipergola über dem Durchgang schaffen. Wird am Tor eine Waldrebe (*Clematis montana*) gepflanzt, ist die ganze Partie im Mai über und über mit weißen Blüten bedeckt und im Sommer üppig begrünt. Wen die Holzkonstruktion als solche stört,

pflanzt an ihren Fuß andere, ein- oder mehrjährige Klettergewächse.

Unbekannte Prachtstauden: Artischocken

Viel zu wenig wird im Ziergarten eine Staude berücksichtigt, die zum Imposantesten gehört, was man sich an Blüten- und Blattschmuckpflanzen denken kann: die Artischocke (*Cynara scolymus*). Artischocken öffnen ihre bis zu zweifaustgroßen, tiefblauen oder blaurötlichen Blüten zu einer Zeit, in der auch die Rosen blühen, also bereits ab Juni. Allerdings richtet sich die Blüte nach Witterung und Klima: Im Norden und in rauhen Lagen kann es damit bis zum August oder sogar September dauern. Doch auch im blütelosen Zustand gibt es kaum eine Staude, die einen so überwältigenden Eindruck macht. Denn das noch mächtigere Herkuleskraut (*Heracleum mantegazzianum*) gehört nicht zu den ausdauernden Pflanzen, sondern zu den Zweijahrsblumen. Die fiederschnittigen riesigen Blattwedel der Artischocke, die bis zu 2 m hoch wird, schimmern dagegen alljährlich silbriggrün, und man kann mit ihnen manches kaschieren, was eigentlich besser verborgen bleiben sollte.

Anzucht

Wenn Sie im Februar oder Anfang März am Fensterbrett aussäen und nach den Eisheiligen in den Garten pflanzen, blühen die Artischocken noch im selben Jahr. Dann freilich noch nicht zusammen mit den Rosen, sondern erst im Spätsommer. Hier gleich ein Tip für Freunde von Trockenblumengestecken. Falls Sie Artischockenblüten dafür mitverwenden wollen, müssen diese geschnitten werden, wenn sich gerade der erste blaue Schimmer zeigt. Die Blüten, kopfunter an einer Schnur aufgehängt, gehen dann nachträglich noch auf und behalten ihre blaue Farbe für lange Zeit. Aber auch voll erblüht geben sie jedem Trockenstrauß ein besonderes Gepräge. Man zupft in dem Fall die Röhrenblüten ab, sobald der Blütenkopf ausgetrocknet ist. So sehen die großen Knospen bizarr und interessant aus.

Pflege

Nun kann man immer wieder hören, es sei schwierig, Artischocken über den Winter zu bringen. Bei ausgewachsenen Pflanzen gibt es hier jedoch kaum Probleme. Wer dennoch kein Risiko eingehen will, schneidet an einem Frosttag Blätter und Stengel ab und deckt einfach eine mit Steinen beschwerte Folie über die Pflanzstelle. In jedem Fall ist zu empfehlen, die Pflanzen so lange in Ruhe zu lassen, bis der Frost das Laub von selbst verwelken läßt. Die Staude sieht nämlich im Winter, wenn sonst im Staudengarten nichts mehr grünt, besonders schön aus, sobald der Raureif das Blattwerk noch zusätzlich versilbert. Und bis zu -8°C verträgt die Artischocke allemal. Es gibt aber auch noch eine andere Überwinterungsmöglichkeit für Gegenden mit erfahrungsgemäß sehr langen und kalten Wintern: Graben Sie die Wurzel oder ein möglichst großes Stück davon im Herbst aus, und betten Sie es an einem frostsicheren Ort in leicht feuchten Sand.

Wenn Sie drei, vielleicht auch vier Jahre Freude an Ihren Riesendisteln gehabt haben, müssen Sie damit rechnen, daß die Blüten allmählich kleiner werden. Dann ist es Zeit, für eine Verjüngung zu sorgen. Dazu nimmt man im Frühjahr den Spaten und sticht einen Teil der Wurzel ab. Neu eingepflanzt, wächst aus so einem Wurzelstück wieder eine junge Artischocke zu gewohnter Pracht und Größe heran.

Zur Kultur noch ein weiterer Tip: Am wirkungsvollsten kommen Artischocken zur Geltung, wenn man drei oder vier Pflanzen zusammensetzt. Dabei sollte man aber dafür sorgen, daß die großen Distelgewächse, die durch die schweren Blütenstände unweigerlich Übergewicht bekommen und umkippen, eine sichere Stütze erhalten. Am einfachsten ist es, vier kräftige Pfähle, zum Beispiel starke Tomatenstangen, im Quadrat um die Artischocken in den Boden zu schlagen und oben durch aufgenagelte Latten zu verbinden.

Sie können eine oder mehrere Artischocken auch als ungewöhnlichen Blickfang in den Vorgarten pflanzen. Blätter und Blüten wirken besonders beeindruckend vor einer weißen Fassade.

Artischocken sind dankbar, wenn sie hin und wieder gedüngt werden; in lang anhaltenden Trockenperioden muß man reichlich wässern.

Einfaches Stützgerüst für Artischocken

Orangen- und Zitronenbäumchen sollten möglichst nur mit Regenwasser gegossen werden. Sonst kommt es zu den bekannten chlorotischen, gelblichen Blattverfärbungen.

Kübelpflanzen als Blickfang

Der Wäscheplatz hinter dem Haus hat in vielen Neubaugebieten Tradition. Oft ist er größer als notwendig und zeichnet sich durch gähnende Leere aus. Dieser Eindruck wird durch ein Betonpflaster in Sechseckformat oder aus Verbundsteinen noch verstärkt. Richtige Blumenbeete kann man an solch öder Stelle nicht anlegen, ohne den Bodenbelag zu entfernen. Ein Zaun drumherum macht die Sache nur noch schlimmer, weil er den Sonderstatus dieser unbelebten Fläche betont.

Bekommt der Platz mehrere Stunden Sonne täglich, kann man ihn mit Kübelpflanzen nicht nur etwas ansprechender, sondern ausgesprochen attraktiv machen, besonders wenn Karlsruher Gartensteine, auch als U-Steine im Handel, zu Hilfe genommen werden. Größere und große Blütengewächse der mediterranen Klimazonen wirken auf ihnen nicht wie abgestellt, und

Sonnenbeschienene Plätze hinter dem Haus lassen sich mit Kübelpflanzen ansprechend gestalten

der vormals nach allen Seiten offene Hof bekommt einen intimeren Charakter.

Entfalten hier Oleander (Nerium), Engelstrompete (Datura) und Schmucklilie (Agapanthus), Schönmalve (Abutilon) und Roseneibisch (Hibiscus) ihren Flor, unterstützt vom Grün einiger Palmen, Drachenbäume (Dracaena) und Palmlilien (Yucca), trocknet die Wäsche in einem südlich angehauchten Garten. Auch Orangen- und Zitronenbäumchen können den anderen Gesellschaft leisten, ebenso die zu eindrucksvollen Büschen heranwachsenden Strauchmargeriten (Chrysanthemum frutescens), Bleiwurz (Plumbago), Bougainvilleen, Bananen (Ensete) und der gute alte Lorbeer (Laurus nobilis). Außer Hanfpalme (Trachycarpus), Zwergpalme (Chamaerops humilis) und Datura, die besser etwas beschattet stehen, vertragen oder wünschen es alle anderen recht sonnig. Banane, Lorbeer und Palmlilie ist jede Lage recht.

Kübelpflanzen
auf Karlsruher Gartensteinen
(U-Steine)

Pflanzbehälter aus Plastik

Für Pflanzen, die sehr groß werden, sollen auch möglichst große Kübel gewählt werden. Preiswert in der Anschaffung, sehr geräumig und von praktisch unbegrenzter Lebensdauer sind große schwarze Container aus Hartplastik, wie man sie in Super-, Heimwerker- und Baumärkten kaufen kann. Auf dem Bau werden sie zum Mischen von Zement verwendet. Wenn allerdings vergessen wird, einige Wasserabzugslöcher in den Boden zu bohren, ist das Pflanzenleben in ih-

nen nur von kurzer Dauer. Für weniger ausladende Gewächse kann man auch Plastikeimer verwenden, die es in verschiedenen Größen gibt. Nun sieht Plastik nicht besonders ansprechend aus, spezielle Zierkübel aus Holz geben optisch mehr her. Es bietet sich aber eine einfache Möglichkeit an, das unattraktive Plastikmaterial hinter einer gefälligen Fassade verschwinden zu lassen. Schneiden Sie sich aus vorher mit einem Schutzanstrich versehenen Dachlatten Stücke zurecht, die den Gefäßrand etwas überragen, und durchbohren Sie die Hölzer oben und unten derart, daß ein starker Draht durch die Löcher gezogen werden kann. Auf ihm werden die Latten wie Perlen an einer Schnur dicht bei dicht aneinandergereiht, die Drahtenden zum Schluß miteinander verdreht. Das ist zunächst eine wackelige Angelegenheit, erhält Stabilität aber durch den hineingestellten Kübel. Solche Ummantelungen aus Halbrundhölzern gibt es auch fertig zu kaufen. Ebenso

Schönmalve (Abutilon) und Oleander (Nerium) werden besonders gern von Schildläusen heimgesucht. Man sollte sie daher ständig kontrollieren und einem Befall schon im Anfangsstadium durch Abstreifen der Läuse begegnen.

Auf Bananenfrüchte braucht man in unserem Klima nicht zu hoffen. Aber allein die riesigen, meterlangen Blattwedel machen diese Pflanze zu einer Attraktion.

Pflanzgefäße
mit einer Holzverkleidung

werden viereckige Holzimitationen ohne Boden angeboten, in die man Eimer oder große Blumentöpfe hineinstellen kann. Leider erhält man sie meist nur in Weiß, was nicht überall hinpaßt.

Pflege der Kübelpflanzen

Die Sommerpflege aller gängigen Kübelpflanzen beschränkt sich auf regelmäßiges Wässern und Düngen. Gießfehler werden vermieden, wenn man die obere Schicht der Gefäßerde vor dem Griff zur Kanne etwas antrocknen läßt. Eine Ausnahme bilden nur *Datura* und Oleander, die einen hohen Wasserverbrauch haben. Beim Oleander sollte im Sommer sogar stets etwas Wasser im Untersetzer stehen.

Die Nomenklatur der Datura ist ein Fall für sich. Die meisten Arten- und Sortennamen, die man ihr zuweist, stimmen nicht, und selbst Experten sind sich oft uneins.

Die weißen Blüten
der aus Brasilien stammenden
Engelstrompete werden
20–30 cm lang

Der kritische Punkt bei diesen Gästen aus südlichen Gefilden ist immer die Überwinterung. Als Faustregel kann gelten: Man stellt sie in einen hellen Raum mit Temperaturen um 10°C. Bis auf den Korallenstrauch (*Erythrina crista-galli*), der völlig trocken überwintert, soll man dafür sorgen, daß bei allen Pflanzen die Gefäßerde niemals völlig austrocknet. Dunkel überwintern kann man *Bougainvillea, Datura*, Korallenstrauch und Bleiwurz, doch ist ein heller Raum stets vorzuziehen. Weil die *Datura* unter unseren Kübelpflanzen in der Beliebtheit absolut an der Spitze steht und hinsichtlich Blütengröße und -fülle tatsächlich ihresgleichen sucht, soll näher auf ihre Pflege eingegangen werden. Vor allem, weil es dabei einige Kniffe gibt, die wenig bekannt sind, mit deren Hilfe man ihren Blütenreichtum aber noch steigern kann.

Die Engelstrompete

Nachdem die *Datura* den ersten Sommer ihres Pflanzenlebens im Freien verbracht hat, kommt sie vor Frostbeginn in den Keller, der ruhig dunkel sein kann. Jetzt müssen Sie nur darauf achten, daß die Erde im Kübel nicht völlig austrocknet; Blätter hat die Engelstrompete in dieser Winterruhezeit ohnedies keine mehr. Pflanzen, die zu groß geworden sind und nicht mehr durch die Kellertür passen, können nach Lust und Laune zurückgeschnitten werden, und wenn es bis auf einen Stummel des Mittelstamms ist. Besser tut man das allerdings im Frühjahr und nicht im Herbst, weil die Triebe ab der Schnittstelle während des Winters noch ein beträchtliches Stück weiter zurücktrocknen und dann beim Auswintern noch einmal um diese Länge zurückgeschnitten werden müssen.

Holen Sie die Pflanze im März oder April aus dem Winterquartier, und geben Sie ihr vor allem ein größeres Gefäß, das größte, daß sich überhaupt auftreiben läßt. Abzugslöcher für Wasser dabei nicht vergessen! Als Substrat können Sie Erde aus dem Garten verwenden. Der Stand sollte jetzt möglichst hell und warm, aber ohne pralle Sonne sein, damit die *Datura* früh zu treiben beginnt und entsprechend zeitig mit den ersten Blüten aufwartet. Im Frühjahr darauf wird der Pflanzbehälter, so groß er auch gewählt worden sein mag, völlig durchwurzelt sein. Nehmen Sie dann ein scharfes, großes Küchenmesser und schneiden Sie ruhig ringsum eine Handbreit Wurzelwerk vom Ballen ab. So entsteht zwischen Kübelrand und Restballen ein Zwischenraum, in den Sie neue Erde einfüllen, vermischt mit ein paar Handvoll Knochenmehl oder Hornspänen. Diese Vorratsdüngung enthebt Sie aber nicht der wöchentlichen Flüssigdüngung.

Nach den Eisheiligen kommt die *Datura* ins Freie, am besten nicht gerade in die pralle Sonne, dann halten die Blüten länger. Den Sommer über müssen Sie, wie gesagt, wöchentlich flüssig düngen. Dafür ist jeder in Wasser lösliche Mehrnährstoff geeignet, wie es ihn in Form der verschiedenen Blumendünger zu kaufen gibt. Die *Datura* ist nicht wählerisch, aber der Wasserverbrauch dieser Pflanze ist enorm. An heißen Tagen muß man eventuell

zweimal gießen. Unterbleibt das, hängen Blätter und Blüten lappig herab, richten sich aber eine halbe Stunde nach dem Gießen wieder auf, als sei nichts gewesen. Allerdings verwelken diese Teile später rasch. Die verwelkten Blüten sollte man abknipsen, denn sie sehen nicht schön aus, werden aber ständig durch neue ersetzt. Zwischendurch gibt es mal zwei oder drei Wochen Pause, in denen sich nur vereinzelte Blütenkelche öffnen; danach aber setzt der nächste, andauernde Schub ein. Das geht so weiter bis in den Herbst.

Wenn Sie einen Platz im Garten finden, der nicht gerade vom Wind gepeitscht wird und wo vielleicht auch noch ein klein bißchen Schatten ist, können Sie Ihre *Datura* auch frei auspflanzen. Sie setzen sie dazu in einen Plastikkorb mit Schlitzen, einen sogenannten Kartoffelkorb, den es überall in Supermärkten zu kaufen gibt. Dieser Behälter samt Pflanze kommt in den Boden. Die weitere Pflege besteht dann wie gehabt in ständigem Gießen und Düngen. Man kann den Korb im Herbst an den beiden Griffen bequem wieder herausheben, nachdem man mit dem Spaten ringsum die nun meterweit in den Gartenboden reichenden Wurzeln abgestochen hat. Auf diese Weise kultivierte *Datura* werden bis zu 3 m hoch und ebenso breit und tragen von Sommer bis Herbst Hunderte von Blüten gleichzeitig.

Spezielle Empfehlungen für eine Erdmischung, in der *Datura* besonders gut wachsen, brauchen nicht gegeben zu werden. Die Pflanze stellt auch in diesem Punkt keinerlei Ansprüche. Aus

In einem warmen, dunklen Winterquartier kann es bei der gelben Datura passieren, daß sie noch vereinzelte Blüten treibt. Man bemerkt diese ungewöhnliche Aktivität manchmal erst, wenn der Raum plötzlich von einem süßen Duft erfüllt ist.

praktischen Erwägungen sollte man allerdings weder reine Blumenerde, wie man sie abgepackt kaufen kann, noch Torf oder TKS (Torfkultursubstrat) verwenden. In dem Fall kämen Sie nämlich im Sommer von der Gießkanne gar nicht mehr weg, weil Torf sehr schnell austrocknet. Am besten und einfachsten ist es, normale Gartenerde im Verhältnis 2:1 mit Torf oder Blumenerde zu mischen. Dann hält das Wasser besser, und die *Datura* hat alles, was sie braucht. Wenn Kleinkinder im Haus sind, die bekanntlich alles in den Mund stecken, ist Vorsicht geboten: Die *Datura* ist giftig.

Blick in einen Atriumhof: Die abgestufte Mauer und der Brunnen mit Pumpe verleihen diesem eigenständigen Gartenteil einen besonderen Reiz

So entsteht ein Atriumhof

Wo die Möglichkeit dazu besteht, wenn zum Beispiel der Trockenplatz hinterm Haus entbehrlich ist und eine Wäschespinne die gespannten Leinen ersetzen kann, läßt sich ein völlig eigenständiger, abgeschlossener Gartenteil einrichten. Der Plattenbelag muß dafür nicht einmal entfernt werden. Errichten Sie doch rings um den Hof zunächst einmal eine Mauer, allerdings eine Mauer ganz besonderer Art. Sie soll nämlich nicht

überall gleich hoch sein, sondern Abstufungen erhalten. Diese unterschiedlich hohen Strecken werden jeweils durch einen massiven Vierkantbalken oder eine senkrecht gestellte Eisenbahnschwelle begrenzt. Je nachdem wie der Innenhof und der übrige Garten zueinander liegen, läßt man in der Mauer zwei oder drei Durchgänge frei, deren Pfosten ebenfalls aus Balken oder Schwellen bestehen.

Topf- und Ampelpflanzen sowie dekorative Details heben sich von der hellen Mauerfassade kontrastreich ab

Bau der Mauer

Als Material für die Mauer kann man weißen Kalksandstein, Hohlblocksteine, Ziegel oder Klinker verwenden. Da die Bauelemente nicht viel auszuhalten haben, sollte man ruhig preiswerte Steine nehmen. Bei einer Mauer, die an ihrer höchsten Stelle 1,50–1,80 m mißt, an ihrer niedrigsten vielleicht 80 cm oder 1 m, ist ein Betonfundament erforderlich. Um frostsicher zu sein, muß es mindestens 80 cm, besser 1 m tief in den gewachsenen Boden reichen. In die noch weiche Fundamentmasse werden die Balken oder Schwellen gleich mit einbetoniert und bis zur Härtung der Masse eventuell abgestützt. Die Fundamentoberkante muß das Geländeniveau geringfügig überragen, damit keine Erdfeuchtigkeit ins Mauerwerk gelangen kann. Daran sollte man besonders denken, wenn man die nässeanziehenden Kalksandsteine verwendet.

Sowohl beim Gießen des Fundaments als auch beim anschließenden Aufmauern muß man sich unter Zuhilfenahme der Wasserwaage immer wieder davon überzeugen, daß die Horizontale peinlich genau eingehalten wird. Abweichungen lassen sich während der Arbeit durch den Mörtel ausgleichen. Die Balken müssen entweder bereits druckimprägniert sein, oder man schützt sie nachträglich durch einen entsprechenden Anstrich vor Witterungseinflüssen und Bodennässe. Anders als die Mauer, die ja höhenversetzt angelegt ist, sollen alle Balken die gleichen Abmessungen aufweisen. Sie dienen nämlich später auch noch als Unterlage für eine schmale Lattenkonstruktion, an der Kletterpflanzen entlangranken können. Die Flächen der Balkenstirnteile werden ebenfalls gegen eindringendes Regenwasser geschützt, indem man Dünnblechstücke darauf festnagelt. Wenn das alles erledigt ist und Sie das Gesamtbauwerk betrachten, werden Sie wahrscheinlich erst einmal einen Schreck bekommen: Wie ein Fremdkörper steht die Stufenmauer an ihrem Platz, die Balken ragen wie ausgestreckte Finger in die Höhe, und man kann sich nur schwer vorstellen, wie das alles später einmal aussehen soll. Aber der erste Eindruck wird sich

Alte Eisenbahnschwellen haben eine Teer-Imprägnierung, die manchmal erst nach einiger Zeit „ausschwitzt". Es empfiehlt sich nicht, solche Schwellen als Sitzgelegenheit zu wählen.

Als Schutzanstrich für alle Holzelemente im Garten sollte nur ein pflanzenverträgliches Produkt in Frage kommen. Gewächse reagieren empfindlich auf Schadstoffe und Ausdünstungen.

Rankgerüste für Kletterpflanzen

Als vorläufig letzter Schritt fehlt nun noch die Stellage für die Kletterpflanzen. Man wählt dafür starke Latten, die so stabil sein müssen, daß sie sich nicht unter dem beträchtlichen Gewicht der später auf ihnen lastenden Grünmasse durchbiegen. Die Latten werden paarweise und parallel zueinander an den Stellen auf die senkrechten Mauer- und Torpfosten genagelt, an denen eine Bepflanzung vorgesehen ist. Einen besseren Halt für die Ranken bieten zusätzlich angebrachte kurze Querleisten, sogenannte „Reiter" oder Sparren; mit 30–40 cm Abstand voneinander kann man sie ebenfalls mit Nägeln auf den Längsträgern befestigen. Weil unser Hof ja mit Platten belegt ist, wachsen die Kletterpflanzen im Erdreich an der Gartenseite der Mauer.

Grüner Pelz aus Kletterpflanzen

Als Pfosten für Durchgänge in andere Gartenbereiche verwendet man massive Vierkantbalken oder Eisenbahnschwellen. An diesen Torpfosten können die Rankgerüste für Kletterpflanzen befestigt werden

schon nach den nächsten beiden Arbeitsschritten ändern. Nun bekommt die Mauer nämlich einen Anstrich mit einer wetterfesten Außen- oder Fassadenfarbe, so hell wie möglich. Am besten sieht ein leuchtendes Weiß aus, von dem sich später das Grün der Pflanzen, die Blüten und die über die Mauer hängenden dichten Polster der Kletter- und Rankgewächse besonders kontrastreich abheben. Auf die Maueroberkante kann man rote Dachziegel legen; wenn sie noch erhältlich sind, nehmen Sie die alten „Biberschwänze" mit ihrer sympathischen Rundung. Jetzt wirkt das Ganze schon viel freundlicher, und die Vorstellung vom südländischen Atriumhof ist keine reine Utopie mehr.

Wenn diese Pergola baldmöglichst dicht bewachsen sein soll, dann ist dies vom Geißblatt (*Lonicera*) und vom Wilden Wein (*Parthenocissus*) am ehesten zu erwarten. Für Schattenpartien eignet sich die Pfeifenwinde (*Aristolochia*) besser zur Begrünung als der langsamwachsende Efeu. Außerdem bildet sie mit ihren großen, dachziegelartig übereinanderliegenden Blättern eine besonders attraktive Variante der Begrünung. Vom Geißblatt gibt es mehrere sehr schöne Arten mit roten, rosa, gelben oder gelborangen Blüten und roten oder schwarzen Beeren im Herbst. Die Art *Lonicera henryi* ist immergrün, steht aber lieber etwas im Schatten, während die anderen Arten sowohl Halbschatten als auch Sonne gut vertragen. Wenn Sie Geißblatt und Wilden Wein nebeneinandersetzen, so ergibt sich im Herbst ein großartiger Farbeffekt durch die leuchtendroten Blätter des *Parthenocissus* zwischen dem grünen Geißblattlaub. Nach zwei oder drei Jahren ist der grüne Pelz so dicht und hängt so weit über, daß die Dachziegel auf der Mauerkante nur noch hier und dort durchschimmern.

An anderer Stelle kann man eine Trompetenblume (*Campsis radicans*) an die Außenseite der Mauer pflanzen. Die orangefarbenen bis rostroten Trichterblüten erscheinen in großer Zahl im Juli und August, die hellgrünen Blätter sind gefiedert und bilden ein dichtes grünes Dach. Natürlich ist auch der Knöterich (*Fallopia aubertii*) geeignet, den Atriumhof wohnlicher zu machen, oder man wählt andere, ausdauernde Kletterer und Schlinger, die viel Blattmasse entwickeln. An den Pfosten können kleine Pflanzgefäße für Sommerblumen angebracht werden, an der Mauer Balkonkästen in angedübelten Halterungen sitzen. Wem das alles, zusammen mit den schon erwähnten Kübelpflanzen, zuwenig ist – nun, die Möglichkeiten der Gestaltung des Innenhofs sind noch lange nicht erschöpft. Bleiben wir noch etwas bei den Kletterpflanzen. Da sie senkrecht wie waagerecht gleich gut vorankommen, kann man sich das zunutze machen, in-

Kletter- und Schlingpflanzen, zum Beispiel Wilder Wein und Knöterich, lassen sich an Schnüren quer über den ganzen Hof leiten

dem man zum Beispiel Wilden Wein oder Knöterich an Schnüren quer über den ganzen Hof wachsen läßt. Wäscheleinen aus Kunststoff eignen sich sehr gut dafür. Werden sie von der Mauer ausgehend leicht schräg zum Haus hinaufgeführt, verlaufen sie so hoch, daß der Bewuchs nicht stört. Genau so gut sind sie über Eck zu leiten, wo die Pflanzen dann, wenn mehrere Schnüre parallel zueinander gespannt werden, zu einem Laubendach zusammenwachsen. Im Bedarfsfall und sofern die Schnüre mit einer Öse an einem offenen Haken befestigt sind, lassen sie sich aushängen und mitsamt den an ihnen verlaufenden Ranktrieben kurzfristig beiseite legen.

Es ist besonders schön, wenn die Rankpflanzen eine blühende Ergänzung durch eine Kletterrose finden, die an einem der Durchgänge wächst. Wichtig ist

Kunststoffkette als Rankhilfe für eine Kletterrose

dabei, daß die Langtriebe der Rose nicht nur nach oben weisen, sondern in einem möglichst flachen Bogen über das Tor geleitet werden. Die größte Blütenfülle entsteht an der der Sonne zugewandten Triebseite; je waagerechter man also die Rosen bindet, desto reicher fällt der Flor aus. Eine andere Möglichkeit, die Kletterrosen zu befestigen, bietet eine grobgliedrige Kette aus Kunststoff, die man von einer Ecke des Hausdachs herabhängen läßt und die im Boden mit einem großen Zelthäring verankert ist. Derartige Ketten gibt es in Heimwerkermärkten von der Rolle zu kaufen. An modernen Bungalows und Einfamilienhäusern findet man sie manchmal als originellen Ersatz für das Regenfallrohr.

Nistkästen für Vögel

Bringen Sie, sobald die Kletterpflanzen sich auszubreiten beginnen, an den Mauerpfosten Nistkästen für Höhlenbrüter wie Kohl- und Blaumeisen, Kleiber oder Gartenrotschwänzchen an. Mehr als zwei Kästen sollten es im räumlich beengten Innenhof nicht sein, da das Revierverhalten der Vögel ein enges Zusammenleben verbietet. Deshalb müssen die beiden Nisthöhlen – das Einflugloch der Wetterseite abgewandt – auch möglichst weit voneinander entfernt befestigt werden. Sie werden sehen, die Vögel gewöhnen sich überraschend schnell an das Treiben um sie herum und lassen sich vom Menschen weder beim Brutgeschäft noch bei der Fütterung stören. Man kann auf diese Weise praktisch im eigenen Hinterhof Nahbeobachtungen machen, die nirgendwo sonst so unmittelbar und beglückend möglich sind. Wenn nur Nachbars Katze nicht wäre! Aber damit betreten wir ein weites Feld für Diskussionen und streifen ein Problem, an dem schon manche Freundschaft über den Gartenzaun zerbrochen ist.

Gemauerte Blumenbeete

Von der Funktionsweise her handelt es sich bei diesen Pflanzenquartieren eigentlich um Kübel, lediglich mit dem Unterschied, daß sie natürlich aussehen und wie richtige Beete wirken. Man schichtet dazu aus irgendwelchen Steinen, die einem gefallen, an der Gartenmauer oder der Hauswand eine kleine Einfassung auf und füllt diese mit Erde. So können halbrunde oder rechteckige beziehungsweise quadratische Formen entstehen, ihre Größe ist variabel und richtet sich einzig nach den örtlichen Gegebenheiten und der Art der späteren Bepflanzung.

Wenn es irgendwo an der Wand eine schattige Ecke gibt, so ist das der ideale Platz für eine Kletterhortensie (*Hydrangea anomala* ssp. *petiolaris*). Aber auch Fuchsien, Knollenbegonien oder Fleißige Lieschen wachsen prächtig im Schatten. Für die Mauerbeete braucht ein vorhandener Plattenbelag im Hof nicht entfernt zu werden. Es genügt, wenn man ein Element herausnimmt, damit Regen- und Gießwasser nach unten versickern

Gemauertes Blumenbeet im Innenhof

können. Nur wer Gehölzen im Beet ein ungehindertes Wurzelwachstum gewähren möchte, der sorgt für freie Bahn.

Mauerbeete sind ebensogut geeignet für Klettergewächse wie etwa Wilder Wein, Geißblatt, Pfeifenwinde oder Waldrebe. Außer dem Wein brauchen sie alle an der Mauer eine Rankhilfe in Form eines einfachen Gerüsts, das man andübeln kann. Je nach Umfang der Pflanzfläche lassen sich Miniaturrosen, Nelken, Pelargonien (Geranien) und andere Blüher an den Rand neben die Kletterpflanzen setzen. Man kann auch eine wechselnde Frühlings-, Sommer- und Herbstbepflanzung wählen.

Da die Quartiere nur wenige Gewächse aufnehmen können, läßt sich ein Austausch finanziell verschmerzen. Einen Unterbau (Fundament) benötigen Beete dieser Art nicht, es genügt völlig, wenn die unterste Steinreihe in eine etwas stärkere Betonschicht eingebettet wird.

Was für Rundbeet und Blumenhügel gesagt wurde, gilt auch für gemauerte Beete: Halten Sie die Steinumrandung niedrig, damit die Proportionen stimmen.

Der Kakteenhügel
(im Bild mit einer Umrandung aus
Eisenbahnschwellen)
sollte in voller Sonne liegen

Denken Sie bei Ihren Kakteen auf dem Hügel daran, daß auch diese Pflanzen Nährstoffe zum Leben brauchen. Am besten – weil richtig zusammengesetzt – eignet sich spezieller Kakteendünger.

drei Lagen aus Eisenbahnschwellen wählen; dadurch wird die Pflanzfläche so groß, daß sich mit Hilfe von Steinen sogar eine kleine Landschaft modellieren läßt, in der die Kakteen und die anderen Sukkulenten besonders naturgetreu wirken. Damit es keine Vernässung gibt, empfiehlt sich als Pflanzsubstrat reiner Sand oder Kies, was auch am besten zu Gewächsen aus Trockengebieten paßt. Der Kakteenplatz muß möglichst in voller Sonne liegen. Denken Sie aber daran: Wenn die Gewächse nach Mitte Mai aus dem molligen, meist lichtarmen Winterquartier kommen, dürfen sie keinesfalls sofort der Sonne ausgesetzt werden. Entweder stellt man sie zum Eingewöhnen vorübergehend in ein schattiges Zwischenquartier, oder man muß sie an Ort und Stelle durch leichte Gewebe wie Schattiermatten, die man über die Kakteen legt, vor allzu starker Lichtintensität schützen. Dies noch als Anregung: Drachenbäume und Palmlilien passen ebenfalls gut in diese Pflanzengesellschaft.

Nach demselben Prinzip wie ein Mauerbeet wird auch ein Kakteenhügel angelegt, auf dem die Sukkulenten den Sommer verbringen können. Senken Sie die Pflanzen mitsamt ihren Gefäßen ein, frei ausgepflanzt bekommt man die Kakteen im Herbst ohne Wurzelverletzungen nur schwer wieder aus dem Boden. Wer etwas mehr Platz an der Mauer zur Verfügung hat, kann für die Umrandung des Beetes zwei oder

Der Hochteich im Hof

Nun kommen wir zur einfachsten und am wenigsten arbeitsaufwendigen Möglichkeit, sich einen Wassergarten zuzulegen, vorausgesetzt, der Hof ist geräumig genug und sonnig. Denn außer unserem Hochteich, der die gesamte Hofmitte einnehmen wird, soll ja auch noch Platz für Kübelpflanzen längs der Mauer bleiben und genügend Raum,

In einem
geräumigen Hof kann man
mit geringem Arbeitsaufwand
einen Hochteich anlegen

daß man den Teich von allen Seiten umgehen kann. Als Baumaterial werden wiederum Eisenbahnschwellen verwendet. Bei einer Schwellenlänge von 2,60 m kommt man auf 6–7 m² Material, das für den Teich benötigt wird. Es gibt allerdings auch druckimprägnierte Schwellenimitationen von geringeren Abmessungen; in einigen Baustoffhandlungen werden echte Schwellen angeboten, die auf unterschiedliche Längen zurechtgesägt wurden. Legt man vier Schwellen mit der Breitseite übereinander, kommt man auf eine Höhe von 60 cm, gerade das richtige Maß, damit die Anlage nicht wie ein großer Klotz wirkt. Als Abdichtung hat sich in der Praxis spezielle Teichfolie aus PVC (Polyvinylchlorid) am besten bewährt; sie ist UV-stabilisiert, das heißt relativ widerstandsfähig gegen die ultravioletten Strahlen des Sonnenlichts und praktisch verwitterungsfest. Teichfolien werden in den Stärken 0,5 und 1 mm im Gartenfachhandel oder in Spezialgeschäften verkauft. Allerdings ist auch dieses stabile Material gegen manuelle Beschädigungen nicht gefeit. Man sollte also nie in den Teich hineinsteigen und nicht mit scharfen oder spitzen Gegenständen darin herumhantieren.

Bau des Teichs

Zum Bau des Teichs werden zunächst drei Schwellenlagen im Quadrat aufgeschichtet. In diese äußere Einfassung wird die Folie nun derart eingelegt, daß sie die dritte, oberste Schwelle überlappt. Das geht natürlich, vor allem in den Ecken, nicht ohne Falten ab, die aber später durch den Wasserdruck ausgeglichen und an die Einfassung gedrückt werden. Zuletzt legt man die vierte Schwelle auf; durch ihr Gewicht wird die Folienbahn festgehalten und kann nicht mehr verrutschen. Wichtig ist, daß sie auch an den Seiten und an den Eckpunkten dem Plattenboden fest aufliegt, damit sie an diesen Stellen später nicht durch das Gewicht des Wassers nach unten gezogen werden kann und aus der Schwellenhalterung hinausgleitet. Vor dem Einlegen der Folie muß die Fläche sauber abgefegt werden; noch besser ist es, eine wenige Zentimeter dicke Schicht gesiebten Sandes im Schwellenviereck auszubringen und glattzuziehen; so werden eventuelle Bodenunebenheiten ausgeglichen, und die Kunststoffbahn erhält eine elastische Unterlage. Als Pflanzsubstrat eignet sich jeder möglichst lehmige, ungedüngte Gartenboden. Die Beschaffung derartiger Erde bereitet bei der ganzen Teichanlage möglicherweise das größte Problem. Viel ist schon gewonnen, wenn man sicher sein kann, daß das Substrat aus tieferen Bodenschichten stammt, die nährstoffarm und daher für einen Teich gut geeignet sind. Mit dem Pflanzsubstrat sollte man es wirklich genau nehmen, andernfalls ist eine Veralgung von Anfang an vorprogrammiert, das Wasser bleibt trübe, und anstatt eines sauberen klaren Teichs hat man einen häßlichen grünen Tümpel mitten im Hof. Um die natürliche Trübung durch Schwebeteilchen in Grenzen zu halten, läßt man das Wasser über einen Eimer einlaufen. Man stellt das Gefäß in

Folienbahnen kann man selbst zu den gewünschten Abmessungen zusammenschweißen; sicherer ist es, wenn das der Fachmann beim Kauf des Materials erledigt.

Werden zum Bau des Hochteichs leichtere Hölzer als Eisenbahnschwellen verwendet, sollte man sie über Eck mit starken Krampen verbinden. Das verhindert ein Verschieben durch den Wasserdruck.

den Teich, legt den Schlauch hinein und läßt das Leitungswasser über den Eimer langsam in das Becken rieseln. Das dauert seine Zeit, hat aber den Vorteil, daß die Erde nicht aufgewirbelt wird.

Bepflanzung

Im Hochteich gibt es keine Ufer- oder Flachwasserzone. Die Tiefe beträgt analog der Schwellenstärke durchgehend etwa 40 cm. Im Lauf der Jahre nimmt der Wasserstand noch etwas ab, weil die zuunterst liegende Erdschicht durch Pflanzenteile, die sich zer-

Tannenwedel *(Hippuris vulgaris)*, eine zierliche Pflanze, die in keinem Teich fehlen sollte

Die weiße Blüte der Wasserähre *(Aponogeton distachyos)* duftet nach Vanille

setzen, und das Wurzelwerk der immer dichter zusammenwachsenden Pflanzen allmählich dicker wird. Ob man die Teichbepflanzung vor dem Wassereinlauf oder danach vornimmt, bleibt sich gleich. Bequemer ist die Arbeit im Trockenen, weil man dann, auf einem Brett stehend, auch zur Mitte hin pflanzen kann. Andererseits sollte das Zentrum, von Seerosen abgesehen, ohnehin bewuchsfrei gehalten werden. Das Ausbreitungsvermögen vieler Wasserpflanzen wird nämlich meist unterschätzt, und das Gedränge im Teich wird mit der Zeit so groß, daß irgendwann einmal rigoroses „Auslichten" fällig wird. Spätestens wenn sich in den Ecken die ersten schmutziggrünen, blasigen Algenflecken breitmachen, ist es so weit. Dann muß man mit beiden Händen in den Unterwasserurwald greifen und an vermodernden Pflanzenstücken herausholen, was nur herauszuholen ist. Gleichzeitig sollte man auch ohne Hemmungen zu dicht stehende Binsen, Schilfe, Tannenwedel und auf oder unter dem Wasser lebendes Grünzeug entfernen, damit der Teich Luft bekommt. Nach wenigen Tagen zeigt sich der Erfolg, das Wasser ist wieder klar.

Pflanzen für den Hochteich: *Acorus calamus*, Kalmus; *Butomus umbellatus*, Schwanenblume; *Callitriche palustris*, Wasserstern; *Ceratophyllum demersum*, Hornkraut; *Hippuris vulgaris*, Tannenwedel; *Hottonia palustris*, Wasserfeder; *Hydrocharis morsus-ranae*, Froschbiß; *Nuphar pumila*, Kleine Teichrose; *Potamogeton natans*, Schwimmendes Laichkraut; *Ranunculus* aquatilis, Wasserhahnenfuß; *Sagittaria sagittifolia*, Pfeilkraut; *Stratiotes aloides*, Wasseraloe; *Typha latifolia*, Rohrkolben.

Die Wasserpest (*Elodea canadensis*) wird mit Absicht nicht aufgeführt, obgleich es sich bei ihr um eine sauerstoffliefernde Unterwasserpflanze handelt. Da unser Hochteich schon bald alle Mühe haben wird, mit dem sich über und unter Wasser ausbreitenden Bewuchs fertigzuwerden, muß man das Wasser nicht auch noch vorsätzlich mit einem sprichwörtlich wuchernden Gewächs „verpesten". Das schafft der reizvolle Tannenwedel schon ganz allein.

Drei andere, nicht winterharte Pflanzen seien jedoch als sommerliche Bereicherung noch erwähnt. Das Zypergras (*Cyperus alternifolius*) wächst nirgends sonst zu einer so prachtvollen, bis zu 1 m hohen, buschigen Staude heran wie im Gartenteich. Man wird sie mitsamt dem Gefäß ins Wasser setzen und kann sie dort sich selbst überlassen. Die Überwinterung erfolgt im warmen Wohnzimmer oder frostfrei im dunklen Keller. *Cyperus alternifolius* treibt im kommenden Frühjahr wieder aus.

Die echte Papyrusstaude (*Cyperus papyrus*) erreicht leicht 2 m Höhe und fällt mit ihren grasartigen Blattquirlen auf den langen, schlanken Schäften sofort auf. Durch ihren exotischen Habitus paßt sie durchaus in die Gesellschaft der den Hochteich umgebenden Kübelpflanzen. Die Überwinterung ist allerdings nicht ganz einfach und scheitert in der Regel an mangelnder Helligkeit im oberen Bereich der großen Staude.

Die Wasserfeder
(Hottonia palustris)
blüht im Mai und Juni

Schließlich wäre als Sommergast noch die Wasserhyazinthe (*Eichhornia*) zu nennen. Die fleischigen, glänzend hellgrünen Blätter sitzen auf ballonartigen Schwimmkörpern und werden von der blauen Blüte überragt. Wasserhyazinthen kann man auch im Winter zum Blühen bringen, wenn man sie im warmen Wohnzimmer und an einem sehr hellen Platz in einem Glasgefäß schwimmen läßt.

Tiere im und am Wasser

In unserem neuen Teich wird sich bald auch tierisches Leben einfinden: Rückenschwimmer, Wasserläufer, Posthornschnecken und die Larven verschiedener Insekten, die freilich unsichtbar bleiben. In Gebieten mit nahen natürlichen Gewässern wandern häufig ohne unser Zutun Teichfrösche ein. Grasfrösche, die sich nur zur Laichzeit am Wasser aufhalten und nach getaner Pflicht wieder abwandern, wagen den großen Sprung auf den Rand des Hochteichs meist nicht. Wasser- und Teichfrösche sind da athletischer. Man findet

Wenn sich die Seerosenblätter so ausbreiten, daß sie größere Flächen bedecken, muß man kräftig dazwischengehen und einen Teil davon möglichst tief unter Wasser abschneiden oder herausziehen.

Die Vermehrung des Zypergrases ist völlig unproblematisch. Man schneidet einfach einige Blattschirme ab und läßt sie im Wasser schwimmen.

In Indien hat sich die Wasserhyazinthe wegen ihrer rasanten Vermehrung zu einer regelrechten Plage entwickelt. In nur wenigen Monaten bedecken die Ausläufer einer einzigen Pflanze mehrere hundert Quadratmeter Wasserfläche.

Wasserfrösche leben vor allem in reich bepflanzten Teichen. In der Paarungszeit erkennt man die Männchen an den großen Schallblasen

zweiten Lebensjahr die goldrote Färbung annehmen, wird der Zuwachs zunächst häufig gar nicht bemerkt. Auf keinen Fall jedoch dürfen die Fische gefüttert werden, weil der Teich mit den Futterteilen, die sich allmählich zersetzen, eine Nährstoffanreicherung erfährt, die einer Düngung gleichkommt. Die Tiere finden genügend natürliche Nahrung im Wasser, und es ist nicht bekannt, daß ein Goldfisch jemals verhungert wäre. Entgegen landläufiger Meinung überstehen Goldfische auch harte Winter mit Frostperioden um – 25 °C, wenn der Hochteich mindestens 40 cm tief ist, wenn er dicht bewachsen ist und sich auf seinem Grund ein dickes Polster aus Wurzeln und abgestorbenen Pflanzenteilen gebildet hat. Gebündelte Stengel und Halme, die aus dem Eis herausragen, sorgen für den notwendigen Gasaustausch. Auch die amerikanischen Rotwangenschildkröten überstehen den Winter im Teich. Wer freilich Freude an seinen Seerosen hat, sollte auf diese Amphibien lieber verzichten, weil sie sich gerne über deren Blüten und Blütenstengel hermachen.

Grasfrösche, die den Teich nur zum Ablaichen aufsuchen, sind stumm. Froschkonzerte werden allein von Wasser- und Teichfröschen veranstaltet.

Goldfische sollten nur aus sogenannten Naturteichen ferngehalten werden, weil sie in diese Lebensgemeinschaft nicht hineinpassen. In unserem Hochteich bereiten sie Freude und richten keinen Schaden an.

sie sogar in Blumenkästen und Schalen, die auf dem Schwellenrand des Teichs aufgestellt wurden. Am gelegentlichen Froschkonzert, vom Teichbesitzer meist sehnsüchtig erwartet, sollten sich empfindliche Nachbarn besser nicht stören. Im Zweifelsfall entscheiden sich unsere Gerichte heute fast stets für die Natur, und das heißt zugunsten der feuchten Musikanten.

Wer Freude daran hat, seinen Teich mit Fischen belebt zu sehen, braucht sich vor Goldfischen nicht zu scheuen. Man kann sie wegen ihrer auffälligen Färbung und ihrer phlegmatischen Lebensweise gut beobachten, und besonders Kinder haben viel Spaß daran. Die Tiere sind außerordentlich vermehrungsfreudig. Da sie aber erst im

Blumengefäße am Teichrand

Mit so einem Teich ist unser Innenhof fast schon komplett. Die oberste Schwelle bietet genug Platz, um noch zusätzlich rund ums Geviert nach eigenem Geschmack hübsche Gefäße für Blumen hinzustellen, am besten aus Ton oder Terrakotta. Aber auch einfache Balkonkästen erfüllen ihren Zweck, sofern man sie mit herabhängenden Blüten-

oder Blattschmuckgewächsen bepflanzt. Nur beim Düngen ist Vorsicht geboten, denn es darf kein mit Nährstoffen angereichertes Gießwasser durch die Abzugslöcher in den Teich gelangen. Und wenn es gar nicht zu umgehen ist, daß einmal ein Insektizid eingesetzt werden muß, sollten Sie die Gewächse, die behandelt werden müssen, mit dem Topf herunterheben und irgendwo anders einsprühen. Das gilt in besonderem Maß für die sogenannten biologischen Präparate auf Pyrethrum-Basis. Dieser aus einer Chrysanthemenart gewonnene Wirkstoff ist im höchsten Grad fischgiftig und kann auch in geringen Dosen verheerende Folgen für das Leben im Teich haben.

Nützlich und schön: die Pumpe

Haben Sie nach all diesen Anregungen immer noch ein Plätzchen in Ihrem Atriumhof frei? Dann könnten Sie dort noch etwas hinsetzen, das nicht nur hübsch und ländlich-nostalgisch aussieht, sondern auch noch von beträchtlichem Nutzen ist: eine Handschwengelpumpe.
Das Oberteil, den sogenannten Pumpenstock, können Sie in jedem Heimwerkermarkt, manchmal auch im Gartencenter oder im Eisenwarenhandel, erwerben. Auch die größeren, verzierten „Dorfpumpen", die nach alten Modellen gegossen und natürlich teurer sind, finden sich hier

und da im Angebot. Zunächst muß man sich allerdings bei der Gemeinde oder der Bürgermeisterei erkundigen, ob die Installierung einer derartigen Anlage erlaubt ist. Die Vorschriften sind von Kommune zu Kommune unterschiedlich. Allgemein gilt die Regel, daß für die Genehmigung einer Pumpe eine mehr oder weniger saftige Gebühr erhoben wird. Ist man schon auf dem Amt, sollte man auch gleich in Erfahrung bringen, wie es mit dem Grundwasser in der Gegend bestellt ist, das heißt, wie tief man vermutlich schlagen muß. Die sicherste Auskunft erhalten Sie freilich von einem Nachbarn, der bereits über einen Brunnen verfügt. Das Schlagen überläßt man besser einem Fachmann. Manchmal übernimmt es ein Installateur am Ort oder ein Spezialbetrieb, den man unter dem Stichwort „Brunnenbau" im Branchentelefonbuch findet.
Wichtig ist für uns natürlich auch das Beiwerk, das eine solche Pumpe erst zu einem Schmuckstück eigener Art im Innenhof – aber auch anderswo – macht: der Brunnentrog.

Zwei Dinge, die den Innenhof bereichern: Nistkasten und Brunnentrog mit Handpumpe

Wir benötigen folgende Materialien: eine Regentonne aus Plastik, in der Gartenabteilung von Bau- und Heimwerkermärkten erhältlich, Natursteine, zum Beispiel Sandsteine, oder Natursteinimitationen aus Beton, dazu zwei kurze Metallrohre sowie Zement und Sand, um die Betonmischung herzustellen. Beim Aufmauern der runden Tonneneinfassung muß unten eines der Metallrohre mit eingearbeitet werden; so kann das Wasser, das sich trotz aller Abdichtungen zwischen Regentonne und Steinmantel ansammelt, abfließen. Das zweite, etwas längere Rohrstück wird als Überlauf unmittelbar oberhalb der Tonne durch eine Steinfuge geführt. Der obere Spalt zwischen Plastikeinsatz und Ummauerung muß sorgfältig mit Beton verschmiert werden. Mauern Sie paßgenau dem Oberrand der Tonne entsprechend, damit die Fuge an dieser Stelle möglichst schmal bleibt, sonst gibt es bei ihrer Schließung durch den Beton Schwierigkeiten. Da wir am Boden der Tonne für einen Abfluß gesorgt haben, wäre es aber auch nicht weiter schlimm, wenn beim Pumpen und Schöpfen etwas Wasser zwischen Tonne und Umrandung gerät.

Regenwasser aus der Tonne

Da wir gerade beim Wasser sind: Legen Sie sich doch eine automatische Regenwasseranlage Marke Eigenbau zu. Einzige Voraussetzung ist eine Terrasse, die etwas über dem Gartenniveau liegt und in deren Bereich ein Regenfallrohr nach unten führt. Meist befindet es sich im hinteren Teil an einer Hausecke. Allerdings müssen Sie bereit sein, dort ein großes Regenwasserfaß aufzustellen. So eine Tonne braucht keineswegs häßlich auszusehen und die Terrasse zu verschandeln. Es gibt ganz brauchbare Behälter zu kaufen, die nach demselben Prinzip konstruiert sind wie die schon beschriebene Umrandung für Pflanzenkübel (siehe Seite 47). Der Bausatz besteht aus imprägnierten, braunen Holzleisten, die durch zwei Drahtseile zusammengehalten werden. Die Leisten weisen entsprechende Bohrungen auf, durch die der Draht unsichtbar verläuft. Die Holzwandung dient dem Wasserbehälter aus Fischteichfolie als Stützgerüst. Die Folie kann bei Beschädigung jederzeit nachgeliefert werden. Anhand der Montageanleitung ist der Zusammenbau kinderleicht. Die Fässer werden in der Regel mit einem Fassungsvermögen zwischen 200 und 2000 l angeboten. Das 1000-Liter-Faß, für unsere Zwecke wohl am besten geeignet, mißt 120 cm im Durchmesser und ist 88 cm hoch. Man stellt den Behälter direkt auf den Plattenbelag der Terrasse oder, noch besser, auf ein Sandbett.

Am Regenfallrohr wird nun ein Klappabfluß etwas oberhalb des Tonnen-Oberrands angebracht. Diese Klappstücke sind in Heimwerkermärkten in verschiedenen Durchmessern erhältlich. Man wechselt sie einfach gegen das entsprechende Teilelement des Fallrohrs aus. Ist das Faß voll, wird der Ablaufstutzen nach oben geklappt, und das Wasser fließt wieder direkt in die Kanalisation.

Der Einbau eines Regenwassersammlers mit Regulierventil macht den Klappabfluß überflüssig, und man braucht sich um die Füllhöhe der Tonne nicht weiter zu kümmern. Die Automatik, die das Überlaufen verhindert, funktioniert folgendermaßen: Der Regenwassersammler wird an dem nach der Dachrinne schräg verlaufenden Teil des Fallrohrs (Schwanenhals oder Rohrbogen) angeschlossen – auf der Unterseite, weil hier das Regenwasser entlangläuft. Für den Einbau benötigt man lediglich eine Bohrmaschine.

Von dem Regenwassersammler führt ein 3/4-Zoll-Schlauch zum Regulierventil am Faß; das Ventil sorgt dafür, daß der Zufluß gestoppt wird, sobald das Faß voll ist. Senkt sich der Wasserstand, gibt das Ventil den Zulauf wieder frei. Regenwassersammler und Regulierventil arbeiten absolut wartungsfrei.

Gibt es reichlich Niederschläge, haben Sie jetzt zwar ein stets gefülltes Regenfaß auf Ihrer Terrasse, aber zu den Kübelpflanzen im Atriumhof oder zu anderen durstigen Kandidaten im Garten müssen Sie die schweren Kannen immer noch hinschleppen. Da ist es praktisch, sich eine zweite Wasserstelle einzurichten, die von der Terrassentonne aus gespeist wird. Weil der Garten in unserem Fall auf einem niedrigeren Niveau liegt, verbindet man beide Zisternen mit einem ganz gewöhnlichen Gartenschlauch. Er kann fast unsichtbar entlang der Hauswand oder auch unterirdisch in einem flachen Graben verlegt werden. Sobald dieser Zulauf mit Wasser gefüllt ist, bewirkt das Gefälle einen ununterbrochenen Fluß in die untere Sammelstelle. Auf diese Weise lassen sich sogar mehrere Fässer von der Terrasse aus versorgen.

Da der Druck im Schlauch äußerst gering ist, kann man das Schlauchende nach erfolgter Füllung umknicken und mit einem starken Gummiband in dieser Stellung festhalten. Bei geringem Gefälle wird der Schlauch einfach hochgelegt oder irgendwo aufgehängt. Schließlich gibt es auch noch Schlußventile

Regentonne einmal anders: Eine Wandung aus Holzleisten wird mit einer Teichfolie ausgelegt

mit Wasserstopp, die den Zufluß unterbrechen. Übrigens: Nach längeren Niederschlagspausen sollte man das Regenwasser besser eine Weile in die Kanalisation abfließen lassen, ehe es in die Tonne geleitet wird. Man weiß heute nie, was sich im Lauf der Zeit auf dem Dach an Staub- und Rußpartikeln angesammelt hat, die mit Schadstoffen befrachtet sind.

Wenn im vorhergehenden der zum Innen- oder Atriumhof umfunktionierte Wäschetrockenplatz eine so große Rolle spielte, bedeutet das nicht, alle beschriebenen Gestaltungsideen ließen sich nur in einem derartigen Hof verwirklichen. Jedermann kann sich überlegen, ob nicht die eine oder andere Idee auch in den eigenen Garten passen würde; denn Kletterpflanzen sind vielseitig verwendbar, für ge-

mauerte Blumenbeete werden sich überall Plätze finden, und auch der Hochteich macht sich – ebenso wie die Handpumpe – genauso gut im Rasen.

Schließlich lassen sich von den hier geschilderten Vorschlägen zahlreiche Varianten ableiten, je nachdem, welche Möglichkeiten Ihr Garten bietet. Jedenfalls sollte man, wie immer die Gestaltung im einzelnen ausfällt, die Natur nicht vor der Tür lassen. Man braucht nicht unbedingt eine „Gebrauchsanweisung" durch die einschlägige Literatur, und man muß nicht auf Pflanzen verzichten, die man schön findet und liebt. Hierzu ein abschließendes Wort des großen Staudengärtners und Gartenphilosophen Karl Foerster: „Das Wechselspiel zwischen 'Wildnisgartenkunst' und 'Prachtgartenkunst' geht durch alle Gartenjahreszeiten. Fort und fort muß wieder darauf hingewiesen werden, daß auch der Kleingartenbesitzer nicht nur die Zipfel dieser Freudenbereiche in Händen hält, sondern selbst auf kleinen Räumen sehr herzhaft mit ihnen umgehen kann."

Das im Faß auf der Terrasse gesammelte Regenwasser kann über einen Schlauch in tiefer gelegene Wasserstellen geleitet werden

Bodenarten und ihre Pflege

Nährstoffe, Wasser, Sauerstoff und Licht, das sind die vier Komponenten, deren Zusammenwirken pflanzliches Leben ermöglicht. Wasser und Nahrung werden in erster Linie von speziell dafür entwickelten Organen, den Wurzeln, aufgenommen. Ob diese lebenswichtigen Stoffe den Gewächsen immer in ausreichendem Maß zur Verfügung stehen und absorbiert werden können, hängt nicht zuletzt von der Art des Bodens und von den in ihm enthaltenen Mineralien ab. Nach der Struktur unterscheiden wir zwischen leichten, mittleren und schweren Böden. Für die Kultur von Pflanzen hat jede dieser drei Bodenarten ihre besondere Bedeutung und beeinflußt das Gedeihen in negativer oder positiver Hinsicht. Das wird deutlicher, wenn man drei andere Bezeichnungen für die genannten Bodenarten verwendet: Sandböden, Lehmböden, Tonböden.

Leichte Böden

Leichte Böden oder Sandböden haben durchaus ihre Vorteile. Sie sind durchlässig und luftig, erwärmen sich schnell und sind leicht zu bearbeiten. Andererseits ist ihr Nährstoffgehalt verhältnismäßig gering, das Wasser kann zwar gut eindringen, versickert aber auch genauso schnell; und ebenso rasch, wie sie sich erwärmen, kühlen Sandböden wieder ab. Ökologisch gesehen baut, wer solche Böden zwangsläufig wieder und wieder mineralisch düngt, buchstäblich auf Sand. Denn ein großer Teil der zugeführten Nährstoffe wird nicht gespeichert, sondern ausgespült und gelangt auf diese Weise ins Grundwasser. Bei mineralischer Stickstoffdüngung führt das zu einer Nitratüberlastung des Bodens, die in Gegenden mit Intensivlandwirtschaft bereits eine deutliche Qualitätsminderung des Trinkwassers zur Folge hat.

Nun muß sich der Hobbygärtner gottlob nicht mit ungünstigen Bodenverhältnissen abfinden. Schon gar nicht sollte er den – untauglichen – Versuch unternehmen, durch erhöhte Dünger- und Wassergaben die Sache in den Griff zu bekommen. Wir müssen uns vielmehr bemühen, den Boden so weit zu verbessern, daß er eine andere Qualität erhält. Leichte, wenig fruchtbare Sandböden lassen sich in ihrer Struktur verändern. Das kann einmal mechanisch geschehen, indem man der Gartenerde wasserspeichernde Kunststoff-Flokken untermischt. Dieses Hygromull (so die Produktbezeich-

Der Urbestandteil des Erdbodens ist Sand, und Sand ist nichts anderes als in Jahrmillionen zermahlenes Gestein, das wiederum aus Mineralien besteht.

1 g Bentonit, ein natürliches Tonmineral, bindet bis zu 20 g Wasser; es ist daher für die Verbesserung von Sandböden hervorragend geeignet. Bentonit gibt es im Gartenfachhandel.

nung) ist außerordentlich verwitterungsbeständig und behält seine Speicherfähigkeit über Jahre hinweg. Das Erdreich selbst verändert sich freilich durch diese Zugabe qualitativ in keiner Weise, es behält seine alten, porösen Eigenschaften. Hygromull ist nichts weiter als ein bodenfremder „Schwamm", der das Wasser ansaugt.

Deshalb sollte man im Hausgarten einen anderen Weg wählen, den nämlich, der heute in jedem biologisch bewirtschafteten Garten mit Erfolg beschritten wird. Dabei geht es darum, dem Boden Humus zuzuführen. Damit kann man das Bodenleben, also die Milliarden Kleinstlebewesen, aktivieren, was steigende Fruchtbarkeit und eine dauerhafte Strukturverbesserung zur Folge hat.

Wenn wir nach Humus Ausschau halten, können wir ganz einfach auf die natürlichen Materialien zurückgreifen, die uns der Garten zur Verfügung stellt und die

auch nichts kosten: Kompost und Mulch; außerdem wirkt sich Gründüngung positiv auf die Bodenfruchtbarkeit aus. Im Kapitel über die Praxis natürlicher Pflanzenkultur (siehe Seite 95 ff.) werden diese Möglichkeiten eingehend beschrieben. An dieser Stelle soll nur dargestellt werden, warum eine ständige Zufuhr organischer Stoffe für die Bodenqualität so wichtig ist.

In jeder Handvoll guter Gartenerde leben Millionen mikroskopisch kleiner Pilze, Bakterien und andere Einzeller, außerdem Fadenwürmer (Nematoden), Milben sowie größere Organismen wie Springschwänze (Collembolen) bis hin zum Regenwurm. Es ist ein Mikrokosmos, der sich hier auftut, und seine Bewohner sind die eigentlichen Zulieferer für Pflanzennährstoffe. Sie zersetzen organische Materialien, spalten sie auf und lösen aus ihnen diejenigen Elemente heraus, die von den Pflanzenwurzeln als Nahrung absorbiert werden.

Vereinfacht ausgedrückt: Nur wenn die Kleinstlebewesen genügend „Futter" in Form von organischen Stoffen erhalten, können sie diesen Umsetzungsprozeß in Gang bringen. Der Komposthaufen ist nichts anderes als eine gigantische Nahrungsmittelfabrik, in der ständig Pflanzendünger produziert wird. Bedecken wir die Beete mit Rasenschnitt, Laub oder anderen Pflanzenteilen, die bei der Gartenarbeit anfallen, passiert genau dasselbe. Und der Vorgang wiederholt sich auch, wenn Gründüngungspflanzen ausgesät werden, die man später abschneidet oder dem Frost überläßt. Alles ist Nahrung für die dem Auge un-

Der Kompost sollte in keinem Garten fehlen. Sein Platz darf nicht in der Sonne liegen

sichtbaren Mikrolebewesen und wird durch sie zur Nahrung für unsere Gewächse. Deshalb kann man durch Zuführung organischer Stoffe einen leichten Sandboden in fruchtbares Erdreich verwandeln. Am nachhaltigsten geht das mit Hilfe von Kompost, der zum Belebtesten gehört, was ein Garten zu bieten hat. Näheres über die Wirkungsweise der Hauptnährstoffe wird im Abschnitt Düngung (siehe Seite 71) gesagt werden.

Mittlere Böden

Mittlere oder lehmhaltige Böden sind das ideale Substrat für alle Pflanzen. Solche Böden haben einen hohen Humusanteil, halten Wasser und Nährstoffe fest, ohne verdichtet zu sein, sind andererseits porös genug, um Sauerstoff aufzunehmen, kurz, sie bieten so ziemlich alles, was den Pflanzen das Leben lebenswert macht. Wir finden diese Idealböden meist in Gärten, in denen schon viele Jahre lang vernünftig, also mit viel Kompost, wenig mineralischen Düngern und ohne Pflanzenschutzmittel gearbeitet wurde.

An einem solchen Boden braucht nichts verändert oder verbessert zu werden, man muß ihn nur weiterhin auf natürliche Art und Weise pflegen. Wichtig ist, die Beete nicht unbestellt zu lassen; in einer Kulturpause kann man dort Gründüngungspflanzen anbauen. Eine Ausnahme bilden einzig Sonderkulturen wie Azaleen (Rhododendren), Heidekrautgewächse und andere Moorbeetpflanzen, die Spezialanforderungen an den Säuregrad des Erdreichs stellen.

Schwere Böden

Schwere Böden oder Tonböden sind zwar nicht von Natur aus nährstoffarm, aber sie sind verdichtet, lassen also Wasser und Sauerstoff nur langsam eindringen und erwärmen sich erst sehr spät. Ihre Bearbeitung erfordert Muskelkraft, und in sommerlichen Trockenperioden verhärtet das Erdreich, wird rissig und nimmt Gießwasser kaum an.

Diese Böden sind also genau das Gegenteil von Sandböden und müssen entsprechend behandelt werden. Eine bessere Durchlüftung und Auflockerung bewirken auch hier wieder Schaumstoff-Flocken (Produktbezeichnung Styromull), deren Zellen im Gegensatz zu Hygromull die Luft speichern können, jedoch keine Feuchtigkeit aufnehmen. Mit Styromull kann die Struktur des Erdreichs zwar aufgelockert werden, eine dauerhafte Veränderung ist jedoch auch in diesem Fall nur durch natürliche, bodenverbessernde Maßnahmen zu erzielen. Zunächst einmal läßt sich die Verfestigung des Bodens durch Untermischen von Sand „aufbrechen". Viel wichtiger jedoch ist es, das Leben im Boden zu fördern und dadurch für eine lockernde Humusbildung zu sorgen. Das geschieht ebenfalls mit Hilfe von Kompost, Mulchabdeckungen und dem Anbau tiefwurzelnder Gründüngungspflanzen wie zum Beispiel Ölrettich (Raphanus). Seine Wurzeln können den Boden bis zu einer Tiefe von 1,5 m durchziehen und nachhaltig auflockern.

Nun bestehen leichte Böden nicht nur aus Sand, schwere

Wer seinen Garten neu anlegt und es nicht gar zu eilig hat, kann ein Jahr lang Kartoffeln auf der vorgesehenen Fläche anbauen. Gerade schwere Böden erfahren dadurch eine kontinuierliche Auflockerung. Der Ertrag ist in diesem Fall nicht so wichtig.

Fingerprobe statt Bodenanalyse:

Lehmiger Boden
hat eine gute Krümelstruktur

Tonboden
läßt sich zu Figuren formen

Boden mit hohem Sandanteil
rinnt uns durch die Finger

Umgraben oder lockern?

Von der Bodenbeschaffenheit hängt es ab, wie und mit welchen Geräten wir am besten arbeiten. Die Biogärtner haben durchaus Recht, wenn sie vom Umgraben abraten und für eine schonende Lockerung der obersten Schicht mit Ziehhacke, Krail oder Sauzahn plädieren. Der Sauzahn ist ein Gerät, das aus einer großen, sichelförmig gebogenen, an der Spitze pflugscharähnlich verbreiterten Zinke besteht. Da sich das aktive, so wichtige Leben in den obersten 20 cm des Bodens abspielt und immer spärlicher wird, je weiter wir in die Tiefe vordringen, bringt jeder Spatenstich diese Ordnung durcheinander. Durch das Wenden der Erde erfolgt eine Umschichtung, die Kleinlebewesen werden nach unten befördert, wo das Nahrungsangebot für sie gering ist. Dafür liegt die weniger fruchtbare Krume nun obenauf, und es dauert seine Zeit, bis sich in den oberen Schichten wieder lebenspendender Humus gebildet hat.

Nun ist die Sache weniger dramatisch, als sie sich anhört, und wer seine Beete dennoch wie gewohnt umgräbt, braucht um das Schicksal seines Gartens keineswegs besorgt zu sein. Der „Organismus Erde" ist vital und immer noch lebendig genug, um den Pflanzen zukommen zu lassen, was sie brauchen. Wäre es anders, könnte jeder Gärtner, der sich mit schwerem Boden abrackern muß, Spaten und Harke aus der Hand legen. Wer nicht das Glück eines nahrhaften, humosen, optimal strukturierten Erdreichs genießt, dem bleibt der

nicht ausschließlich aus Ton. Die Anteile von Sand, Lehm und Ton sind bei den verschiedenen Böden unterschiedlich hoch, so daß es eine Vielzahl von Abstufungen gibt. Deshalb ist die Unterteilung in leichte, mittlere und schwere Böden zutreffender.

Wie es um die Erde im eigenen Garten bestellt ist, merkt man sehr bald bei der Arbeit. Ein Muskelkater nach dem Umgraben macht uns schmerzhaft deutlich, daß es sich nicht um durchlässigen Sand handelt, in den wir den Spaten stechen. Wer es noch genauer wissen will, kann eine Fingerprobe machen: Bei hohem Sandanteil rieseln uns die Körner aus der Hand, lehmiger Boden ist weich und krümelig, stark toniges Erdreich läßt sich mühelos kneten und formen.

Griff zum Grabegerät nicht erspart. In schwerem, tonig-lehmigem Boden versagen Sauzahn und Hacke. Nur einfach abfinden sollte man sich mit diesen Gegebenheiten nicht, sondern versuchen, mit Hilfe der beschriebenen Möglichkeiten den Humusanteil zu erhöhen. Dann wird man eines Tages den Spaten wirklich nur noch zum Pflanzen von Gehölzen und für etwaige Aushubarbeiten benötigen.

Düngung und Bodenverbesserung

Pflanzen können Nährstoffe nur in Form von elektrisch geladenen Teilchen, den sogenannten Ionen, verwerten. Die Kleinstlebewesen tun nichts anderes, als aus der toten Materie, dem organischen Material des Komposts beispielsweise, durch Ionisierung pflanzliche Nahrung zu produzieren. Man spricht dann davon, daß diese Stoffe von den Mikroorganismen aufgeschlossen und in eine für die Gewächse aufnehmbare Form gebracht worden sind. Bei den Mineraldüngern ist das nicht mehr notwendig, ihre Nährsalze wurden chemisch bereits so aufbereitet, daß sie nur noch der Lösung in Wasser bedürfen und dann sofort den Pflanzenwurzeln zur Verfügung stehen. Im Endprodukt, den Nährstoff-Ionen, unterscheiden sich organische und mineralische Dünger daher in keiner Weise.
Warum wird dann Mineraldünger von den Verfechtern des natürli-

chen Gärtnerns so strikt abgelehnt? Das hat durchaus gute Gründe. Da ist zunächst das Überangebot an Nährsalzen, von denen die Wurzeln sozusagen umspült werden. Sie pumpen diese Düngerrationen in alle Teile und Zellen, das Gewebe schwillt an, wird schwammig, die natürliche Stabilität des Pflanzenkörpers mindert sich und die nur scheinbar von Kraft und Saft strotzenden Gewächse werden anfälliger gegen Schädlinge und Krankheiten. Wir alle kennen die Ergebnisse dieser ausschließlich „künstlichen" Ernährung. Wir beklagen uns darüber, daß Tomaten und Gurken wäßrig, „nach nichts" schmecken. Als weitere Folge reiner Mineraldüngung stellt sich nach einiger Zeit eine Verarmung des Bodens ein. Den Mikroorganismen bis hin zum Regenwurm ist die Nahrungsgrundlage in Form des organischen Materials entzogen, denn Düngesalze können sie nicht aufnehmen. Das führt zu einem schwindenden Humusanteil in der Gartenerde, der Boden verkrustet, wird hart und unfruchtbar.
Im Hausgarten ist eine solche Extremsituation freilich nicht zu befürchten, wenn gelegentlich mit Mineraldüngern gearbeitet wird. Selbst ohne unser Zutun fällt immer noch genügend organisches Material an, um ein völliges Verarmen des Bodens zu verhindern. Wer nicht aus Überzeugung rein biologisch gärtnert und schon aus diesem Grund jedes Körnchen Mineraldünger aus seinem Garten verbannt, braucht keineswegs auf „künstliche" Nährstoffe zu verzichten, wenn er sie vernünftig einsetzt. Denn gegen eine parallel laufende Verwen-

Wirklich abträglich auf das Pflanzen- und Bodenleben wirken sich Düngesalze dort aus, wo man ausschließlich mit ihnen arbeitet und die natürliche Bodenpflege außer acht läßt.

Abgesehen von mineralischen Folgedüngungen (Kopfdüngungen) wird der Boden immer im zeitigen Frühjahr mit Nährstoffen versorgt. Mineraldünger werden zwei Wochen vor der Bestellung eingebracht, damit sie sich lösen, aber nicht ausgewaschen werden.

Magnesiummangel macht sich durch Blattaufhellungen bei Laubgehölzen und durch Nadelvergilbungen bei Koniferen bemerkbar. Bei fortgeschrittenem Stadium gibt man im Frühjahr vor oder während des Austriebs je nach Baumgröße 200– 500 g Bittersalz. Vorbeugend kann man auch unter jeden Baum ein paar Handvoll des langsam wirkenden Kieserits ausstreuen.

So günstig sich Kalk auf die Bodenstruktur auch auswirkt, vor zu hohen Dosen muß man sich hüten. Während man saure Erde durch Kalkzugaben in einen neutralen Zustand bringen kann, ist eine Überkalkung irreparabel und im Hausgarten nur mit der Zeit wieder zu regulieren.

dung sowohl von Kompost als auch von Düngesalzen ist nichts einzuwenden, sie schließen einander nicht aus. In einem Garten, der nicht schon über einen längeren Zeitraum hinweg einzig und allein mit organischen Nährstoffen versorgt wird und in dem die Erde folglich über ständig fließende Nährstoffreserven verfügt, wird man den Gewächsen wahrscheinlich immer mal wieder mit schnell wirkenden Mineraldüngern auf die Sprünge helfen müssen. Wenn uns Ideologie nicht jede Einsicht verbaut, werden wir Düngesalze nicht einfach als „Werk des Teufels" abtun.

Pflanzennahrung

Um die Gewächse unseres Hausgartens richtig und ausgewogen, das heißt mit allem, was sie benötigen, versorgen zu können, genügt es, die Grundvoraussetzungen des komplizierten Vorgangs der Nahrungsaufnahme und -verwertung zu kennen. Zum Leben benötigen Pflanzen drei Hauptnährstoffe: Stickstoff (chemisches Zeichen N), Phosphor (P) und Kali (K). Hinzu kommen sogenannte Spurenelemente, die meist in ausreichendem Maße, also in „Spuren", im Boden vorhanden sind und die Fertigdüngern häufig beigegeben werden. Hierzu gehören unter anderem Bor, Eisen, Kupfer, Mangan und Zink.

Zwei weitere wichtige Komponenten der Pflanzenernährung sind Magnesium und Kalk. Magnesium, früher den Spurenelementen zugerechnet, wird wegen seiner Bedeutung für das pflanzliche Leben heute höher bewertet und ist zu einem wichti-

gen Bestandteil der Düngung geworden. Es ist unerläßlich für die Chlorophyllbildung und damit für den Aufbau von Kohlehydraten mit Hilfe des Lichts (Photosynthese). Ein Magnesiummangel zeigt sich in einer Aufhellung und im Gelbwerden der Blattpartien zwischen den davon nicht betroffenen Blattadern.

Kalk, der kein Düngemittel im herkömmlichen Sinn ist, fördert die Krümelstruktur des Bodens, beeinflußt also seine physikalischen Eigenschaften positiv. Außerdem fördert ein guter Kalkzustand die Tätigkeit und Vermehrung der Kleinlebewesen und damit indirekt die Fruchtbarkeit des Bodens.

Der pH-Wert

Eine weitere, heute angesichts von Luftverschmutzung und „saurem Regen" besonders aktuelle Eigenschaft des Kalks besteht in seiner Fähigkeit, Säuren zu neutralisieren. Außer Moorbeetgewächsen wie Rhododendron, Heidekräutern und fleischfressenden Pflanzen bevorzugen die meisten anderen eine neutrale bis leicht saure Bodenreaktion. Die Maßzahl für den Kalkgehalt des Bodens ist der pH-Wert oder Säuregrad. Um den pH-Wert festzustellen, wurden spezielle Meßgeräte entwickelt, an deren Skala abgelesen werden kann, ob die Erde sauer, neutral oder alkalisch reagiert.

Für den Gartenbesitzer genügt meist die Kontrolle mit Hilfe sogenannter Indikatorstäbchen, die in der Drogerie erhältlich sind. Wenn man etwas Gartenerde in einem Glas mit destilliertem Wasser vermischt, läßt sich anhand der Verfärbung des Test-streifens auf einer mitgelieferten Farbskala der Bodenzustand er-mitteln. Wer darüber hinaus noch wissen will, welche Nährstoffe in seinem Garten im Übermaß vor-handen sind beziehungsweise woran Mangel herrscht, läßt von einer landwirtschaftlichen Unter-suchungsanstalt, einer Landwirt-schaftsschule oder einem Spe-zialinstitut eine Bodenanalyse aufgrund der eingesandten Bo-denprobe erstellen. (Anschriften solcher Untersuchungsstellen können Sie bei der Gemeinde-verwaltung erfragen.)

Hauptnährstoffe und ihre Eigenschaften

Stickstoff

Man kann nicht sagen, daß von den Hauptnährstoffen Stickstoff, Phosphor und Kali der eine weni-ger wichtig wäre als der andere. Nach dem berühmten Gesetz vom Minimum des Chemikers Ju-stus von Liebig genügt der Man-gel einer einzigen Nährstoffkom-ponente, um das Leben der Pflanzen zu beeinträchtigen – mögen alle anderen auch im Überfluß vorhanden sein. Den-noch ist unter den Düngern der Stickstoff an erster Stelle zu nen-nen, da er die umfassendsten Auswirkungen auf das pflanzli-che Leben hat. Er ist entschei-dend verantwortlich für das Blatt- und Triebwachstum und die Bil-dung von Eiweißverbindungen. Weil Gewächse, die reichlich mit Stickstoff versorgt sind, zu-nächst vor Gesundheit zu strot-zen scheinen und mit ihren safti-

gen und dunkelgrünen Blättern höchstes Wohlbefinden signali-sieren, neigt der Laie dazu, mit diesem Dünger großzügig umzu-gehen. Jedoch ist eher Vorsicht angebracht. Mit Stickstoff über-düngte Pflanzen sind im Gewebe schwach und „mastig", anfällig für Krankheiten und Schädlinge, langweilig im Geschmack, kurz, es treten alle diejenigen negati-ven Erscheinungen auf, die ei-ner ausschließlich mineralischen Düngung zugeschrieben wer-den. Aus organischen Nährstof-fen, mit denen wir die Bodenle-bewesen „füttern", entsteht zwar auch ausreichend Stickstoff, aber die Pflanzen nehmen sich von diesem maßvoll gedeckten Tisch gerade so viel, wie sie brauchen. Dagegen gelangen die überschüssigen Stickstoff-verbindungen der Mineraldünger als gesundheitsschädliche Ni-trate ins Grundwasser und von dort wieder in den Konsumkreis-lauf. Darauf wurde bereits an an-derer Stelle hingewiesen. Die-selbe Umwandlung findet inner-halb der Pflanzenzellen statt, wenn sie überflüssig viel Stick-stoff einlagern und die Kulturen schattig stehen. Deshalb sollte man etwa zwei Wochen vor der Ernte sein Gemüse nicht mit Düngesalzen versorgen und die Beete an einer möglichst sonni-gen Stelle anlegen.
Eine Stickstoffproduktion in Ei-genregie betreiben bestimmte Pflanzen, die zur Familie der Schmetterlingsblütler oder Le-guminosen gehören. Bohnen, Erbsen oder Lupinen sind einige Beispiele. Mit Hilfe von Knöll-chenbakterien, die an ihren Wur-zeln leben, können sie den Stick-stoff der Luft aufnehmen und in

Bei der Jungpflanzenanzucht muß auf Dünger, gleich wel-cher Art, verzichtet werden. Die Pflänzchen sind noch nicht in der Lage, diese Nährstoffe zu verwerten.

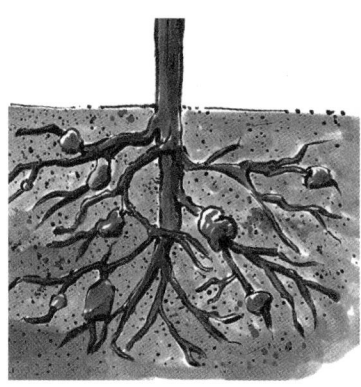

Leguminosenwurzel
mit Wurzelknöllchen

für sie verwertbare Nahrung umwandeln. Gründüngung mit Leguminosen erhöht daher ohne unser Zutun den Stickstoffanteil im Boden auf natürliche Weise. Erbsen und Bohnen brauchen aus diesem Grund auch keine zusätzliche N-Düngung und zählen deshalb zu den sogenannten Schwachzehrern. Mangel an Stickstoff zeigt sich bei ihnen zuallererst am Gelbwerden der Blätter.

Phosphor

Ebenfalls wichtig für den Eiweißaufbau ist Phosphor. Er ist entscheidend an der Blüten- und Fruchtbildung beteiligt und wirkt positiv auf das Mikroleben des Bodens ein. Da stets eine Wechselwirkung besteht, kann man davon ausgehen, daß humose, lebendige und fruchtbare Böden mit gesundem Pflanzenwachstum ausreichend mit Phosphor versorgt sind. Andererseits ist es ein Trugschluß zu glauben, je mehr mit Phosphor gedüngt wird, desto dicker würden die Tomaten, desto länger die Gurken, und der Rittersporn würde mit seinen Blüten aus allen Nähten platzen. Düngung für sich allein ist noch nicht das ganze Pflanzenleben. Ein Dünger, selbst wenn er im

Überfluß verabreicht wird – siehe Liebigs Gesetz vom Minimum –, vermag anderweitigen Mangel nicht wettzumachen. Eine Unterversorgung mit Phosphor macht sich in bräunlichen, rötlichen oder violetten Blattverfärbungen bemerkbar, die Pflanzen wachsen nur kümmerlich und bleiben klein, die Wurzeln schwächlich, und die Blüte läßt zu wünschen übrig.

Kalium

Kalium regelt den pflanzlichen Wasserhaushalt, stärkt das Gewebe und ist an der Bildung von Kohlehydraten beteiligt. Deshalb ist Kalium nach Stickstoff und Phosphor als dritte Komponente in allen Mehrnährstoffdüngern enthalten. Eine gute Kaliumversorgung wirkt sich in langen, sommerlichen Trockenperioden ebenso vorteilhaft aus wie im Herbst, weil sie dann die Gehölze vor Frostschäden schützt. Beeren- und Baumobst brauchen in der Zeit der Fruchtbildung ebenfalls viel Kalium. Allmählich verbräunende Blattflecken – sogenannte Blattrandnekrosen – und Wuchsstockungen deuten auf einen Mangel hin.

Düngemittel

Es gibt mehrere Möglichkeiten, die verschiedenen Düngertypen in Gruppen einzuteilen – nach ihren Eigenschaften, ihrer Wirkung, ihrer Zusammensetzung. Der Hobbygärtner wird je nach Bedarf und Arbeitsweise zwischen rein organischen, organisch-mineralischen und mineralischen Düngemitteln unterscheiden und hier wiederum Voll- oder Mehrnährstoffdünger wählen.

Kalimangel tritt bei Sandböden eher auf als in schwerem, tonigem Erdreich, weil die Auswaschungen hier nicht so gravierend sind.

Mehrnährstoffdünger gibt es in gekörnter, flüssiger oder fester, leicht wasserlöslicher Form. Als Grundversorgung im Frühjahr vor dem Anbau wird man gekörnte Produkte verwenden und leicht in den Boden einarbeiten.

Mineraldünger

In den handelsüblichen Mineraldüngermischungen sind die wichtigen Hauptnährstoffe Stickstoff, Phosphor und Kali bereits in der richtigen Dosierung enthalten, häufig auch Magnesium und Spurenelemente. Man spricht deshalb auch von NPK-Düngern. Der prozentuale Anteil der einzelnen Düngeelemente ist unterschiedlich. Bei Produkten speziell für Blütenpflanzen wird etwas mehr Phosphor enthalten sein, beim Rasendünger der Stickstoffanteil überwiegen. Aber das sind Nuancen, im allgemeinen ist jede als Volldünger ausgewiesene Kombination für unsere Garten- und Balkonpflanzen geeignet. Mineraldünger sind schnellwirkend, das heißt sie können sofort nach dem Ausbringen von den Pflanzen aufgenommen werden, während organische und organisch-mineralische Nährstoffe ganz oder teilweise der Umwandlung und Aufschließung durch die Bodenorganismen bedürfen. Seit einiger Zeit gibt es aber auch unter den mineralischen Nährstoffen sogenannte Langzeit- oder Depotdünger, die ihre Wirkstoffe, vor allem den Stickstoff, erst nach und nach an den Boden abgeben. Sie finden vorrangig bei der Rasenpflege Verwendung.

Organisch-mineralische Dünger

Organisch-mineralische Dünger enthalten das, was ihr Name besagt: eine Mischung aus organischen Stoffen wie Horn-, Knochen- und Blutmehl, kombiniert mit mineralischen Düngesalzen. Hierbei handelt es sich meist um Kali, an dem es organischen Düngemitteln mangelt. Aber mitunter werden auch mineralisierte Stickstoff- und Phosphorverbindungen beigemischt.

Organische Dünger

Bei organischen Düngern handelt es sich um reine Naturprodukte, wie die schon erwähnten Horn-, Knochen- und Blutmehle, häufig auch als Mischung angeboten; ferner gibt es Peru-Guano, der aus den Kotablagerungen von Seevögeln vor der Küste Perus gewonnen wird, getrockneten Hühner- oder Rindermist, Rizinusschrot und ähnliches. Angeboten werden sie alle in handelsüblichen Abpackungen und unter den verschiedensten Produktbezeichnungen. Die sogenannten Wirtschaftsdünger wie Stallmist oder Gülle werden heute im Hausgarten kaum mehr verwendet, weil man nur schwer an sie herankommt, ebenso wie Stroh aus der landwirtschaftlichen Tierhaltung weitgehend verschwunden ist. Wer auf dem Land lebt und tierischen Frischdünger erhalten kann, sollte ihn zunächst über den Kompost geben oder an anderer Stelle separat anrotten lassen, bevor er ihn im Garten ausbringt.

Bei frischem Geflügelmist ist Vorsicht geboten. Er wirkt genau wie Pferdemist sehr schnell und intensiv und kann bei zu hoher Dosierung Verbrennungen zur Folge haben. Besser ist es, ihn zu kompostieren oder als verdünnte Jauche zu gießen.

Im Zweifelsfall sollte man sich bei Mineraldüngern immer an die Regel halten, besser öfter kleine Portionen zu geben, als einmal zu reichlich. Die Pflanzen zeigen Nahrungsmangel durch vergilbendes Laub an.

Stroh zwischen den Pflanzen bewirkt, daß die Erde locker bleibt und Unkraut nicht so schnell hochkommt

Einsatz der Dünger

Alle organischen Dünger, zu denen auch der eigene Kompost zählt, sind langsam fließende Nährstoffquellen, bei denen eine Überversorgung kaum zu befürchten ist. Bei den Mineraldüngern sieht es schon anders aus. Man tut den Pflanzen keinen Gefallen, wenn man hier nach der Devise verfährt: je mehr, desto besser. Das Gegenteil ist richtig. Die von den Herstellern vorgesehenen Mengen sollten genau eingehalten, möglichst noch unterschritten werden. Besonders die Anwendung mineralischer Einzeldünger macht eine genaue Bodenanalyse erforderlich, der wir entnehmen können, an welchen Stoffen akuter Mangel herrscht und was gezielt gegeben werden muß. Im Hausgarten wird eine gravierende Unterversorgung des Bodens mit einem bestimmten Düngestoff nur selten vorkommen. Der Einsatz von Einzeldüngern setzt außerdem einige Kenntnisse und genaue Dosierung voraus, ist daher riskant und sollte vom Hobbygärtner möglichst nicht praktiziert werden.

Das trifft mit Einschränkungen auch auf Spezial-Kalkstickstoff zu, den man allenfalls dünn zwischen die einzelnen Kompostschichten streuen darf. Er verhindert dort die Keimung eventuell in die Rotte geratener Unkrautsamen. Allerdings schädigt er gleichzeitig, wenn auch nur vorübergehend, das Bodenleben. Der Biogärtner wird ihn daher nur sparsam in einem separat angelegten Komposthaufen mit nachweislich samentragenden Kräutern verwenden.

Kalkstickstoff ist ätzend; seine Wirkung gegen Unkrautsamen besteht in der Freisetzung von giftigem Cyanamid, die in Verbindung mit Feuchtigkeit erfolgt. Die Giftwirkung hält etwa zehn Tage an, dann kommt der Stickstoff als Dünger zur Wirkung.

Bei allen Kübel- und Balkonpflanzen ist eine mineralische Düngung der organischen vorzuziehen. Diesen Gewächsen steht bei uns nur die kurze Zeit des Sommers zur Verfügung, in der sie möglichst viele Blüten und reichlich Blattgrün entwickeln sollen. Sie müssen also Nährstoffe erhalten, die sofort aufgenommen werden können und rasch wirken. Die Zeit, die von den Mikroorganismen zur Freisetzung der Pflanzennahrung benötigt wird, geht zu Lasten des Blühbeginns, der Blütenfülle und -dauer. Besonders nachhaltig wirkt sich das bei großen Kübelpflanzen aus, die im engen, durchwurzelten Gefäß auf regelmäßige, sofort verfügbare Nährstoffe angewiesen sind. Am Starkzehrer *Datura* beispielsweise wird man wenig Freude haben, wenn man organische Dünger einsetzt. Auch Balkonkastenfüller wie Hängegeranien oder Petunien können nur bei Intensivernährung zeigen, wozu sie fähig sind.

Gartengeräte

Wer neu gebaut hat, dem steht auch die Anlage und später die Pflege des Gartens ins Haus. Dazu braucht man die entsprechenden Geräte. Das Angebot des Fachhandels ist riesig, das meiste davon brauchbar und funktionell, manches für den kleinen Hausgarten überflüssig, einiges unnütz. Im Lauf der Zeit merkt man, was fehlt und womit sich die Arbeit erleichtern läßt. Aber welche Geräte auch immer angeschafft werden, es sollten nicht die billigsten Produkte sein, zu denen man greift. Das bedeutet nicht, daß nur Teures gut ist und Hochpreisfabrikate automatisch auch die qualitativ besten sind. Doch meist wird vom Gartenneuling nicht bedacht, welche starken Beanspruchungen gerade Gartengeräte aushalten müssen. Das beginnt bereits beim Spaten.

Achten Sie darauf, daß Spatenblatt und Tüllenhals (beziehungsweise die Doppelfedertülle) aus einem Stück geschmiedet sind. Nutverbindungen haben sich als wenig widerstandsfähig erwiesen; sie halten der Hebelwirkung, wie sie zum Beispiel beim Ausheben einer Pflanzgrube in schwerem Boden entsteht, nicht lange stand. Dasselbe trifft auf den Stiel zu, der aus Eschen- oder Buchenholz bestehen sollte. Außerdem darf das Eigengewicht des Spatens nicht zu groß sein. Als günstigste Griffform hat sich der T-Griff erwiesen. D-Griffe, in die man mit der ganzen Hand hineinfährt, geraten oft zu eng. Der Knauf- oder Knopfgriff scheuert

Geräte für die Gartenpflege (von links nach rechts):
Spaten mit T-Griff, Schaufel, Eisenharke, Pflanzschaufel, Gießkanne, Astschere, Holzharke, Pendelhacke, Grubber mit drei Zinken, Gartenschere, Ziehhacke, Fächerbesen, Blumenzwiebelpflanzer, Handfräse, Heckenschere

Der Grubber mit drei senkrecht angeordneten, sichelförmig gebogenen Zinken ist zur Lockerung oder Lüftung steiniger oder verfestigter Böden besonders gut geeignet.

Stielgeräte sind sicher und übersichtlich aufbewahrt, wenn man Geräteclips oder -haken an eine Holzleiste schraubt. Die Leiste kann dann an eine passende Wand angedübelt werden. Diese Halterungen gibt es auch als fertige Sets.

an der Handfläche, bietet wenig Halt und führt zu Blasen. Spatenblätter aus rostfreiem Chrom-Nickel-Stahl sind zwar leicht und unverwüstlich, vom Preis her jedoch reiner Luxus. Dies alles trifft auch auf die Grabegabel zu, die nicht nur im Gerätesortiment des Biogärtners ihren festen Platz haben sollte. Mit ihr kann man schonender umgraben als mit dem Spaten, beim Einbringen von Wurzelgemüse wird das Erntegut nicht so leicht beschädigt.

Zur Grundausstattung gehören außerdem Harken und Hacken. Holzrechen, die heute wieder angeboten werden, können die Eisenharke nicht ersetzen. Recht günstig ist es, wenn man zwei unterschiedlich breite Harken besitzt, um auch auf den Wegen zwischen den Beeten und an anderen engen Stellen arbeiten zu können. Bei den verschiedenen Hackgeräten braucht man das umfangreiche Sortiment nicht auszuschöpfen. Am wichtigsten sind hier die sogenannten Ziehhacken, die den Boden ziehend auflockern. Es gibt sie in verschiedenen Breiten, und wie bei der Harke sollten mindestens zwei Größen für die unterschiedlichen Arbeitsbereiche zur Verfügung stehen. Pendelhacken zum Unkrautjäten kann man ziehend oder stoßend handhaben. Unter überhängenden Gehölzen, wo wegen der Zweige mit einer starren Hacke nicht viel anzufangen ist, erweist sich die Pendelhacke als außerordentlich praktisch.

Weitere Handgeräte zur Bodenbearbeitung sind der Krail mit drei oder vier senkrecht abgebogenen Zinken und Kultivatoren, die der tiefen Bodenlockerung dienen; ihre Zinken enden in

Scharen, bei Kombigeräten kann man sie auswechseln. Zur Feinkrümelung, aber auch zum oberflächlichen Einarbeiten von Kompost und Dünger, eignet sich die Handbodenfräse mit um eine Achse drehbaren Stiften oder Messern.

Sehr praktisch für alle diese Geräte und viele andere mehr sind die Kombistiele mit Stecksystem, die es in verschiedenen Arbeitslängen gibt. Bei Kombisystemen kommt man mit einem einzigen Stiel aus, auf den die Einzelgeräte einfach aufgesteckt und mit einer Handschraube oder einer Drehung fixiert werden.

Es würde zu weit führen, hier das ganze Sortiment an Gartengeräten aufzuzählen und zu beschreiben. Wer längere Zeit im Garten gearbeitet hat, merkt bald, was fehlt. Kleinwerkzeug wie Handschaufeln, Blumenzwiebelpflanzer und Unkrautstecher wird man sich nach und nach ebenfalls zulegen. Daß Gießkanne und Gartenschlauch mit entsprechenden Brausen oder Spritzdüsen unerläßlich sind, braucht nicht extra betont zu werden. Und wie wichtig eine Schubkarre ist, wird erst deutlich, wenn man sie besitzt. Unerläßlich ist eine gute Gartenschere, für den Gehölzschnitt die Astschere, später auch eine Säge. Was sonst noch benötigt wird, hängt einzig und allein vom Garten und seiner Bepflanzung ab: Rasensprenger und -mäher, Kantenschneider, eine Heckenschere – manuell oder motorgetrieben –, Spritzgeräte, die sich auch für Pflanzenbrühen eignen, im Bedarfsfall auch Obstpflükker. Auf Geräte für die Rasenpflege wird im Kapitel Rasen eingegangen (siehe Seite 295).

Anzuchtbeete

Das große Angebot von Samen aller Art verleitet dazu, eigene Anzuchten vorzunehmen. Ob Kübel- oder exotische Zimmerpflanzen, Zierpflanzen, Gemüse oder Kräuter, überall verlocken die bunten Portionstüten zum Kauf und zum Experimentieren. Fensterbrettkultur ohne irgendwelche zusätzliche technische Einrichtungen ist bei vielen Pflanzen, vor allem bei Gemüse und Stauden ohne weiteres möglich, und sie gelingt fast immer, wenn man nicht zu früh im Jahr bei ungünstigen Lichtverhältnissen damit beginnt. Da die meisten Samen bei erhöhter Bodenwärme besser und sicherer keimen, sind beheizte Anzuchtbeete eine empfehlenswerte Hilfe für eigene Aussaaten aller Art. Auch wer ein nicht beheiztes Kleingewächshaus besitzt, kann sein kleines Warmbeet hier auf Stellagen unterbringen, die im Frühjahr noch nicht genutzt werden, und so eigene Aussaaten vornehmen. Durch Rundumverglasung oder Folienabdeckung herrschen im Gewächshaus bessere Lichtverhältnisse als am Zimmerfenster. Anzuchtbeete gibt es in vielen Größen und Ausführungen zu kaufen, mit und ohne technische Hilfseinrichtungen. Anspruchsvollere Fabrikate sind mit einer thermostatgesteuerten Bodenheizung und einer integrierten Zusatzbeleuchtung ausgestattet. Geräte mit Oberwärme und Ventilator gehören bereits in die Luxusklasse. Sie sind für die simple Anzucht von Gartenpflanzen eigentlich viel zu aufwendig und teuer und sollten der Haltung tro-

pischer Ziergewächse vorbehalten bleiben.

Bei einfachen Vermehrungskästen, deren Heizkabel oder -platten nicht über Thermostat gesteuert werden, kann man meist eine Temperaturerhöhung von 8–12°C erreichen, mit Regler ausgestattete Beete kommen auf etwa 30°C. Ganz einfach geht es, wenn die Anzuchtschalen auf Heizplatten gestellt werden, die es in verschiedenen Größen zu kaufen gibt. Aber auch unbeheizte Kleinbeete mit einer transparenten Haube, in die meist eine einfache Drehlüftung eingearbeitet ist, tun auf dem Fensterbrett über der Heizung gute Dienste. Schließlich ist es auch kein Problem, sich einen beheizten Saatkasten selbst zu bauen. Man muß sich dabei lediglich aus Brettern und Vierkanthölzern einen beliebig großen Kasten zusammennageln, aus Dachlatten eine dazu passende, ausreichend hohe Haube oder Abdeckung zimmern, die mit Folie bespannt wird. Kastenwände und -boden werden zur besseren Wärmeiso-

Bei selbstgebauten Anzuchtbeeten sollte die Abdeckhaube möglichst geräumig und hoch sein. Dann kann man sie länger auf den heranwachsenden Pflanzen lassen.

Zum Besprühen der Saaten im Anzuchtbeet ist die Blumenspritze am besten geeignet. Der feine Nebel verhindert ein Ausspülen der meist kleinen Samenkörner.

Vermehrungskästen gibt es in vielen Größen und Ausführungen

lierung mit Styroporplatten ausgekleidet, das im Gartenfachhandel erhältliche Heizkabel wird in einem Sandbett verlegt und mit Anzuchterde bedeckt. Wer will, kann noch einen Thermostat anschließen und in der Abdeckhaube einen Miniventilator aus dem Elektrohandel installieren.

Wer Erdbeer-Jungpflanzen selbst gewinnen will, sollte auf Folienkultur verzichten. Die Ausläuferpflänzchen können hier nicht wurzeln.

Folie und Vlies

Wie so vieles, was heute im Hausgarten seinen festen Platz hat, stammen auch die verschiedenen Formen der Folienabdeckung aus dem Erwerbsgartenbau und haben dort ihre Bewährungsprobe bestanden. Im Hausgarten werden heute drei verschiedene Folienarten verwendet: schwarze Mulchfolie, Lochfolie und Schlitzfolie. Vor einigen Jahren neu hinzugekommen und mit ähnlich guten Eigenschaften ausgestattet ist das Vlies mit der Produktbezeichnung Agryl P 17. Folien- und Vliesabdeckungen ermöglichen je nach Klima und

Wetterlage einen um zwei bis drei Wochen früheren Anbau und eine um etwa zwei Wochen vorgezogene Ernte. Unter der schützenden Hülle herrscht ein für Jungpflanzen günstiges, feuchtwarmes Kleinklima, der Boden trocknet nicht so schnell aus, bleibt krümelig, die Nährstoffe werden nicht ausgewaschen. Unter der schwarzen Mulchfolie wird zudem der Unkrautwuchs zurückgedrängt. Außerdem sind die Kulturen vor Vogelfraß geschützt. Werden Folien und Vlies pfleglich behandelt, nämlich zusammengerollt statt gefaltet, und dunkel aufbewahrt, kann man sie mehrmals verwenden.

Mulchfolie

Sie wird im Frühjahr über die Beete gebreitet, die mit Kompost oder einer mineralischen Grunddüngung gut vorbereitet sein sollen, straff gespannt und an den Längs- und Schmalseiten mit Steinen beschwert oder in die Erde eingegraben. Dann kann man darauf wärmeliebende Gewächse wie Gurken, Melonen, Auberginen oder Paprika pflanzen. Auch Erdbeeren wachsen auf der Folienunterlage sehr gut und kräftig heran, die Früchte werden zudem vor Verschmutzung bewahrt.

Zum Setzen versieht man die Bahn im richtigen Abstand mit Kreuzschnitten, so entstehen Pflanzlöcher. Über diese Schlitze wird auch gegossen und gedüngt. Bei sehr sandigem, durchlässigem Boden legt man die Beete zweckmäßigerweise etwas unterhalb des übrigen Gartenniveaus an, damit sich das Wasser auf der Folie sammeln und durch die Kreuzschnitte ver-

Wärmeliebende Gewächse wie Gurken oder Paprika wachsen auf einer dunklen Folienunterlage kräftig heran

sickern kann. Auf schweren, nassen Böden verfährt man genau umgekehrt; die Beete sollen leicht erhöht liegen, damit das Wasser seitlich abfließt. Auch wenn ein Stück Gemüseland einmal nicht bebaut wird und eine Aussaat von Gründüngungspflanzen oder eine Mulchabdeckung nicht möglich ist, läßt sich die schwarze, undurchlässige Flachfolie als Ersatzbedeckung verwenden, sie schützt den Boden vor Austrocknung und erhält seine gute Krümelstruktur.

Lochfolie

Sie ist meist mit 800 oder 1000 Löchern pro Quadratmeter perforiert und ermöglicht frühere Pflanzungen oder Aussaaten. Im Gegensatz zur Mulchfolie wird sie nur locker über das bestellte Beet gebreitet und seitlich in der beschriebenen Weise gesichert. Saaten und Pflanzungen wachsen unter diesem wärmespendenden und -haltenden Schutz zügig heran. Damit die zarten Gewächse nicht unter dem Druck zu leiden haben, lockert man die Bahn entsprechend der Wuchshöhe an den beiden Seiten und nimmt sie schließlich ganz ab, wenn die Jungpflanzen sich gekräftigt haben oder zu groß geworden sind. Entfernen Sie die Folie grundsätzlich nur bei trübem Wetter, damit es nicht zu Blattverbrennungen durch die ungewohnte pralle Sonne kommt und die Pflanzen, die ja feuchtwarme Luft gewohnt sind, einen schädlichen Hitze- und Trockenschock erleiden.

Schlitzfolie

Die etwa 30000 feinen Schlitze pro Quadratmeter verleihen die-

Lochfolien müssen bei voranschreitendem Wachstum der Pflanzen gelockert werden

ser Folienart ein Ausdehnungsvermögen, das sie für die Pflanzenkultur im Garten besonders geeignet macht. Schlitzfolie liegt ebenfalls den Pflanzungen auf, sie braucht nur für Pflegearbeiten wie gelegentliches Hacken oder Jäten entfernt oder zurückgeschlagen zu werden. Wenn die Pflanzen größer werden, heben sie das federleichte Material in die Höhe, ohne daß Druckschäden zu befürchten sind; dabei

Es ist wichtig, die für den Folienanbau vorgesehenen Beete gut vorzubereiten, d. h. zu düngen bzw. Kompost einzuarbeiten und alle Unkräuter zu entfernen. Dann wachsen die Anzuchten ungestört heran, ohne daß die Abdeckung entfernt werden muß.

Schlitzfolie dehnt sich mit zunehmendem Pflanzenwachstum und läßt immer mehr Luft, Licht und Feuchtigkeit hindurch

verbreitern sich die Schlitze und lassen immer mehr Luft, Licht und Feuchtigkeit hindurch, wobei letztere noch zusätzlich an zu rascher Verdunstung gehindert wird. Wegen ihrer Dehnbarkeit bezeichnet man diese Abdeckung auch als „mitwachsende Folie".

Übrigens stellen Loch- und Schlitzfolien weder einen Frostschutz dar, noch verhindern sie Unkrautwuchs, und Schnecken fühlen sich in der feuchten Wärme ebenso wohl wie die Kulturpflanzen!

Vlies

Dieses aus Polypropylen-Endlosfasern hergestellte Gewebe wiegt nur 17 g/m², ist licht-, luft- und wasserdurchlässig, dehnbar und „schlägt" auch nicht in windexponierten Lagen wegen seiner feinporigen Beschaffenheit. Ein UV-Stabilisator ist in das Kunststoffmaterial eingearbeitet. Vlies wird ebenfalls locker über die Kulturen gelegt und an den Rändern mit Steinen oder Erde beschwert. Im Gegensatz zur Folie bietet es neben seinen anderen guten Eigenschaften den Gewächsen auch einen gewissen Frostschutz (etwa bis $-5\,°C$). Das ist dem Taubelag zu verdanken, der zwischen den Gewebefasern eine hauchdünne Eisschicht bildet und damit wärmeisolierend wirkt.

Folientunnel

Nach Flachfolien und Vlies stellen Folientunnel die preiswerteste Möglichkeit dar, Gartenpflanzen geschützt heranwachsen zu lassen. Die verschiedensten Fabrikate sind auf dem Markt, die Breite ist mit meist 1,30 m so bemessen, daß sich ein übliches 1,20-Meter-Beet gut übertunneln läßt. Die Lüftung erfolgt, wenn man die zwischen Drahtbügeln festgeklemmte Folie einfach hochschiebt. Andere Konstruktionen bestehen aus folienüberspannten Einzelelementen aus Federstahl oder Rundbügeln, die man zum Lüften nach oben klappt. Im Grunde genommen handelt es sich beim Folientunnel um ein nicht begehbares Minigewächshaus, das den Vorteil hat, mobil zu sein, denn man kann den Tunnel hinsetzen, wo man ihn gerade haben will. Trotz aller Lüftungsmechanismen darf man bei jedem Tunnel, selbst wenn er mit Lochfolie bespannt ist, die Möglichkeit eines Hitzestaus nicht außer acht lassen.

Der Eigenbau ist übrigens recht einfach, da, teilweise schon kunststoffbeschichtet, die Federstahlstäbe und Rundbügel im Garten- und Eisenwarenhandel ebenso erhältlich sind wie jede Art von Folie. Ein leichter Holz-

Folientunnel haben den Vorteil großer Mobilität

rahmen aus Dachlatten ist schnell zusammengeschraubt, die Bügel werden mit Krampen daran befestigt, die Folie wird darübergezogen und am Rahmen angenagelt oder festgetackert. An den beiden Kopfseiten läßt man die transparente Kunststoffhaut so weit überstehen, daß man sie auf den Boden legen und mit Steinen beschweren kann. Grundsätzlich gilt, daß diese Leichtkonstruktion nicht zu schmal bemessen sein sollte; auch sollten die Gerüststäbe keinen zu flachen Bogen bilden – das würde unnütz viel Platz kosten, da an den Rändern nur niedrige Gewächse untergebracht werden könnten.

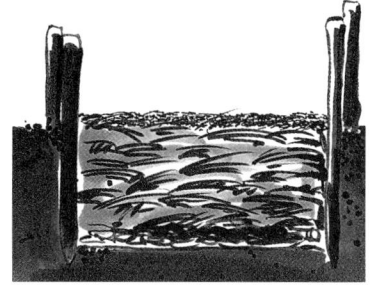

Bodenerwärmung im Frühbeet: Eine 40 cm dicke Schicht Stroh wird mit etwas Torf bestreut und gut durchfeuchtet. Anschließend gibt man 2 kg Spezialkalkstickstoff darüber und tritt gut fest

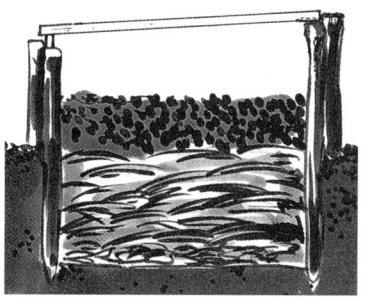

Als oberste Schicht bringt man Aussaaterde, etwa 20 cm stark, ein. Dann werden die Fenster aufgelegt. Etwa eine Woche nach der „Packung" kann gesät oder gepflanzt werden

Frühbeete

Einst hieß das Frühbeet ganz profan Mistbeet, es fehlte in keinem bäuerlichen Garten und wurde im Frühjahr mit Pferdemist „gepackt", damit sich der Boden erwärmen konnte. Da Mist heutzutage kaum mehr erhältlich ist, wird entweder eine elektrische Maschendrahtheizung im Kastenboden installiert, oder man bedient sich eines Heizkabels mit oder ohne Thermostat. Anstelle des raren Pferdemists kann man eine Art Ersatzpackung herstellen, die aus Häckselstroh oder Laub, Torf und Kalkstickstoff besteht. Das Stroh – für eine 40 cm dicke Schicht braucht man etwa 45 kg/m^2 – wird mit etwas Torf bestreut, damit das Wasser nicht so schnell abfließt, und dann mit der Gießkanne gut durchfeuchtet. Danach mischt man etwa 2 kg Spezialkalkstickstoff unter dieses Grundmaterial, das anschließend gut festgetreten werden muß. Sobald die Aussaaterde eingebracht ist, sind die Fenster aufzulegen, dann kann die sich innerhalb weniger Tage entwickelnde Wärme nicht entweichen. Etwa eine Woche nach Einbringen des Füllmaterials ist das Beet anbaubereit.

Hinweise für den Eigenbau

Mit nur wenig handwerklichem Geschick läßt sich ein Frühbeet leicht selbst bauen. Es besteht ja lediglich aus einem Kasten ohne Boden, dessen rückwärtige Längswand etwas höher sein sollte als die Vorderseite. Das Beet wird in Nord-Süd-Richtung aufgestellt, damit die Licht- und Wärmeausbeute möglichst groß ist. Die Rückseite weist dabei nach Norden. Man kann durch eine Erdaufschüttung ringsum für zusätzliche Wärmeisolierung

Doppelfrühbeet

Angebot im Fachhandel

Verschiedene Firmen bieten auch vorgefertigte Frühbeete an, teilweise im Bausatz. Im Angebot finden sich mit der Rückwand gegeneinandergesetzte Doppelkästen, Konstruktionen mit Plexiglas-Rundumverglasung, Frühbeete mit Hohlkammer-Doppelprofil, Polyesterkästen, Eternitbeete, verzinkte Aluminium-Modelle mit Palram-Schiebefenstern und vieles andere mehr. Sehr praktisch als Zubehör sind auch automatische Fensterheber, die stromunabhängig selbsttätig lüften und die es überall im Gartenfachhandel in verschiedenen Ausführungen und mit unterschiedlichem Hebevermögen zu kaufen gibt. Für den Hobbygärtner, der keine großen Summen investieren will, ist das Frühbeet eine akzeptable Alternative zum Kleingewächshaus.

sorgen und den Kasten innen mit dicken Styroporplatten auslegen. Für die Fensterabdeckung lassen sich Glas, transparente Kunststoffplatten oder Folie verwenden. Wird für den Bau nicht zu schweres Holz genommen, ist dieses Frühbeet mobil, und man kann es als „Wanderkasten" überall im Garten aufstellen. Als Material kommen aber auch Ziegel oder Zementsteine, Kunststeinplatten oder Betonguß in Frage. Beete dieser Art sind dann freilich nicht mehr transportabel.

Wem eine Elektroheizung nicht lohnend erscheint, kann eine Erhöhung der Bodentemperatur mit dem Beta-Solar-Wärmespeicher der Firma Beckmann erreichen. Es handelt sich dabei um eine Frostschutz- und Vegetationsheizung für Gewächshäuser, Folientunnel und Frühbeete. Die Wärmespeicher bestehen aus schwarzen Polyäthylen-Schläuchen von 7 cm Durchmesser. Sie werden mit Wasser gefüllt und liegen in einem Abstand von etwa 20 cm auf den Beeten. Auch bei spärlicher Sonneneinstrahlung im Frühjahr und selbst bei diffusem Licht und bewölktem Himmel speichert das Wasser der Schläuche beträchtliche Wärmeanteile.

Eternitbeet mit automatischem Fensteröffner

Nutzung des Frühbeets

Die Nutzungsmöglichkeiten eines auch unbeheizten Frühbeets sind außerordentlich vielseitig. Neben der Anzucht von Jungpflanzen im Frühjahr kann man in ihm auch empfindliche Gewächse wie Gurken und Melonen kultivieren, ebenso Paprika und Tomaten. Bei letzteren müssen die Fenster schon bald abgenommen werden, weil die Pflanzen zu groß werden; zu diesem Zeitpunkt schadet ihnen aber auch ein ungeschützter Freiluftaufenthalt nicht mehr. Im Sommer ist das Frühbeet besonders gut geeignet für die Anzucht und Vorkultur von Zweijahrsblumen wie Stiefmütterchen, Goldlack oder Nelken. In einem kleinen Garten fehlt in dieser Jahreszeit meist der Platz für die Anlage eines besonderen Saatbeets, und auch die anfänglich notwendige Schattierung ist im Frühbeetkasten kein Problem; man muß nur irgendein Gewebe oder ein paar Matten auflegen. Im Herbst kann im Kasten Wurzelgemüse für den Winter eingelagert werden; und wer sich für fleischfressende Pflanzen interessiert, hat für sie im Frühbeet ein durch Laubanschüttung und Styroporisolierung frostsicher gemachtes, ideales Winterquartier. Eine kleine Kakteensammlung ist den Sommer über dort gleichfalls bestens aufgehoben, weil man bei anhaltendem Regen nur die Fenster aufzulegen braucht, um die Pflanzen vor Vernässung zu bewahren. Und wenn außer der Anzucht von Jungpflanzen für den Kasten keine weitere spezielle

Nutzung vorgesehen ist, kann er einfach als zusätzliches Beet mit Gemüse bepflanzt werden. Baut man dann noch als Folgekultur Spätsorten an, bieten die Fenster Schutz vor leichten Frösten, und die Erntezeit verlängert sich.

Frühbeet mit dreiteiliger Schiebeabdeckung und manueller Lüftung

Kleingewächshäuser

So ein rundum verglastes Pflanzenquartier ist der Traum zahlreicher Hobbygärtner. Heutzutage braucht das Kleingewächshaus nicht mehr unerreichbares Wunschziel zu bleiben, denn seit Folie auch auf dem Sektor des Gewächshausbaus verwendet wird, ist es für fast jedermann erschwinglich geworden. Für den kleinen Garten reicht so ein Folienhaus völlig aus. Man kann die meisten Konstruktionen außerdem durch den Anbau von Einzelsegmenten beliebig verlängern,

Soll ein Glashaus angeschafft werden, empfiehlt es sich, vorher bei der Gemeindeverwaltung anzufragen, ob eine Baugenehmigung erforderlich ist. Manchmal wird das verlangt.

kann durch Trennwände mit Türen „Wärmezellen" schaffen und braucht auf diese Weise nicht stets das gesamte Haus zu beheizen. Zum Winter hin sorgt eine Luftpolsterfolie, die einfach zu installieren ist, für zusätzliche Isolierung.

Stellagen und Borde können ganz nach Wunsch angebracht werden, automatische Fensterheber übernehmen die Belüftung. Eine Beheizung ist auf vielfältige Weise möglich, und natürlich lassen sich auch im Folienhaus Luftbefeuchter, selbsttätige Bewässerungsanlagen und viele andere technische Hilfsmittel einsetzen.

Derartige Modelle sind schon längst nicht mehr die Aschenbrödel unter den Kleingewächshäusern. Sie haben außerdem den Vorteil, daß man sie schnell und problemlos aufbauen kann, denn als Fundament genügen kräftige Vierkanthölzer. Viele Hersteller liefern sie sogar passend zum Haustyp.

Glashäuser sind in jedem Fall teurer. Durch die isolierenden Deckmaterialien lassen sie sich allerdings auch noch besser gegen Wärmeverlust und eindringende Kälte schützen. Angeboten werden neben dem gewöhnlichen Blankglas (Fensterglas) noch das stärkere, auf der einen Seite genörpelte und daher undurchsichtige Klarglas sowie Isolierglas oder Doppelverglasung. Außerdem gibt es noch Kunststoffabdeckungen, hier an erster Stelle die besonders gut isolierenden Stegdoppel- oder -dreifachplatten. Hinzu kommen einige weitere Hohlkammersysteme aus Kunststoff, die aber weniger gebräuchlich sind. Es ist eine Frage des Geldbeutels und der beabsichtigten Nutzung, wofür man sich entscheidet.

Bauformen

Die geläufigste Bauform ist das Satteldachhaus mit mehr oder weniger spitzwinkeligem Giebel. Eine Variante davon stellt das Pultdach- oder Anlehnhaus dar. Dabei handelt es sich, bildlich

Für Folienhäuser kommt eine Rahmenkonstruktion aus Stahlrohren oder Kanthölzern in Frage (links und Mitte); bei Glas- und Plexiglasgewächshäusern wird die Aluminiumkonstruktion bevorzugt (rechts)

gesprochen, um ein halbiertes Satteldachhaus. Es hat seine Berechtigung, wo der Platz knapp ist, aber eine Wand oder Mauer zur Verfügung stehen, an die man diese Konstruktion „anlehnen" kann. Rundhäuser, bei denen es sich fast immer um Mehreckhäuser handelt, sind weniger praktisch, da die Nutzungsfläche kleiner ist. Dafür sehen diese Konstruktionen gefällig aus und wirken als Blumenpavillon, in den man von außen hineinschauen kann, sehr hübsch. Beim Erdhaus schließlich handelt es sich um einen in den Boden eingebauten Typ. Nur ein Teil der Stellwände und das Dach ragen über das Erdniveau hinaus. Die Lichtausbeute in diesen Häusern ist gering, unter den Tischen herrscht Dämmerung. Sie eignen sich daher nur für Spezialkulturen, zum Beispiel Orchideen.

Nutzung des Gewächshauses

Bei der Einteilung der Gewächshäuser nach Temperaturbereichen gibt es unterschiedliche Klassifizierungen. Für den Hobbygärtner können als Werte gelten: Warmhaus 18–24 °C, temperiertes Haus 12–17 °C, Kalthaus 5–12 °C, Überwinterungshaus 0–5 °C. Bei dieser Typisierung taucht das völlig unbeheizte Unterglasquartier also nicht auf. Nun kann man sich darüber streiten, ob ein im Frühjahr durch einen einfachen Heizlüfter gerade noch frostfrei gehaltenes Haus zu den beheizten zählt oder nicht. Dem Freizeitgärtner braucht diese akademische Frage die Freude an seinen geschützt heranwachsenden Kulturen nicht zu

trüben. Entscheidend ist allein, wie das Haus genutzt wird. Wer auf jegliche Erwärmung verzichtet, ist mit einem Frühbeet oder Folientunnel sicher besser dran und schont seinen Geldbeutel. Denn die Temperatur in einem ungeheizten Glashaus entspricht der Außentemperatur im Garten, das heißt der Zeitvorsprung, der durch die Unterglaskultur erzielt werden soll, schwindet. Ganz anders sieht es aus, wenn man sich im Frühjahr einen kleinen Heizlüfter ins Glashaus stellt und darüber hinaus noch über ein beheiztes Anzuchtbeet, vielleicht Marke Eigenbau, verfügt. Dann sind die ersten Aussaaten schon möglich, sobald die Lichtverhältnisse im Frühjahr das zulassen, also ab Februar/März. An einem hellen, frostfreien Platz im Wohngebäude überwinterte Geranienstecklinge können ins lichtdurchflutete Kleingewächshaus umziehen und dort zügig heranwachsen, und auch die Kübelpflanzen aus dem Keller kommen früher in Trieb und Blüte, wenn sie unter Glas ihre Wintermüdigkeit abschütteln können. Es bedarf also keiner durchgehenden Beheizung, um reichlich Nutzen aus der teuren Anschaffung zu ziehen. Später, wenn man die Tische im Glashaus, die man für die Anzuchtbeete und Saatschalen benötigt, nicht mehr braucht, werden Gurken, Melonen, Tomaten, Paprika, Auberginen, bei viel Platz auch Stangenbohnen an Schnüren im Kleingewächshaus angebaut, ebenso Radieschen, Kohlrabi und frühe Salate.

Weil die Unterglasgärtnerei desto mehr Freude macht, je länger sie betrieben wird, sollte man sich bereits vor der Anschaffung

Ein pflegeintensives und in der Unterhaltung teures Warmhaus ist nur dann wirklich lohnend, wenn in ihm wärmeabhängige, exotische Gewächshauspflanzen mit einem hohen Bedarf an Luftfeuchtigkeit kultiviert werden sollen.

Im Gewächshaus muß Sauberkeit oberstes Gebot sein. Vermodernde Pflanzenreste, Stützstäbe, herumliegende Samentütchen und dergleichen locken Tausendfüßler, Asseln, Ohrwürmer und andere ungebetene Gäste an.

Anzucht von Jungpflanzen
(Lichtkeimer):
Der Samen wird gleichmäßig
auf die angefeuchtete
Aussaaterde gestreut

Anschließend
drückt man das Saatgut an

Zuletzt wird vorsichtig gegossen

des Gewächshauses über eines im klaren sein: Man wird nach einiger Zeit stets herausfinden, daß man ein zu kleines Modell gekauft hat! Natürlich hängt die Entscheidung, welche Größe man wählen soll, vom Preis ab und vom Platz, der zur Verfügung steht. Dennoch sollte man sich von dem Grundsatz leiten lassen: lieber zwei Nummern größer als eine zu klein. Dazu noch ein Tip: Die meisten Glashäuser können um beliebig viele Baueinheiten erweitert werden.

Die Vermehrung
Generative Vermehrung

Die gebräuchlichste Methode, Gemüse- und Zierpflanzen selbst heranzuziehen, ist die Aussaat. Man kann, außer in der kalten Jahreszeit, direkt auf das Beet säen, oder es wird vorkultiviert. Hierbei erfolgt die Aussaat in kleinen Gefäßen wie speziellen Saatschalen, Torftöpfen, Topfplatten oder einfach in Blumentöpfen am Zimmerfenster, im Frühbeet sowie im Kleingewächshaus. Sehr gut eignen sich die bereits beschriebenen Anzuchtbeete (siehe Seite 77) mit Bodenheizung.
Wenn die Pflänzchen so weit herangewachsen sind, daß sie sich gut mit den Fingern greifen lassen, werden sie pikiert (vereinzelt) und später ausgepflanzt. Bei Einzelaussaat in Torftöpfchen oder Torftabletten, die man vorher in Wasser aufquellen läßt, entfällt das Pikieren. Man setzt die kleinen, durchwurzelten Anzuchtballen direkt ins vorgese-

hene Beet. Bei der Vorkultur von Zierpflanzen sind einige artspezifische Besonderheiten zu beachten, wenn die Aussaat Erfolg haben soll. Wir unterscheiden nämlich zwischen Licht- und Dunkelkeimern, bei Staudensamen kommen noch Frost- beziehungsweise Kaltkeimer hinzu. Was bedeutet das für die Praxis?

Licht- und Dunkelkeimer

Lichtkeimer dürfen nach der Aussaat nicht bedeckt werden, das bedeutet, daß die meist sehr feinen Samenkörner nur dünn auf die angefeuchtete Aussaaterde gestreut und mit einem Brettchen angedrückt werden. Das Gefäß muß man anschließend mit einer Glasscheibe abdecken oder in eine Klarsichtfolie hüllen. Dadurch wird ein Austrocknen des Substrats und Samens verhindert, es entsteht ein feuchtwarmes Kleinklima, das die Keimung günstig beeinflußt. Von einer derartigen Vorkultur profitieren übrigens alle Sämlinge, unabhängig von ihren Keimeigenschaften.

Auch unsere Gartenbohnen gehören so gesehen in diese Gruppe, denn man darf sie nur flach stecken; Bohnen müssen die Glocken läuten hören, heißt ein alter Bauernspruch. In unserem speziellen Fall spielt allerdings mit eine Rolle, daß Bohnen zur Keimung viel Sauerstoff benötigen. Bei den Stauden zählen unter anderem folgende zu den Lichtkeimern: Fingerhut (*Digitalis*), Glockenblume (*Campanula*) und Grasnelke (*Armeria*), Hornveilchen (*Viola cornuta*), Königskerze (*Verbascum*), Kokardenblume (*Gaillardia*), Lichtnelke (*Lychnis*), Nelke (*Dian-*

thus), Prachtscharte (*Liatris*) und Rudbeckie. Unter den Sommerblumen ist das Fleißige Lieschen (*Impatiens*) der bekannteste Lichtkeimer.

Die meisten Pflanzen aber sind lichtneutral. Sie werden je nach Dicke der Samenkörner etwa 0,5–1 cm hoch mit Erde bedeckt, wie wir es von unseren Gemüseaussaaten her gewohnt sind. Daneben gibt es ausgesprochene Dunkelkeimer, deren Samen bis zum Aufgehen mit Zeitungspapier, Säcken oder alten Tüchern abgedeckt werden müssen. Zu ihnen gehören Rittersporn (*Delphinium*), Enzian (*Gentiana*), Schleierkraut (*Gypsophila*), Christrosen (*Helleborus*), Judassilberling (*Lunaria*), Lupinen (*Lupinus*), Vergißmeinnicht (*Myosotis*) und vor allem Stiefmütterchen (*Viola-Wittrokkiana*-Hybriden).

Frostkeimer

Viele Hochgebirgsstauden, die im Steingarten wachsen, aber auch einige Tieflandpflanzen und Gehölze, brauchen, um keimen zu können, die Einwirkung der

Der Samen von Dunkelkeimern, zum Beispiel Vergißmeinnicht oder Rittersporn, muß bis zum Aufgehen mit Zeitungspapier oder alten Tüchern abgedeckt werden

Im Zweifelsfall behandelt man alle Aussaaten wie Normalkeimer. Das Risiko, daß sich einer der wenigen ausgesprochenen Frostkeimer darunter befindet, ist gering.

Kälte, die eine bestimmte Zeit andauern muß. Man bezeichnet sie deshalb als Frost- oder Kaltkeimer. Erst die Wechseltemperaturen zwischen warm und kalt, wie sie an den natürlichen Standorten dieser Gewächse im Herbst, Winter und Frühjahr zu verzeichnen sind, lösen den Keimvorgang aus.

Kaltkeimer werden im Herbst in flache Schalen gesät und an einen schattigen Platz in den Garten gestellt. Achten Sie darauf, daß in der Schale Wasserabzugslöcher vorhanden sind, damit tauender Schnee abfließen kann. Eine andere Möglichkeit besteht darin, das Gefäß mit der gut durchfeuchteten Erde in einen Plastikbeutel zu geben, den man zubindet. So vermag die Feuchtigkeit nicht zu entweichen, eine Vernässung von außen unterbleibt. Am besten sind die Gefäße mit den Kaltkeimern im Frühbeet oder im unbeheizten Kleingewächshaus aufgehoben. Hier stehen sie vor Nässe geschützt, sind unter Kontrolle und können im Bedarfsfall gegossen werden. Im Frühjahr werden die Saaten hell, aber nicht sonnig aufgestellt und stets leicht feucht gehalten.

Wer den Termin verpaßt hat und im Frühling noch Frostkeimer aussäen will, kann sich mit einer einfachen Methode behelfen. Man legt die Samentütchen dann für etwa drei Wochen in den Kühlschrank und sät anschließend wie gewohnt. Das funktioniert nicht immer hundertprozentig, ist aber ein durchaus erfolgversprechender Notbehelf. Eisfach oder Tiefkühltruhe kommen dafür allerdings nicht in Frage, weil die Temperaturen zu niedrig sind. Einige Gewächse brauchen zur Keimung sowohl Licht als auch Kälte. Zu diesen sogenannten Lichtfrostkeimern gehören zum Beispiel die Glockenblumen.

Keimfähigkeit und Keimprobe

Nicht wenige Hobbygärtner erleben nach der Aussaat Enttäuschungen, die aus dem Überfluß geboren sind. Da freut man sich, daß im Vorrat noch ein paar bunte, teils angebrochene Samentütchen vorhanden sind, auf dem Beet aber erweist sich das Keimergebnis als kläglich. Nur einige wenige Pflänzchen sind aufgegangen, wertvolle Zeit ist verloren, und man muß noch einmal von vorn anfangen. So ein Mißerfolg ist auf die unterschiedliche Keimfähigkeit der einzelnen Pflanzenarten zurückzuführen.

Gurkensamen beispielsweise bleiben bis zu acht Jahren haltbar, Samen von Bohnenkraut dagegen bewahren sich ihre Lebenskraft höchstens ein Jahr lang. Im Durchschnitt wird die Aussaat für alle Gemüsesamen kritisch, die älter als zwei Jahre sind. Nur wer sein Saatgut in sogenannten Keimschutzpackungen kauft, braucht sich, sofern

---

Wenn Frostkeimer im Frühjahr nicht aufgehen, hält man die Saatschale den Sommer über feucht, stellt sie schattig und setzt sie dann erneut der winterlichen Kühle aus. Christrosen zum Beispiel brauchen manchmal zwei Frostperioden zum Keimen.

Gemüsesamen haben eine unterschiedlich lange Keimdauer. Einige Beispiele in Tagen: Bohnen 10, Erbsen 8, Feldsalat 10, Gurken 10, Kohlarten 8, Kopfsalat 8, Mohrrüben 20, Radieschen und Rettiche 10, Rote Rüben 12, Tomaten 10, Zwiebeln 20.

Keimprobe auf feuchtem Fließpapier; liegt die Keimfähigkeit des Samens unter 50 %, sollte er nicht verwendet werden

die Tütchen noch originalverschlossen sind, keine Sorgen zu machen. Das Verfallsdatum ist aufgedruckt.

Wenn man nicht sicher ist, ob sich eine Verwendung übriggebliebener Samenportionen noch lohnt, kann man mit Hilfe einer Keimprobe Ärger und Zeitverlust vermeiden. Je nachdem, ob es sich um große Samenkörner (Bohnen, Erbsen), um mittlere (Radieschen, Tomaten) oder um sehr feines Saatgut handelt (Möhren, Salat), werden 10, 25 oder 50 Körner in einer Schale ausgesät. Gehen 75 % auf, ist alles in Ordnung, und man kann unbesorgt sein Beet bestellen; bei 50 % Keimfähigkeit sollte man vorsichtshalber dichter als üblich säen; bei allen Resultaten, die darunter liegen, ist der Samen unbrauchbar. Bei feinem Samen genügt es übrigens, wenn man in einem Suppenteller auf feuchtem Küchenkrepp oder einem feuchten Papiertaschentuch aussät.

Im allgemeinen wird der Hobbygärtner sich die Samentütchen auswählen, deren Inhalt, so wie er auf der Packung beschrieben ist, seinen Wünschen entspricht oder am nächsten kommt. Sorte, Eigenschaft, Aussaattermin und Ertrag sind dabei die entscheidenden Kriterien. Daß es aber noch zusätzliche, spezielle Angebotsformen gibt, ist meist weniger bekannt. Pilliertes Saatgut zum Beispiel hat durchaus Vorteile: Es handelt sich dabei um sehr feine Samen, die mit einer Bindemasse umgeben sind und die man deshalb besser auslegen kann. Die Korngröße wurde bei diesem Saatgut künstlich vervielfacht, was den Vorteil hat, daß sich beispielsweise Mohrrüben

gleich im richtigen Pflanzabstand aussäen lassen; sie brauchen also später nicht mehr pikiert zu werden.

Noch einfacher geht die Aussaat mit den sogenannten Quick-Sticks, die es schon seit einigen Jahren auf dem Markt gibt; eine große Zukunft ist ihnen jedoch offenbar nicht beschieden. Bei diesem Verfahren ist an der Spitze eines schmalen Hartkartonstreifens je ein Samenkorn befestigt. Eine Strichmarkierung zeigt die richtige Saattiefe an. Bei einem anderen Produkt, den Saatbändern und Samenteppichen aus Zellulose, sind die einzelnen Körner bereits im richtigen Abstand „eingeschweißt". Die Träger werden also nur ausgelegt, mit Erde bedeckt und angegossen. Diese Produkte sind auch als fertige Mischkultur oder Kräutermischung erhältlich.

Vegetative Vermehrung

Stecklinge

Neben der üblichen Aussaat von Blumen und Gemüse stehen dem Gärtner auch noch andere Vermehrungspraktiken zur Verfügung. Jeder, der sich mit Kübel- und Balkonpflanzen befaßt, weiß die Vorteile der Stecklingsanzucht zu schätzen. Bei Blattschmuckpflanzen, von denen es nur selten Samen zu kaufen gibt und die bei uns nicht zur Blüte gelangen, ist sie sogar die einzige Möglichkeit, den Bestand aufzufrischen oder zu vervollständigen. Auch von Balkonpflanzen, die schwierig zu überwintern sind oder für deren Unterbringung als ausgewachsene

Bei der Anzucht von Stecklingen in Erde fördern Bewurzelungshormone die Wurzelbildung. Es gibt sie überall im Gartenfachhandel zu kaufen.

Exemplare der Platz fehlt, kann man durch Stecklingsvermehrung Nachwuchs heranziehen. Steckhölzer, Stamm- und Blattstecklinge, Absenker, Ableger und Ausläufer, Teilung – sie alle sind Möglichkeiten der vegetativen Vermehrung. Der Erwerbsgartenbau kennt sogar noch weitere Varianten, die aber im Hausgarten nicht von Bedeutung sind.

Kopfstecklinge

Am häufigsten wird die Vermehrung durch Kopfstecklinge praktiziert. Verwendet werden die 5–10 cm langen Spitzen eines Haupt- oder Nebentriebs. Sie sollten von einer gesunden, wüchsigen, blühfreudigen Mutterpflanze stammen, sofern es sich um ein Blütengewächs handelt, und dicht unter einem Blattknoten geschnitten werden. Bei Pflanzen, die zu den Gehölzen zählen, nimmt man am besten einen bereits etwas verholzten Trieb; das trifft auf viele Sträucher und Halbsträucher im Kübel zu. Blüten, die eventuell auf dem Steckling vorhanden sind, müs-

sen ebenso entfernt werden wie die untersten Blätter. Sitzt auf dem Steckling sehr viel und sehr großes Laub, kann man es mit einer Schere beschneiden, um die Verdunstungsfläche zu verringern.

Gesteckt wird am besten in ein Torf-Sand-Gemisch zu gleichen Teilen, das gut feucht, aber nicht naß sein soll. Verschiedene, vor allem Zimmerpflanzen, lassen sich auch recht gut in Wasser bewurzeln. Bei der Engelstrompete (*Datura*) funktioniert das in der Regel ebenfalls. Dennoch hat diese Methode Nachteile, weil die „Wasserwurzeln" glasig und brüchig sind und beim Einpflanzen in Erde nur allzuleicht abbrechen. Das Gefäß mit den Stecklingen sollte man möglichst nicht vollsonnig aufstellen. Es empfiehlt sich, einen Verdunstungsschutz anzubringen, indem man eine Folie über die gepflanzten Stecklinge spannt. Halten Sie das Substrat in der Folgezeit nicht zu feucht; die neuen Wurzeln sollen auf der Suche nach Nährstoffen und Wasser dazu gezwungen werden, sich zu strecken. Beste Schnittermine sind Sommer bis Spätsommer, je nach Pflanzenart.

Steckhölzer

Unter Steckhölzern versteht man die in Stücke geschnittenen, verholzten Triebe von Obst- und Ziergehölzen. Bestes Beispiel ist die Johannisbeere, von der im Hausgarten auf diese Weise Nachwuchs herangezogen werden kann. Aber auch Himbeeren, Stachelbeeren und Heidelbeeren kommen in Frage. Diese Stecklinge werden im Spätherbst gewonnen, im Frühbeet

Direkt unterhalb des Blattknotens werden von den Pflanzen die meisten Reservestoffe eingelagert. Sie dienen der Bildung neuer Triebe und Blätter. Beim Steckling überbrücken diese Stoffe die Zeitspanne, bis eine Ernährung über eigene Wurzeln erfolgen kann.

Der geschnittene Kopfsteckling sollte drei bis fünf Blattpaare aufweisen

oder an einem schattigen Gartenplatz eingeschlagen, das heißt so weit mit Erde bedeckt, daß die oberste Knospe noch herausschaut, und im Frühjahr oder im darauffolgenden Herbst gepflanzt.

Stammstecklinge

Für die Vermehrungspraxis durch Stammstecklinge mag die Riesenpalmlilie (*Yucca elephantipes*) stellvertretend für einige andere Kübel- und Zimmerpflanzen wie Dieffenbachie, Drachenbaum, Philodendron oder Fensterblatt genannt werden. Üblicherweise befreit man die krautigen oder schwach verholzten Sprosse von den Blättern, zerschneidet sie in 5–10 cm lange Teilstücke und drückt diese Abschnitte mit mindestens einem ruhenden Auge (Knospe) horizontal in ein Torf-Sand-Gemisch. Bei zu groß gewordenen, mehrtriebigen *Yucca elephantipes* mit verholzten Stämmen kann man auch anders verfahren: Sägen Sie mit einem Fuchsschwanz oder einer elektrischen Stichsäge die Blattschöpfe, die Ihnen im Wege sind, mit einem 20–30 cm langen Stammstück ab. Wenn das noch

Steckhölzer gewinnt man im Spätherbst von der Mutterpflanze

Die etwa 20 cm langen Einzelstücke überdauern die kalte Jahreszeit bis zur obersten Knospe eingegraben an einer geschützten Stelle im Garten. Im Frühjahr wird dann gepflanzt

Vermehrung der Yucca: Zuerst sägt man die Krone mit einem 20–30 cm langen Stammstück ab. Der verbleibende Stamm kann in ebensolche Stücke zerlegt werden

Stammstücke und Blattschopf, dem man eine Plastikhülle überstülpt, kommen in ein mageres Torf-Sand-Gemisch, das leicht feucht zu halten ist

Bei Blatt- und Gliederkakteen muß die Schnittstelle der einzelnen Stücke einige Stunden antrocknen, bevor gesteckt wird.

Sehr biegsame, lange Triebe von Kletterpflanzen können, anstatt in die Gartenerde gebettet, auch über einen Blumentopf geleitet und dort festgesteckt werden.

nicht reicht, können die verbleibenden, blattlosen Stämme noch einmal in ebensolche Abschnitte zerlegt werden. Bringen Sie unbedingt eine Markierung an, damit Sie die Enden beim Stecken nicht verwechseln, denn ein Austrieb erfolgt nur, wenn der untere Teil des Abschnitts in den Boden kommt. Die obere Schnittstelle wird mit Baumwachs verstrichen. Die Stammstücke, auch die mit Blattschopf, pflanzt man nun einige Zentimeter tief, so daß sie einigermaßen Halt haben, in ein Torf-Sand-Gemisch oder ein anderes, nährstoffarmes Substrat. Gut geeignet sind große Blumentöpfe oder Plastikeimer. Stecken Sie die großen Stücke immer einzeln. Wenn man die Töpfe an einem schattigen Platz im Freien aufstellt und sie stets nur leicht feucht hält, erfolgt die Bewurzelung innerhalb weniger Wochen. Dann brechen seitlich aus den Stämmen die ersten grünen Knospenspitzen hervor, und wenn sie sich zu Blättern entwickelt haben, kann man die Jungpflanzen in gefälligere Gefäße oder Kübel umsetzen.

Blattstecklinge

Diese einfache Vermehrungsart kommt für einige Zimmerpflanzen, für Gliederkakteen, Opuntien, andere Sukkulenten und ein paar Farne in Frage. Bekanntestes Beispiel ist das Usambaraveilchen: Man schneidet einige nicht zu junge Blätter mit dem Stiel ab; der Stiel wird auf etwa 2 cm eingekürzt und schräg oder senkrecht in magere Erde oder in das gebräuchliche Torf-Sand-Gemisch gesteckt. Bis dann das neue Pflänzchen mit Wurzeln und Blättern „fertig" ist, können gut ein oder zwei Monate verstreichen. Wichtig ist auch hier ein Verdunstungsschutz aus Glas oder Folie.

Mit Begonien (*Begonia-Rex-*Hybriden) geht es noch einfacher: Man legt ein ganzes Blatt, bei dem die Adern auf der Rückseite an einigen Stellen mit einem scharfen Messer eingeritzt wurden, unterseits auf das Substrat und beschwert es mit kleinen Steinen. Sogar Blatteinzelstücke bewurzeln auf diese Weise. Bei der Drehfrucht (*Streptocarpus*) wird ein ganzes Blatt in zwei Hälften geteilt und die Mittelrippe herausgetrennt. Dann kommen die Blatthälften mit der Schnittseite ins Substrat. Beim Bogenhanf (*Sansevieria*) lassen sich die Blätter ebenfalls in etwa 5 cm lange Teilstücke zerschneiden und stecken. Von den gelbgeranderten Zuchtsorten erhält man jedoch immer nur die grüne Form der ursprünglichen Art. Solche Pflanzen sollten deshalb durch Teilung vermehrt werden.

Absenker

Diese Methode kommt für einige Zier- und die meisten Beerenobstgehölze in Frage, deren Triebe entweder bodennah verlaufen oder so elastisch und lang sind, daß sie sich ohne zu bre-

Zur Vermehrung von Opuntien wird ein Glied abgetrennt. Die Schnittfläche des Stecklings muß antrocknen, ehe er in das Substrat gesteckt wird

chen herabbiegen lassen. Zu den geeigneten Ziergewächsen gehören unter anderem die Waldrebe (*Clematis*), Felsenmispel (*Cotoneaster*) und der Rhododendron. Man hebt bei dieser Methode unterhalb des zum Absenken vorgesehenen Triebs eine etwa 10 cm tiefe, schmale Furche aus, befreit den Zweig von Blüten und Blättern und legt ihn der Länge nach in das Erdbett. Dort wird er entweder mit Haken aus starkem Draht festgehalten, oder man beschwert die Furche nach dem Zuschütten mit Steinen. Die beste Zeit für Absenker ist das Frühjahr. Meist sind die Triebe im Jahr darauf bewurzelt, werden dann aus der Erde genommen, in bewurzelte Teilstücke zerschnitten und neu eingepflanzt. Auch die Vermehrung über einen Blumentopf als Zwischenstation ist möglich.

Hauswurz mit Tochterpflanzen (Ableger)

Ableger und Ausläufer

Ableger nennt man bewurzelte Seitensprosse, die an der Mutterpflanze entspringen; man kann sie abschneiden und eintopfen oder direkt pflanzen. Das bekannteste Beispiel für ablegerbildende Gewächse sind Bromelien, bei denen diese Sprosse als Kindel bezeichnet werden. Auch zahlreiche Sukkulenten gehören in diese Gruppe, im Hausgarten zum Beispiel die Dachwurz (*Sempervivum*) und die *Echeveria*-Arten, die sich bestens für sommerliche Randbepflanzungen eignen.

Die prominenteste Ausläuferpflanze wiederum ist unsere Erdbeere. Bei Ausläufern handelt es sich um lange, ober- oder unterirdisch verlaufende Sproßachsen (Stolonen), an denen sich Jung-

pflanzen mit Wurzeln bilden. Diese Eigenschaft machen wir uns bei der Vermehrung zunutze, um einen überalterten Erdbeerbestand zu verjüngen: Die bewurzelten Pflänzchen werden vom Mutterexemplar abgetrennt und auf ein humusreiches, neues Beet gesetzt. Näheres dazu im Kapitel Beerenobst (siehe Seite 188). Auch bei den Rasenmischungen spielen ausläuferbildende Grassorten eine wichtige Rolle, weil sie mit ihren Stolonen für eine rasche, flächige Begrünung sorgen. Unter den Zimmerpflanzen fällt die Grünlilie (*Chlorophytum*) durch ihre langen, herabhängenden Ausläufer auf, an deren Spitzen die jungen Pflänzchen sitzen.

Teilung

Für diese einfache Art der Vermehrung, Verjüngung oder Reduzierung zu umfangreich gewor-

Für Ableger (Kindel) ist ein Verdunstungsschutz besonders wichtig, da bei ihnen meist ein Mißverhältnis zwischen Wurzeln und Blättern besteht, das heißt das reichlich vorhandene Laub verdunstet mehr Wasser, als die spärlichen Wurzeln nachliefern können.

dener Pflanzen kommen neben Zimmerbewohnern viele Stauden, Gehölze, Zwiebel- und Knollengewächse in Frage. Sich ausbreitende Ziergräser werden durch seitliches Abstechen störender Partien zurechtgestutzt, ebenso verfährt man bei horstartig wachsenden Blütenstauden wie Margeriten, Rittersporn, Rudbeckien oder Funkien. Man kann direkt an Ort und Stelle mit dem Spaten ein entsprechendes Stück abtrennen oder den gesamten Wurzelballen zu diesem Zweck vorher aus dem Boden heben. Ebenso verfährt man bei polsterbildenden Steingartenpflanzen. Der günstigste Zeitpunkt für die Teilung sind Frühjahr und Sommer. Bei Knollengewächsen wie Dahlien zerteilt man im Frühjahr nach der Überwinterung das Knollenbüschel mit den Händen oder löst vorsichtig einige Stücke ab, die allerdings erkennbare Knospen besitzen müssen. Begonienknollen werden zerschnitten, wobei auch bei ihnen jedes Teilstück mindestens ein Auge aufweisen muß. Weil das bei der ruhenden Knolle schwer auszumachen ist, wird man die Teilung zweckmäßigerweise erst vornehmen, nachdem man im Frühjahr das Speicherorgan in feuchtem Torf und an einem warmen Platz zum Leben erweckt hat und sich bereits ein Austrieb zeigt.

Viele Zwiebelpflanzen sind am einfachsten mit Hilfe der kleinen Brutzwiebeln zu vermehren, die sich am Boden der alten Zwiebel bilden. Im Spätsommer werden sie abgenommen und neu eingepflanzt. Bei Lilien verwendet man zum Teil die Schuppen der Mutterzwiebel: Um die Pflanze zu

schonen, wird die Zwiebel nach der Blüte lediglich vorsichtig freigelegt, dann löst man einige Schuppen ab, die an der Bruchstelle später Brutzwiebeln bilden. Das funktioniert allerdings nur, wenn die Schuppen vorher abwechselnd höheren und tieferen Temperaturen von unterschiedlicher Dauer ausgesetzt werden, ist also nicht ganz einfach. Der Hobbygärtner kann es sich leichter machen, indem er die im Lauf der Jahre entstandenen Zwiebelnester ausgräbt, einzelne Zwiebeln ablöst – nicht zuviel, damit die Mutterpflanze nicht über Gebühr geschwächt wird – und neu einpflanzt. Frühjahr und Herbst sind dafür geeignet. Einige Lilienarten bilden sogenannte Achselbulben, die in den Blattachseln sitzen, andere setzen unterirdische Stengelbulben an. Man nimmt sie im Herbst ab und pflanzt sie neu ein.

Bei Schwertlilien (*Iris germanica*) erfolgt die Vermehrung durch Teilung der Rhizome. Dabei handelt es sich um fleischige, unterirdische Speicherorgane, die bei *Iris* im Lauf der Jahre umfangreiche Horste entwickeln. Nach der Blüte kann man mit einem scharfen Messer einzelne Rhizomstücke abtrennen. Die diesen Abschnitten anhaftenden Blätter werden um etwa zwei Drittel eingekürzt, um das Rhizomstück von der Blatternährung zu entlasten und dadurch die Wurzelbildung zu fördern. Die Schnittstelle sollte vor dem Pflanzen einige Stunden antrocknen. Gepflanzt wird sehr flach, am besten formt man im Setzloch oder -graben mit den Händen einen kleinen Hügel, auf den das Rhizom zu liegen kommt. Da *Iris*

Bei der Teilung horstbildender Stauden sollte man nicht zimperlich sein. Wenn die Pflanzen im Flor nachlassen, die Blüten kleiner werden und der Wuchs ins Stocken gerät, sind das untrügliche Zeichen dafür, daß eine Verjüngung durch Teilung angebracht ist.

Sonne lieben und einen entsprechenden Platz im Garten erhalten müssen, ist nach dem Angießen darauf zu achten, daß die Erde auch nach der Teilung bei hochsommerlichen Temperaturen nicht austrocknet.

Der Kompost

Der Biogärtner bezeichnet den Kompost als das Herz seines Gartens. Da hier der Nährstoff für die Pflanzen entsteht, muß dieser Produktionsstätte – an anderer Stelle in diesem Buch haben wir sie als „Nahrungsmittelfabrik" bezeichnet – genügend Platz eingeräumt werden. Wer ausschließlich mit derartigem Naturmaterial aus eigner Herstellung düngt, darf in dieser Beziehung nicht kleinlich sein. Wenn wir uns den perfekten Kompostplatz herkömmlicher Art etwas genauer ansehen, wird deutlich, wieviel Raum er beansprucht.

Der perfekte Kompostplatz

Die Kompostmiete sollte eine Grundfläche von 1,5–2 m² und eine Höhe von 1–1,5 m haben. Die Länge ist beliebig und richtet sich nach dem vorhandenen Material. Nun ist es mit einem einzigen Haufen nicht getan, denn er muß „umgesetzt", das heißt so umgeschichtet werden, daß das Unterste zuoberst kommt. Damit verdoppelt sich der Platz bereits, denn an der alten Stelle soll ja ein neuer Haufen aufgebaut werden. Wer es ganz genau nimmt, wird noch eine dritte Miete einplanen. Neben dem ersten Haufen, der mit organischen Stoffen aus Kü-

che und Garten das Rohmaterial beherbergt, ist auf dem zweiten, umgesetzten, die Rotte bereits weit vorangeschritten. Dieser halbfertige Kompost kann zum Mulchen oder für Flächenkompostierung verwendet werden; darüber wird später noch eingehender berichtet (siehe Seite 100). Die dritte Miete schließlich besteht aus „reifem", in fruchtbare Erde umgewandeltem Kompost, dem Endprodukt aller vorausgegangenen Rottestadien.

Das alles setzt voraus, daß genügend organische Stoffe anfallen, um diesen Phasenaufbau ständig in Gang zu halten. Mit anderen Worten: Der Garten als Lieferant des Kompostmaterials muß schon recht groß sein. Allein für die Breitengrundfläche von 2 m² pro Miete müssen also bei drei Rottehaufen 6 m² veranschlagt werden. Aber damit ist es immer noch nicht getan. Wir brauchen ja auch Platz für das Umschaufeln, für Wege zwischen den Mieten, für einen Hauklotz, um grobes Material zu zerkleinern; ferner sollte man mit der Schubkarre herumfahren können, und ein Durchwurfsieb zur Herstellung von Feinkompost sollte Platz finden; Matten für eine

Für den engagierten Biogärtner ist der Kompostplatz ebenso wichtig wie die durch Beete genutzte Fläche. Im kleinen Hausgarten muß man sich mit weniger zufrieden geben, braucht aber deswegen auf diese natürliche Nährstoffquelle nicht zu verzichten.

Der Flächenbedarf eines Kompostplatzes mit drei Rottehaufen darf nicht unterschätzt werden

eventuell notwendige Abdekkung sind gleichfalls irgendwo unterzubringen, und ringsherum sollten Sträucher für lichten Schatten sorgen. Der Biogärtner wird außerdem auch noch seine Fässer mit Pflanzenjauchen aufstellen wollen. Das alles summiert sich zu einem Areal, das bei einem kleinen Grundstück einen ganzen Gemüsegarten aufnehmen könnte.

Der Rottevorgang

Wer nicht ausschließlich mit Kompost düngt, sondern auch noch andere organische Nährstoffe aus dem Gartenhandel verwendet, und wer, wo das möglich ist, Gründüngung zur Bodenverbesserung und -belebung einsetzt, kommt mit einem Bruchteil Platzbedarf und viel weniger Arbeitsaufwand aus. Es gibt heute eine Vielzahl industriell vorgefertigter Kompostlegen, -silos oder -kästen aus den verschiedensten Materialien, die wenig Raum beanspruchen und kein Umsetzen mehr erforderlich machen. Doch zunächst sollte man wissen, was eigentlich im Kompost passiert und was ihn so wertvoll für die Pflanzen macht. Daraus ergibt sich dann folge-

Zur Rottebeschleunigung gibt es im Handel sogenannte Kompoststarter. Sie enthalten verschiedene Mineralstoffe, Bodenorganismen und andere Zusätze, mit denen der Zersetzungsprozeß vorangetrieben wird.

Während der Verrottung, wenn der Haufen nicht mehr beschickt wird, kann man Kürbisse oder Zucchini darauf pflanzen. Sie sorgen mit ihrem großen Laub für Beschattung.

In einem Komposthaufen laufen ähnliche Umsetzungsprozesse ab wie in der Humusschicht des Bodens: Organische Stoffe werden zerkleinert, ihre Strukturen werden aufgebrochen

richtig, wie er zu behandeln und zu pflegen ist.

Über die Tätigkeit der Kleinstlebewesen im Gartenboden wurde bereits berichtet (siehe Seite 66). Zur Erinnerung: Diese Mikroorganismen bis hin zum Regenwurm nehmen totes, organisches Material auf, lösen die darin enthaltenen Pflanzennährstoffe heraus beziehungsweise setzen sie so um, daß sie von den Wurzeln der Gewächse als kleinste Düngereinheiten absorbiert werden können. Indem die Bodenwinzlinge sich um die Nahrungsaufnahme bemühen, verbrauchen oder „verbrennen" sie Energie. Um diesen Prozeß in Gang zu setzen und den „Motor" nicht ins Stottern geraten zu lassen, werden von den Mikroorganismen Feuchtigkeit und Sauerstoff benötigt. Sie können nur in einer aeroben Umwelt tätig sein; aerob bedeutet sauerstoffhaltig. Im Gegensatz dazu gibt es auch anaerobe Mikroben: Sie wirken weitgehend unter Luftabschluß, und das Ergebnis ihrer Tätigkeit beleidigt unsere Nasen; es handelt sich dabei nämlich um übelriechende Fäulnis. Diese Art der Stoffumwandlung ist neben der Austrocknung der Tod jeden Komposts.

Kompostpflege und -material

Damit ist klar, worauf es bei der Rotte ankommt, wo der Komposthaufen seinen Platz finden sollte, wie und womit er zu beschicken, also aufzuschichten und zu versorgen ist. Um Austrocknung zu vermeiden, sollte der Platz nicht in voller Sonne, sondern etwas beschattet im

Schutz von Bäumen oder Sträuchern liegen. Wenn der Schatten bei lang andauernden sommerlichen Hitzeperioden nicht ausreicht, kann man mit Schilf- oder Strohmatten, mit Loch- oder Schlitzfolie abdecken. Es sollte auch stets dafür gesorgt werden, daß der Haufen Bodenkontakt hat, also nicht auf Plattenbelag oder Beton steht. Das ist nicht nur wichtig, damit die Lebewesen aus dem Gartenboden in den Kompost wandern können und umgekehrt, sondern auch, weil dann der Rottesaft, der bei der Zersetzung anfällt, in den Boden versickert.

Das ganze Geheimnis der Kompostierung liegt in der Mischung der locker eingebrachten Stoffe. In der Praxis bedeutet das, daß man Küchenabfälle möglichst nicht in größeren Mengen pur auf den Haufen schüttet, sondern sie mit Pflanzenteilen aus dem Garten vermengt. Zeitungspapier wird vorher zusammengeknüllt, Wellpappe zerrissen, stärkere Pappe eingeweicht. Farbdrucke gehören wegen der in ihnen enthaltenen Schadstoffe in den Altpapiercontainer.

Grasschnitt sollte vor dem Einbringen anwelken, weil er in frischem Zustand zusammenpappt und aus Sauerstoffmangel in Fäulnis übergeht. Gehölzschnitt muß man mit der Axt oder der Gartenschere in fingerlange Stücke zerkleinern, Laub sollte nur feucht und stets nur in kleinen Mengen, am besten vermischt mit Gehölzteilen, auf den Kompost kommen. Das Laub von Harthölzern wie Buche, Eiche, Kastanie oder Walnuß verrottet langsamer als das von Obstgehölzen, Birken oder Ulmen. Die

Gehölzschnitt ist vor der Kompostierung in fingerlange Stücke zu zerkleinern

Gerbsäure der Walnußblätter schadet weder der Rotte noch später dem Boden, verlangsamt aber den Zersetzungsprozeß der Rottematerialien.

Teile erkrankter Pflanzen, zum Beispiel von Kohlhernie befallene Kreuzblütler, dürfen nicht auf den Kompost gelangen, ebensowenig von Monilia befallene Obstgehölzzweige oder von der Rutenkrankheit heimgesuchte Himbeertriebe. Echter Mehltau von Rosen, Stachel- und Johannisbeeren dagegen büßt in der Rotte seine Lebenskraft ein. Unkraut, das bereits Samen angesetzt hat, und Wurzelunkräuter wie Quecke, Acker- oder Zaunwinde hält man besser vom Kompost fern. Erfahrene Biogärtner bringen dieses problematische Rottegut in der Mitte des Haufens unter, wo die Hitzeentwicklung am größten ist; aber ein Risiko bleibt das Unkraut immer. Der schon erwähnte Spezial-Kalkstickstoff, der in seiner ersten Umsetzungsphase das giftige Cyanamid entwickelt, kann als natürlicher Dünger und als Vorbeugung gegen das Aufgehen keimfähiger Samen hauchdünn über die einzelnen Kompostlagen gestreut werden.

In einer Phase, in der die Küchenabfälle überwiegen, sollten im-

Fallen bei einer Rasenrenovierung größere Mengen von Soden (abgestochene Rasenplatten) an, schichtet man sie mit der Halmseite nach unten auf einem gesonderten Haufen übereinander. Nach etwa einem Jahr ist daraus fruchtbare Erde geworden.

Bei sehr viel herbstlichem Blattanfall kann man dieses Laub ebenfalls auf einem extra Haufen kompostieren. Nach jeder etwa 20 cm dicken Schicht streut man etwas Kalk, Horn-, Knochen- oder Blutmehl und/oder Tonminerale bzw. Gesteinsmehl darüber.

mer mal wieder einige Schaufeln Gartenerde als Zwischenschicht das Rottegut ergänzen. Der Inhalt des Staubsaugerbeutels, Haare, Tee- und Kaffeesatz, Wollreste, Säge- und Hobelspäne, Holzkohlenasche und Stroh lassen sich ohne weiteres kompostieren. In die Mülltonne bzw. den Sammelcontainer gehört alles, was sich einer Verrottung widersetzt: Metall und Plastik, Glas, Gummi, Alufolie, Kunststoffe, Steingut, Keramik, Milch- und Fruchtsafttüten und ähnliches. Fleisch- und Wurstreste sowie Knochen sind zwar verrottbar, vermaden jedoch durch die Eiablage von Fliegen und locken Ratten, Katzen und Hunde an. Dagegen empfiehlt es sich, zur Förderung der Umsetzung und Verbesserung der Kompostqualität Steinmehle, Tonminerale, Horn-, Knochen- oder Blutmehl den einzelnen Schichten immer wieder in kleinen Mengen zuzufügen. Auch frischer Stallmist kann zwischen die anderen Materialien gestreut werden.

Kompostreife

Sofern der Verrottungsprozeß ungestört abläuft, ist ein sachgemäß beschickter und geschichteter Kompost innerhalb eines Jahres nach dem Aufbau ausgereift. Man erkennt den reifen Kompost an der dunkelbraunen Färbung, der feinen Krümelstruktur und dem Duft nach Walderde. Allerdings ist es ein Irrtum zu glauben, Kompost werde desto wertvoller und nährstoffhaltiger, je länger er liege. Es verhält sich gerade umgekehrt. Überreifer, alter Kompost verliert allmählich seine guten Eigenschaften, die

Düngewirkung läßt nach. Zur Bodenverbesserung ist er aber in diesem Zustand immer noch hervorragend geeignet.

Nun muß man die Vollreife nicht unbedingt abwarten, bis der Kompost ausgebracht werden kann, also flach in die oberste Bodenschicht eingeharkt wird. Halbreifer Kompost oder Mulchkompost steht dem Garten bereits nach zwei bis drei Monaten als Dünger zur Verfügung. Da der Umsetzungsprozeß in diesem Fall auf dem Beet weitergeht, ist eine sehr flache Einarbeitung besonders wichtig, weil nur so die ausreichende Sauerstoffversorgung der arbeitenden Kleinstlebewesen sichergestellt wird. Mulchkompost, der unter Luftabschluß tief in den Boden gerät, kann in Fäulnis übergehen.

Rottebehälter als Fertigprodukte

Es wurde bereits kurz erwähnt, daß Kompostieren heute platz- und arbeitsparend auch im kleinen Garten mit Hilfe fertiger Rottebehälter möglich ist. Der Handel bietet verschiedene Produkte an, die alle eines gemeinsam haben: eine gut funktionierende Durchlüftung. Beginnen wir mit dem einfachen Silo aus starkem Drahtgeflecht. Er sollte in jedem Fall schattig stehen und eine Abdeckung erhalten, weil die Gefahr der Austrocknung bei ihm besonders groß ist; eventuell muß der Inhalt daher bei Bedarf vorsichtig angefeuchtet werden. Etwas besser isoliert sind Behälter aus verzinktem Blech. Andere Modelle, sogenannte Komposttonnen, bestehen ebenfalls aus feuerverzinktem Eisenblech oder

Wer schon über eigenen, ausgereiften Kompost verfügt, wird immer etwas davon in Reserve behalten, um es der neuen Rotte von Zeit zu Zeit zuzumischen und die Umsetzung zu beschleunigen.

glasfaserverstärktem Kunststoff. Es werden auch Holzkonstruktionen aus druckimprägnierten Brettern oder Rundhölzern angeboten, die man mit Hilfe von Einkerbungen an den Kopfseiten einfach aufeinandersetzt. Sie haben den Vorteil, daß man sich mit ihnen die Arbeit erleichtern kann, weil sich beim Aufschichten oder Abtragen die Rahmenkonstruktion Stück für Stück abnehmen beziehungsweise auflegen läßt. Fabrikate aus asbestfreiem Eternit oder solche, in denen die Bretter lamellenartig und herausnehmbar in ihren Schräghalterungen sitzen, sowie sogenannte Thermokomposter runden das Angebot ab. In den letztgenannten ist durch ein spezielles Doppelwandsystem die Wärmeentwicklung so optimal, daß man auch kleine Mengen kompostieren kann. Schließlich bereitet es keine großen Schwierigkeiten, sich seine Kompostlege selber zu bauen. Das geht auch mit Betonsteinen, die man so aufmauert, daß zwischen den Elementen genügend viele Lüftungsöffnungen verbleiben.

Komposthäcksler

Seit einiger Zeit sind sogenannte Komposthäcksler auf dem Markt, um die es anfänglich wegen technischer Unzulänglichkeiten heftige Diskussionen gegeben hat. Die meisten Modelle sind mittlerweile so weit verbessert worden, daß gegen einen Einsatz im Hausgartenbereich nichts mehr einzuwenden ist. Man sollte

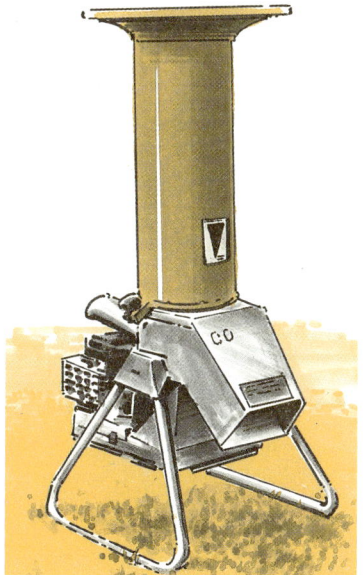

Komposthäcksler zerkleinern nicht nur Holz, sondern auch andere grobe Gartenabfälle

Handelsübliche Kompostbehälter (von links nach rechts): Drahtsilo, Kompostlege mit herausnehmbaren Brettern, Thermokomposter

Mulchen kann man vom Frühjahr bis zum Frosteintritt. Zwischen den Erdbeerreihen ist Stroh besonders gut dafür geeignet, weil es gleichzeitig die heranwachsenden Beeren vor Verschmutzung bewahrt.

Der Gartenfachhandel bietet neben Rindensubstrat und Rindenkompost auch Rindenmulch an. Man sollte ihn vorzugsweise unter Rhododendron und Heidekrautgewächsen ausstreuen, die eine saure Bodenreaktion wünschen.

sich nur genau überlegen, ob sich diese Anschaffung, die immerhin einiges an Kosten verursacht, überhaupt lohnt. In großen Gärten mit viel und regelmäßig anfallendem Gehölzschnitt ist das sicherlich der Fall. Lassen Sie sich beim Kauf jedenfalls vom Fachpersonal beraten, denn die Leistungen der einzelnen Modelle sind ebenso unterschiedlich wie die Messersysteme; im Angebot sind sehr robuste Hammerwerke, die das Material nur zerschlagen, sowie Messerwalze, Messerbaum und Rundmesser. Jedes System hat seine Vor- und Nachteile, die man gemäß der Stärke und Menge des anfallenden Schnittguts gegeneinander abwägen muß.

Schwache Modelle mit Elektromotor sind in der Regel so wenig leistungsfähig, daß man besser gleich zu Axt oder Schere greift. Starke, benzinmotorbetriebene Fabrikate kosten viel Geld und lohnen im kleinen Hausgarten kaum. Laut sind sie alle, und daß man das Häckselgut armweise oben in das Gerät hineinwirft und unten den fertigen Feinschnitt sozusagen im Schnellverfahren herausbekommt, entspricht den Versprechungen der Werbung, aber nicht der Realität.

Häckseln ist zeitaufwendig, trotz Sicherheitsvorrichtungen nicht ganz ungefährlich und messerschonend nur mit einiger Erfahrung zu bewerkstelligen. Stärker als daumendick dürfen bei den herkömmlichen Modellen die Äste ohnedies nicht sein.

Flächenkompost und Mulch

Diese beiden Möglichkeiten der Düngung, Bodenverbesserung und Strukturerhaltung sind nahe miteinander verwandt oder je nach Anwendung sogar identisch. Generell kann man sagen: Beim Flächenkompost handelt es sich um noch nicht ausgereifte Rotte vom Komposthaufen in einer speziellen Anwendungsart; sie kann schon nach zwei bis drei Monaten Lagerung verwendet werden.

Mulch ist mehr oder weniger frisches Material aus Gartenabfällen wie Grasschnitt, Laub, nicht samentragenden Unkräutern und Ernterückständen. Diese organischen Materialien dienen ausschließlich zur Bodenbedeckung, während man Rottekompost auch leicht in die oberste Krume, aber nur dort, einarbeiten kann. Doch auch wenn der Boden mit gartenfremdem Material wie Stroh, Zeitungspapier oder Pappe abgedeckt wird, spricht man von Mulchen.

In der Praxis wirkt Flächenkompost bodenverbessernd und düngend, weil die Umsetzungsaktivität der Mikroorganismen nach dem Aufbringen auf die Beete ohne Unterbrechung weitergeht. Außerdem lockert die Verrottung das Erdreich auf und erwärmt es, wenn man das Material im Herbst streut. Damit hat man gleichzeitig auch für eine milde Grunddüngung gesorgt, die im folgenden Frühjahr zum Zuge kommt; denn während der kalten Wintermonate stellen die Kleinstlebewesen ihre Tätigkeit weitgehend ein.

Ganz ähnlich wirkt sich eine Bodenbedeckung durch Mulch aus, nur mit dem Unterschied, daß der Verrottungsprozeß hier erst nach dem Ausbringen, also erst auf dem Beet, einsetzt. Bis die Nährstoffe in den Boden zu fließen beginnen, sorgt die Mulchdecke dafür, daß die Erde nicht austrocknet und Unkrautwuchs zurückgedrängt wird, daß Schlagregen und dörrende Winde sich nicht direkt auf die Krume auswirken. Wie im Komposthaufen auch, können auf die Mulchdecke Gesteinsmehle oder Tonminerale dünn aufgestreut werden, die den Boden lockern und strukturverbessernde Eigenschaften besitzen. Außerdem fördern sie die Verrottung.

Mulch wie Flächenkompost kann man die ganze Vegetationsperiode über ausbringen. Man kann und soll sie auch zwischen bestehenden Gemüsekulturen verwenden, ebenso unter Beerenobststräuchern, die eine humusreiche, lockere oberste Bodenschicht besonders zu schätzen wissen.

Gründüngung

Die Bezeichnung ist etwas irreführend, denn um eine Düngung handelt es sich beim Anbau besonderer Gründüngungspflanzen nur im übertragenen Sinn. Zunächst einmal dienen sie dazu, im Frühjahr auf noch freistehenden Beeten, die für wärmebedürftige Gewächse wie Gurken und Tomaten reserviert sind, den Boden zu beschatten, feucht zu halten und aufzulockern. Dasselbe geschieht im Herbst auf abgeernteten Flächen.

Von den Hülsenfrüchten, die mit Hilfe von Knöllchenbakterien den Stickstoff der Luft sammeln, war schon die Rede (siehe Seite 71). Auch der als Tiefenlockerer in verfestigtem Erdreich besonders wirkungsvolle Ölrettich wurde bereits erwähnt; als Kreuzblütler darf er allerdings (genauso wie der für Gründüngung gut geeignete Senf) dort nicht angebaut werden, wo Kohlgewächse, die gleichfalls in diese Familie gehören, wachsen.

Weitere bewährte Gründüngungspflanzen sind *Phacelia*, der Bienenfreund, der – wie der Name sagt – zugleich eine gute Bienenweide abgibt, Alexandrinerklee und Lupinen; sie alle sind bewährte Stickstoffsammler. Übrigens kann auch Spinat zu diesem Zweck Verwendung finden. Alle Gründünger werden vor der Blüte abgemäht. Wenn man im Herbst anbaut, überläßt man das Beet dem Frost und arbeitet im

Unter einer Mulchdecke bleibt der Boden nicht nur wärmer, er behält auch seine Feuchtigkeit und erlangt eine lockere, krümelige Struktur

Frühjahr die angerottete Grünmasse in den Boden ein. Bei Frühjahrsanbau kann das abgemähte Laub als Mulch verwendet werden. Die Wurzeln, die den Boden während des Wachstums aufgelockert und für Durchlüftung gesorgt haben, bleiben in der Erde, wo sie durch die Umsetzung Düngefunktionen ausüben. Im Zweifelsfall steht der Kompost bereit, um Überschuß aufzunehmen.

Eigentlich eignen sich alle Pflanzen zur Jaucheherstellung. Besondere Wirksamkeit wird den Heil- und Küchenkräutern wie Salbei, Pfefferminze, Borretsch oder Majoran zugeschrieben. Auch Zwiebeln, Schnittlauch und Knoblauch werden empfohlen.

Ein unverdünnter Kaltwasserauszug aus Tomatenblättern vertreibt im Biogarten Kohlweißlinge, wenn er während der Flugzeit der Schmetterlinge immer wieder über die Kohlgewächse gespritzt wird.

Pflanzen-jauchen

Engagierte Biogärtner haben die Herstellung und Verwendung von Pflanzenbrühen, -tees und -jauchen perfektioniert, verfügen über ihre eigenen, auf jahrelanger Praxis basierenden „Geheim"-Rezepturen und -Mischungen und schwören auf die Wirksamkeit der natürlichen Dünge- und Stärkungsmittel für ihre Pflanzen. Die Erfahrung hat gezeigt, daß derartige pflanzliche, durch Vergärung entstandene Flüssigdünger das Wachstum fördern und sich daher vorteilhaft auf die Erträge auswirken. Sie sind jedoch weder ein Allheilmittel, noch reicht ihre Kraft aus, die volle Nährstoffversorgung der Kulturen sicherzustellen. Doch in einem natürlich bewirtschafteten Garten stellen sie durchaus wertvolle und ernst zu nehmende Helfer dar.

Zum Vergären eignen sich Gefäße aus Holz, Steingut oder Plastik; Metallbehälter sind wegen möglicher chemischer Reaktionen nicht zu empfehlen. Verwendet werden frische oder getrocknete Kräuter wie Brennesseln, Kamille, Beinwell (Comfrey), Ackerschachtelhalm, Hirtentäschel oder Rainfarn. Als Meßwert kann gelten: 10 kg Grünmasse auf 100 l Wasser. Man läßt die Jauche vergären, rührt täglich um und gießt mit dem Pflanzendünger 1 : 10 verdünnt. Gegen die anfänglich recht unangenehme Geruchseinwirkung helfen einige Tropfen Baldrianblütenextrakt aus dem Reformhaus oder ein paar Handvoll Steinmehl. Bei sommerlich warmer Witterung ist die Gärung meist nach zwei Wochen abgeschlossen. Man erkennt das daran, daß die Flüssigkeit eine dunkle Färbung angenommen hat und keine Blasen mehr aufsteigen. Jauchen dieser Art sind wochenlang haltbar, verlieren allerdings im Lauf der Zeit an Wirksamkeit und brauchen dann nicht mehr so stark verdünnt zu werden.

Kaltwasserauszüge, Tees oder Brühen werden im Naturgarten auch zur Bekämpfung von Schädlingen und Krankheiten verwendet. Gegen Blattlausbefall hat sich ein unverdünnter Auszug von 1 kg frischen Brennesseln auf 10 l Wasser gut bewährt. Die gleiche Rezeptur aus Blättern von Wurm- oder Adlerfarn soll gut gegen Schildläuse wirken; 500 g frische Rhabarberblätter in 3 l Wasser als Tee finden Anwendung gegen die Lauchmotte und schwarze Bohnenlaus; Knoblauch aus 150 g frischgehackten Zehen auf 2 l Wasser wird als Mittel gegen viele schädigende Insekten empfohlen. Beim Kaltwasserauszug läßt man die Pflanzenteile, bevor man sie unverdünnt ausbringt, 24 Stunden ziehen; sie dürfen keinesfalls in Gärung übergehen. Tees werden durch einen Aufguß aus heißem Wasser hergestellt, die Kräuter müssen danach ebenfalls 24 Stunden im Sud liegenbleiben. Bei Brühen ist es umgekehrt: Die Blätter werden 24 Stunden eingeweicht, dann etwa eine halbe Stunde gekocht. Nach dem Abkühlen wird die Brühe unverdünnt ausgebracht.

In einem mit Mineraldüngern und gelegentlichen Insektizidspritzungen bewirtschafteten Garten wird man freilich vergebens eine Wirkung von diesen sanften, natürlichen Mitteln erhoffen können. Tierische und pflanzliche Schadorganismen, abwehrgestärkt durch gröbere Bedrohungen, sprechen nicht mehr auf die Kur an. Das pflanzeneigene Immunsystem ist so weit geschwächt, daß nur noch chemische Präparate zum Zug kommen. Die unterschiedliche Wirksamkeit natürlicher Schutzmaßnahmen ist auch der Grund dafür, daß manche Gärtner mit biologischen Methoden vollauf zurechtkommen, während andere ohne jedes Resultat damit hantieren und – eigener Mißerfolge eingedenk – den giftfreien Anbau als fixe Idee abtun.

An dieser Kontroverse sind aber die Biogärtner selbst nicht ganz unschuldig. Bestärkt durch den eigenen Erfolg, empfehlen sie ihre Praktiken als die einzig richtigen, ohne zu bedenken, daß zuallererst der Weg zum natürlichen Anbau geebnet werden muß. Dieser Weg ist aber lang und steinig und stellt einige Anforderungen an die Geduld und Glaubensfähigkeit des Gärtners.

Wem das Ansetzen natürlicher Stärkungsmittel zu umständlich ist oder die entsprechenden Pflanzen fehlen, der kann sich Biopräparate auf rein organischer Basis im Gartenhandel kaufen.

Bei der Auswahl der Gemüsearten für den eigenen Garten gibt es kein „Muß", sondern nur auf der Praxis basierende Empfehlungen. Eine davon lautet: Niemals zuviel auf einmal vom selben Gemüse anbauen. Bei vielen Arten sind Folgesätze möglich, so daß man stets frisch ernten kann.

Lagergemüse, also hauptsächlich Wurzeln und Knollen, hat viel von seiner Attraktivität eingebüßt. Unsere warmen Keller stehen einer längeren Aufbewahrung entgegen, bei späten Ernten ist allenfalls kurzfristig lagerfähig, was nicht sofort verbraucht werden kann.

Größe und Nutzung

Es ist müßig, sich bei unseren immer kleiner werdenden Gärten auf theoretische Abhandlungen zu stützen, die vorschreiben, wie die Lage und die klimatischen Verhältnisse für einen optimalen Gemüseanbau beschaffen sein müssen, in welchem Zustand sich der Boden zu befinden hat und welches Gemüse man an welcher Stelle anbaut. Wir haben uns weitgehend mit dem Stück Land zufriedenzugeben, das nach dem Hausbau für den Garten übriggeblieben ist, und müssen versuchen, das Beste daraus zu machen. Meist wird der Gemüsegarten bei diesen Überlegungen stiefmütterlich behandelt, denn die Visitenkarten des Eigenheims sind nun einmal Vor- und Ziergarten. Auch die Frage, wie groß der Nutzgarten sein soll, ist heute allenfalls von der Statistik zu beantworten und mehr akademischer Art. Rein rechnerisch sind für die Selbstversorgung einer vierköpfigen Familie mindestens 160 m² Beetfläche zu veranschlagen; kommen noch Kartoffelanbau und flächenaufwendige Kulturen wie zum Beispiel Baum- und Beerenobst hinzu, steigt der Anteil der Nutzgartenfläche um einige weitere hundert Quadratmeter.

Der Gemüsegarten sollte an einer vollsonnigen und windgeschützten Stelle angelegt werden

Die völlige Selbstversorgung ist also eine Illusion – und sie ist heutzutage angesichts des riesigen, saisonbedingt preiswerten Angebots an Obst und Gemüse auch keineswegs erforderlich. Der Nutzgarten soll nicht Massenzulieferer für Küche und Keller sein, sondern Ergänzung zum Marktgemüse und -obst. Er soll vor allem das bieten, was man so frisch wie möglich auf dem Tisch haben möchte und was nicht immer im Supermarkt erhältlich oder dort gerade sehr teuer ist. Dies gilt vor allem für Kräuter und Salate, Radieschen, Rettiche, Kohlrabi, Bohnen, Gurken und Tomaten. Für Kopfkohlarten, die ja viel Platz beanspruchen und im Handel billig zu bekommen sind, reicht es im kleinen Garten schon nicht mehr. Frühkartoffeln kann man durchaus zwei Reihen einräumen, wenn die schmackhaften Knollen als Delikateßgemüse und nicht als Magenfüller betrachtet werden. Vor allem aber sind es die sogenannten südlichen Gemüse, die neben Kräutern und verschiedenen Salaten einen festen Platz im kleinen Garten erhalten sollten.

Lage und Anlage

Es geht also darum, die zur Verfügung stehende Fläche so gut wie möglich auszunutzen, das Höchstmaß an Erträgen bei gleichzeitig größtmöglicher Vielfalt in einwandfreier Qualität zu erwirtschaften. Man spricht heute vom Intensivgarten, wenn das alles zutrifft. Um dieses Ziel zu erreichen, bedarf es bestimmter Anbau- und Nutzungsprinzipien, von denen die sorgsame und überlegte Bodenpflege nach den beschriebenen, natürlichen Methoden nur ein Beitrag ist. Daß der Gemüsegarten viele Sonnenstunden täglich abbekommt, muß dabei vorausgesetzt werden. Beete im Halbschatten oder gar Schatten können auch bei bester Pflege nur kümmerliche Erträge bringen. Denn fast alle Gemüse und erst recht die Gewürzkräuter verlangen so viel Sonne wie möglich und versagen, wenn die Lichtverhältnisse unzureichend sind. Deshalb ist die richtige Platzwahl für den Gemüsegarten das alles entscheidende Kriterium; den Boden kann man verbessern, den Anbau planen und steuern, mit etwas Überlegung und Kenntnissen geeignete Sorten auswählen und über richtiges Düngen und Wässern selber entscheiden. Die Sonne jedoch läßt sich nicht herbeizwingen.

Aus demselben Grund muß auch die Bepflanzung und Gestaltung der Nachbarschaft von Gemüsebeeten sehr genau überlegt sein. Werden dort Bäume und Sträucher hingesetzt, so denken Sie daran, daß aus einem gerade gekauften Eschenahorn (*Acer negundo*) nach fünf Jahren ein ausladendes, dicht beblättertes Gehölz geworden ist, das viel Schatten wirft. Die hübsche Bluthasel (*Corylus maxima* 'Purpurea') kann mit der Zeit 4–8 m hoch und entsprechend breit werden; und auch benachbarte, kleinformatige Obstbäume rufen, sobald sie ausgewachsen sind, mehr Schatten hervor, als man anfänglich glaubt. Zu ähnlich unerwünschten Folgen kann es bei

Gerade im kleinen Gemüsegarten kommt es auf sorgfältige Planung und eine ökonomische Aufteilung an. Auf Arten, die viel Platz beanspruchen, aber wenig ergiebig sind, sollte man besser verzichten. Erbsen zum Beispiel sind wenig lohnend.

Wo die Pflanzen in voller Sonne stehen, wird weniger Nitrat eingelagert. Schon aus diesem Grund sollten Blattgemüse, darunter zuallererst Salate, nicht auf beschatteten Beeten angebaut werden.

Der Gemüsegarten

Wenn Platz und Lage es erlauben, fördert eine Windschutzhecke ein angenehmes Kleinklima im Gemüsegarten

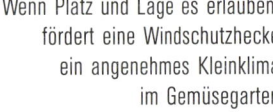

Man kann versuchen, den Gemüsegarten etwas zu entlasten, indem auf ein separates Kräuterbeet verzichtet wird; fast alle diese Gewächse, deren Wildpflanzencharakter noch weitgehend erhalten geblieben ist, lassen sich auch am Rand einer sonnigen Blumenrabatte unterbringen.

Heckenpflanzungen kommen. Da hat man irgendwo gelesen, eine immergrüne Wand sei der beste Schutz gegen kalte und austrocknende Winde und mildere die Wirkung erster herbstlicher Nachtfröste. Das ist so lange richtig, wie die Hecke an der richtigen Stelle wächst und der Sonne den Zutritt zu den Beeten nicht verwehrt. Es hängt also von der Lage und dem Zuschnitt des Gemüsegartens ab, ob eine Hecke zur Wetterabwehr gepflanzt werden kann.

Da in unseren Hausgärten die ökonomische Raumausnutzung oberstes Gebot ist, müssen wir das Gemüse zwar möglichst platzsparend unterbringen, jedoch sollte man deshalb nicht so eng pflanzen, daß sich die Gewächse gegenseitig bedrängen und das Arbeiten zur Qual wird. Vom traditionellen Bauerngarten mit buxgefaßten Beeten und einer Mischung aus Blumen, Kräutern und Gemüse wird man meist Abschied nehmen müssen – schweren Herzens, zugegeben. Denn wir müssen bei der Planung ja auch bedenken, daß wir noch eine gehörige Portion Ge-

lände für die Pfade zwischen den Beeten opfern müssen sowie für einen breiteren, möglichst mit Platten belegten Hauptweg in der Mitte oder seitlich, den wir mit dem Schubkarren befahren können. Von einem Kompostplatz und einer kleinen Arbeitsfläche, wo man Geräte, Eimer und Körbe abstellen, Anzuchten vereinzeln und sonstige Tätigkeiten verrichten kann, ist dabei noch ebensowenig die Rede wie vom Frühbeet oder gar von einem Kleingewächshaus oder Geräteschuppen. Wenn man das alles addiert, kommt einiges an Platz zusammen.

Die Länge der Beete richtet sich nach dem Zuschnitt des Gartens und den Kulturen, die man anlegen will. Je kleiner die einzelnen Quartiere sind, desto mehr Wegefläche wird benötigt. Es ist also verschenkter Platz, wenn man im kleinen Gemüsegarten in dieser Weise „kleckert". Die Beetbreite sollte 1,20 m nicht überschreiten, weil dies ein Maß ist, bei dem man die Beetmitte mit den Händen von beiden Seiten bequem erreichen kann. Ob man die Wege nur festtritt oder ob man Bretter beziehungsweise einfache Lattenroste für die Trittpfade wählt, ist weitgehend Geschmackssache, hängt aber auch von der Gestaltung und Planung ab. Werden die Beete variabel gehalten und ist damit zu rechnen, daß sie öfter anders angeordnet, möglicherweise durch eine Reihe Frühkartoffeln oder Grünspargel ersetzt werden, sollte man auch die Wege ohne Aufwand den jeweiligen Gegebenheiten anpassen können und sie zumindest nicht mit Platten belegen.

Fruchtwechsel und Fruchtfolge

Im Hausgarten spielen zwei An-bauvarianten eine entscheidende Rolle für die Gesundheit der Pflanzen, den Ertrag und die Qualität: Fruchtwechsel und Frucht- oder Kulturfolge. Als dritte Möglichkeit kommt die heute immer öfter und mit Erfolg praktizierte Mischkultur hinzu. Beim Fruchtwechsel trägt ein und dasselbe Beet in jedem Jahr eine andere Kultur. Ein bewährtes Muster ist dabei, die Beete nach dem Düngerbedarf der Pflanzen einzuteilen und dementsprechend jährlich eine andere Pflanzenart auf dieselbe Fläche zu setzen.

Wir unterscheiden bei den Pflanzen zwischen Schwach-, Mittel- und Starkzehrern. Bei einigen Gemüsen ist man sich nicht ganz einig, in welche Gruppe sie gehören, doch für die Kultur im Hausgarten sind diese Grenzfälle nicht weiter wichtig. Zu den Starkzehrern zählen Gurken, Tomaten, Kürbisse, Sellerie, Porree, große Kohlarten und Kartoffeln; Mittelzehrer sind Möhren, Kohlrabi, Spinat, Radieschen, Schwarzwurzeln, Feldsalat, Fenchel, Salate, Knoblauch, Zwiebeln, Paprika und Chicorée.

Unter die Schwachzehrer fallen die mit ihren Knöllchenbakterien den Luftstickstoff umwandelnden Erbsen und Bohnen sowie Gewürzkräuter.

Um Fruchtwechsel zu praktizieren, werden den Gemüsen jeder Gruppe separate Beete zugewiesen: Stark-, Mittel- und Schwachzehrer erhalten also ihre eigenen Quartiere. Im Jahr darauf rückt jede Gruppe einen Platz weiter: die Schwachzehrer kommen auf das Beet der Starkzehrer, die Mittelzehrer auf das Quartier der Schwachzehrer und die Starkzehrer auf das der Mittelzehrer. Im vierten Jahr ist dann wieder die ursprüngliche Reihenfolge erreicht. Wir haben es also mit einem „rotierenden" Anbau zu tun.

Bei der Fruchtfolge spielt sich der wechselnde Gemüseanbau auf jeweils einem einzigen Beet im Verlauf nur einer Vegetationsperiode ab. Man richtet sich hier nach den Zeiträumen, die von der Saat/Pflanzung bis zur Ernte verstreichen, und spricht in diesem Zusammenhang von Vor-, Haupt- und Nachkultur. Zur Vor- und Nachkultur gehören Gewächse mit kurzem Vegetationsverlauf, die also angebaut und geerntet werden können, bevor beziehungsweise nachdem die Hauptkultur das Beet in Beschlag genommen hat.

Auch im Kleingarten sollte man den Forderungen des Fruchtwechsels Rechnung tragen und jährlich eine andere Gemüseart auf demselben Beet anbauen

Mischkultur

Nun läuft auch die Fruchtfolge in der Praxis etwas anders ab, als es die Theorie beschreibt, die Übergänge der einzelnen Kulturformen sind fließend, und Überlappungen kann man kaum ausschließen. Dies führt dazu, daß man zum Beispiel Gurken als Hauptkultur bereits pflanzen muß, während die Vorkultur von Radieschen und frühem Salat noch auf dem Beet steht. Wollte man warten, bis der Platz geräumt ist, würde wertvolle Zeit verstreichen oder eine abgeerntete Fläche brachliegen, bis der Zeitpunkt für die Folgekultur gekommen ist. Genau diese „Leerläufe" aber sollen ja im Intensivgarten, in dem man mit jedem Quadratmeter Boden geizt, vermieden werden. Deshalb ist es am günstigsten, wenn man sich von vornherein für eine Mischkultur entscheidet. Dabei werden auf dem Beet gleichzeitig mehrere Gemüsearten angebaut. Das bringt nicht nur den Vorteil optimaler Platzausnutzung, sondern mindert auch bei richtiger Zusammenstellung Krankheits- und Schädlingsbefall nach dem

Motto: Pflanzen helfen Pflanzen. Das bekannteste Beispiel für so eine günstige Wechselwirkung ist die gemeinsame Pflanzung von Mohrrüben und Zwiebeln auf einem Beet. Hier werden dann Möhren- und Zwiebelfliegen von den Gewächsen ferngehalten, weil der Duft der einen Wirtspflanze den Schädling der anderen vertreibt.

Wer Mischkultur im Gemüsegarten betreibt, muß sich allerdings vorher mit den Eigenschaften der Pflanzen beschäftigen. Denn diese Anbauform bedeutet nicht, daß alles wahllos und nach Gutdünken neben- und durcheinander auf einem Beet Platz finden darf. Die Kulturzeiten der verschiedenen Gemüse müssen aufeinander abgestimmt, Größe und Umfang der Gewächse berücksichtigt werden, und wenn Stark- und Schwachzehrer beieinanderstehen, wird unter Umständen eine gezielte Düngung notwendig sein. Schließlich gibt es nicht nur Pflanzen, die sich gegenseitig positiv beeinflussen, sondern auch solche, bei denen zu enge Nachbarschaft negative Auswirkungen hat. So sollten Gurken nicht mit Tomaten zusammengepflanzt werden, Kohlarten nicht mit Zwiebeln, Kopfsalat nicht mit Rettich, Erbsen nicht mit Kartoffeln. Allerdings überwiegen Pflanzen, die sich gegenseitig vertragen, die wenigen ungünstigen Kombinationen.

Die Wissenschaft kann über vorteilhafte und nachteilige Pflanzengemeinschaften noch nicht allzuviel sagen. Alle Erfahrungen, die mit Mischkultur zusammenhängen, fußen auf jahrelangen Experimenten, die man im Biogartenbau gemacht hat. Man

Bei konsequenter und durchdachter Mischkultur erübrigt sich das Mulchen, weil der Boden hier von den einander folgenden Beetpflanzen bedeckt ist und nicht so schnell austrocknen kann.

Nach den Erkenntnissen des biologischen Gartenbaus ist es für die Gemüsepflanzen förderlich, wenn man sie mit Küchenkräutern kombiniert, z. B. Basilikum zu Tomaten, Bohnenkraut zu Bohnen oder Dill zu Radieschen setzt.

Mischkultur auf dem Gemüsebeet:
Zwiebeln und Möhren
fördern sich gegenseitig

sollte sie freilich nicht gering einschätzen. Daß Monokulturen – also einseitiger Anbau immer derselben Pflanzenart auf ein und demselben Beet – die Vitalität der Kulturgewächse schon sehr bald mindern, ist erwiesen. Artspezifische Krankheiten, Schädlinge, Viren, Bakterien und Fadenwürmer (Nematoden) nehmen bei Monokulturen überhand und machen die Hoffnung auf gute Erträge zunichte. Wahrscheinlich spielen auch Wurzelausscheidungen hierbei eine Rolle, die den Boden im Lauf der Zeit mit toxischen Stoffen anreichern und so die Pflanzen schädigen. Bestes Beispiel für die Folgen einseitigen Anbaus ist der Befall unserer Kohlgewächse mit Hernie, einem Schleimpilz des Bodens. Deshalb dürfen Kreuzblütler niemals zwei Jahre hintereinander auf demselben Beet stehen. Mit Erdbeeren verhält es sich ähnlich; auch für sie sollte bei einer Neuanlage ein anderer Platz gewählt werden, da der Fruchtertrag der Stauden nach vier bis fünf Jahren merklich nachläßt.

Selbst wer keine Mischkultur betreibt oder die Fruchtfolge nicht streng nach Plan einhält, sollte dennoch dafür sorgen, daß die Quartiere für die einzelnen Pflanzenarten und -familien immer wieder gewechselt werden. Geschieht das nicht, kommt es zu den beschriebenen nachteiligen Auswirkungen, die man auch als „Bodenmüdigkeit" bezeichnet. Wie weit sich die Zusammenpflanzung bestimmter Gewächse auch auf den Geschmack von Wurzeln, Knollen und Blättern auswirken kann, bleibt dahingestellt. Erfahrene Mischkulturprak-

tiker glauben festgestellt zu haben, daß Frühkartoffeln würziger schmecken, wenn man Dill dazupflanzt; es heißt auch, daß Radieschen in Kombination mit Kresse ein besonders gutes Aroma entwickeln. Auf diesem Gebiet können letztlich nur eigene Erfahrungen weiterhelfen.

Das Hügelbeet

Diese aus China stammende, platzsparende Form des Gemüseanbaus hat inzwischen auch bei uns viel Anklang gefunden und bietet gegenüber der üblichen Flachbeetkultur eine Reihe von Vorteilen. Hügelbeete sind immer Mischkultur-Quartiere, in denen die Pflanzen in rings um den Hügel verlaufenden Reihen angebaut werden. Hohe Gewächse wie Tomaten oder Paprika finden auf der Scheitelfläche Platz, an die Längs- und Stirnseiten kommt dann alles andere. Wenn eine Art abgeerntet ist, wird sofort wieder neu gepflanzt. Das hat auch den Vorteil ständiger Bodenbedeckung, die Verschlämmung durch Regen verhindert, Wärme- und Verdunstungsverluste mindert und die Erde locker hält. Mulchen ist wegen des verhältnismäßig dichten Bewuchses etwas schwierig und bei Dauerbepflanzung auch nicht notwendig.

Bei der Planung sollte man darauf achten, daß der Hügel möglichst viel Sonne abbekommt und in Nord-Süd-Richtung angelegt ist. Wer seinen Gartenboden erst in guten Zustand bringen – sprich verbessern – muß, wofür eine Vegetationsperiode natürlich nicht ausreicht, kann die Zwi-

Wer Platz genug hat, mehrere Hügelbeete anzulegen, sollte die einzelnen Beete mindestens im Abstand von einem Jahr aufschichten. Sonst haben nach fünf Jahren alle Hügel gleichzeitig ihre Kraft eingebüßt.

Es hat sich als praktisch erwiesen, in der Mitte der Hügelkuppe in Längsrichtung eine Gießrille freizulassen, von der aus das Wasser, ohne seitlich abzufließen, in den Wurzelbereich gelangen kann.

schenzeit mit einem solchen Hügelbeet gut überbrücken. Die Anbauform eignet sich auch für Gartenfreunde, die auf dem Weg sind, aus ihrem konventionell bewirtschafteten Gemüseteil einen Biogarten zu machen.

Aufbau

Die günstigste Zeit für den Aufbau so eines „fruchtbaren Hügels" ist der Herbst. Einmal fällt dann das meiste hierfür benötigte Material aus dem eigenen Garten an, oder es läßt sich leicht beschaffen, zum anderen wird sich das fertige Beet bis zur Bestellung im Frühjahr durch den Verrottungsprozeß der unteren Schichten an einigen Stellen senken, Ausbuchtungen und Dellen erhalten, die dann vor Saat und Pflanzung ausgeglichen werden können. Außerdem haben verrottende Pflanzenteile des Außenmantels, die noch nicht völlig zu Reifekompost umgewandelt sind, den Winter über die Möglichkeit zu vererden. Damit vermeidet man Schäden an

den Wurzeln der Jungpflanzen. Die Maße des Hügelbeets werden durch das spatentiefe Ausheben der Grundfläche festgelegt, wobei eine Basisbreite von 1,60–1,80 m am vorteilhaftesten ist. Der Hügel soll ja schließlich eine sanft gewölbte Form erhalten, damit sowohl die Seiten als auch die Kuppe möglichst viel Pflanzfläche bieten. In der Höhe gehen wir von 80–100 cm aus, die Länge richtet sich nach dem zur Verfügung stehenden Platz. Kommt das Beet auf eine Rasenfläche oder eine Wiese, legt man die später noch benötigten Grassoden ebenso beiseite wie den Aushub des Mutterbodens.

Die unterste Schicht, sozusagen der Kern und „Brennofen" des Hügels, besteht aus grobem Gehölzschnitt oder anderen, möglichst verholzten Pflanzenteilen wie Wurzelstrünken; genausogut können zerkleinerte Holzlatten oder Bretter unbrauchbar gewordener Kübel und Tonnen verwendet werden. Auch zerknülltes Zeitungspapier, Pappe, Stroh und Erbsenstroh kann man

Denken Sie beim Aufbau des Hügelbeets daran, daß man die späteren Pflanzungen von allen Seiten gut erreichen kann. Bei einer zu hohen Schichtung wird das Arbeiten auf der Hügelkuppe problematisch.

Küchenabfälle, die auf dem Kompost erwünscht sind, gehören nicht ins Hügelbeet, weil sie zu ungleichmäßig verrotten.

Aufbau des Hügelbeets:
1. grober Gehölzschnitt
2. Grassoden
(grüne Seite nach unten) oder
krautiger Pflanzenabfall
3. Gemisch aus
feuchtem Laub und Erde
4. Grobkompost
5. feinkrümelige Gartenerde

daruntermischen. Diese Schicht wird mit Grassoden – grüne Seite nach unten – oder mit einem 20 cm dicken Mantel aus Grasschnitt, Stroh, Gartenabfällen und anderem feinerem organischem Material abgedeckt. Darüber kommt wiederum eine handbreite Lage Gartenerde, die mit dem Spatenblatt festgeklopft wird. Achten Sie beim Aufbau darauf, den untersten Kern aus Gehölzschnitt so zu schichten, daß ringsum mindestens 50 cm bis zum Rand der ausgehobenen Grube für die weiteren Schichten frei bleibt. Das Nächste ist eine 25–30 cm dicke Lage aus feuchtem Laub, vermischt mit ein paar Schaufeln Erde oder Kompost. Nun folgen 20 cm Grobkompost und schließlich als letzte Lage 15 cm feinkrümeliger, fruchtbarer Gartenboden; ist er zu klumpig, muß man ihn vorher durchsieben, scheint die Qualität fraglich, vermischt man ihn wiederum mit feinem Kompost.

Von diesem Aufbauschema gibt es die unterschiedlichsten Varianten, und wer bereits reichlich Erfahrung mit Hügelbeeten gesammelt hat, wird seine eigenen Materialmischungen herausgefunden haben. Entscheidend ist, daß durch den in Gang kommenden Verrottungsvorgang im Innern des Hügels Wärme entsteht (ähnlich wie im gepackten Frühbeet) und daß diese natürliche Heizung möglichst lange in Betrieb bleibt. Das hier beschriebene Beet kann in der Regel fünf bis sechs Jahre genutzt werden. In dieser Zeit flacht es immer weiter ab, weil die Materialien verrotten und zusammenrutschen, so daß am Schluß ein sanft gewölbter Haufen aus bester Humus-

erde übrigbleibt, den man dann wie ein Flachbeet nutzen kann. Hohe Erträge und gesunde Pflanzen lohnen den etwas mühsamen Aufbau allemal.

Einige Nachteile

Nun hat ein Hügelbeet wie alle Dinge neben seinen vielen positiven Eigenschaften auch einige Nachteile. An erster Stelle ist hier der vergleichsweise hohe Wasserbedarf zu nennen. Durch die lockere Schichtung versickert das Wasser sehr rasch aus dem Wurzelbereich nach unten, während die Bodenfeuchtigkeit aus demselben Grund nicht aufzusteigen vermag. Der Austrocknung wird noch dadurch Vorschub geleistet, daß die aufragenden Beetflanken den Sonnenstrahlen voll ausgesetzt sind und das Gießwasser an den Schrägen seitlich abfließt. Man muß also Kanne oder Schlauch nicht nur stets griffbereit haben, sondern auch rechtzeitig und nachhaltig einsetzen.

Und noch etwas ist zu beachten: In den ersten beiden Nutzungsjahren sollten auf dem Hügelbeet nur Starkzehrer wie Gurken, Tomaten, Kohlarten oder Sellerie angebaut werden. Sie schöpfen die Stickstoffüberschüsse ab, die in dieser ersten Verrottungsphase unvermeidlich sind und unseren Körper als Nitrat belasten. Nach dieser Zeit hat sich das Nährstoffverhältnis so eingependelt, daß auch alle anderen Gemüse auf das Beet kommen können.

Schließlich nisten sich häufig Mäuse und Wühlmäuse im molligwarmen Haufen ein. Wühlmäuse können, ohne daß das ge-

samte Beet zerstört wird, kaum bekämpft werden, und sie geben die paradiesische Behausung, in der ihnen die saftigen Pflanzenwurzeln förmlich ins Maul wachsen, freiwillig nicht so leicht auf. Auch Fallen scheiden wegen des lockeren Bodens aus. Deshalb ist es angebracht, das Hügelbeet bis in die Höhe des Reisigkerns mit feinem Draht zu schützen.

Das Hochbeet

Hierbei handelt es sich um eine Variante des Hügelbeets mit ähnlicher Schichtung und Wirkungsweise, aber einigen Vorteilen gegenüber der freistehenden Hügelkonstruktion. Das Hochbeet ist eigentlich nichts anderes als ein fest verschaltes Hügelbeet, bei dem die Flanken nicht freilie-

Pflanzenfreundlich imprägnierte Eisenbahnschwellen lassen sich für die Wandung des Hochbeets verwenden

gen und folglich auch nicht bepflanzt werden können. Andererseits wird dadurch die Verdunstungsfläche reduziert und die Austrocknungsgefahr gemindert. Durch die Verwendung von Folie lassen sich zusätzliche Anbauerfolge erzielen; die isolierenden Kunststoffbahnen sind auf dem sich von innen erwärmenden Hochbeet besonders effektiv.

Die günstigste Höhe dieser Beete liegt bei 75–80 cm, dann nämlich befindet sich der Arbeitsbereich auf einer Ebene, die tiefes Hinunterbücken überflüssig macht. Der Rahmen kann aus Rundhölzern, Bohlen, starken Brettern oder Eisenbahnschwellen bestehen, die pflanzenfreundlich imprägniert sein müssen. Aber auch Ziegel- oder Hohlblocksteine, Bauelemente aus Beton und sonstige witterungsbeständige Materialien, ausgenommen Metallteile, lassen sich für die Rahmenkonstruktion einsetzen. Wie beim Flachbeet sollte keine Überbreite gewählt werden, damit man ohne Verrenkungen arbeiten kann. Die Länge richtet sich auch hier nach den Platzverhältnissen, nur muß man bei sehr langen Beeten den Innendruck der Füllschicht mit einkalkulieren und den Rahmen durch zusätzliche Stützpfosten verstärken.

Eines bleibt allerdings auch beim Hochbeet nicht aus: das jährliche Absinken des aufgeschichteten Materials infolge Verrottung. Anders als beim Hügelbeet kann man es im Hochbeet nicht dabei bewenden lassen, daß das Kultursubstrat allmählich abflacht und immer weiter unter das Niveau der Umrandung sinkt. Man muß die Verluste daher in jedem Frühjahr mit ausgereiftem Kompost oder einer Mischung aus Kompost und Gartenerde ausgleichen. Daß mit dem Ende der Umsetzung – wenn also alles organische Material im Innern des Beets zu Erde geworden ist – auch die Wärmeentwicklung abgeschlossen ist, muß der Gärtner in Kauf nehmen. Dafür hat er einen bequemen Anbauplatz gewonnen, der durch die regelmäßige Auffüllung mit Kompost unverändert fruchtbar, feinkrümelig und durchlässig bleibt.

Die einzelnen Gemüsearten

Einige Anbauregeln

Für den Anbau von Gemüse im Hausgarten gelten einige grundsätzliche Überlegungen und praktische Regeln. Durch langjährige Erfahrungen, vor allem aber durch gezielten Versuchsanbau ist bekannt, welcher Boden für die einzelnen Gemüsearten am besten geeignet ist. Sieht man sich die Angaben etwas genauer an, kommt unter dem Strich in etwa immer dasselbe heraus: Das Erdreich soll optimal strukturiert, humos, nährstoffhaltig, durchlässig und genügend feucht sein und sich rasch erwärmen. Von einer Summierung derartiger Spitzenqualitäten können Gartenbesitzer nur träumen. Nehmen wir die Dinge daher so, wie sie in der Mehrzahl unserer Gärten nun einmal sind. Und das bedeutet, daß Gemüse in jedem normalen Boden gedeihen kann; nur wo Wasser den Sand durchfließt wie in einem Sieb oder in tonigem Lehm steckenbleibt und den Wurzeln zu einem Dauerbad verhilft, muß durch die bereits beschriebenen Maßnahmen für Abhilfe gesorgt werden. Eine Differenzierung der Bodenqualität nach den auf den einzelnen Beeten wachsenden Kulturen ist vollends unmöglich und wäre schon wegen der Fruchtfolge oder gar Mischkultur absurd.

Auch hinsichtlich der Düngung sollte man sich nicht mehr Gedanken machen als notwendig. Im Biogarten erledigt sich dieses Problem durch die planmäßige Bodenpflege und die ständige Zufuhr organischer Nährstoffe von selbst. Bei herkömmlicher Bewirtschaftung, mit Zugaben von mineralischen oder organisch-mineralischen Düngern, kann man mit einer Grunddüngung von 50 g/m^2 im Frühjahr nichts verkehrt machen – außer bei Hülsenfrüchten, die ihren Stickstoff weitgehend selbst produzieren und weniger Dünger benötigen. Für eine Nachdüngung (Kopfdüngung) ungefähr in der Mitte des Kulturverlaufs reichen dann noch einmal 30 g/m^2 aus. Aber auch beim Nachdüngen sollte man sich um die Förderung des Bodenlebens bemühen und immer wieder Kompost oder organische Nährstoffe mit einbringen.

Für die Aussaattiefe ist ein Maßband mit Millimetereinteilung überflüssig. Kommen die Körner etwa 2 cm tief in den Boden, kann das als allgemeingültige Faustzahl gelten. Eine Ausnahme bilden wieder die Bohnen, die ganz flach liegen müssen, am besten so, daß man gerade noch etwas vom Samenkorn sieht. Da zum Keimen Feuchtigkeit uner-

Wird mineralisch gedüngt, sind die Mengenangaben des Herstellers genau einzuhalten. Man darf sie keinesfalls überschreiten; besser ist es, darunter zu bleiben.

Wer einen schweren Boden hat und demzufolge um das Umgraben nicht herumkommt, sollte das im Herbst tun und die Erde über Winter grobschollig liegen lassen. Dann kann der Frost die Krume lokkern. Man spricht in diesem Fall von der sogenannten Frostgare.

Als Aussaattiefe für größere Samen – außer Bohnen – kann man sich merken, daß die bedeckende Erdschicht dreimal so hoch sein soll, wie das Samenkorn dick ist.

läßlich ist, dürfen Samen niemals in pulvertrockene Erde kommen. Nach der Saat werden die Rillen zugeschoben und mit Hacke oder Harke leicht festgeklopft; so erhalten die Samenkörner besseren Bodenkontakt. Anschließend wird feinstrahlig überbraust.

Wurzel- und Knollengemüse, Zwiebeln

Der Weg der bekanntesten Knollenpflanze, der Kartoffel, führte über die spanischen Eroberer zu Beginn des 16. Jahrhunderts von Südamerika nach Spanien und England, später auch nach Deutschland. In Peru war sie, wie Funde beweisen, schon etwa 750 v. Chr. den dortigen Indianern als Nahrungsmittel bekannt. Rettich taucht in Schriften des klassischen Griechenlands bereits um 370 v. Chr. auf, das Radieschen wird in Europa erst um die Mitte des 16. Jahrhunderts heimisch. Aus etwa derselben Epoche sind erste Angaben über die Mohrrübe gesichert, vom Ende des 14. Jahrhunderts solche über die Pastinake aus Frankreich. Will man den Weg der Möhre zurückverfolgen, ist es schwierig, zwischen Möhre, wilder Möhre und Pastinake zu unterscheiden. Möglicherweise wußten schon die Menschen der Jungsteinzeit um 4000–3000 v. Chr. diese Wurzeln zu schätzen, aber sicher ist das nicht. Abbildungen von Selleriestauden finden sich auf ägyptischen Darstellungen aus dem ersten vorchristlichen Jahrtausend; in Germanien war Sellerie – wie Funde zeigen – so etwas wie das Allerweltsgemüse für die römischen Legionen, die dort statio-

niert waren. Wo der Ursprung der Schwarzwurzel zu suchen ist, weiß man nicht; es handelt sich bei ihr um ein relativ junges Gemüse, das zuerst im Italien des 16. Jahrhunderts genannt wird. Porree (Lauch) und Zwiebeln können dagegen wieder auf eine alte, ehrwürdige Vergangenheit zurückblicken. Porreedarstellungen wurden in ägyptischen Gräbern des ersten vorchristlichen Jahrtausends gefunden, bildliche Darstellungen der Zwiebel stammen aus der Zeit der frühen Nildynastien, die von 3000–2000 v. Chr. datiert sind. Spätestens ab diesem Zeitpunkt begleitete die Zwiebel Ägypter, Juden, Griechen und Römer, bis sie irgendwann um 800 n. Chr. dann auch den Weg zu uns fand. Ebenso alt, umrankt von Legenden, Histörchen und Skandalen, ist der Knoblauch; viele fanden seine Geschichte so interessant, daß ihm allein ganze Bücher gewidmet wurden.

Die meisten unserer Gemüse, von denen wir heute nur die Hochzuchtsorten des Garten- und Landbaus kennen, sind alt, manche uralt. Ihre Geschichte beginnt in Asien, Kleinasien, dem südlichen Amerika; aber auch in Europa reicht sie zurück in die Zeit, als aus Jägern Sammler und später Ackerbauern wurden. Es schadet nicht, auch daran ein paar freundliche Gedanken zu verwenden, wenn wir zufällig die F_1-Hybriden betrachten, die in Reih und Glied auf unseren Beeten stehen, modern und in ihrem genetischen Erbgut doch immer noch die alten – wie wir.

Kartoffel

Von diesem Nachtschattengewächs kommen für den Hausgarten nur Frühkartoffeln in Frage. Wenn man vorgekeimte Knollen im März legt, kann man drei Monate später, also etwa ab Juni, ernten. Da dieses Frühgemüse nicht als Vorrat eingelagert wird, sondern zum alsbaldigen Verbrauch bestimmt ist wie Gurken oder Tomaten, braucht man ihm auch nicht übermäßig viel Platz im Garten einzuräumen. Man ißt die zarten Frühkartoffeln als Delikatesse, die sie ja auch sind. Es ist unnötig, die hauchdünnen, zarten Schalen zu entfernen, abbürsten genügt. Für Eintöpfe oder gar Kartoffelsuppen sind diese ersten Knollen zu schade und, da festkochend, auch nicht geeignet. Sie lassen sich gedünstet mit Kräutern und Butter zubereiten, in Alufolie im Backofen oder auf dem Grill garen und mit Quark anrichten.

An den Boden stellen Kartoffeln keine besonderen Ansprüche, benötigen aber zur Knollenbildung viel Sonne. Zum Vorkeimen ab Anfang/Mitte März legt man die Saatkartoffeln in Kistchen oder Obststeigen auf eine dünne Schicht Torf, und zwar so, daß die meisten Augen (Knospen) nach oben weisen. Es darf nur eine Lage in jede Kiste kommen, der Stand soll hell und mäßig warm sein bei 10– 15°C. Nach etwa vier Wochen kann gelegt werden. Die Pflanztiefe beträgt 10–15 cm, der Abstand von Pflanze zu Pflanze 30 cm, der Reihenabstand 60 cm. Eine engere Pflanzung ist zwar möglich, wegen des Anhäufelns aber nicht empfehlenswert. Es ist im übrigen nicht weiter schlimm, wenn die vorgekeimten Triebe beim Pflanzen abbrechen oder Spätfrösten zum Opfer fallen. Die Knollen treiben neu aus, allerdings ist der Vorsprung in diesem Fall dahin. Sie liegen dann gleichauf mit nicht vorbehandelten Kartoffeln, die gegen Mitte April in den Boden kommen. Sobald die Triebe eine Länge von 20–30 cm erreicht haben, wird angehäufelt. Das fördert die Erwärmung der Knollenumgebung und regt zu verstärkter Wurzelbildung an. Die frühen Sorten sind erntereif, wenn die Pflanzen in voller Blüte stehen.

Diese ersten, noch relativ kleinen Knollen schmecken am besten. Man kann aber auch später ernten; vorsichtiges Nachgraben zeigt die Knollenentwicklung und -größe. Kartoffeln sind Starkzehrer, die Beete sollten deshalb im Herbst reichlich mit Kompost oder organischem Dünger versorgt werden; andernfalls gibt man im Frühjahr vor der Bestellung etwa 100 g/m^2 eines blauen Volldüngers.

Anbauzeiten und Eigenschaften von Kartoffeln sind sehr verschieden

In der deutschen Sortenliste sind über 130 verschiedene Kartoffelzüchtungen eingetragen, im EG-Sortenkatalog finden wir sogar 400 Sorten. Neben der Gliederung nach Anbauzeiten unterscheidet man zwischen festkochenden, vorwiegend festkochenden und mehligkochenden Kartoffeln.

Zu flach angehäufelte Kartoffeln, bei denen die Knollen nicht völlig mit Erde bedeckt sind, werden grün und ungenießbar. Vor dem Häufeln muß die Reihe unkrautfrei sein.

Knoblauchzwiebeln werden zum Trocknen luftig und frostfrei aufgehängt

Knollenfenchel

Knollensellerie

Knoblauch

Der Geruch dieses Zwiebelgewächses ist nicht jedermanns Sache, doch wer ihn mag, wird Knoblauch häufig und gern als Würze verwenden. Seine Heilkräfte sind unbestritten und seit dem Altertum bekannt.

Der Pflanzplatz für Knoblauch sollte sonnig, der Boden durchlässig und nicht mit frischem Stallmist gedüngt sein. Man legt die Zehen im April 15 cm voneinander entfernt in ebensoweit auseinanderstehende Reihen. Auch ein Spätsommeranbau ist möglich, doch nur ratsam, wenn man das Beet über Winter mit Nadelholzzweigen abdeckt.

Dann lassen sich schon im darauffolgenden Frühjahr die ersten Zehen in der Küche verwenden. Sonst wird geerntet, sobald das Laub zu vergilben beginnt, meist gegen Ende Juli. Gießen ist nur in längeren Trockenperioden notwendig. In gutem, nährstoffreichem Gartenboden, der regelmäßig mit Kompost versorgt wird, erübrigt sich eine weitere Düngung.

Knollenfenchel

Auch Knollenfenchel gehört zu den Gemüsen, an denen sich die Geister der Feinschmecker scheiden. Der Anisgeschmack dieser Doldenblütler, die aus Vorderasien und den Mittelmeerländern stammen, stößt nicht überall auf Gegenliebe. Bei den oberirdischen Scheinknollen handelt es sich um die verdickten Teile der Stengel und Blätter, die reichlich Vitamine und Mineralstoffe enthalten.

Fenchel braucht seiner Herkunft gemäß warme und sonnige La-

gen, ist aber ansonsten mit jedem guten Gartenboden zufrieden. Ausgesät wird ab Mitte Juni direkt aufs Beet mit 30 cm Reihenabstand und nach dem Verziehen 25 cm in der Reihe. Sorten für den Sommeranbau, zum Beispiel 'Zefa Fino', können auch als Vorkultur im April angezogen und im Juni/ Juli aufs Beet gesetzt werden.

Die Ernte beginnt, je nach Anbau, im Spätsommer und dauert bis in den Herbst hinein. Damit die Knollen sich besonders zart entwickeln, kann man sie im Lauf des Sommers anhäufeln oder mit Plastik oder Pappe umhüllen.

Knollensellerie

Knollensellerie ist ebenfalls ein Doldenblütler, aber mit hohen Ansprüchen an den Boden, der nährstoffreich, tiefgründig, eher lehmig als sandig und genügend feucht sein sollte. Wenn der Sommer nicht kühl und regnerisch ist, muß regelmäßig und ausgiebig gegossen werden. Da Sellerie während der Keimung und als Jungpflanze relativ viel Wärme braucht, um vorzeitiges Blühen zu verhindern, ist ein Pflanzenkauf sicherer als die eigene Anzucht.

Will man die Aussaat riskieren, wird im März in Schalen gesät, die bis zum Aufgehen des Samens mit Zeitungspapier abgedeckt werden. Ausgepflanzt wird nach Pikieren gegen Ende Mai auf 40 x 40 cm Abstand; bei den langblättrigen Sorten kann man noch 10 cm dazugeben.

Da Knollensellerie eine lange Kulturdauer hat, fällt die Ernte meist in den November. Für den Starkzehrer muß das Beet reichlich mit Kompost oder organischem Dünger versorgt sein; ansonsten gibt man als Grunddüngung 60 g/m² eines mineralischen Vollnährstoffs und im August noch einmal die gleiche Menge als Kopfdüngung.

Meerrettich

Für den kleinen Garten ist dieser Kreuzblütler eigentlich nicht zu empfehlen. Zum einen wird man ihn in der Küche immer nur in kleinen Mengen und nicht allzu häufig verwenden, zum anderen nimmt er mit bis zu 1 m Wuchshöhe unnötig viel Platz weg.
Wer sich dennoch zum Anbau entschließt, steckt die Seitenwurzeln (Fechser) im März/April schräg in den Boden und deckt leicht mit Erde ab. Da Meerrettich absolut winterhart ist, kann auch im Herbst gepflanzt werden. An den Boden werden keine besonderen Ansprüche gestellt, nur trocken sollte er nicht sein. Geerntet wird im Herbst und, wenn der Boden offen ist, den ganzen Winter über.

Möhre, Mohrrübe

Für den Hausgarten unterscheiden wir zwischen Sommer- und Wintermöhren, wobei letztere aber keineswegs im Winter geerntet werden; man sät sie lediglich spät aus und holt sie dann im Herbst vom Beet. Sorten dieser Art sind zur Lagerung in leicht feuchtem Sand geeignet.
Ausgesät wird der Doldenblütler von März bis Ende Juni. Möhren haben eine lange Keimdauer, nämlich zwischen 14 und 21 Tagen, man darf also nicht gleich die Geduld verlieren. Auch die Vegetationszeit dauert je nach Sorte zwei bis vier Monate. Gesät wird in Rillen direkt auf das

Beet; da der Samen sehr fein ist, hat sich bei den Möhren das gröbere Pillensaatgut bewährt. Ebenso gut geht es aber auch nach „Omas Methode": Danach werden die Möhrensamen mit Sand gemischt und anschließend ausgesät. Besondere Bodenansprüche bestehen nicht, nur sollte die Erde – wie bei allen Wurzelgemüsen – locker und tiefgründig sein. Der Nährstoffverbrauch der Pflanzen bewegt sich im mittleren Bereich, am besten ist ein mit Kompost versorgtes Beet. Der Reihenabstand beträgt 20 cm, in der Reihe wird auf 5 cm verzogen, damit sich die Wurzeln gut entwickeln können.

Pastinake

Dieses einst sehr geschätzte Wurzelgemüse ist ebenfalls ein Doldenblütler, der gleich der Möhre bei uns auch wild vorkommt. Pastinaken wurden früher viel in den Bauerngärten angebaut, verschwanden dann aber fast völlig aus der Kultur, bis man sie in jüngster Zeit wiederentdeckt hat. Der Geschmack ist intensiver als der von Mohrrüben und tendiert leicht zur Petersilie hin. Außer lockerem Boden werden keine Ansprüche gestellt.
Mit der Aussaat sollte nicht zu lange gezögert werden, denn Pastinaken haben eine Entwicklungszeit von sieben Monaten. Man sät deshalb schon Mitte April in 35 cm voneinander entfernte Reihen direkt aufs Beet, Abstand in der Reihe 15 cm. Wegen der langen Kulturdauer kann man in Böden, die nicht sehr nährstoffreich sind, den heranwachsenden Pflanzen eine Kopfdüngung von 30 g/m² eines mineralischen Volldüngers geben.

Der winterharte Meerrettich kann auch im Herbst gepflanzt werden

Möhrensorten mit orangeroten Wurzeln wurden erst im 17. und 18. Jahrhundert in Holland gezüchtet

Die Kulturdauer der Pastinake beträgt bis zu einem halben Jahr und mehr

Porree, Lauch

Radieschen kann
man schon ab März ins
Freiland säen

Runde Rettichsorte

Porree, Lauch

Bei diesem Zwiebelgewächs unterscheiden wir drei Anbaumöglichkeiten, für die man die jeweils entsprechenden Sorten verwenden muß. Da ist zunächst der Frühporree, den man Ende März auspflanzt; bei eigener Vorkultur sollte bereits Anfang Februar die warme Anzucht vorgenommen werden. Sommer- und Herbstporree wird im April direkt aufs Beet gesät und später im Abstand von 30 x 30 cm verpflanzt, oder man kauft fertige Jungpflanzen und setzt sie gegen Ende Mai. Winterporree sät man Ende Juni, bis Mitte August ist eine Pflanzung möglich.

Da es bei Porree auf lange, weiße Schäfte ankommt, sollten die Pflanzen – unter Umständen mehrmals – angehäufelt werden. Man kann auch von Anfang an in 20 cm tiefe Gräben pflanzen, die analog zum Wachstum nach und nach mit Gartenerde aufgefüllt werden.

Obgleich dieses Zwiebelgewächs ein Starkzehrer ist, darf kein Stallmist, der Gemüsefliegen anlocken würde, auf das Beet kommen, dafür aber reichlich Kompost oder organischer Dünger. Im Verlauf der Kultur kann man mit 40 g/m² eines mineralischen Volldüngers nachhelfen. Porree will möglichst sonnig stehen und verträgt keine Trockenheit. Winterporree ist weitgehend kälteunempfindlich und kann den Winter über auf dem Beet bleiben, am besten wird er vor Frosteintritt noch einmal hoch angehäufelt oder mit Fichtenreisig abgedeckt. Auch eine Kellerlagerung in feuchtem Sand ist möglich.

Radieschen

Dieser kleine Kreuzblütler ist wohl aus keinem Garten wegzudenken und wird vom Frühjahr bis zum Spätsommer immer wieder neu ausgesät. Am besten ist eine Aussaat in 10–15 cm voneinander entfernten Reihen mit einem Abstand von 5 cm in der Reihe.

Es gibt Sorten für Früh-, Sommer- und Spätanbau, dazu noch solche, die durchgehend angebaut werden können. Damit die Knollen zart und saftig bleiben, muß ausreichend gewässert werden. Für den Sommer wählt man aus demselben Grund einen leicht beschatteten Platz zum Pflanzen, während im Frühjahr volle Sonne günstiger ist. In einem normal fruchtbaren Gartenboden, der allerdings nicht zu schwer sein sollte, ist eine Düngung nicht notwendig.

Rettich

Eng verwandt mit dem Radieschen, entwickelt dieser Kreuzblütler wesentlich größere Wurzelknollen, die bei den aus Japan zu uns gekommenen Züchtungen über einen halben Meter lang werden können. Für Rettiche ist deshalb ein lockerer, tiefgründiger Boden besonders wichtig, der durch ausreichendes Gießen vor dem Austrocknen bewahrt werden muß.

Auch beim Rettich unterscheiden wir zwischen Früh-, Sommer- und Herbstsorten. Die Aussaattermine erstrecken sich dementsprechend über die Monate März bis Ende Juli. Der Pflanzabstand beträgt 20 x 20 cm. Winterrettich ist – in Sand eingeschlagen – zur Einkellerung geeignet.

Rote Bete

Dieses recht genügsame Gänsefußgewächs stellt keine besonderen Ansprüche, nimmt mit jedem nicht zu trockenen Boden vorlieb und gedeiht auch noch im Halbschatten zufriedenstellend.

Ausgesät wird ab Ende April direkt aufs Beet, letzter Aussaattermin für eine späte Ernte und Lagerung ist Mitte Juli. Nach dem Verziehen sollen die Pflänzchen 15 cm Abstand voneinander haben, der Reihenabstand beträgt 25 cm.

Bei Trockenheit ist zu wässern. Während der Entwicklung kann auf nährstoffarmen Böden organisch oder mineralisch nachgedüngt werden. Besonders delikat sind die sogenannten „Baby-Beets", kleine Rübchen, die man vor der Vollernte aus dem Boden nimmt. Rote Bete können, nachdem das Laub abgedreht wurde, in feuchtem Torf oder Sand eingekellert werden.

Schwarzwurzel

Wie bei allen Wurzelgemüsen ist durchlässiger und humoser Boden vorteilhaft. Unter Umständen muß man dem Boden durch tiefe Lockerung nachhelfen. In mildem Klima ist der Anbau dieses Korbblütlers am vielversprechendsten, weil man früh aussäen kann und dadurch die lange Kulturdauer nicht störend wirkt.

Man sät so frühzeitig wie möglich im März oder April in 25 cm voneinander entfernte Reihen, der Pflanzabstand nach dem Vereinzeln beträgt 8–10 cm. Es wird empfohlen, die Schwarzwurzeln dichter als gewohnt auszusäen, weil die Keimfähigkeit der Samen nach einem Jahr nachläßt.

Die Ernte erfolgt im Oktober oder November und kann, da die Wurzeln frosthart sind, den ganzen Winter über fortgesetzt werden. Auch Einkellerung in feuchten Sand ist problemlos.

Im Gegensatz zu den meisten anderen Gemüsen tut es der Wurzel qualitativ keinen Abbruch, wenn die Pflanze in Blüte gegangen ist. Auf Grund der langen Kulturdauer empfiehlt sich eine Nachdüngung.

Speiserüben

In diese Gruppe gehören Mairüben, Herbstrüben mit dem Teltower Rübchen und Stielmus oder Rübstiel, die jungen Blätter der Mairübe. Diese Kreuzblütler sind in jeder Beziehung anspruchslos und mit jedem Boden zufrieden. Das Teltower Rübchen aus der „Märkischen Streusandbüchse" gedeiht besonders gut in leichtem Erdreich.

Ausgesät wird direkt aufs Beet; die Saatzeit für die Mairüben ist März/April mit Folgesaaten, der Reihenabstand beträgt 20 cm, von Pflanze zu Pflanze 10 cm; man kann auch breitwürfig säen, muß dann jedoch ausdünnen. Herbstrüben werden im Juli/August gesät mit einem Endabstand von 30 x 30 cm; Teltower Rübchen können etwas enger stehen, weil sie kleiner sind; Rübstiel wird von März bis Mai gesät, breitwürfig oder eng in Reihen mit 10 cm Abstand.

Mairüben sollen nicht zu lange im Boden bleiben, damit sie Zartheit und Geschmack behalten. Die Ernte beginnt meist im Juni; die Herbstrüben sind erst im Herbst ab Oktober an der Reihe, Stielmus schneidet man sechs bis acht Wochen nach der Aussaat.

Rote Bete, ein geschätztes Salatgemüse

Schwarzwurzeln

Mairüben

Topinamburknollen
werden heute in erster Linie
zur Schnapsherstellung verwendet

Zwiebeln gedeihen
in jedem guten Gartenboden
mit reichlich Humus

Topinambur, Erdbirne

Ähnlich der Pastinake wird dieser eng mit der Sonnenblume verwandte Korbblütler vermehrt auch wieder in unseren Hausgärten angebaut und ist vor allem als Diätkost von Diabetikern geschätzt. In Südbaden dient die Knolle seit altersher zur Herstellung von Schnaps, über dessen Wohlgeschmack man ebenso geteilter Meinung sein kann wie über den der Knolle selbst.

Die Pflanze ist absolut winterhart und, einmal angebaut, kaum mehr aus dem Garten herauszubekommen. Sie sollte einen sonnigen Dauerplatz erhalten. Mit ihren sonnenblumenähnlichen, gelben Blüten und ihrer Höhe von bis zu 3 m kann sie gut an einem Zaun als Sichtschutz dienen. Ansprüche an Boden oder Pflege werden nicht gestellt.

Man gräbt die Knollen ab Spätherbst und bei offenem Boden den ganzen Winter über aus. Im kleinen Garten sollte man auf Topinambur verzichten und den Platz anderweitig nutzen.

Zwiebeln

Diese Liliengewächse, für die es die verschiedensten Anbaumethoden gibt, sind anspruchslos, lieben aber einen nicht zu schweren, humosen, durchlässigen Gartenboden und möglichst viel Sonne. Bei anhaltender Trockenheit muß gründlich gewässert werden, ansonsten tendieren Zwiebeln eher zu mäßiger Feuchtigkeit als zu Nässe.

Im Hausgarten wird man sich für Sä- oder Steckzwiebeln entscheiden; Pflanzzwiebeln aus eigener Anzucht machen zuviel Arbeit. Ausgesät wird Ende März in 25 cm voneinander entfernten Reihen, der spätere Pflanzabstand soll 15–20 cm betragen. Gepflanzt wird etwas später, etwa im April, mit denselben Abständen. Überwinterungszwiebeln für die Ernte im darauffolgenden Juni, die im August gesät werden, können um die Hälfte dichter stehen. Zwiebeln werden geerntet, wenn das Laub zu vergilben beginnt.

Am mildesten, feinsten und würzigsten im Geschmack sind Schalotten, bei denen man die aus vielen kleinen Zwiebeln bestehenden Zwiebelbüschel erntet. Gesteckt werden sie bereits im März im Abstand von 30 x 15 cm; die Ernte fällt in den Juli. Kleine Schalottenzwiebelchen können zum nächstjährigen Stecken beiseitegelegt werden.

Ausdauernde und frostbeständige Winterheckenzwiebeln dienen nur als ganzjähriger Lieferant für würziges Zwiebellaub, das auch bei frostigen Temperaturen grün und frisch bleibt. Man sät ab März/April und verpflanzt später büschelweise.

Blattgemüse und Salate

In dieser Gruppe sind Gewächse aus den verschiedensten botanischen Familien zusammengefaßt. Alle Formen unseres Blattsalats gehören zu den Korbblütlern, ebenso Chicorée, Endivie und Radicchio, während Mangold, dem Chinakohl – vor allem aber der Neuheit Pak Choi (Chinesischer Senfkohl) – äußerlich sehr ähnlich, ein Gänsefußgewächs ist und in die unmittelbare Verwandtschaft von Rote Bete und Spinat gehört. Feldsalat wie-

derum ist das einzige Baldriangewächs unter unseren Gemüsen, Rhabarber ein Angehöriger der Knöterichfamilie und als solcher in der Küche ebenso allein auf weiter Flur wie das Eiskrautgewächs Neuseeländer Spinat. Salat oder Lattich taucht auf Darstellungen aus dem Ägypten des 2. vorchristlichen Jahrtausends auf. Den Römern war Salat als Gemüse bekannt, in Deutschland wird er zur Zeit Karls des Großen um 800 erstmals schriftlich erwähnt. In den mittelalterlichen Klostergärten wurde er offenbar nur als Heilpflanze kultiviert. Seine Blätter enthalten wichtige Mineralstoffe und Vitamine und sollen schmerzlindernd und schlaffördernd wirken. Chicorée, Radicchio und Zuckerhutsalat, auch als Zichoriensalat oder Fleischkraut bekannt, sind Abkömmlinge der wilden Wegwarte und verhältnismäßig junge Gemüse. Rhabarber kam im 18. Jahrhundert aus England auf den Kontinent, während Spinat von den Mauren im 8. Jahrhundert ins eroberte Spanien mitgebracht und von dort aus im übrigen Europa verbreitet wurde. Feldsalat ist, wenn man von Gartenmelde, Löwenzahn und Sauerampfer absieht, das „wildeste" Beetgemüse. In Weinbaugebieten wird er, der auch als Ackersalat, Rapunzel oder Ritscherle bekannt ist, noch heute zwischen den Rebstöcken gesammelt. Urlaubern, die in die Spritzpläne der Winzer nicht eingeweiht sind, ist dieser Salat aus den Weinbergen weniger zu empfehlen.
Das Salatsortiment hat bei uns im Lauf der Jahre durch verbesserte Zuchtformen, aber auch durch die Übernahme ausländi-

scher Sorten und Varietäten, vor allem aus Italien, eine beachtliche Bereicherung erfahren. Zu den frischgrünen kamen rot- und gelbblättrige Formen hinzu, und bei der Pflanzung auf Balkon oder Terrasse nehmen diese Korbblütler zur Zeit einen bevorzugten Platz ein. Die der Kultur abträglichen Blüheigenschaften der Langtagspflanzen wurden züchterisch zurückgedrängt, so daß es jetzt Sorten gibt, die tagneutral reagieren und auch im Sommer erfolgreich angebaut werden können.
Außer Schnittsalat, der es auch noch leicht beschattet aushält, wünschen alle Salate möglichst viel Sonne, stellen aber an den Boden keine besonderen Ansprüche. Wo es möglich ist, sollte bei diesem Blattgemüse äußerst zurückhaltend mit Mineraldüngern gearbeitet werden. Besser ist eine gute Kompostversorgung oder der Einsatz organischer Dünger. Bei frühem Anbau unter Glas kann es gerade bei Blattsalaten zu einer verstärkten Nitratanreicherung kommen. Aus diesem Grund empfiehlt es sich auch nicht, die äußeren Blätter von Treibsalaten in der Küche zu verwenden.

Bindesalat

In den Mittelmeerländern, vor allem in Italien, ist dieser Salat mit den länglichen, lockeren Köpfen seit jeher eine häufig angebaute Gemüsepflanze. Von daher stammt auch der zweite Name Römischer Salat. Bei uns hatte die Kultur immer nur lokale Bedeutung. Vor allem im nordhessischen Raum war die Sorte 'Kasseler' bekannt und wurde in der Küche als Kochsalat verwendet;

Bindesalat,
auch Römischer Salat genannt

Die festen Blattschöpfe
des Chicorée können nach
vierwöchiger Treiberei unter
Abdunkelung geerntet werden

bei der Zubereitung werden die Strünke mitgegart und wie Spargel oder Kohlrabi zubereitet. Wenn man nur die zarten Jungblätter verwendet, kann man Bindesalat wie alle anderen Salate auch roh essen.

Ausgesät wird von Ende April bis Juni in Reihen direkt auf das Beet. Der Reihenabstand beträgt 30 cm, nach dem Vereinzeln soll der Abstand von Pflanze zu Pflanze 25 cm messen. Natürlich lassen sich auch vier Wochen vor diesem Termin Jungpflanzen heranziehen. Die heute angebotenen Sorten brauchen nicht mehr zusammengebunden zu werden; es kommt bei ihnen auch ohne unser Zutun zu ausreichender Kopfbildung. Nur wer auf besonders zarte, gelbgrüne Innenblätter Wert legt, kann mit Binden ein bißchen nachhelfen.

Chicorée

Bei Chicorée, Radicchio und Zuckerhutsalat (Fleischkraut) handelt es sich um verschiedene Formen beziehungsweise Anbauweisen ein und derselben Pflanzenart. Chicorée könnte man genau so gut bei den Bleichgemüsen einordnen, denn was wir hier essen, sind fest geschlossene Blattschöpfe, die unter Abdunkelung aus der Wurzel sprießen. Die Ursprungsform all dieser Züchtungen ist die Wegwarte, ein Korbblütler, der von Europa bis Asien verbreitet ist. Gesät wird in der ersten Maihälfte in Reihen direkt auf das Beet. Der Reihenabstand beträgt 40 cm, von Pflanze zu Pflanze nach dem Verziehen 10 cm. Die Pflanzen können ruhig dicht stehen, weil nicht die Blätter, sondern nur die Wurzeln von Bedeu-

tung sind. Sie werden im Oktober oder Anfang November mit der Grabegabel vorsichtig aus der Erde genommen und bleiben zunächst eine Woche lang auf dem Beet liegen, bis das Laub zu welken beginnt. In dieser Zeit wandern die Nährstoffe der Blätter in die Wurzeln, was zu deren Kräftigung beiträgt. Anschließend wird das Laub etwa 4 cm über der Rübe abgeschnitten, damit das Herz nicht verletzt wird. Die Wurzeln schlägt man bis zum Beginn des Austreibens an einem frostfreien Platz in Erde ein. Zum Treiben kann man Eimer aus Blech oder Plastik, mit Folie ausgeschlagene Waschpulverbehälter oder Kartons verwenden. Wasserabzugslöcher nicht vergessen! Nachdem der Boden etwa 10 cm hoch mit Erde bedeckt wurde, stellt man die Wurzeln dicht bei dicht senkrecht in das Gefäß, spült weiteres Substrat – es kann auch Sand sein – zwischen die Rüben und deckt schließlich mit 20 cm Erde ab. Bei Temperaturen zwischen 14 und 18°C können die festen Blattschöpfe nach etwa einem Monat geerntet werden. Je kühler es ist, desto länger dauert die Treiberei, die bei Temperaturen unter 12°C unsicher wird.

Neue Sorten lassen sich auch ohne Erdabdeckung zum Treiben bringen. Die Rüben stehen dann zwar auch im Substrat des Gefäßbodens, werden aber lediglich mit schwarzer Folie oder einem anderen, lichtundurchlässigen Material, das man über das Treibgefäß deckt, abgedunkelt.

Eissalat

Wegen der knackigen Blätter hat dieser Salat mittlerweile viele Freunde gefunden und ist auch unter der Bezeichnung Krachsalat bekannt. Die Pflanzen vertragen die sommerlichen Temperaturen noch besser als Kopfsalat und sind deshalb für den Anbau während der heißen Zeit des Jahres besonders gut geeignet. Pflanz- oder Aussaatzeit sind die Monate April bis Ende Juli, der Pflanzenabstand beträgt 30 x 30 cm. Frost verträgt diese Art trotz ihres Namens so wenig wie andere Salate, im Kühlschrank ist sie jedoch ziemlich lange haltbar. Eine geringfügige Ernteverlängerung ist im Herbst durch Folien- oder Tunnelabdeckung möglich. Eissalat wird sehr umfangreich und entwickelt mehr Blattmase als Kopfsalat. Man kann deshalb die Bodennährstoffe durch eine zusätzliche Düngung mit 30 g/m^2 Mineraldünger einen Monat nach der Pflanzung ergänzen.

Endivie

Als Langtagspflanze darf dieser Korbblütler nicht vor Mitte Juni angebaut werden. Von diesem Zeitpunkt an bis Mitte Juli ist auch eine Vorkultur möglich. Die Pflänzchen können dann etwa einen Monat nach der Aussaat aufs Beet. Vorher läßt sich diese Fläche für frühe, schnellwachsende Gemüse wie Kohlrabi, Buschbohnen oder Frühkartoffeln nutzen. Der Pflanzenabstand für Endivien beträgt 30 x 30 cm, wobei man sowohl in Reihen anbauen kann als auch breitwürfig mit nachfolgendem Vereinzeln. Mit der Ernte braucht man sich nicht zu beeilen, da Endivien einige Frostgrade vertragen. Wünscht man Pflanzen mit weißgelbem Herz, bindet man sie zwei Wochen vor der Ernte mit Schnur oder Gummiband zusammen; natürlich immer nur so viele, wie jeweils benötigt werden. Neuere Sorten sind selbstbleichend, sofern der angegebene Abstand beim Pflanzen nicht wesentlich überschritten wird.

Feldsalat

Dieses Baldriangewächs ist ein typisches Herbst- und Wintergemüse mit meist ausreichend frostharten Sorten. Im März nach der Vorjahressaat müssen die Beete geräumt werden, da Feldsalat um diese Zeit in Blüte geht. Gesät wird meist in zwei Sätzen, einmal im August für die Herbst- und dann wieder im September für die Winterernte. Angebaut wird in 10 cm voneinander entfernten Reihen und nach dem Vereinzeln in ebensolchem Pflanzenabstand; man kann aber auch breitwürfig aussäen. Zu dicht stehende Pflänzchen müssen ausgedünnt werden. In kalten Wintern kann man das Beet mit Fichtenreisig abdecken. Achten Sie darauf, daß Sie keine gefrorenen Blätter ernten, weil diese nach dem Auftauen zusammenfallen. Als sehr praktisch hat sich eine Winterkultur im Frühbeet oder unter dem Folientunnel erwiesen.

Eissalat hat im Unterschied zum Kopfsalat härtere, knackigere Blätter

Endiviensalat

Feldsalat ist reich an Vitamin A und C

Kopfsalat kann mit den entsprechenden Sorten die ganze Vegetationsperiode über angebaut werden

Mangold

Neuseeländer Spinat kann man ab Juli fortlaufend bis zum Frostbeginn ernten

Kopfsalat

Bei diesem „klassischen" Blattgemüse sollte man vor allen Dingen auf die richtigen Sorten achten. Je nach Anbautermin müssen die entsprechenden Züchtungen für Früh- und für Sommeranbau gewählt werden. Die Frühsorten sind dann wieder zur Nachkultur mit später Ernte geeignet. Wollte man sie in den warmen Monaten mit der längsten Tageslichtdauer säen oder pflanzen, käme es in den meisten Fällen zur Blütenbildung, zum „Schießen". Bei richtiger Sortenwahl kann Kopfsalat in Folgesätzen die ganze Vegetationsperiode über angebaut werden. Es ist besser, stets nur so viel heranzuziehen, wie gerade gebraucht wird, und rechtzeitig für Nachschub auf dem Beet zu sorgen. Die Aussaaten beginnen Ende März und können bis Mitte August in jeweils einzelnen kleinen Partien vorgenommen werden. Die späten Kulturen brauchen zum Schluß eventuell Folienschutz. Wer im Frühjahr nicht selbst ziehen will, kauft sich Setzlinge beim Gärtner, um nicht allzulang auf die ersten frischen Köpfe aus dem Garten warten zu müssen. Ausgesät wird in 25 cm voneinander entfernten Reihen, der Pflanzabstand nach dem Vereinzeln beträgt ebenfalls 25 cm. Kopfsalat verträgt noch weniger als andere Salate frischen Tierdung oder eine Nachversorgung mit mineralischen Düngesalzen. Wenn die Beeterde nachweislich nur wenig Nährstoffe enthält und kein Kompost zur Verfügung steht, kann man im Frühjahr vor der Bestellung 50 g/m² eines Mineraldüngers einarbeiten.

Mangold

Dieses Blattgemüse für Sommer- wie Herbsternte ist etwas aus der Mode gekommen. Dabei zeigt sich das Gänsefußgewächs aus der Verwandtschaft von Roter Bete, Runkel- und Zuckerrübe äußerst anspruchslos; es ist weitgehend frostverträglich und gedeiht sogar noch im Halbschatten. Man sät im April und dann noch einmal im August/September für eine späte Ernte. Der Reihen- und Pflanzenabstand beträgt 30 cm.

Wenn den Pflanzen genügend Blattmasse gelassen wird, kann man fortlaufend frisches Grün schneiden, vorzugsweise jedoch die jungen Blätter, denn die älteren enthalten Bitterstoffe. Um den Laubnachschub zu sichern, sollte während der Vegetationszeit mit 20 g/m² eines mineralischen Nährstoffs nachgedüngt werden.

Neuseeländer Spinat

Mit unserem bekannten Spinat hat dieses Eiskrautgewächs nur eines gemeinsam: die Zubereitung. Geschnitten werden die jungen Blätter und Triebspitzen. Neuseeländer Spinat ist kälteempfindlich; deshalb sollte man ihn im März am Zimmerfenster oder ab Ende April unter Folie im Freien aussäen. Die hartschaligen Samen keimen besser, wenn sie in der Nacht vor der Aussaat in Wasser eingeweicht werden. Bei der Vorkultur im Topf ebenso wie bei Direktsaat legt man immer drei Körner zusammen und läßt später nur die kräftigste Pflanze stehen. Der allseitige Endabstand beträgt mindestens 50 x 50 cm. Werden nicht zu viele

Blätter auf einmal geschnitten, kann ungefähr ab acht Wochen nach der Aussaat fortlaufend geerntet werden; ab Ende September gedeiht Neuseeländer Spinat besser unter Folienabdeckung.

Pflücksalat

Vom Pflücksalat mit seinen gekrausten Blättern, die keine Köpfe bilden, gibt es außer den gelbgrünen auch rotlaubige Sorten, die unter dem Namen Eichblattsalat bekannt sind. Es handelt sich bei allen Sorten um typische Frühjahrsgemüse, deren äußere Blätter fortlaufend abgenommen und verwertet werden können. Bleibt das Herz unbeschädigt, wächst ständig neues Grün nach.

Man sät ab April in Reihen direkt auf das Beet, der Reihen- wie Pflanzenabstand beträgt nach dem Vereinzeln 25 cm.

Radicchio

Diese Zichorienform, die feste rote Köpfe bildet, ist erst vor gar nicht so langer Zeit aus Italien zu uns gekommen. Man sät nicht vor Juni aufs Beet, da kühle Witterung das Schießen fördert. Der Reihenabstand beträgt 30 cm, in der Reihe wird auf 30–35 cm vereinzelt. Erntezeit ist dann im Herbst. Die Sorte 'Roter von Verona' kann im Juli/August angebaut werden und bleibt den Winter über bis zum Frühjahr für fortlaufende Ernten bei frostfreiem Wetter auf dem Beet.

Rhabarber

Das Knöterichgewächs aus Ostasien wird aus Wurzelstücken vermehrt. Eine Aussaat lohnt nicht und würde nur minderwertige Pflanzen hervorbringen. Man pflanzt im Herbst oder Frühjahr abgestochene Teile eines Wurzelballens, die sogenannten Klumpen. Wichtig ist, daß die fleischigen, verdickten Rhizome mindestens eine, besser mehrere Knospen oder Triebaugen aufweisen. Der Klumpen sollte ein Gewicht von etwa 1 kg haben. Nachdem man ihn in nahrhaften, nicht zu trockenen Boden gepflanzt hat, müssen die Knospen etwa 20 cm hoch mit Erde bedeckt werden. Rhabarber gedeiht auch noch im Halbschatten, hat aber einen Platzbedarf von etwa 1 m².

Geerntet wird erst im zweiten Standjahr, je nach Witterung von April/Mai bis Ende Juni. Danach sollten keine Blätter mehr abgenommen werden, weil die Pflanze das verbleibende Laub zur Regeneration benötigt. Die Stiele werden mit einem drehenden Ruck abgetrennt, nie geschnitten, denn die verbleibenden, saftigen Stümpfe beginnen leicht zu faulen.

Eine beträchtliche Verfrühung der Ernte kann durch Freilandtreiberei erreicht werden. Man stülpt dazu im Januar einen Eimer über die Staude, deckt das Ganze zusätzlich mit Laub, Stroh, alten Decken oder Ähnlichem sowie einer Folie als Regenschutz ab. Gegen Ende Februar haben sich dann die ersten Blattstiele entwickelt. Eine Treiberei im Haus in einer mit Erde gefüllten und mit Folie abgedunkelten Kiste ist umständlich und lohnt den Aufwand meist nicht. Die für diesen Zweck im Oktober oder November ausgegrabenen Pflanzen erholen sich nach der Treiberei nicht mehr und müssen weggeworfen werden.

Die Blätter des Pflücksalats wachsen ständig nach

Radicchio, eine rotblättrige Abart des Chicorée

Rhabarber, ein altes chinesisches Kulturgewächs, hat sich als Nutzpflanze durchgesetzt

Bei Schnittsalat ist nur eine einzige Vollernte möglich

Spinat sollte frühestens nach vier Jahren wieder auf dieselbe Fläche kommen

Winterportulak, ein vorzügliches Salatgemüse für die kalte Jahreszeit

Schnittsalat

Auch der Schnittsalat bildet keine Köpfe aus, es werden nur aufrecht stehende Blätter entwickelt, die man zum Ernten mit dem Messer abschneidet. Im Gegensatz zum Pflücksalat wächst das Laub nicht nach. Man sollte nur junge Blätter verwerten, ältere, große sind hart und haben wenig Geschmack. Gesät wird zwischen Ende März und Mitte August direkt auf das Beet in Reihen mit 20 cm Abstand. Vereinzeln ist bei Schnittsalat nicht notwendig, bei zu dichtem Stand wird lediglich etwas ausgedünnt, damit sich die Pflänzchen nicht gegenseitig in ihrem Wuchs behindern.

Spinat

Auch bei dieser Langtagspflanze aus der Familie der Gänsefußgewächse muß man auf Sorten für Früh- beziehungsweise Spät- sowie für Sommeranbau achten. Spinat gedeiht am besten an kurzen Tagen mit niedrigen Temperaturen, also im Frühjahr und im Spätsommer. Da die männlichen Exemplare früher in Blüte gehen als die weiblichen und damit den Wert des ganzen Bestands mindern, wurden rein weibliche Züchtungen entwickelt, die schoßfester sind und vor allem für den Sommeranbau empfohlen werden.

Die Aussaat beginnt im März und endet im August oder September. Man sät entweder breitwürfig oder in Reihen mit 25 cm Abstand. Vereinzeln entfällt; wurde der Samen zu dicht gesät, muß ausgedünnt werden. Bei Spinat empfiehlt es sich, das für den Anbau vorgesehene Beet bereits im Herbst umzugraben, damit sich der Boden bis zum Frühjahr gesetzt hat. Die Samen keimen nur dann zuverlässig, wenn sie allseitig Kontakt mit der Krume haben. Notfalls muß der Boden nach der Einsaat wie bei der Rasenneuanlage mit unter die Füße geschnallten Brettern verfestigt werden. Wegen möglicher Nitratanreicherung in Stielen und Blättern sollte auch bei Spinat eine zusätzliche mineralische Kopfdüngung entfallen.

Winterportulak

Wenig bekannt, aber im Samenhandel erhältlich, ist Winterportulak. Dieses Portulakgewächs liefert vor allem während der kalten Jahreszeit, wenn es sonst nicht viel frisches Grün aus dem Garten gibt, würzige, fleischige Blätter mit feinsäuerlichem Geschmack.

Da Portulak zuverlässig nur keimt, wenn die Temperaturen 12°C nicht überschreiten, wird spät, nämlich erst Anfang bis Mitte September, ausgesät. Bei früherem Anbau muß man unter Umständen lange auf das Aufgehen der Pflänzchen warten. Die Aussaat erfolgt sehr flach in 25 cm voneinander entfernte Reihen; liegen die Samen zu dicht, muß später ausgedünnt werden. Ab Spätherbst kann man dann den ganzen Winter über ernten, sofern kein Frost herrscht.

Winterportulak ist gut geeignet für den Anbau im ungeheizten Gewächshaus oder Frühbeet, ebenso unter Folien- und Tunnelschutz. Da von den vorhergehenden Kulturen meist noch genügend Nährstoffe im Boden vorhanden sind, erübrigt sich jede zusätzliche Düngung.

Zuckerhutsalat

Bei Zuckerhut oder Zichorie, manchmal auch unter dem Namen Fleischkraut bekannt, handelt es sich um denselben Korbblütler, der uns auch den Chicorée liefert. Nur werden in diesem Fall die großen, grünen Blätter geerntet und wie frischer Salat zubereitet.

Ausgesät wird ab Ende Juni auf das Beet mit 30 cm Reihenabstand, später wird auf 15 cm vereinzelt. Ungefähr ab Mitte Oktober kann geerntet werden. Da Zuckerhutsalat als einziger bis zu -5 °C verträgt, kann er ziemlich lange auf dem Beet bleiben. Er läßt sich bei Frostbeginn ausgraben und wird in einem kühlen Kellerraum mitsamt den Wurzeln in Sand eingeschlagen. Herrscht am Lagerplatz eine genügend hohe Luftfeuchtigkeit, kann man auch die ganzen Pflanzen zum Überwintern erdelos kopfunter an einer Schnur aufhängen.

Kohlgemüse

In Europa sind Italien und die Bundesrepublik Deutschland die beiden Länder, in denen der meiste Kohl angebaut wird. Bei uns steht er sogar an erster Stelle und macht über die Hälfte aller landwirtschaftlich erzeugten Gemüse aus. Dem Statistischen Jahrbuch zufolge rangiert Weißkohl dabei an der Spitze, gefolgt von Blumenkohl, Rotkohl, Wirsing, Kohlrabi, Grünkohl und Rosenkohl. Der Markstammkohl mit seinen bis zu 1 m hohen, beblätterten Stämmen, früher vor allem in Norddeutschland als Viehfutter geschätzt, wird heute kaum noch angebaut. Auf der englischen Atlantikinsel Jersey werden besondere Sorten mit über 3 m hohen, verholzten Stämmen zur Herstellung von Spazierstöcken verwendet.

Schriftlich erwähnt wird Kohl im 4. und 3. Jahrhundert v. Chr. in Griechenland und Rom, in Deutschland ist er erst ab 800 n. Chr. sicher nachweisbar, wo er vereinzelt in den Anbauplänen für Klostergärten auftaucht. In der Heilkunde ist die schmerzlindernde und entzündungshemmende Wirkung von Weißkohl schon seit sehr langer Zeit bekannt, im vorchristlichen Rom ebenso wie bei den Kräuterkundigen des mittelalterlichen Europa. Bei Schwellungen, Geschwüren, Wunden und Furunkeln wird in der Naturheilkunde noch heute das Auflegen oder -binden von Kohlblättern empfohlen.

Im kleinen Gemüsegarten ist dieser Kreuzblütler nicht ganz unproblematisch, weil er von einer Reihe von Schädlingen und Krankheiten heimgesucht wird. Der die Kohlhernie auslösende, bodenbewohnende Schleimpilz *Plasmodiophora brassicae* wirkt sich dabei am unangenehmsten aus: Nach dem Befall dürfen fünf Jahre lang weder Kohlgewächse noch die ebenfalls zu den Kreuzblütlern gehörenden Rettiche und Radieschen auf dem verseuchten Boden stehen. Die holländischen Gartenspezialisten Rob Herwig und Hannelie Boks haben in ihren Modell- und Versuchsgärten in Lunteren eine Methode gefunden, mit deren Hilfe die Kohlpflanzen frei von Hernie bleiben. Sie pflanzten ihre selbst angezogenen Setzlinge in 10-Liter-Container, aus denen

Zichoriensalat ist auch gekocht oder gedünstet ein Genuß

Blumenkohl

Brokkoli,
ein Verwandter des Blumenkohls,
mit grünen bis grün-
oder rotvioletten, lockeren Köpfen

vorher der Boden herausgeschnitten worden war. Diese
Töpfe setzten sie dann, mit keim-
freier, aufgekalkter Erde gefüllt,
bis an den Rand in die Beete. Gegen tierische Schädlinge aller Art
– außer natürlich gegen Wühlmäuse oder Maulwurfsgrillen
(Werren) – helfen Insektennetze,
die der Fachhandel anbietet.

Blumenkohl

Wenn man Blumenkohl schon im
April pflanzen will, besorgt man
sich am besten Setzlinge beim
Gärtner. Beim Sommeranbau
können dann selbst herangezo-
gene Jungpflanzen verwendet
werden, deren Aussaat im April
oder Mai beginnt. Gepflanzt wird
im Abstand von 50 x 50 cm und
so tief, daß das erste Blatt fast
den Boden berührt. Es ist wichtig, Wachstumsverzögerungen
zu vermeiden; deshalb sollte das
Beet reichlich mit Nährstoffen
versorgt, das Erdreich gleichmäßig feucht und nicht zu leicht
sein. Wo mit Nährstoffmangel zu
rechnen ist, muß man den Pflanzen bei Beginn der Kopfbildung
eine Zusatzdüngung mit 30 g/m²
blauem Volldünger geben. Um
ein Gelbwerden der Köpfe, die
botanisch die züchterisch stark
veränderten Blütenstände darstellen, zu verhindern, knickt man
einige Blätter um und deckt sie
über die Blume. Bei Nährstoffmangel, Trockenheit, Vernässung
oder Kälte bleiben die Köpfe lok-
ker und unansehnlich. An einem
kühlen Ort kann man Blumenkohl
kurzzeitig lagern.

Brokkoli

Er ist mit dem Blumenkohl nahe
verwandt, seine Blütenknospen
sind jedoch lockerer und zu mehreren über die ganze Pflanze verteilt. Man erntet das Gemüse mit
einem 20 cm langen Stück Stiel
– daher auch der Name Spargel-
kohl; es wachsen Nebensprosse
nach, die dann ebenfalls geschnitten werden. Brokkoli gelangt schneller in Blüte als Blumenkohl, deshalb sollte man die
Ernte nicht zu lang hinauszögern.
Seine Ansprüche entsprechen
denen des weißblumigen Ver-
wandten.
Pflanzzeit ist ab Ende März mit einem Abstand von 50 x 50 cm,
oder man sät von April bis Juni
direkt auf das Beet mit einem
Reihenabstand von 50 cm, in der
Reihe nach dem Vereinzeln ebenfalls 50 cm. Am besten legt man
jeweils drei Samenkörner gleich
in der richtigen Entfernung voneinander und pikiert dann auf ein
weiteres Beet. Das lohnt freilich
nur, wenn man viel verbraucht, da
Brokkoli nicht lagerfähig ist.

Chinakohl

Von dieser ausgesprochenen
Langtagspflanze gibt es noch
keine schoßfesten Züchtungen.
Daher ist die Aussaatzeit ziemlich genau auf die zweite Julihälfte begrenzt. Bei eigener Anzucht ist darauf zu achten, daß
die Pflänzchen warm heranwachsen, weil niedrige Temperaturen
während des Wachsens ebenfalls die Blühfreudigkeit fördern.
Chinakohl gehört zu den Gemüsen, die man als Nachkultur
anbaut, das Beet wird also vorher für andere Bestellungen
genutzt.

Die Aussaat erfolgt in Reihen mit 50 cm Abstand, nach dem Ausdünnen steht alle 35 cm ein Pflänzchen. Die lockeren Köpfe schließen von selbst, es braucht also nicht zusammengebunden zu werden. Während der gesamten Kulturdauer muß man auf gleichbleibend feuchten Boden achten, Trockenheit kann den ganzen Bestand ungenießbar machen. Eine Nachdüngung mit 30 g/m² eines mineralischen Vollnährstoffs etwa einen Monat nach der Saat verhindert einen eventuellen Wachstumsstopp. Chinakohl verträgt bis zu -5°C und kann deshalb relativ lange auf dem Beet bleiben. Eine Lagerung mitsamt Wurzeln in feuchtem Sand ist nur möglich, wenn die Temperaturen am Lagerplatz niedrig sind, also um den Gefrierpunkt, die Luftfeuchtigkeit aber hoch ist.

Grünkohl

Obwohl er in Norddeutschland beliebt und im Winter fast schon ein Nationalgericht ist, hat sich Grünkohl südlich des Mains immer noch nicht durchsetzen können. Dabei ist dieses krausblättrige Gemüse, das keine Köpfe bildet, unter allen Kohlarten das anspruchsloseste. Es gedeiht auf leichten wie schweren Böden, ist frostbeständig und kann auch auf einem leicht beschatteten Beet angebaut werden.
Gesät wird von Ende Mai bis Ende Juli, die Pflanzzeit erstreckt sich für späte Sorten von Juli bis Mitte August. Der Pflanzenabstand beträgt 50 x 50 cm.
Als typische Nachfrucht läßt Grünkohl anderen Gemüsen wie Salat, Radieschen oder Möhren auf dem Beet den Vortritt. Am be-

sten schmeckt dieser Kohl, wenn er Frost abbekommen hat.
Man erntet den ganzen Winter über direkt vom Beet, allerdings sind nur die als Spätsorten ausgewiesenen Züchtungen absolut frosthart, bei Herbstsorten ist das nicht so sicher. Im konventionellen Anbau empfiehlt sich eine Nachversorgung etwa im September mit 20 g/m² eines mineralischen Volldüngers.

Kohlrabi

Diesen Kohl mit seinen oberirdischen Knollen darf man im Freiland nicht zu früh anbauen. Temperaturen unter 12°C lösen die Blütenbildung aus, und die Pflanze beginnt vorzeitig zu schossen, anstatt eine Knolle zu entwickeln. Kohlrabi stellt ebenfalls wenig Ansprüche an den Boden und wächst auch noch in etwas beschatteten Lagen, ähnlich wie Grünkohl. Von Mitte Mai bis Ende Juli kann man auf das Beet säen, in 30 cm voneinander entfernte Reihen; der spätere Pflanzenabstand beträgt ebenfalls 30 cm. Ab Ende Mai können auch gekaufte oder selbst angezogene Pflanzen gesetzt werden. Bei früherer Pflanzung gibt man wegen möglicher Kälteeinbrüche besser Folienschutz oder deckt mit einem Tunnel ab.

Pak Choi

Mit dem Chinakohl verwandt, stammt auch dieses Gemüse aus Fernost und ist das jüngste Mitglied in unserem Kohlsortiment. Gegessen werden vor allem die dicken, fleischigen Stengel, aber auch junge Blätter können als Salat oder gekocht mitverwendet werden. Pak Choi wächst locker und bildet keine Köpfe.

Chinakohl kann bis in den Dezember hinein geerntet werden

Grünkohl, ein in Norddeutschland traditionelles, herzhaftes Wintergemüse

Kohlrabi

Pak Choi
ist dem Chinakohl sehr ähnlich
und liefert als wertvollsten Teil
die dickfleischigen Stengel

Rosenkohl entwickelt erst
nach dem ersten Frost sein
volles Aroma

Rotkohl

Wie bei Kohlrabi besteht bei niedrigen Temperaturen die Gefahr des Schossens, deshalb ist sehr früher Anbau nicht zu empfehlen. Man sät am besten erst von Mitte Juli bis Mitte August in Reihen mit 40 cm Abstand und dünnt so aus, daß später alle 30 cm eine Pflanze zu stehen kommt. Etwa zwei Monate nach der Aussaat kann dann geerntet werden.

Rosenkohl

Wegen der langen Kulturdauer von mindestens fünf Monaten muß Rosenkohl früh angebaut werden. Gesät wird ab Mitte März bis Ende April auf ein Saatbeet, und ab Juni wird mit einem Abstand von 60 x 60 cm gepflanzt. Ein früherer Kulturbeginn setzt warme Anzucht oder fertig gekaufte Pflanzen voraus.

Geerntet wird ab Herbst, wenn die Röschen dick genug sind, und dann den Winter hindurch bis ins Frühjahr. Ältere Sorten müssen mehrere Male durchgepflückt werden, weil immer wieder Röschen nachwachsen. Das ist durchaus kein Nachteil, sofern es sich um ausreichend frostharte Auslesen handelt. Moderne Züchtungen reifen einheitlich aus und bringen meist keine oder nur vereinzelt Folgefrüchte.

Rotkohl

Auch beim Rotkohl wird die Blütenbildung durch niedrige Temperaturen begünstigt. Bei Aprilaussaaten im Freiland sollte deshalb eine Tunnel- oder Folienabdeckung bereitstehen; wo das nicht möglich und das Frühjahr kühl ist, wartet man besser bis Mitte Mai. Von da an bis in den Juli kann auch gepflanzt werden

– mit einem Abstand von etwa 60 x 60 cm. Wie bei allen Kopfkohlarten sollte der Boden eher lehmhaltig als sandig sein, dazu humos und ausreichend feucht. Die Ernte beginnt meist im Oktober und kann sich bis in den Dezember hinziehen, da leichte Frostgrade vertragen werden. Man lagert den Rotkohl mit Strünken in einem kühlen, luftigen Keller. Das früher praktizierte Aufhängen der Strünke an Schnüren klappt heute meist nicht mehr, da in unseren Kellerräumen die erforderliche Luftfeuchtigkeit fehlt.

Weißkohl, Spitzkohl

Um den zahlreichen Schädlingen ein Schnippchen zu schlagen, pflanzt man Weißkohl bereits im März oder April. Da die eigene Anzucht um diese Jahreszeit nur im beheizten Zimmer oder Anzuchtkasten möglich ist, sind beim Gärtner gekaufte Setzlinge praktischer. Der Pflanzenabstand sollte 50 x 50 cm betragen. Auch für Weißkohl ist eine Tunnel- oder Folienabdeckung zu empfehlen, die bis Ende Mai über den Pflanzen bleibt und die Gefahr des Schossens mindert. Eine leichte Kalkung des Kohlbeets beugt dem Befall durch Hernie vor. Das gilt übrigens für sämtliche Kohlarten.

Weiß- wie Spitzkohl, der sich vom Erstgenannten nur durch die längliche Kopfform mit etwas lockerer aufeinanderliegenden Blättern unterscheidet, brauchen reichlich Nährstoffe und sollten deshalb bei Beginn der Kopfbildung mit 30 g/m² eines mineralischen Volldüngers nachversorgt werden. Wichtig ist außerdem eine gleichmäßige Feuchtigkeit,

Gießfehler können zum Aufplatzen der Köpfe führen. Im Hausgarten muß man mit der Kohlernte im Spätsommer oder Herbst nicht so lange warten, bis die Köpfe ihre maximale Größe erreicht haben. Relativ jung geschnitten, sind sie zarter und aromatischer.

Ausgesprochen späten Lagerkohl wird man heute für den privaten Bedarf kaum mehr anpflanzen, weil die Aufbewahrungsräumlichkeiten fehlen; außerdem ist Kohl zur Einlagerungszeit überall billig zu haben. In feuchtem Sand mit Strunk frostfrei; aber kühl eingeschlagen, ist Weißkohl lange haltbar. Ein ebenso einfaches wie sicheres Verfahren, geernteten Weiß- oder Spitzkohl über den Winter zu bringen, wird in milden Klimazonen Süddeutschlands praktiziert: Man schichtet die Köpfe mit einem Stück Strunk an einem etwas geschützten, schattigen Platz auf einen Haufen und deckt sie mit mehreren Lagen aus Jutesäcken ab. Von Zeit zu Zeit muß kontrolliert und Verdorbenes aussortiert werden.

Wirsingkohl

Er gleicht in den Ansprüchen und im Anbauverfahren dem Weißkohl. Wirsing für die Herbsternte kann im Juli ausgesät werden; in klimatisch günstigen Gegenden bleiben diese Spätsorten dann bis Weihnachten auf dem Beet, unter Umständen geschützt durch eine Reisigabdeckung. Die Lagerfähigkeit ähnelt der von Weißkohl.

Hülsenfrüchte

Schon die Menschen der Steinzeit im heutigen Europa aßen die getrockneten Samen von Hülsenfrüchten. In Südamerika fand man Überreste von Trockenbohnen, die auf das 6. vorchristliche Jahrtausend zu datieren sind, in Ägypten wurden Bohnen spätestens seit 2500 v. Chr. angebaut. Alles deutet darauf hin, daß die Stammform unserer heutigen Gartenbohne die wilde Andenbohne Südamerikas ist.

Auch die Feuer- oder Prunkbohne dürfte in der dortigen Wildform ihren Ursprung haben, während die Dicke Bohne, auch Puff- oder Saubohne genannt, bis nach Kleinasien, Israel und Ägypten zurückverfolgt werden kann. Erbsen wurden bereits um 5000 v. Chr. als Kulturpflanze genutzt, wie Funde in Bulgarien und Jugoslawien belegen.

Bohnen, Erbsen und die bei uns nicht mehr angebauten Linsen haben ihren Namen Hülsenfrüchte von den Schoten oder Hülsen erhalten, in denen sich die Samenkörner befinden. Diese dienten dem Menschen, wie wir sahen, bereits als wichtiges, an Eiweiß und Kohlehydraten reiches Nahrungsmittel, als sie noch wild wuchsen und gesammelt wurden. Daß auch die Hülsen eßbar sind, entdeckte man erst sehr viel später. Heute zählen die fadenlosen, zarten Schoten der Bohnen zum Delikateßgemüse. Auch ißt man Erbsen und Bohnen aus dem Garten fast nur noch „grün", der Anbau zur Gewinnung der getrockneten Kerne lohnt nicht – es gibt sie billig und in Kleinpackungen überall zu kaufen.

Weißkohl ist wie alle Kohlarten ein Starkzehrer

Wirsing ist die robusteste unter den Kopfkohlarten. Einige Spätsorten vertragen sehr gut Frost

Erbsen werden laufend gepflückt

Diese zu den Leguminosen oder Schmetterlingsblütlern gehörenden Pflanzen sind Stickstoffsammler: Sie nehmen mit Hilfe von Bakterien, die in knolligen Verdickungen an ihren Wurzeln leben (den sogenannten Knöllchenbakterien) den Luftstickstoff auf und bauen ihn in pflanzliche Nahrung um. Bohnen und Erbsen benötigen daher in der Regel keine Stickstoffdüngung, es genügt, wenn man ihnen Phosphor und Kali in PK-Düngern zuführt. Auch Nachkulturen finden auf dem von Bohnen und Erbsen geräumten Beet noch reichlich Stickstoff vor, der bei Schwach- und Mittelzehrern eine N-Düngung ebenfalls unnötig macht.

Erbse

Es wurde bereits angedeutet, daß Erbsen nicht unbedingt dort zweckmäßig sind, wo mit jedem Quadratmeter gespart werden muß. Denn diese buschigen Hülsenfrüchte, die mit ihren Ranken und Trieben wild durcheinander wachsen, nehmen viel Platz in Beschlag, besonders wenn es sich um hohe, reisergestützte Sorten handelt. Wenn es möglich ist, das Erbsenbeet nach der Ernte anderweitig zu nutzen, sollte man sich freilich den Genuß dieses delikaten und gesunden Gemüses nicht entgehen lassen.

Die Erbse ist eine Langtagspflanze, sie muß also in die Periode der längsten Tageslichtdauer hineinwachsen, um blühen und fruchten zu können. Andererseits soll man aber nicht zu spät aussäen, weil die Fruchtbildung dann während der heißesten und trockensten Jahreszeit erfolgt. Der günstigste Aussaatmonat ist

der März. Man sät in 40 cm auseinanderliegende Reihen mit einem Kornabstand von 10 cm. Manche Praktiker wählen Doppelreihen, die 10 cm Abstand haben und 1 m von der nächsten Doppelreihe entfernt sind. Reisererbsen, die leicht 1,80 m Höhe erreichen können, müssen eine Rankhilfe aus Zweigen von Bäumen oder Sträuchern erhalten; auch dünner Maschendraht, an Stützpfählen befestigt, ist geeignet. Buscherbsen kommen ohne diese Halterungen aus.

Wir unterscheiden bei Erbsen drei große Gruppen mit jeweils vielen Sorten: Schal- oder Palerbsen werden früh geerntet, so lange die glatten, runden Körner noch grün und zart sind, oder man läßt das Korn ausreifen und trocken werden. Markerbsen schmecken süßer als Schalerbsen, ihr Korn ist meist größer und runzelig; getrocknet sind sie nicht zu verwenden, da sie beim Kochen nicht weich werden. Bei Zuckererbsen fehlt die zähe Bastschicht in der Hülse, man kann sie daher mitsamt den Körnern zubereiten. Die Schoten bleiben auch ausgewachsen noch zart, so daß diese Erbsen im Hausgarten eigentlich allen anderen vorzuziehen sind. Trockenerbsen, bei denen nur die ausgereiften Körner geerntet und getrocknet aufbewahrt werden, haben lediglich beim heimischen Erwerbsgartenbau eine gewisse Bedeutung, beim überwiegenden Teil der Handelsware handelt es sich jedoch um Importe.

Gartenbohne

Unter dem Begriff Gartenbohnen sind Busch-, Stangen- und Feuerbohnen zusammengefaßt. Alle Arten lieben humosen, vor allem aber warmen Boden und eine windgeschützte Lage. Ausgesät wird nicht vor Anfang Mai, da Bohnen zum Keimen ein bereits etwas erwärmtes Erdreich brauchen. Bei nassem, kühlem Frühjahrswetter faulen sie. Man kann sie, um diese kritische Zeit zu umgehen, auch auf dem Fensterbrett in Töpfen aussäen und nach den Eisheiligen pflanzen. Stangenbohnen lassen sich sehr gut im Kleingewächshaus an Schnüren hochleiten, wo man witterungsunabhängiger ist. Feuer- oder Prunkbohnen sind etwas weniger kälteempfindlich als die anderen Arten.

Stangen- und Feuerbohnen werden meist als Horst zu fünf oder sechs Körnern rings um den Fuß des Klettergerüsts ausgelegt. Buschbohnen sät man mit 10 cm Abstand in 50 cm voneinander entfernte Reihen oder ebenfalls als Horstsaat mit 50 cm Abstand von Horst zu Horst; sie sind zwar nicht so ertragreich wie Stangenbohnen, gleichen diesen Nachteil aber dadurch aus, daß man in mehreren, einander folgenden Sätzen säen kann. Feuerbohnen wachsen besonders schnell und haben mit ihren roten oder weißen Blüten gleichzeitig einen gewissen Zierwert, den man sich beispielsweise bei Kübelpflanzung auf dem Balkon zunutze machen kann.

Bei der Sortenwahl sollte man auf die modernen fadenlosen Züchtungen achten, die es bei allen Bohnenarten gibt. Die blauhülsigen Sorten sind sämtlich grünkochend. Bohnen dürfen nicht roh gegessen werden, weil sie in diesem Zustand eine leicht toxische Wirkung haben.

Puffbohne

Die Puffbohne war lange vor den Busch- und Stangenbohnen als eiweißhaltiges Nahrungsmittel beliebt. Sie kann, da sie leichten Frost verträgt, vor den anderen Arten ausgesät werden, ist jedoch eine bevorzugte Wirtspflanze der Schwarzen Bohnenlaus! Befallene Triebspitzen kann man auskneifen, das mindert zwar geringfügig den Ertrag, enthebt den Gärtner jedoch der Notwendigkeit, insektentötende Mittel einzusetzen.

Man zieht entweder bereits im Februar Jungpflanzen auf dem Fensterbrett heran und pflanzt sie im April in den Garten, oder man steckt je nach Witterung ab März direkt auf das Beet. Der Reihenabstand beträgt 40 cm, der Abstand in der Reihe nach dem Ausdünnen 10 cm. Ab Juni kann geerntet werden, wobei man die bis zu 15 cm langen Hülsen nicht zu spät abnehmen sollte, damit die Kerne zart und saftig bleiben.

Sojabohne

Diese alte Kulturpflanze aus Ostasien gehört in die Gattung *Glycine*, ist also mit unserer herrlich blühenden Kletterpflanze Glyzine oder Blauregen verwandt, die nun allerdings zur Gattung *Wisteria* zählt. Die Sojabohne ist ein Schmetterlingsblütler und wurde vor einiger Zeit von den Samenzüchtern wiederentdeckt, hat sich aber im Hausgarten noch nicht durchsetzen können. Das mag auf Anbauschwierigkeiten

Prunk- oder Feuerbohnen halten es auch an etwas rauheren Standorten aus

Puffbohne, Dicke Bohne oder Saubohne

Die witterungsempfindliche Sojabohne konnte sich bei uns nur als Keimsproßgemüse durchsetzen

zurückzuführen sein, denn die Pflanze braucht nicht nur volle Sonne, sondern auch einen warmen, vor allem aber windgeschützten Platz. Frost wird nicht vertragen, deshalb ist eine Aussaat im Freiland erst nach dem 20. Mai zu empfehlen. Dagegen lohnt sich die Vorkultur in Töpfchen am Fenster, wobei die hartschaligen Samen 24 Stunden in Wasser vorquellen sollten. Gesät oder gepflanzt wird üblicherweise mit 20 x 20 cm Abstand. Geerntet werden entweder die grünen Schoten, die man 15 Minuten kochen lassen muß, damit sich die Kerne herauslösen, oder man wartet ab, bis die Hülsen gelb und trocken sind; dann verwendet man die Kerne als Trokkenbohnen. Vor dem Kochen müssen sie 24 Stunden lang in Wasser weichen.

Fruchtgemüse

In dieser Gruppe sind Gewächse aus vier botanischen Familien versammelt: Die Artischocke gehört zu den Korbblütlern; Auberginen, Paprika und Tomaten sind Nachtschattengewächse; Gurke, Kürbis, Melone und Zucchini vertreten die Kürbisgewächse; Zuckermais schließlich steht für die Gräser.

Mais war bei uns zwar bereits in der ersten Hälfte des 16. Jahrhunderts bekannt und ist im „New Kreuterbuch" des Leonhart Fuchs auch abgebildet, aber in Südamerika fand man Reste in Höhlen, die vor 7000 Jahren bewohnt waren. Wahrscheinlich hat man dort jedoch schon lange vor dieser Datierung in der ausgehenden Eiszeit wilden Mais gesammelt und als Nahrungsmittel verwertet. Die Funde zeigen, daß der Mais damals als Gras wuchs, mit schmalen Ähren und winzigen Körnern.

Melonen wurden in Ägypten vor 6000 Jahren angebaut, in Asien entdeckte man Melonenkerne gar in Schichten des 10. vorchristlichen Jahrtausends. Gurkensamen aus dem 7. Jahrhundert v. Chr. fand man in Assyrien. Kürbisse sind noch älter als Mais; sie waren in Mexiko schon 11 000 Jahre vor unserer Zeitrechnung bekannt. Auch Tomatenkerne wurden in Mexiko in Erdschichten gefunden, die man auf 200 v. Chr. datiert.

In Europa tauchten Tomaten Anfang des 16. Jahrhunderts auf, und um 1920 wuchsen sie verwildert in den Rheinauen um Straßburg, weil die Franzosen zu dieser Zeit den „Liebesapfel" als Delikatesse bereits entdeckt hatten und die Samen wohl mit Küchenabfällen in den Strom geschwemmt wurden. Artischocke, Aubergine, Paprika und Zucchini sind Neubürger in unseren Gärten und (mit Ausnahme der Zucchini) weitgehend auf den klimatisch für diese mediterranen Gemüse besser geeigneten süddeutschen Raum beschränkt. Artischocken werden als Nutzpflanzen aber auch in Süddeutschland nur selten angebaut, allenfalls sieht man ihre leuchtendblauen Blütenstände dann und wann den Zaun eines Ziergartens überragen. Für Auberginen und Paprika ist die Freilandkultur auch südlich der Mainlinie unsicher, sie sind besser im Kleingewächshaus aufgehoben. Einzig die Zucchini hat mit ihren Varietäten unsere Gärten von Nord bis Süd erobert.

Artischocke

Im kleinen Gemüsegarten wird man sich kaum mit diesem Korbblütler aus der Distelverwandtschaft abgeben wollen, der viel Platz beansprucht und Wärme liebt. Wer es dennoch probieren will, zieht ab März in Töpfen auf dem Fensterbrett Setzlinge heran und pflanzt Ende Mai im Abstand 1 x 1 m an einem sonnigen, geschützten Platz aus. In Südwestdeutschland kann man auch Jungpflanzen beim Gärtner oder auf dem Wochenmarkt kaufen. Der Boden soll eher schwer und nährstoffhaltig als sandig sein. Eine Vollernte erfolgt erst im Juli oder im August des zweiten Standjahres.

Die weit über 2 m hoch werdenden, reichbeblätterten Artischocken sollten während der Vegetationsperiode zwei- oder dreimal mit 30 g/m² eines mineralischen Volldüngers nachversorgt werden. Da die Wurzel nicht mit Sicherheit harten und anhaltenden Frösten widersteht, deckt man die Pflanzstelle im Herbst nach dem Abschneiden der dicken Stengel mit Laub, Stroh oder Fichtenreisig ab. Nach etwa vier Jahren empfiehlt sich die Teilung des Wurzelstocks und eine Neupflanzung der Teilstücke, weil die Blütengröße dann nachläßt. Gegessen werden die Schuppenblätter und der Blütenboden der noch geschlossenen Knospe.

Samen gezogenen Jungpflanzen ab Mitte Mai unter einem Folientunnel weiterkultivieren. Der Pflanzenabstand beträgt 40 x 40 cm. Man entfernt alle Triebe bis auf vier, die im Gewächshaus an Schnüren angebunden werden können. Auch von den Blüten sollten so viele entfernt werden, daß schließlich nur noch sechs bis acht pro Pflanze erhalten bleiben; mehr kann eine Einzelpflanze nicht ernähren. Die Früchte, bei denen es sich botanisch um Beeren handelt, würden ihre volle Größe von bis zu 30 cm nicht erreichen. Zusätzliche Gaben eines mineralischen Volldüngers, etwa 30 g/ m², sind während der langen Vegetationszeit sehr zu empfehlen.

Artischocken werden geerntet, solange die Schuppenblätter der Blütenköpfe noch geschlossen sind

Gurke

Ein warmer Platz ist die Voraussetzung dafür, daß diese Kürbisgewächse gedeihen und den erhofften Ertrag bringen. Am günstigsten sind die neuen, reinweiblichen Sorten, bei denen aus jeder Blüte ohne Fremdbestäubung eine Gurke entsteht. Salatgurken-Züchtungen, die früher nur im Unterglasanbau, im Frühbeet oder unter Folien kultiviert werden konnten, gibt es heute auch für das Freiland. Trotzdem sollte man bei diesen Sorten erwägen, sie auf Folie zu pflanzen und/oder sie im Frühjahr mit Schlitzfolie vor Kälte zu schützen. Ausgesät wird ab Mitte Mai bis Anfang Juli in Reihen direkt auf das Beet, der Reihenabstand beträgt 1 m, nach dem Ausdünnen genügt ein Abstand von Pflanze zu Pflanze von 30 cm; besonders praktisch ist eine Reihe in der Mitte eines normalbreiten Beets. Man kann aber auch An-

Aubergine

Eine Freilandkultur dieses Nachtschattengewächses ist stets mit dem Risiko ungünstiger Witterung verbunden. Wer kein Kleingewächshaus besitzt, sollte die ab März am Zimmerfenster aus

Auberginen sind besonders wärmebedürftig.
Deshalb werden sie in unseren Breiten oft im Kleingewächshaus oder Folientunnel angebaut

Gewächshausgurken
(Schlangengurken) läßt man an
Schnüren hochwachsen

Riesenkürbisse
brauchen mindestens 1 m² Platz
und haben einen hohen Bedarf
an Nährstoffen und Feuchtigkeit

Die extrem wärmeliebenden
Wassermelonen
sollte man nur unter Glas anbauen

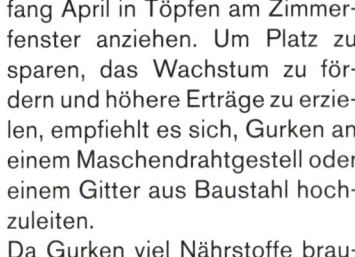

fang April in Töpfen am Zimmerfenster anziehen. Um Platz zu sparen, das Wachstum zu fördern und höhere Erträge zu erzielen, empfiehlt es sich, Gurken an einem Maschendrahtgestell oder einem Gitter aus Baustahl hochzuleiten.

Da Gurken viel Nährstoffe brauchen, sollte das Beet eine gute Grunddüngung erhalten. Im Lauf des Sommers kann dann zweimal mit einem mineralischen Volldünger, 30 g/m², nachgeholfen werden. Gewächshausgurken benötigen wöchentlich eine schwach dosierte Düngerlösung von 2 g/l Wasser. Im Gewächshaus wird der Mitteltrieb abgeknipst, sobald er an seiner Leitschnur das Dach erreicht hat; auch die Seitentriebe muß man entspitzen, wenn sich dort aus der Blüte die erste Gurke entwickelt hat.

Kürbis

Nur ausgesprochene Liebhaber werden heute noch einen Riesenkürbis in ihren Garten pflanzen. Zucchini und der von manchen zu ihnen gerechnete Patison-Kürbis oder Squash benötigen weniger Platz, lassen sich rationeller verwerten und vielfältiger zubereiten.

Den Riesenkürbis, den man auch als Einzelexemplar auf den Kompost setzen kann, zieht man entweder ab Mitte April am Zimmerfenster an oder sät nach Mitte Mai direkt ins Freiland. Die Pflanze hat einen Platzbedarf von 1 m², wandert aber später mit ihren langen Ranken durch den ganzen Garten. Während der Vegetationsdauer muß für ausreichend Feuchtigkeit gesorgt und mehrmals mit 20 g/m² Volldünger nachgedüngt werden.

Eine Besonderheit unter den Speisekürbissen stellt der aus Japan stammende Spaghettikürbis dar, dessen Fleisch beim Kochen in lange, spaghettiähnliche Fäden zerfällt. Wie der Riesenkürbis braucht auch diese rankenbildende Pflanze viel Platz. Ziemlich neu im Samensortiment ist der Ölkürbis, von dem die grünen, schalenlosen Kerne geröstet und als Knabberdelikatesse gegessen werden. Auch diese Art ist rankend und beansprucht mindestens 80 x 80 cm Raum auf dem Beet. Beide Kürbisse kann man im April warm vorkultivieren oder ab Mitte Mai direkt ins Freiland säen.

Melone

Obgleich mittlerweile Freilandsorten auch für kühlere Klimazonen entwickelt wurden, ist Unterglasanbau bei Melonen immer noch die sicherste Methode; zumindest aber sollte man die Pflanzen auf Folie setzen und im Frühjahr zusätzlich mit Schlitzfolie oder einem Tunnel abdecken. Man zieht die Setzlinge ab Anfang April warm heran, pflanzt aber nicht vor Ende Mai, Anfang Juni mit einem Abstand von 50 x 50 cm auf das Beet. Der Boden muß fruchtbar und ausreichend nahrhaft sein. Eine Nachdüngung mit 30 g/m² eines mineralischen Vollnährstoffs ist anzuraten, ebenso ausreichende Bewässerung.

Damit weibliche Blüten entstehen können, sind die richtigen Schnittmaßnahmen zu beachten: Man schneidet zunächst die Triebspitzen nach dem fünften Blatt ab. Die neuen Seitentriebe, die in den Blattachseln entstehen, werden dann noch einmal

nach dem sechsten Blatt weggeschnitten. Bei der robusten Sorte
'Sperling's Honigtopf' sind derartige Schnittmaßnahmen nicht
notwendig.

Läßt die Fruchtbildung trotz aller
Bemühungen zu wünschen übrig, kann man die Pflanzen durch
Wasserentzug bis zur beginnen-
den Welke zur Entwicklung weib-
licher Blüten zwingen. Melonen
lassen sich übrigens wie Gurken
an einem Drahtgestell hochbinden; wenn die Früchte schwer
werden, sollten sie allerdings mit
einem Gemüse- oder Obstnetz –
zum Beispiel von gekauften Zitro-
nen – umhüllt werden; das Netz
kann man dann an der Gewächs-
hauskonstruktion oder am Maschendraht befestigen.

Paprika

Gleich der Tomate ist auch der
Paprika ein Nachtschattengewächs, aber mit höheren Wärme-
ansprüchen. Deshalb ist auch bei
ihm, sofern kein Gewächshaus
zur Verfügung steht, ein Anbau
auf Folie angebracht. Man zieht
die Setzlinge im April warm heran
und pflanzt in der zweiten Maihälfte aufs Beet mit 40 x 40 cm
Abstand. Nach dem Fruchtansatz ist regelmäßiges Wässern
besonders wichtig, ebenso eine
zweimalige Kopfdüngung mit jeweils 30 g/m² Volldünger. Wie
Stabtomaten müssen die hohen
Paprikasorten eine Stützhilfe erhalten, benötigen aber keinen
Schnitt. In kühlen, verregneten
Sommern ist auf dem Freilandbeet mit Mißerfolgen zu rechnen.

Tomate

Mittlerweile stehen so viele
Zuchtformen als Samen für die
eigene Setzlingskultur zur Verfügung, daß man sich alle Wünsche erfüllen kann. Außer den bekannten hohen Stabtomaten gibt
es niedriger bleibende, kompakte Buschtomaten, die keine
Stütze brauchen; dazu kommen
noch kleinfrüchtige Sorten, die
unter Bezeichnungen wie Cock-
tail-, Kirsch-, Party- oder Trau-
bentomaten im Handel sind, und
leuchtendgelbe Züchtungen.

Alle Sorten können im März auf
dem Fensterbrett angezogen
werden, sofern man es nicht vorzieht, herkömmliche Sorten beim
Gärtner zu kaufen. Tomaten brauchen viel Licht und Wärme, sie
werden deshalb nicht vor Mitte
Mai mit 60 x 60 cm Abstand auf
das Beet gesetzt. Dabei sollte
tief gepflanzt werden, damit sich
mehr Wurzeln bilden, was die
Standfestigkeit der Tomaten erhöht. Etwa vier Wochen nach der
Pflanzung und dann noch einmal
einen Monat später erhalten die
Gewächse eine Kopfdüngung
mit jeweils 30 g/m² eines mineralischen Volldüngers als Nähr-
stoffnachschub.

Bei Stabtomaten muß man die in
den Blattachseln entstehenden
Geiztriebe ausbrechen, bei allen
Sorten sollen die untersten, erd-
nahen Blätter als mögliche Über-
träger von Krankheiten entfernt
werden, aber nur sie! Denn wie
bei jedem anderen Gewächs
sind die Blätter zur Assimilation
und damit auch zur Ernährung
der Früchte lebensnotwendig.

Grüne Paprikaschoten,
geschmacklich durchaus
interessant, sind meist unreif

Fleischtomaten

Zucchini sollten geerntet werden, sobald die Früchte 20–30 cm Länge erreicht haben

Zuckermais erntet man im Milchreifestadium; das heißt, wenn sich die Kolbenfäden braun verfärben

Zucchini

Wer diese Kürbisgewächse noch nicht kennt, schätzt ihre Fruchtbarkeit oft zu gering ein und weiß später nicht, wo er mit der Erntefülle bleiben soll. Zucchinis kann man nach warmer Anzucht im April wie Kürbisse auf den Kompost pflanzen oder ab Mitte Mai direkt aussäen. Obgleich sie buschig nach oben wachsen, entwickeln die Pflanzen große Blätter und beanspruchen daher 80 x 80 cm an Standraum. Wie bei allen Kürbisgewächsen sollte der Boden fruchtbar und humos sein, bei Trockenheit ist reichlich zu wässern. Mehrere Nachdüngungen während der Kulturzeit mit 20 g/m^2 eines mineralischen Vollnährstoffs fördern die Ausbildung der langen, gurkenähnlichen Früchte. Man läßt sie nicht zu groß werden; ab 10 cm Länge sind sie bereits erntefähig, aber auch 30-Zentimeter-Exemplare sind keineswegs ungenießbar.

Von Zucchinis gibt es viele unterschiedlich gefärbte Sorten, unter denen sich gelbe, reingrüne oder gelbgestreifte Formen befinden. Ob die flachen, gewelltrandigen sogenannten „Fliegenden Untertassen" zu den Zucchinis oder zu den Patison-Kürbissen zu zählen sind, darüber gehen die Meinungen auseinander.

Zuckermais

Das Gemüse gehört in die Familie der Gräser, stammt vom Futtermais ab und hat einen außerordentlich hohen Nährstoffverbrauch. Zuckermais bedarf deshalb einer reichlichen Grunddüngung (100 g/m^2 Volldünger). Der Platz für die Pflanze sollte möglichst sonnig gewählt werden, damit sich in den Körnern die gewünschte Süße bildet.

Man kann die Setzlinge ab Mitte April bei Zimmertemperatur selbst heranziehen und nach Mitte Mai auspflanzen oder zu diesem Zeitpunkt direkt auf das Beet säen. Der Reihenabstand beträgt 60 cm, der Abstand in der Reihe 20 cm. Auch beim Zuckermais sind zwei Nachdüngungen mit 20 g/m^2 Mineralnährstoff empfehlenswert.

Die Ernte fällt meist in den August. Man erkennt die Reife an den sich schwarz verfärbenden Fäden der Kolben. Außerdem muß ein weißer Milchsaft austreten, wenn man auf die Körner drückt. Zuckermais ist nicht haltbar und muß sofort verbraucht werden, weil der Geschmack schnell nachläßt. Da die Pflanze eine Höhe von 2 m und darüber erreicht, sollte sie im Garten einen Platz erhalten, an dem sie andere Kulturen nicht beschattet. Andererseits bietet eine Reihe Zuckermais empfindlichen Gewächsen einen gewissen Wetterschutz.

Bleichgemüse

Es sind nur wenige Arten, die für diese Anbauform in Frage kommen. Ziel ist, durch Lichtentzug besonders zarte Pflanzenteile zu ernten, wobei der Gärtner künstlich nachhelfen muß. Allerdings ist es den Züchtern in einigen Fällen sogar gelungen, sogenannte selbstbleichende Sorten zu entwickeln, wie das bei Sellerie und Bindesalat der Fall ist. In Frankreich arbeitet man daran, beim Cardy, der dort und in der Schweiz recht beliebt ist, Ähnliches zu erreichen.

Das bekannteste Gemüse dieser Art ist der Bleichspargel. Im kleinen Hausgarten findet man ihn selten, weil die Spezialbeete nicht nur viel Platz beanspruchen, sondern über Jahre hinweg nur für diese eine Pflanzenart genutzt werden können. Eine Alternative stellt der Grünspargel dar, der in der Kultur weniger aufwendig ist. Obgleich kein Bleichgemüse, botanisch jedoch mit dem weißen Spargel identisch, wird er deshalb in diesem Kapitel mit beschrieben.

Das Bleichgemüse Chicorée, ein Korbblütler und als solcher zu den Salatgemüsen Zichorie, Zuckerhut (Fleischkraut) und Radicchio gehörend, wurde deshalb an anderer Stelle behandelt (siehe Seite 122).

Bleichsellerie

Man erntet die dicken, gebleichten Blattstiele, die durch Anhäufeln, extrem tiefe Pflanzung oder Umhüllung mit lichtundurchlässigem Material ihre blasse Färbung erhalten haben. Wurzelknollen werden bei diesen Sorten nicht gebildet.

Sellerie ist etwas heikel und gedeiht zufriedenstellend nur in nährstoffreichem, feuchtem Boden. Ausgesät wird im März/April am Zimmerfenster, ausgepflanzt im Juni mit einem Rundumabstand von 30 cm; engerer Stand schadet in diesem Fall nicht, weil die gegenseitige Beschattung dem Bleichen förderlich ist. Günstig ist eine Pflanzung in 20 cm tiefe Gräben, die im Lauf des Sommers nach und nach aufgefüllt werden. Zusätzlich kann man noch die Blattschöpfe zusammenbinden. Bei flacher Pflanzung werden die Blattstiele des Doldenblütlers nach dem Zusammenbinden mit einem lichtabweisenden Material umhüllt.

Cardy

Als Gemüsepflanze wird dieser Korbblütler bei uns nur sehr selten im Garten kultiviert. Cardy ist eng mit der Artischocke verwandt, daher sind auch die Ansprüche an einen nährstoffreichen, tiefgründigen Boden und an den sonnigen Stand die gleichen. Man sät im März bei Wohnwärme im Zimmer aus und pflanzt ab Mai mit 80 x 80 cm Abstand auf das Beet. Auch eine Direktsaat ins Freie mit späterem Ausdünnen ist zu diesem Zeitpunkt möglich. Während der ganzen Kulturdauer ist gründlich zu wässern und einige Male mit 20 g/m^2 mineralisch nachzudüngen.

Ab Mitte August kann man mit dem Bleichen der über 2 m hohen Blattstiele beginnen: Dazu bindet man die Blätter zunächst zusammen und packt die ganze Pflanze anschließend mit Wellpappe, schwarzer Folie oder ähnlichem so weit ein, daß nur noch die oberen Teile der Blattschöpfe aus der Umhüllung hervorschauen. Nach etwa einem Monat können die gebleichten Stiele geerntet und als Gemüse wie Spargel zubereitet werden.

Spargel, Grünspargel

Botanisch gibt es zwischen den beiden Liliengewächsen Bleich- und Grünspargel keinen Unterschied. Nur wenn der Sproß unter Erdabdeckung heranwächst, bekommt er die weiße Färbung; da sich der Grünspargelsproß oberirdisch entwickelt, behält er sein natürliches Grün.

Bleich- oder Stangensellerie

Zum Bleichen von Cardy umwickelt man die locker zusammengebundenen Blätter mit schwarzer Folie oder einem anderen lichtundurchlässigen Material

Die Stangen des Grünspargels wachsen über der Erde und behalten daher ihr natürliches Grün

Der Boden eines Spargelbeets sollte tiefgründig und nährstoffhaltig, vor allem aber in gutem Kalkzustand sein. Erdreich, das sauer reagiert, ist bis auf den Neutralwert von pH 7 aufzukalken. Sandige Böden sind keineswegs Voraussetzung für eine erfolgversprechende Spargelkultur, werden jedoch durchaus akzeptiert; für die Hügelabdeckung ist leichtes Erdreich allerdings besonders günstig, weil die Stangen dann ohne Behinderung kerzengerade und unverkrümmt wachsen können.

Zieht man sich seine Jungpflanzen aus Samen selbst heran, vergehen bis zur Ernte drei Jahre. Beim Kauf von Setzlingen spart man das Anzuchtjahr ein. Ausgesät wird in Reihen mit 30 cm Abstand im April auf ein Saatbeet im Freien. Dort bleiben die Pflänzchen, nachdem sie auf 20 cm Abstand vereinzelt wurden, bis zur Pflanzzeit im darauffolgenden zeitigen Frühjahr stehen, dann setzt das Wachstum ein. Bis zu diesem Zeitpunkt ist der Pflanzplatz tief umzugraben und mit einer Grunddüngung – organisch oder mineralisch – zu versehen. Im vorbereiteten Beet hebt man im Abstand von 1,50 m Pflanzgräben aus, die etwa 40 cm tief und oben 50 cm breit sein sollen; die Sohle kann man noch einmal lockern und Kompost oder einen anderen organischen Dünger einarbeiten. Nun legt man in 40 cm Abstand voneinander die Spargelpflänzchen so aus, daß die Wurzeln nach allen Seiten flach verteilt sind; anschließend werden etwa 5 cm Erde aufgefüllt und die Wurzeln völlig damit bedeckt. Zuletzt gießt man die Jungpflanzen kräftig an.

Die weiteren Pflegearbeiten bestehen in diesem Jahr darin, daß man die Pflanzgräben leicht feuchthält und mit einer Nachdüngung von 20 g/m² Mineralnährstoff nachhilft.

Im Herbst ist alles Laub bodengleich abzuschneiden und zu vernichten.

Im zweiten Jahr nach der Pflanzung beziehungsweise im dritten – falls man die Setzlingsanzucht selbst betrieben hat – ist es dann soweit: Im Februar werden die Gräben mit Erde aufgefüllt und mit einem 40 cm hohen Hügel überbaut, der an der Basis etwa 80 cm, auf dem Scheitel 40 cm breit ist. Im April sollte man noch einmal eventuell aufkommendes Unkraut entfernen und den Damm mit dem Spaten glattklopfen. Die hochwachsenden Spargelstangen lassen sich an der Wölbung auf der Hügelfläche erkennen. Sobald die Köpfe dieser Stangen die Erdoberfläche gerade erreichen, werden sie mit Spargelmessern gestochen. Anschließend ist der Hügel wieder zu glätten, da man aus einer Pflanze mehrere Stangen ernten kann.

Im ersten Erntejahr sollte man Anfang Juni das Stechen beenden, damit die Jungpflanzen genügend Zeit haben, Laub zu bilden und sich zu kräftigen. In den folgenden zehn bis zwölf Jahren wird bis gegen Ende Juni geerntet; traditionell letzter Termin ist der 24. Juni, der Johannistag. Die jährlich wiederkehrenden Arbeiten nach der Ernte bestehen im Einebnen der Gräben, damit die Pflanzen wieder voll ins Wachstum kommen, und einer Düngung mit 100 g/m² eines mineralischen Volldüngers. Im

Spätherbst ist das Laub bodennah abzuschneiden, im zeitigen Frühjahr werden die Hügel wie beschrieben wieder neu aufgeschichtet.

Grünspargel wird genauso gepflanzt und gepflegt, nur daß dabei die aufwendige Hügelwirtschaft entfällt. Ernteschluß ist ebenfalls Ende Juni.

Das Kräuterbeet

Ausgehend von den Klostergärten des Mittelalters, in denen die Kräuter wegen ihrer Heilkraft hoch im Kurs standen, haben Gärtner und Gartengestalter die verschiedensten – und manchmal recht praxisfernen – Varianten der Kräuteranpflanzung anzubieten. Die Vorschläge reichen vom einfachen Beet bis zu trittfesten Gewächsen auf Plattenwegen und gepflasterten Plätzen, zur Kräuterkultur in Kies, zu Kräuterrasen und Kräuterhecken. Versuche dieser Art können reizvoll sein, kommen aber für den kleinen Garten kaum in Betracht. Hier stellt sich vielmehr die Frage, ob der vorhandene Platz eigenständige Kräuterbeete zuläßt, oder ob man die Pflanzen vergesellschaftet, also am Rand von Gemüsebeeten oder Blumenrabatten des Ziergartens unterbringt. Auch im Steingarten läßt sich dieses oder jenes Kraut einquartieren. Der an anderer Stelle beschriebene runde Blumenhügel kann als Kräuterbeet gestaltet werden, ebenso das als Steingarten beschriebene Rundbeet (siehe Seite 42 und auch Seite 21).

Hinweise für den Kräuteranbau

Von einigen Ausnahmen abgesehen, brauchen alle Küchenkräuter viel Sonne und einen guten, lockeren Gartenboden. Schwere Erde ist ungünstig und muß durch Zumischung von Sand sowie regelmäßige Kompostgaben durchlässiger gemacht werden. Übermäßige Feuchtigkeit oder gar Staunässe wird von den Wildgewächsen überhaupt nicht vertragen. Generell kann man sagen: Leichte, etwas sandhaltige Erde ist besser als toniger Lehmboden. Kräuter wünschen auch keine hochdosierten Düngergaben, deshalb sind Mineralnährstoffe hier fehl am Platz. Am besten ist Kompost, der die bodeneigenen Nährstoffreserven mobilisiert; oder man gibt gelegentlich organische Handelsdünger. Frischer Tierdung ist ebenfalls ungeeignet.

Fast alle Küchenkräuter lassen sich aus Samen anziehen, bei empfindlichen und wärmebedürftigen Gewächsen wie Basilikum oder Majoran empfiehlt sich eine Vorkultur im Zimmer. Für die Vermehrung kommt außerdem das Teilen aller horstartig wachsenden Kräuter im Herbst in Frage, von anderen kann man Stecklinge schneiden und bewurzeln lassen, so zum Beispiel bei Estragon, Lavendel, Melisse, Rosmarin und Thymian. Manche Kräuter säen sich einfach selber aus, wie das bei Borretsch der Fall ist, oder sie bilden wie die Pfefferminze Wurzelausläufer, so daß schließlich ein immer größer werdender wuchernder Pflanzenteppich entsteht.

Mit einem Kräuterrasen, zum Beispiel aus Thymian, kann man ein kleines Stück Boden am Sitzplatz begrünen. Dazu wird breitwürfig ausgesät und später dort ausgedünnt, wo die Pflänzchen zu dicht stehen.

Kräuter in Töpfen und Kästen

Wer keinen Garten oder auf den Beeten zu wenig Platz für Gewürzkräuter hat, kann viele von ihnen auch in Kästen, Kübeln, Töpfen oder Schalen auf Balkon und Terrasse unterbringen. Das empfindliche Basilikum wächst hier häufig sogar zügiger, als wenn man es frei auspflanzt. Bei der Kultur von Kräutern muß man wissen, daß es einjährige, zweijährige und ausdauernde Gewürzpflanzen gibt. Die Einjährigen haben ihren Lebenszyklus von der Aussaat bis zur Samenreife innerhalb einer Vegetationsperiode abgeschlossen und müssen, sofern sie nicht selbst aussamen, in jedem Frühjahr neu

Ein Balkonkasten von 1 m Länge bietet Platz für mindestens fünf verschiedene Küchenkräuter

angebaut werden. Zweijährige sät man im Sommer des einen Jahres aus, sie wachsen heran, blühen im darauffolgenden Jahr und sterben dann in der Regel ab. (Da für uns nur Petersilie in diese Kategorie gehört, wird sie bei den Einjahrskräutern mit aufgeführt.) Der ebenfalls zweijährige Kümmel lohnt im kleinen Garten nicht. Ausdauernde Kräuter oder Staudenkräuter bleiben viele Jahre an ihrem Platz, sollen aber, wo der Wuchs das erlaubt, von Zeit zu Zeit durch Teilung verjüngt oder durch Stecklinge erneuert werden.

Gewächse, die in die Rubrik der reinen Heilpflanzen gehören, werden hier nicht berücksichtigt. Daß jedoch auch alle unsere Küchenkräuter zugleich gesundheitsfördernde Inhaltsstoffe besitzen, ist nachgewiesen. In ihnen sind die Kräfte der unberührten Natur noch wirksam, ihr Wildpflanzencharakter ist mehr oder minder erhalten geblieben. Deshalb muß man chemische Pflanzenschutzmittel und mineralische Dünger vom Kräuterbeet fernhalten. Welche Kräuter angepflanzt werden, hängt letztlich von den Eßgewohnheiten des Gartenbesitzers ab.

Ein- und zweijährige Kräuter

Basilikum

Basilikum stammt aus den Tropen Asiens. Obwohl es sich schon seit langem in den Ländern rings ums Mittelmeer eingebürgert hat, gibt es mit der Kultur in unseren Breiten immer wieder Schwierigkeiten. Von einer Direktsaat ist in diesem Fall abzuraten; sicherer ist eine Vorkultur im April am Zimmerfenster. Die Körner darf man dabei nicht bedekken, da Basilikum zu den Lichtkeimern gehört. Nach Mitte Mai kann man die Pflänzchen dann an einen sonnigen, warmen Platz im Garten setzen. Ein Entspitzen des Mitteltriebs fördert die Verzweigung. Da die Pflanze in kühlen, regnerischen Sommern nicht vorankommt, ist es günstig, immer einige Exemplare in größeren Töpfen oder Schalen in Reserve zu halten. Man kann sie dann bei ungünstigen Witterungsverhältnissen ins Haus holen. Auch eine Überwinterung auf dem Fensterbrett kann man probieren. Oft halten es die Pflanzen hier noch einige Zeit aus, bevor sie verwelken.

Bohnenkraut

Auch dieses mediterrane Würzkraut gehört zu den Lichtkeimern. Es wird ab Mai direkt ins Freiland ausgesät, breitwürfig oder in 15 cm voneinander entfernte Reihen. Man kann den Anbau durch Folien- oder Tunnelschutz um etwa einen Monat verfrühen. Wer Gefallen an diesem Gewürz gefunden hat, nimmt im Juni noch eine Folgesaat vor. Bohnenkraut liebt es eher trocken als zu naß und muß daher nur bei anhaltenden Dürreperioden gewässert werden. Geerntet wird vor und während der Blüte, später verlieren die Blätter an Aroma.

Borretsch, Gurkenkraut

Borretsch gehört zu jenen Kräutern, die sich gut mit anderen Blütengewächsen zusammmenpflanzen lassen, weil sich sein blauer Flor recht hübsch macht. Allerdings kann er durch seinen

hohen Wuchs von bis zu 80 cm eines Tages im Blumenbeet etwas lästig werden und kleinere Begleiter bedrängen. Dann muß man rechtzeitig auslichten.

Die Aussaatzeit ist von April bis Juni, am besten streut man die Körner breitwürfig am vorgesehenen Platz aus. Meist braucht man sich in den Folgejahren nicht um einen Neuanbau zu kümmern, da das Gurkenkraut reichlich Samen bildet, so daß bald junge Pflänzchen im ganzen Garten auftauchen. Borretsch sollte nicht zu dicht stehen, weil er in feuchtwarmem Klima leicht von Mehltau befallen wird. Geerntet werden fortlaufend die jungen, zarten Blättchen. Älteres Laub ist hart und weniger aromatisch.

Dill

Sonne und ausreichend feuchter Boden sind die beiden Voraussetzungen, unter denen dieses seit dem Altertum bekannte Gewürzkraut, das bis zu 1,50 m hoch wird, am besten gedeiht. Je nach Bedarf kann man in einer entsprechenden Gartenecke im April breitwürfig aussäen oder die Körner in 25 cm voneinander entfernte Reihen legen. Zu dicht stehende Pflanzen muß man ausdünnen, denn ein Vereinzeln gelingt wegen der langen Pfahlwurzeln meist nicht. Nachsaaten sind bis in den Juni hinein möglich. Wo Dill wegen seiner Größe nicht stört, läßt er sich auch zwischen anderen Gemüsen wie Möhren, Radieschen und Gurken unterbringen.

Die Blütenstände des Dills können getrocknet werden, das Kraut kann man einfrieren oder in Salz konservieren; getrocknet schwindet das Aroma.

Bohnenkraut wurde im Mittelalter durch die Benediktinermönche aus Italien zu uns gebracht

Kerbel

Hierbei handelt es sich um eine der wenigen Gewürzpflanzen, die an einem halbschattigen Platz am besten gedeihen. Weil Kerbel nicht sehr kälteempfindlich ist, kann bereits Anfang April in Reihen mit 15 cm Abstand ausgesät werden. Nach anderthalb Monaten sind die Blättchen erntereif. Wegen der kurzen Lebensdauer der Pflanzen sollte man rechtzeitig für Folgesätze sorgen: Nachsaaten können etwa alle drei Wochen erfolgen.

Kresse

Wir haben es hier mit einem der anspruchslosesten Küchenkräuter zu tun, das vor allem populär geworden ist, seitdem die Fensterbrettkultur von Keimsprossen immer mehr Anklang gefunden hat. Kresse kann man den ganzen Winter über auf feuchtem Krepp oder Papiertaschentüchern am Fenster ziehen und die jungen Pflänzchen je nach Bedarf abschneiden.
Ähnlich einfach ist die Kultur im Garten. Schon im März kann ausgesät werden, ruhig auch an einem etwas beschatteten Platz. Später baut man Kresse zwischen anderen Gemüsepflanzen – etwa zwischen Radieschen – an, oder es wird in 10 cm voneinander entfernte Reihen gesät. Sind die Pflänzchen etwa 8 cm groß, werden sie abgeschnitten; zu lange sollte man mit der Ernte nicht warten. Deshalb ist ständig nachzusäen, um stets frisches Kraut zur Verfügung zu haben.

Majoran

Majoran

Gemäß seiner mediterranen Herkunft braucht Majoran viel Sonne und einen warmen, geschützten Platz. Man zieht ihn im Zimmer etwa ab März vor oder sät ab Mitte Mai in Reihen mit 20 cm Abstand im Garten aus. Nach dem Aufgehen kann man zwei oder drei Jungpflanzen in kleinen Horsten zusammensetzen. Die Pflanzen werden bis zu 50 cm hoch und blühen weiß von Juli bis September. Geerntet werden die frischen Triebspitzen, die, vor der Blüte geschnitten, auch getrocknet werden können.

Petersilie

Als Schnittpetersilie kennt man glattblättrige und gekrauste Sorten. Im Garten werden meist die letztgenannten angebaut, obgleich das Aroma der glatten Art intensiver ist. Leider wächst dieses mediterrane Würzkraut nicht immer so problemlos, wie man sich das wünscht. Häufig liegt das daran, daß Petersilie mit sich selbst unverträglich ist. Man muß das Beet also nach jedem Anbau wechseln und sich einen anderen, halbschattigen Platz suchen. Der Boden sollte humos und nicht zu trocken sein. Vor der Aussaat ist Kompost oder ein anderer organischer Dünger – jedoch kein frischer tierischer Mist – ins Beet einzuarbeiten. Ausgesät wird im April in Reihen mit 15 cm Abstand. Da es lange, oft bis zu einem Monat dauert, ehe Petersiliensamen zu keimen beginnt, empfehlen erfahrene Gärtner bei der Aussaat Radieschensamen zuzumischen. Dann sind gleichzeitig die Reihen markiert und die Radieschen abgeerntet,

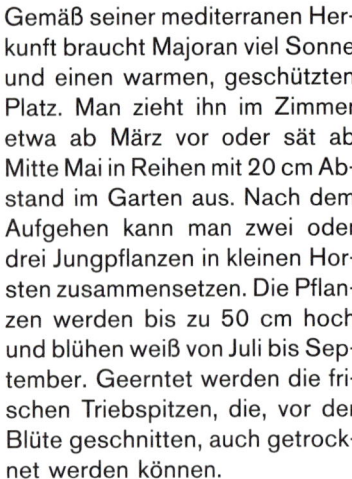

wenn die Petersilie Platz zum Wachsen braucht.

Petersilie ist zweijährig, das heißt sie bildet im Jahr des Anbaus ihr Blattwerk, überwintert auf dem Beet und geht im Sommer darauf in Blüte. Etwas Winterschutz durch Fichtenreisig ist in kühlen Gegenden empfehlenswert.

Salatrauke

Am besten sät man breitwürfig oder in Reihen mit 20 cm Abstand fortlaufend von März bis Anfang September. Geeignet ist ein sonniger oder auch leicht beschatteter Platz. Nach etwa einem Monat können die Blättchen geerntet werden, jedenfalls bevor die Salatrauke in Blüte geht. Man mischt das Würzkraut anderen Salaten zu, denen es einen pikanten, kresseähnlichen Geschmack verleiht.

Schnittsellerie

Wenn man ihn an einem sonnigen Platz anbaut, muß man Sellerie ständig im Auge behalten, damit der Boden nicht austrocknet; besser geeignet ist deshalb ein halbschattiger Standort mit feuchtem, nahrhaftem Boden.

Man kann im März auf dem Fensterbrett aussäen oder ab Mai draußen in Reihen mit 30 cm Abstand. Die Samen des Lichtkeimers dürfen nur hauchdünn bedeckt werden. Bei Sellerie ist Mulchen zwischen den Reihen besonders günstig, weil dadurch die für diese Pflanzenart wichtige Bodenfeuchte erhalten bleibt.

Die würzigen Blätter sind eine beliebte Beigabe zu Gemüse- und Fleischspeisen und behalten auch in getrocknetem Zustand oder eingefroren den größten Teil ihres Aromas.

Ausdauernde Kräuter

Beifuß

Man findet diese heimische Wildstaude überall an Wegrändern, auf Geröllhalden und an anderen trockenen, sonnigen Standorten. Im Garten setzt man die stattliche, buschige, bis zu 2 m hohe Pflanze an einen Platz, wo sie durch ihre Ausmaße nicht stört. Man kann im Frühjahr aussäen; einfacher ist es, sich ein Exemplar vom Spaziergang mitzubringen oder in einer Gärtnerei mit Wildstaudensortiment zu kaufen. Beifuß ist seiner Herkunft gemäß völlig anspruchslos und braucht keinerlei Pflege. Als Zugabe zu fetten Fleischgerichten verwendet man die Blätter, bevor die Pflanze zu blühen beginnt.

Estragon

Ausnahmsweise haben wir es beim Estragon mit einem Kraut zu tun, dessen Stammheimat nicht am Mittelmeer, sondern in Nordamerika und Sibirien zu suchen ist. Die bis zu 1,5 m hohe Staude mit den schmalen Blättern blüht von August bis Oktober und ist mit anderen bekannten Würzkräutern der Gattung *Artemisia* wie Beifuß, Eberraute und Wermut verwandt.

Zwei Formen werden unterschieden: der Deutsche oder Aromatische, der auch als Französischer Estragon bezeichnet wird, und der Russische oder Sibirische Estragon mit weniger Würzstoffen. Wo Samen angeboten werden, handelt es sich stets um den Russischen Estragon, der Französische kommt bei uns nicht in Blüte und muß daher vegetativ vermehrt werden.

Die würzig-scharfen Blätter des Schnittselleries sollte man vor der Blüte ernten

Liebstöckel,
auch Maggikraut genannt

Pfefferminze bevorzugt
einen halbschattigen Standort
mit feuchtem Boden

Beide Formen benötigen einen warmen, geschützten Platz in Sonne oder Halbschatten; Wurzeltrockenheit wird nicht vertragen. Den Russischen Estragon sät man im April auf das Beet und verpflanzt später im Abstand von 40 x 40 cm. Derselbe Abstand gilt auch für den Französischen Estragon, den man als Jungpflanze kaufen muß und im Mai pflanzt, später aber durch Stecklinge selber weiter vermehren kann. Geerntet werden die grünen Triebspitzen.

Liebstöckel

Von diesem Doldenblütler, der sich im Lauf der Zeit zu einem mächtigen, 3 m hohen Busch auswächst, genügt ein einziges Exemplar, um eine Großfamilie zu versorgen. Anfangs braucht die Pflanze gleichmäßig feuchten, nicht zu nährstoffarmen Boden, später findet sie sich auch mit vorübergehender Trockenheit ab und kommt mit dem aus, was an Dünger im Boden vorhanden ist. Ausgesät wird am Fenster, später wird dann nur die kräftigste Pflanze für den Platz im Garten ausgesucht. Die Blätter können die ganze Vegetationsperiode über geerntet werden.

Origano, Dost

Der Staudenmajoran oder Dost (*Origanum*) macht sich mit seinen rosa Blütenständen von Juli bis September auch im Blumen- oder Steingarten sehr hübsch, sein Wuchs hält sich mit 50 cm Höhe in Grenzen. Allerdings braucht Origano die wärmste, sonnigste Stelle im Garten und in Gegenden mit langen, kalten Wintern etwas Schutz durch Koniferenreisig. Man kauft Jung-

pflanzen für den Maianbau in der Staudengärtnerei oder sät im April in Reihen mit einem Abstand von 30 cm aus. Später wird auf 20 cm vereinzelt.

Die Blätter und Triebspitzen können den ganzen Sommer über geerntet werden und behalten auch als Trockenwürze ihr unverwechselbares Aroma.

Pfefferminze

Da ein Elternteil unserer Pfefferminze die Bachminze ist, die nicht nur in Gewässernähe, sondern sogar untergetaucht im Flachwasser wächst, ist der Feuchtigkeitsbedarf der Pflanze erklärlich. Samen gibt es zu kaufen, doch handelt es sich dabei nicht um die Echte Pfefferminze, die als Bastard kaum jemals Samenkörner ausbildet, sondern um verschiedene Abarten und Varietäten.

Volles Aroma entwickeln nur aus Wurzelablegern oder Stecklingen gewonnene Pflanzen, die man in Spezialgärtnereien erhält. Oder man sticht sich einige Exemplare bei einem Nachbarn ab, der möglicherweise froh ist, etwas von diesem Wucherer loszuwerden. Das üppige Wachstum kann später auch im eigenen Garten zum Problem werden. Deshalb sollte man der Pfefferminze bei Saat oder Pflanzung im Frühjahr von vornherein einen Platz geben, an dem sie sich kontrollieren und bei Bedarf rechtzeitig reduzieren läßt. Geerntet werden die frischen, aromareichen Blätter, die sich auch trocknen und als Tee zubereiten lassen.

Pimpinelle

Für die Gartenkultur kommt in der Regel nur die Kleine Pimpinelle in Betracht, die auch als Wiesenknopf bekannt ist. Die Pflanze wächst bei uns wild auf Wiesen, Weiden und an Wegrändern. Auf dem Beet gedeiht sie an sonnigen wie etwas beschatteten Plätzen, wird aber bei viel Licht aromatischer.

Ausgesät wird ab März in 30 cm voneinander entfernte Reihen und später auf 20 cm vereinzelt. Verpflanzen gelingt wegen der langen Pfahlwurzeln meist nicht. Man erntet fortlaufend die zarten, jungen Blätter.

Rosmarin

Hierbei handelt es sich um ein immergrünes Gehölz, das in den Mittelmeerländern auf sonnigen Felshängen wächst, rund 1,50 m hoch wird und von Mai bis Juli kleine, blaßblaue Blüten öffnet. Zwar ist eine Aussaat möglich, aber Samen sind schwer zu bekommen, und die Anzucht ist langwierig. Besser man kauft sich Jungpflanzen oder besorgt sich Stecklinge, die in einem Torf-Sand-Gemisch meist problemlos wurzeln. Rosmarin ist nicht frosthart und muß im Herbst ins Haus geholt werden, wo er hell, kühl und nur gerade vor Austrocknung bewahrt überwintert. Der Platz im Garten soll vollsonnig, warm und geschützt, der Boden locker und durchlässig sein.

Als Bewohner karger Hänge paßt Rosmarin besser in den Steingarten als ins Kräuterbeet. Man kann ihn aber auch in großen Töpfen oder Kübeln kultivieren – wo er sich sehr gut vor einer hellen Hauswand auf der Terrasse macht –, oder man pflanzt ihn frei und alleinstehend aus.

In der Küche verwendet man die nadelähnlichen Blättchen und Triebspitzen; allerdings darf man jeweils nur so viel abnehmen, daß dem Kleinstrauch noch genügend Assimilationsfläche belassen wird. Da die Pflanze immergrün ist, kann auch im Winter gepflückt werden.

Pimpinelle (Wiesenknopf)

Salbei

Auch dieser bis zu 70 cm hohe Halbstrauch mit reichem, violettblauem Blütenschmuck im Juni und Juli ist ebenso gut in einem Staudenbeet wie im Steingarten untergebracht. Man kann ihn im April in Schalen am Fensterbrett aussäen oder ab Mai direkt auf ein Beet; der spätere Abstand von Pflanze zu Pflanze soll 40 cm betragen. Setzlinge gibt es aber auch in der Gärtnerei zu kaufen. Salbei braucht viel Sonne und einen relativ trockenen, in jedem Fall also wasserdurchlässigen Boden. In rauhen Gegenden ist Winterschutz aus Fichtenreisig angebracht. Meist wird man nach vier Jahren teilen und neu pflanzen müssen, dann nämlich, wenn die kleinen Sträucher nachlassen. Im Frühjahr schneidet man die Triebe um die Hälfte zurück und entfernt alle vertrockneten Pflanzenteile.

Salbei wurde schon im 9. Jahrhundert in Klostergärten als Heilpflanze angebaut

Schnittlauch

Dieses winterharte Zwiebelgewächs verträgt Sonne wie Halbschatten und gedeiht am besten in nicht zu leichtem, feuchtem, nährstoffhaltigem Boden. Eine Vorkultur im März am Zimmerfenster ist möglich, einfacher ist die Direktsaat im April oder im Au-

Tripmadam
sollte trocken gehalten werden

Wegen seiner dekorativen Blüten
kann man den Ysop
auch gut im Staudenbeet halten

gust. Später kann man die in kleinen, 20 cm voneinander entfernten Horsten zusammengesetzten Pflanzen ohne Mühe teilen und woanders einquartieren. Da der Verbrauch an grünem Zwiebellaub meist hoch ist, man die einzelnen Schnittlauchstöcke aber nicht aller Blätter berauben darf, sollte nicht zu sparsam angebaut werden.

Von Schnittlauch, der zum Grünschnitt im Winter ins Haus genommen werden soll, werden keine Blätter geschnitten: Man gräbt die Pflanzen im Oktober aus, lagert sie so lange vor Regen geschützt im Freien, bis das Laub vertrocknet ist, und topft sie dann ein. Leichter Frost während dieser Phase schadet nicht. Im Haus erhält der Schnittlauch zuerst einen um 20°C warmen, nach dem Austrieb einen etwas kühleren, hellen Platz am Zimmerfenster.

Thymian

Zwei Arten kommen als Gartenkraut in Frage: der Französische Thymian (Sommerthymian), raschwüchsig und üppig im Habitus, jedoch nicht winterhart, und der Deutsche Thymian (Winterthymian), der langsamer vorankommt, dafür aber Frost verträgt.

Als Bewohner karger, felsiger Lagen bevorzugt Thymian auch im Garten einen eher mageren und trockenen Boden an einem sonnigen Platz. Ausgesät wird im April ins Freiland und später auf 20 x 20 cm Abstand vereinzelt. Da Thymian zu den Lichtkeimern gehört, darf der Samen nur dünn mit Erde bedeckt werden.

Man kann den sehr schnittverträglichen Halbstrauch auch im Steingarten oder als Wegeinfassung verwenden. Alte Pflanzen lassen sich willig teilen. Im Frühjahr empfiehlt sich ein Rückschnitt bis zu einer Handbreite über dem Boden, damit neue, grüne Triebe gebildet werden und die Verholzung nicht ständig fortschreitet. Thymian kann man den ganzen Sommer über als Würze verwenden, er behält auch getrocknet sein Aroma.

Tripmadam

Die kleine, immergrüne, sukkulente Staude ist besser bekannt unter ihren beiden anderen Namen: Mauerpfeffer oder Fetthenne. Man findet sie bei uns wild an Straßenrändern. Im Garten wird sie wegen ihrer Anspruchslosigkeit gern ins Steinbeet gepflanzt oder als Einfassung an Wegen und zwischen Platten verwendet; dort bedeckt der Mauerpfeffer nach einiger Zeit mit seinen Ausläufern auch größere Flächen.

Pflanzen kauft man beim Gärtner und setzt sie an eine sonnige Stelle mit trockenem Boden; den Sommer über zeigen sich dann dort die kleinen, gelben Blütenstände. Die Ernte der Triebspitzen ist ganzjährig möglich.

Ysop

Der Halbstrauch aus Kleinasien braucht volle Sonne und einen durchlässigen, kargen Boden. Er eignet sich gleich gut für den Zier- wie Nutzgarten. Die leuchtendblauen, in seltenen Fällen rosafarbenen, ährenförmigen Blütenstände erscheinen auf bis zu 60 cm langen Stielen von Juli bis September.

Man sät im zeitigen Frühjahr am Zimmerfenster aus und verpflanzt im Mai mit 30 cm Abstand ins Freie. Einfacher ist es, in einer Staudengärtnerei Jungpflanzen zu kaufen. Blätter und Triebspitzen sind vom Austrieb an bis zum Herbst verwertbar.

Zitronenmelisse

Die winterharten, bis zu 1 m hohen, im Juli und August weiß blühenden Stauden breiten sich an Plätzen, die ihnen zusagen, ohne unser Zutun aus und können zu dichten Büschen heranwachsen. Das Beet sollte sonnig und warm, der Boden humusreich und nährstoffhaltig sein. Eine jährliche Ausbringung von Kompost oder organischem Dünger fördert das Wachstum.

Man kann im Mai an Ort und Stelle aussäen oder Pflanzen beim Gärtner kaufen. Da nur zwei oder drei Exemplare benötigt werden, ist dies der einfachere Weg; danach sind Teilung oder Stecklingsvermehrung möglich. Junge Blätter und Triebe stehen während der gesamten Vegetationszeit als feine Würze zur Verfügung.

Ernte und Lagerung von Gemüse

Die erfolgreiche Frischlagerung von Gemüse wird bereits beim Anbau, spätestens aber bei der Ernte vorprogrammiert. Wer sich größere Vorräte zulegen will, muß auf Sorten achten, die dafür besonders geeignet sind. Es handelt sich dabei stets um Züchtungen für den Spätanbau; denn bei Früh- und Sommergemüse

kommt eine längere Aufbewahrung ohnedies nicht in Frage, außer man trocknet oder konserviert auf andere Weise. Manchmal findet man bei den Sortenbeschreibungen oder auf den Samentütchen einen Hinweis auf besonders gute Lagerfähigkeit.

Der zweite Schritt zur Frischaufbewahrung von Gemüse wird bei der Ernte getan; die wichtigsten Kriterien sind der richtige Zeitpunkt und die behutsame Erntetechnik. Nur Erfahrung kann lehren, wann Wurzel- oder Kohlgemüse den optimalen Reifegrad besitzt, denn die Beete dürfen weder zu früh noch zu spät geräumt werden.

Grundsätzlich kommt nur unbeschädigtes und gesundes Erntegut für eine Aufbewahrung in Frage. Mohrrüben oder Rettiche beispielsweise, die Fraß- oder Faulstellen aufweisen, sind von vornherein ungeeignet und sofort zu verbrauchen – oder wegzuwerfen. Dasselbe gilt für Pflanzenfrüchte aller Art, an denen man irgendwelche Abweichungen von der Norm feststellt. Im Zweifelsfall sollte man sich stets gegen eine Lagerung entscheiden, denn ein einziges nicht einwandfreies Stück kann alles andere Gut gefährden. Völlig falsch wäre es, eine schadhafte Stelle mit dem Messer herauszuschneiden oder sonstwie auszuputzen; verletztes Gewebe stellt ein weit geöffnetes Tor für Pilze und Krankheitskeime dar.

Eine weitere Vorbedingung für Lagergut lautet: das Gemüse muß absolut trocken sein. Wurde man beim Ernten vom Regen überrascht, darf nichts in den Keller gelangen, bevor nicht der letzte Tropfen verdunstet ist.

Für die Lagerung vorgesehenes Gemüse gleich welcher Art sollte ab drei Wochen vor Erntebeginn mit keinerlei Pflanzenschutzmitteln mehr behandelt werden. Von Krankheiten und Schädlingen befallene Pflanzen sind für das Aufbewahren ungeeignet.

Erntetechnik und -zeitpunkt

Bei der Ernte muß äußerst behutsam vorgegangen werden, um manuelle Schädigungen von Anfang an auszuschließen. Wurzelgemüse wie Sellerie, Rote Rüben, Möhren, Pastinaken, Rettiche und Zwiebeln erntet man nicht mit dem Spaten, sondern mit der Grabegabel, weil dabei die Gefahr, daß man das Gemüse verletzt, geringer ist. Auch Kopfkohl, den man mitsamt dem Strunk vom Beet nimmt, hebt man erst mit diesem Gerät an, bevor man ihn mit den Händen aus dem Boden holt.

Alle diese Arbeiten werden grundsätzlich bei trockenem Wetter vorgenommen. Gemüse, das naß aufs Lager kommt, gerät in Gefahr zu faulen. Deshalb darf es nach der Ernte auch nicht etwa abgewaschen werden –

Kopfkohlernte
mit der Grabegabel

selbst wenn der unerfahrene Hobbygärtner zu derartigen Säuberungsaktionen neigen mag, weil Rote Bete und Mohrrübe sich danach so strahlend appetitlich präsentieren.

Für die Ernte sollte man sich einen kühlen Tag aussuchen. Scheint die Sonne, muß das Erntegut sofort schattig abgelegt werden und möglichst rasch in den Keller oder Einschlag kommen. Ganz gleich, wo das Gemüse für die nächste Zeit gelagert wird, die einzelnen Arten sollten stets voneinander getrennt werden. Erstens erleichtert eine gewisse Ordnung die spätere Entnahme, zweitens können Unverträglichkeiten am Lager auftreten, über die man noch nicht viel weiß, und drittens gibt es bezüglich der Lagerfähigkeit des Ernteguts große Unterschiede.

Obst und Gemüse sollen möglichst nicht in denselben Kellerraum kommen. Vor allem Äpfel scheiden Äthylengas aus, das die Lagerqualität von Gemüse beeinträchtigt und damit dessen Aufbewahrungsdauer verkürzt. Der beste Platz für Frischkost im Winter ist im übrigen immer noch das Beet im Garten. Einige Gemüse wie Rosen- und Grünkohl sind dort am sichersten aufgehoben, desgleichen Pastinaken, Schwarzwurzeln, spezielle Wintermöhren und Knollensellerie. Ist Kahlfrost zu befürchten oder sinken die Temperaturen ungewöhnlich ab, kann vorsichtshalber immer noch mit Schilf- oder Strohmatten, mit Fichtenreisig oder Luftpolsterfolie abgedeckt werden. Allerdings muß man den Schutz entfernen, sobald es wieder wärmer wird.

Die richtige Lagerstätte

In früheren Zeiten war es, vor allem in ländlichen Gebieten, um die Kellerlagerung besser bestellt. Optimale Bedingungen wiesen die speziellen Vorratskeller in den Bauerngehöften auf, die meist einen Naturboden aus gestampftem Lehm besaßen und deren Wände aus Backsteinen bestanden. Aber auch in Häusern mit Ofenheizung konnte man den Keller als Lagerraum noch einigermaßen nutzen, sofern ausreichend gelüftet wurde. In den modernen Eigenheimen hingegen befindet sich dort die zentrale Heizungsanlage, Warmwasserrohre durchziehen alle Geschosse, oft werden auch die Keller, zumindest teilweise, mit Heizkörpern versehen, weil sich hier der Hobby- und Partyraum befindet. Als Quartier für Frischgemüse und -obst sind sie denkbar ungeeignet. Temperaturen von 8°C und darunter lassen sich ebensowenig erzielen wie die benötigte hohe Luftfeuchtigkeit von 70–80 %. Da helfen auch Kisten mit feuchtem Sand oder Torf nicht viel. Keller dieser Art können höchstens als kurzfristiges Lager zwischen Garten und Kochtopf genutzt werden.
Für kleinere Gemüsemengen bietet sich da schon eher eine andere Möglichkeit an: die Aufbewahrung auf Terrasse oder Balkon. Experimentierfreudige Hobbygärtner haben sich einiges dazu einfallen lassen und recht gute Erfolge erzielt. Man benötigt nur eine beliebig große Holzkiste, deren Boden und Wände mit möglichst dicken Styroporplat-

ten ausgelegt werden; in die Kiste kann man dann Wurzelgemüse und/oder Kohl einschichten und als Abdeckung ebenfalls Schaumstoffplatten verwenden oder einen passenden Deckel zimmern. Die Kiste kommt an einen geschützten, möglichst schattigen Platz und kann bei sehr strengen Frösten zusätzlich in alte Decken eingehüllt werden. Wo es möglich erscheint, im Keller zu lagern, schichtet man zum Beispiel Möhren, die man gleichfalls in einer einfachen Kiste aufbewahrt, am besten wie folgt: Als unterste Lage streut man etwas feuchten Sand oder Torf hinein und legt die Wurzeln dann waagerecht übereinander; anschließend wird jede neue Lage wiederum mit feuchtem Torf oder Sand abgedeckt.
Weiß- und Rotkohl steckt man mit den Strünken gleichfalls in Sand; die Köpfe lassen sich aber

Eine mit Styropor ausgelegte Holzkiste eignet sich gut zur Lagerung von Wurzelgemüse und Kohl. Als Abdeckung kann man eine Schaumstoffplatte verwenden

Der Gemüsegarten

auch an den Wurzeln aufhängen oder ohne Strunk auf luftigen Steigen nebeneinander lagern – niedrige Temperaturen und hohe Luftfeuchtigkeit vorausgesetzt. Da Weißkohl heute kein Volksnahrungsmittel mehr ist und im Garten fast nur die „edleren" Arten wie Blumen- oder Rosenkohl angebaut werden, Weiß- und Rotkohl im Winter zudem vom Handel preisgünstig angeboten wird, schlägt die fehlende Lagermöglichkeit bei diesen Gemüsen nicht so sehr zu Buche.

Sehr gut läßt sich Dauergemüse im Frühbeet unterbringen. In diesem Quartier, das durch die aufgelegten Fenster bestens geschützt ist, halten sich alle Wurzelgemüse über einen längeren Zeitraum; notfalls ist das Beet mit Schilfmatten, Fichtenreisig oder alten Decken schnell dem Zugriff harter Fröste entzogen. Wer ganz sicher gehen will, daß die

Ernte nicht erfriert, kann rings um den Kasten noch Erde anhäufeln oder einen Laubmantel aufschichten, den man allerdings mit etwas Erde vor dem Verwehen bewahren muß.

Auf alle Fälle ist dieser Aufbewahrungsplatz für kleine Mengen Lagergemüse realistischer als die Anlage einer Erdmiete, die für ein paar Kilo Möhren, Rote Bete, und Sellerieknollen nicht lohnt.

Der Handel bietet seit einiger Zeit auch Steingutgefäße verschiedener Größen an, in denen sich Gemüse unabhängig von der Außentemperatur und Luftfeuchtigkeit längere Zeit halten soll. Sie ähneln den Milchsäure-Gärtöpfen, sind ebenfalls mit einem fest schließenden Deckel versehen, haben zusätzlich aber noch spezielle Lüftungslöcher. In ihnen soll sich Lagergemüse sogar in der beheizten Küche aufbewahren lassen.

Baumobst

Von den Verfechtern des Naturgartens wird seit einiger Zeit wieder für die Anpflanzung großkroniger Apfel- und Birnbäume im Hausgarten plädiert, wie sie früher üblich waren. Man verweist auf die Schönheit derartiger Gehölze und auf ihre ökologische Bedeutung nicht zuletzt im Hinblick auf den Vogelschutz. Vor allem die Höhlenbrüter sind aus unserer Kulturlandschaft weitgehend verschwunden, weil alte Bäume, sobald sie im Ertrag etwas nachlassen, rigoros gerodet werden.

Hinter den blankgeputzten, renovierten Fassaden älterer Anwesen auf dem Land bietet sich dagegen bisweilen noch ein ganz ungewohnter Anblick, wenn man den Weg durch ehemalige Stallungen oder Scheunen in den verschwiegenen, Besuchern oftmals vorenthaltenen Teil des Grundstücks findet: Da gibt es noch den „Grasgarten" mit riesigen Obst- und Walnußbäumen, mit der weit ausladenden Süßkirsche und dem Holunder am alten Gemäuer. Hier dürfen die Kinder noch ein Baumhaus bauen, und wenn dem spielerischen Tatendrang ein dicker Ast zum Opfer fällt, ist das nicht weiter schlimm; es gibt ja Obst in Hülle und Fülle. Da der Erwerb von einstigen Bauernhäusern in Mode gekommen ist, kann man nur hoffen, daß wenigstens einige der neuen Eigentümer einsichtig genug sind, den Obstgarten mit seinem alten Bestand zu erhalten. Sie finden hier einen oft über Generationen gewachsenen Naturgarten vor, wie man ihn auch bei noch so viel gutem Willen nicht neu anlegen kann.

Es ist zu begrüßen, daß beispielsweise in Baden-Württemberg die Anlage von Streuobstwiesen gefördert wird und daß es dort wieder Obstbäume an Straßenrändern gibt; daß man sich bemüht, vergessene Lokalsorten bei Äpfeln und Birnen populär zu machen.

Obstbäume im Rasen des Hausgartens müssen besonders sorgfältig gleich nach dem Laubfall gedüngt werden. Der Rasendünger reicht für ihre Ernährung nicht aus. Vorher ist die Grasnarbe der Baumscheibe mit einem Vertikutierrechen aufzureißen.

Den weitläufig angelegten Obstgarten mit starkwüchsigen Bäumen findet man allenfalls noch hinter älteren Anwesen auf dem Lande

Im kleinen Hausgarten muß man wohl oder übel Kompromisse schließen. Bei Obstgehölzen bleibt kaum eine andere Wahl, als auf niedrige Baumformen auszuweichen, die wenig Platz beanspruchen. Ein Apfel-Hochstamm, bei dem das Astwerk in etwa 2 m Höhe beginnt, hat ausgewachsen einen Kronendurchmesser von 10–12 m, und bei der Birne ist es nicht viel anders. Ist man dennoch bereit, so viel Platz zu opfern, müssen einige Nachteile in Kauf genommen werden. Das beginnt schon damit, daß die großen, auf Sämlingen wachsenden Sorten manchmal zehn und mehr Jahre brauchen, bis sie in Vollertrag kommen. Früher pflanzte der Vater so einen Obstbaum für den Sohn, weil erst die nächste Generation in den Genuß des ganzen Erntesegens kam. Und wenn es dann so weit ist, daß der Baum richtig trägt, stellt sich bereits das nächste Problem: Wohin mit den zehn oder 15 Zentnern Obst, die so ein Baum Jahr für Jahr hergibt? Und das auch noch innerhalb eines eng begrenzten Zeitraums, je nachdem, ob man eine frühe oder späte Sorte gepflanzt hat. Schnitt, Pflanzenschutzmaßnahmen und Ernte sind nur mit Hilfe langer Leitern möglich. Wie sich solche Baumriesen mit dem Nachbarschaftsrecht unter einen Hut bringen lassen, steht dazu noch auf einem anderen Blatt.

Für den Obstanbau im Hausgarten kommen nur die modernen niedrigen Baumformen von Spindel und Busch in Frage

Niedrige Baumformen

Die Vorteile der heute gebräuchlichen kleinen Baumformen von Spindel oder Busch liegen klar auf der Hand. Denn auch der früher viel verwendete Halbstamm ist mit 1–1,20 m Höhe unter dem Astgerüst zwar etwas niedriger als der Hochstamm, sonst aber mit diesem vergleichbar. Was die Kronenbreite anlangt, trifft das auch auf den Nieder- oder Meterstamm zu. So bleiben also für den Hausgarten Spindel- oder Buschbäume mit einer Stammhöhe von 40–60 cm und geringer Kronenausdehnung.

Man bedenke: Wo ein Hochstamm Platz findet, können bis zu zehn Spindeln gepflanzt werden, das heißt zehn verschiedene Arten und Sorten mit unterschiedlicher Reifezeit und verschiedenen Fruchteigenschaften. Apfelbäumchen auf schwach wachsender Unterlage kommen bereits im zweiten Jahr nach der

Pflanzung in Ertrag, bei Birnen auf der am häufigsten verwendeten Unterlage Quitte A dauert es ein oder zwei Jahre länger. Die Bäumchen werden dabei kaum höher und breiter als 2,50 m. Bei Apfelspindeln kann man durch richtigen Schnitt Formen erziehen, bei denen ein gegenseitiger Abstand von 1,50 m ausreicht und die dennoch ab dem zweiten Standjahr regelmäßig 30–40 kg Früchte bringen – der richtige Boden und gute Pflege vorausgesetzt.

Beim Steinobst ist die Sauerkirsche mit den kleinwüchsigsten Formen vertreten. Kommt noch ein sachgemäßer Schnitt hinzu, werden Zwergsauerkirschen tatsächlich nicht umfangreicher als ein großer Busch und können sogar wie Ziersträucher im Garten, etwa an der Terrasse, angepflanzt werden. Zum Pflücken und Pflegen braucht man nicht einmal eine Haushaltsleiter, und die Gehölze lassen sich zum Schutz gegen hungrige Amseln bequem mit einem Vogelschutznetz umhüllen. Obgleich es den Züchtern gelungen ist, auch bei Süßkirschen kleinere Baumformen heranzuziehen, läßt der zwergige Kirschbusch seit eh und je auf sich warten. Auch Bäume mit nur 60 cm hohem Stamm haben immer noch vergleichsweise breite Kronen. Durch Schnittmaßnahmen kann zwar etwas Abhilfe geschaffen werden, und es ist damit zu rechnen, daß der Unterlagenforschung schon bald der Durchbruch zum wirklich kleinen Süßkirschenbaum gelingt. Bei den Zwergformen, die in den Gartenabteilungen der Supermärkte gelegentlich angeboten werden,

handelt es sich um Bäume unbekannter Herkunft, deren Widerstandsfähigkeit und Ertrag unsicher sind. Wenn glückliche Umstände zusammentreffen, kann man aber durchaus Erfolg mit ihnen haben.

Bei Pflaumen, Zwetschen, Mirabellen und Renekloden stehen besonders kleine Buschformen ebenfalls noch aus. Doch auch die Züchtungen auf schwach wachsenden Unterlagen werden kaum höher als 3 m bei einer Stammhöhe von 0,60–1 m und können schon ab dem zweiten oder dritten Standjahr erste Erträge bringen. Pfirsiche und erst recht Aprikosen gedeihen und fruchten zufriedenstellend nur in günstigen Klimagebieten, in denen Spätfröste die Blüten nicht zerstören können. Auch als Buschbäume erreichen die Kronen dieser Gehölze einen Durchmesser von 4 oder 5 m. Beide lassen sich am Spalier ziehen. Vor allem bei Aprikosen ist es günstig, wenn man dazu eine warme geschützte Hauswand wählt, an der die Fröste in kalten Wintern etwas von ihrem „Biß" verlieren.

Zwergsauerkirschen werden kaum umfangreicher als ein großer Busch

Die Haselnuß kann auch dort gepflanzt werden, wo nicht allzuviel Platz zur Verfügung steht

Bei Haselnüssen unterscheidet man zwei Gruppen mit zahlreichen Hybriden: Zellernüsse und Lampertsnüsse. Die Bluthasel (Corylus maxima 'Purpurea') hat schwarzrotes Laub und ist nur als Zierpflanze oder Befruchter von Bedeutung. Hohe Erträge sind von ihr nicht zu erwarten.

Walnüsse sind für den Hausgarten ungeeignet, obgleich sie in Erwartung reicher Ernten immer wieder angepflanzt werden. Eine Baumkrone von 15 m Durchmesser und ein Standraum von 60–100 m² sprengt den vorhandenen Platz bei weitem, und man wird sich eines Tages dann doch zur Rodung des Riesen entschließen müssen. Auch veredelte Sorten, die etwas schwächer wachsen als Sämlingsbäume, sind für den kleinen Garten immer noch zu groß.

Das Ziel, bei der Walnuß ebenfalls zu Buschformen zu kommen, wird schon seit Jahrzehnten angestrebt, aber ein Ergebnis zeichnet sich noch nicht ab. Am Institut für Obstbau der Fachhochschule in Geisenheim am Rhein, wo man sich intensiv seit langem mit diesem Problem beschäftigt, ist man jedenfalls alles andere als optimistisch. Das liegt wohl nicht zuletzt daran, daß die Walnuß von Natur aus empfindlich gegen Fröste ist und in tiefgelegenen Frostlagen meist versagt. Diese klimatische Abhängigkeit erschwert noch zusätzlich das Auffinden geeigneter Unterlagen und rückt den kleinen Walnußbaum für den Hausgarten in weite Ferne.

Die Haselnuß dagegen paßt mit ihrem buschartigen Wuchs auch dorthin, wo nicht allzuviel Platz zur Verfügung steht. Man kann das Gehölz recht gut als Begrenzung und Sichtschutz an den Grundstücksrand setzen, sollte sich allerdings auch bei der Hasel über die Größe und den Umfang nicht täuschen – schon wegen des Friedens mit dem Nachbarn. Ausgewachsene Sträucher können gut und gern bis zu 7 m

hoch und 4 m breit werden. Wird auf eine Nußernte Wert gelegt, muß man mindestens zwei verschiedene Sorten anpflanzen, da zur Befruchtung ein Partner notwendig ist. Darauf wenigstens braucht man bei der Walnuß nicht zu achten, da sich männliche und weibliche Blüten an ein und demselben Baum befinden. Wäre es anders, käme dieses Gehölz auch für einen weiträumigen Garten nicht mehr in Frage.

Pflanzung eines Obstbaums

Wenn wir davon ausgehen, daß ein Obstgehölz etwas Bleibendes ist, also Jahre oder gar Jahrzehnte an seinem Platz stehen und reiche Ernten bringen soll, muß der Baum von Anfang an zügig wachsen und gut gedeihen. Kommt das Wachstum wegen schlechter Startbedingungen ins Stocken, können sich noch lange Zeit danach Auswirkungen in Form von Kümmerwuchs zeigen, die mit erhöhtem Krankheits- und Schädlingsbefall Hand in Hand gehen.

Es ist also nicht zu viel verlangt und in unserem eigenen Interesse, wenn wir bereits bei der Pflanzung so sorgfältig wie möglich vorgehen.

Nachbarschaftsrechtliche Regelungen

Zunächst aber und ehe es an die Vorbereitung des Pflanzplatzes geht, steht eine ganz andere Überlegung im Vordergrund. Sofern das Gehölz nämlich nicht mitten im Garten, sondern nahe der Grundstücksgrenze stehen wird, müssen wir an den lieben Nachbarn, seine Rechte und unsere Pflichten denken. Grenzabstände spielen bei Streitigkeiten unter Anliegern eine herausragende Rolle, man sollte derartigen Ärgernissen also von vornherein aus dem Wege gehen. Nun sind die nachbarschaftsrechtlichen Bestimmungen von Bundesland zu Bundesland verschieden. Nur die Stadtstaaten Hamburg und Bremen haben völlig auf eine Abstandfestlegung für Hecken und Bäume verzichtet und wohl darauf vertraut, daß der gesunde Menschenverstand von allein für ein gutnachbarliches Miteinander sorgt, ohne daß gleich die Gerichte in Anspruch genommen werden müssen.

Immerhin gibt es eine Faustregel, nach der unbeschadet der jeweiligen festgeschriebenen Vorschriften überall verfahren werden kann. Sie lautet: Die Hälfte vom Kronendurchmesser des ausgewachsenen Baumes entspricht dem Abstand, der zur Grenze des Nachbargrundstücks eingehalten werden muß. Geht man also beispielsweise bei einer Süßkirsche von 10 m Kronendurchmesser aus, sollte so gepflanzt werden, daß sie 5 m von der Grundstücksgrenze entfernt zu stehen kommt. Bei einem Sauerkirschbusch, der nur 5 m breit wird, würden dieser Rechnung zufolge 2,50 m Abstand genügen. Bei allen Hoch- und Halbstämmen kann man als Mittelwert für den Kronendurchmesser 8 m annehmen, nur die Pflaumengruppe begnügt sich mit 6 m, bei der Walnuß dagegen müssen sogar bis zu 12 m veranschlagt werden.

Vorbereitung des Bodens

Obstbäume kann man von Herbst bis Frühjahr pflanzen, wobei für die wärmebedürftigen Pfirsiche und Aprikosen eine Frühlingspflanzung vorzuziehen ist. Der Pflanzschnitt wird ausschließlich erst im Frühjahr vorgenommen.

Schon vor dem eigentlichen Pflanztermin müssen wir uns um den Boden des vorgesehenen Standorts kümmern: Auf einer Fläche von etwa 2 m² wird zunächst einmal spatentief umgegraben. Bei sehr verfestigtem, undurchlässigem Erdreich muß man doppelt so tief gehen und den Aushub am Rand der Grube ablegen. Die Sohle ist dann noch einmal mit dem Spaten so gründlich wie möglich zu lockern, dann werden Thomasphosphat oder Thomaskali, etwa 100 g/m², eingearbeitet. Der Aushub wird mit organischen Düngern, Kompost, verrottetem Stallmist und/oder Rindenhumus durchmischt und wieder in die Grube gefüllt. Bei dem einfachen Umgraben

Vor der Pflanzung größerer Bäume nahe der Grundstücksgrenze sollte man sich über die am Wohnort gültigen Vorschriften des Nachbarschaftsrechts informieren

Am vorgesehenen Standort des Gehölzes wird auf einer Fläche von etwa 2 m² umgegraben und die Erde mit organischem Dünger und Kompost durchmischt

Die Wurzeln frisch gekaufter Bäumchen sollten vor der Pflanzung mindestens über Nacht im Wasser stehen

Gepflanzt wird am besten zu zweit. Der eine hält das Gehölz ins Pflanzloch und rüttelt es ab und zu, während der zweite den Aushub einfüllt. Zu beachten ist, daß sich die Veredelungsstelle über dem Bodenniveau befindet

verfährt man genauso, nur kann die während des Umgrabens verbesserte Erde dann bleiben, wo sie ist. Es wird also eigentlich nichts anderes als ein großes Beet hergerichtet, auf dem der Baum später wachsen soll. Jetzt ist nur noch dafür zu sorgen, daß dieser Platz bis zum Pflanzen nicht austrocknet.

Vorgehen bei der Pflanzung

Gehölze, die direkt in der Baumschule gekauft wurden, erst recht aber angelieferte Gehölze, sollten vor dem Pflanzen mindestens über Nacht mit den Wurzeln in Wasser gestellt werden, damit ein eventueller Feuchtigkeitsverlust ausgeglichen wird. Beschädigte oder faule Wurzelstücke werden vorher weggeschnitten. Ist eine sofortige Pflanzung nicht möglich, wenn zum Beispiel im Herbst gekaufte Gehölze erst im Frühjahr gesetzt werden sollen, schlägt man die Bäumchen an schattiger Stelle im Garten ein, das heißt, es wird eine Grube ausgehoben, bei mehreren Exemplaren ein Graben, in die man die Gehölze leicht schräg hineinsetzt und die Wurzeln wieder mit Erde bedeckt.

Das eigentliche Pflanzen geht am besten zu zweit. Zunächst hebt man an der vorher wie beschrieben behandelten Stelle das Pflanzloch aus, etwa 50 cm tief und so groß, daß die Wurzeln bequem darin Platz finden. Wenn man anschließend einen Baumpfahl einschlägt, ist das niemals verkehrt, bei Spindelbüschen auf schwachwachsender Unterlage ist es sogar notwendig. Dann wird das Bäumchen senkrecht ins Pflanzloch gestellt, und während der eine Helfer den Stamm festhält, füllt der andere den Aushub ein. Gelegentliches Rütteln oder leichtes Anheben während dieser Arbeit schließt mögliche Lücken und Löcher rings um die Wurzeln. Anschließend muß man nur noch die Erde leicht festtreten, mit der Schaufel einen kleinen Gießrand aufwerfen, damit das Wasser nicht abfließen kann, und gründlich wässern.

Wenn man die Pflanzstelle mit Kurzstroh, Grasschnitt, Rindenmulch oder anderem organischem Material abdeckt, bleibt sie länger feucht. Den Stamm selbst sollte die Mulchschicht nicht berühren, da eine Infektionsgefahr durch Krankheitskeime zu befürchten ist. Die knotige Veredelungsstelle muß etwa eine Handbreit über dem Erdniveau bleiben, grundsätzlich sollte das Gehölz aber nie tiefer stehen als vorher in der Baumschule. Das Bäumchen darf nur locker an den Stützpfahl gebunden werden, damit es keine Spannungen gibt, falls der Baum sich später noch etwas senkt.

Pflanzschnitt

Diese Behandlung des jungen im Herbst oder Frühjahr gepflanzten Gehölzes bezweckt zweierlei: Zum einen geht es darum, ein Gleichgewicht zwischen den vorhandenen Wurzeln und den oberirdischen Pflanzenteilen herzustellen. Beim Ausgraben aus dem Baumschulquartier mußte das Bäumchen zwangsläufig Wurzeln lassen, die nun zur Versorgung der Zweige und Blätter mit Wasser und Nährstoffen fehlen. Also werden die Triebe reduziert, damit das Wurzelwerk nicht überfordert ist. Zum anderen sorgt man mit dem Wegschnitt schon zu diesem Zeitpunkt dafür, daß das spärliche Astgerüst, aus dem später eine Krone werden soll, von Anfang an die gewünschte Gestalt annimmt, also locker und breit wächst.

In der Praxis bedeutet das: Es werden dem Bäumchen nur die drei oder vier kräftigsten Triebe, die späteren Leitäste, belassen. Man wählt dafür möglichst gleich weit voneinander entfernte Äste aus und nimmt die anderen, die dazwischenstehen, weg. Damit ist die Gestalt der späteren Krone in ihren Grundzügen bereits festgelegt. Vor allem muß der sogenannte Konkurrenztrieb der Stammverlängerung entfernt werden – ein langer Zweig, der meist im spitzen Winkel parallel zu dieser Verlängerung nach oben wächst. Wenn die verbliebenen Leitäste zu steil stehen, werden sie mit Schnüren, die man am Stamm befestigt, waagerecht gebunden; denn an ihrer Oberseite entwickeln sich weitere Zweige, aus denen sich später das Fruchtholz aufbaut.

Zur Verdeutlichung dieses Vorgangs kann man sich folgendes vorstellen: Würde ein Seitenzweig so gebogen, daß er ein umgekehrtes „U" darstellte, erfolgte der Neuaustrieb oben auf dem kurzen Stück des Bogens. Steht der Zweig jedoch gleichmäßig waagerecht, treiben alle Knospen, die dem Licht zugewandt sind, aus. Weil das so ist, bringen senkrecht aus den Leitästen nach oben wachsende Triebe, die sogenannten Steiltriebe, nichts; man schneidet sie daher direkt an der Basis ab. Dieser

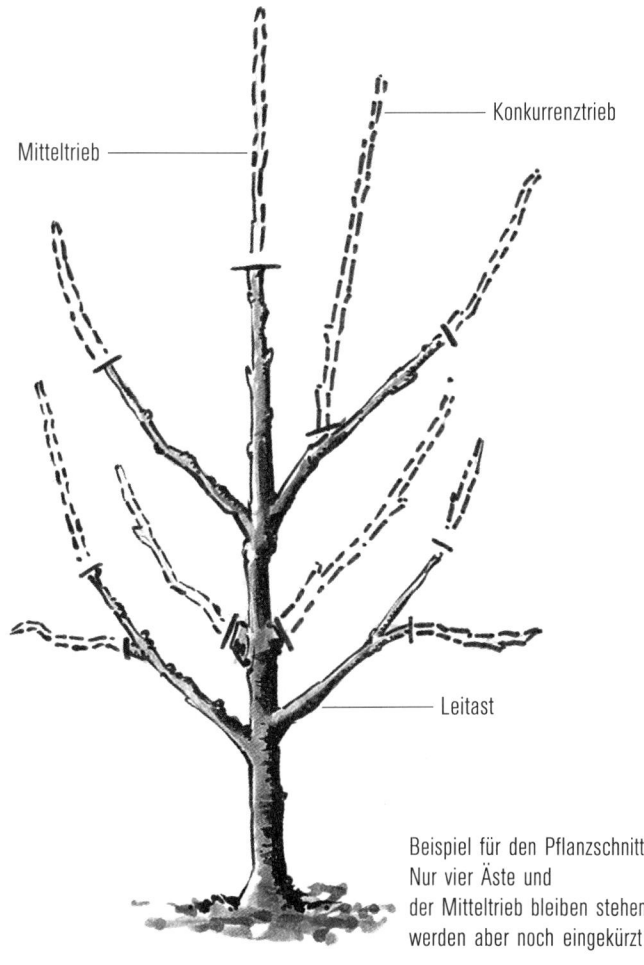

Mitteltrieb

Konkurrenztrieb

Leitast

Beispiel für den Pflanzschnitt: Nur vier Äste und der Mitteltrieb bleiben stehen, werden aber noch eingekürzt

Grundgedanke bestimmt also sämtliche Schnitt- und Bindemaßnahmen, die ein Obstbaumleben begleiten.

Zuletzt werden beim Pflanzschnitt die drei oder vier verbliebenen Leitäste um etwa ein Drittel oder bis zur Hälfte eingekürzt. Der Mitteltrieb wird so weit gestutzt, daß er die anderen Äste nur um ungefähr 10 cm überragt. Und noch etwas ist wichtig: Aus der Stellung der Knospen an Ästen und Zweigen kann man bereits erkennen, in welche Richtung der neue Trieb wachsen wird. Da die Krone ja locker und breit werden soll, schneidet man immer so weit zurück, bis man auf eine nach außen weisende Knospe stößt. Setzt man den Schnitt bei einem ins Innere gerichteten Auge an, würde der Trieb ins Dunkel der Krone hineinwachsen, müßte der Schere später also ohnedies zum Opfer fallen.

Beim Erziehungsschnitt kürzt man den Mitteltrieb und die Leitäste. Außerdem werden Triebe, die steil nach oben wachsen und zu dicht stehen, entfernt; andere bindet man waagerecht, damit sich an ihnen Fruchtholz entwickelt

Erziehungsschnitt

Er ist genau das, was der obstbauliche Begriff aussagt, auch wenn dem Laien das Wort in diesem Zusammenhang etwas unpassend erscheint: Der Jungbaum wird zu einem möglichst reich tragenden Obstgehölz „erzogen". Die Mittel dazu gibt uns wiederum der Schnitt an die Hand, der über mehrere Jahre durchgeführt wird, bis der Baum erwachsen und die Krone in Form gebracht ist. Die drei oder vier Seitentriebe, die wir beim Pflanzschnitt stehengelassen haben, werden nach und nach dicker; es bilden sich die schon erwähnten Leitäste. Vor allem an ihrer Oberseite haben sich zahlreiche neue Triebe gebildet, die teilweise dicht beieinander stehen und sich gegenseitig behindern. Man nimmt also einige davon weg, damit der Abstand zwischen den verbleibenden größer wird. Wachsen die Triebe ohnehin schon ziemlich waagerecht, ist es gut; andernfalls werden sie durch Binden in diese Lage gebracht. Oft hat sich in der Zwischenzeit auch ein Trieb gebildet, der aus dem Leitast heraus und in spitzem Winkel zu ihm wächst. Er macht ihm nur unnötig Konkurrenz (wie der senkrechte Konkurrenztrieb, der dem Pflanzschnitt zum Opfer fiel) und wird deshalb ebenfalls entfernt.

Ist das alles erledigt, werden sowohl der Mitteltrieb, also die Stammverlängerung, als auch die Leitäste zurückgeschnitten. Aber wie stark? Diese Frage läßt sich nicht generell beantworten. Die Lösung des Problems wird aber etwas leichter, wenn wir uns an die Auswirkungen erinnern, die ein Rückschnitt nach sich zieht: Je stärker man schneidet, desto mehr neues Holz wird gebildet, je weniger die Schere in Aktion tritt, desto langsamer wächst der Baum. Wird beispielsweise von einem Leitast nur gerade die Spitze gekappt, treiben zwar die Knospen unmittelbar hinter der Schnittstelle vehement aus, zum Stamm hin jedoch werden die neuen Triebe immer kürzer und spärlicher. Nehmen wir dagegen ein gehöriges Stück des Leitasts weg, sprießt es aus dem ganzen verbliebenen Rest. Allerdings bringt das nicht viel, da hier nur lange Holztriebe ohne Blütenansätze entstehen, die dann wiederum entfernt werden müssen. Eine schwierige Sache also, die letztlich nur durch Erfahrung in den Griff zu bekommen ist. Doch es ist tröstlich zu wissen, daß dem Baum ein falscher Schnitt nicht schadet, zumal er im nächsten Winter korrigierbar ist.

Der Erziehungsschnitt muß nun Jahr für Jahr wie beschrieben durchgeführt werden. Allerdings entstünde auf diese Weise noch keine richtige Krone, der Baum sähe ziemlich komisch aus, so als wäre er in einer Art Jugendstadium steckengeblieben. Wäre dies der Fall, würde man die Kräfte, die in ihm stecken, schlecht nutzen. Es kommt also in der Folgezeit darauf an, die Krone voller werden zu lassen; dabei darf sie aber nicht zu dicht und undurchlässig werden. Man braucht also noch einige kräftige Seitenäste, die an den Leitästen entstehen und mit ihnen zusammen ein stabiles, tragfähiges Astgerüst bilden sollen. Für diese Funktion werden ein paar nicht zu steil stehende Zweige bestimmt, die mindestens 60 cm vom Stamm entfernt an den Leitästen sitzen und zueinander etwa 1 m Abstand wahren sollten. Alle zu dicht stehenden Jungruten, die sich im Lauf des Jahres an Leit- und Seitenästen bilden, müssen dezimiert werden, damit die Krone licht und locker bleibt.

Instandhaltungsschnitt

Noch besser trifft der ebenfalls gebräuchliche Begriff Erhaltungsschnitt, was gemeint ist: Man muß dafür sorgen, daß die nach fünf bis acht Jahren aufgebaute Krone so bleibt, wie sie ist. Man schneidet von nun an in jedem Winter nur noch weg, was zu dicht steht, und entfernt alle Fruchtäste, die drei oder vier Jahre alt und unproduktiv geworden sind. Sie werden dabei nicht einfach weggeschnitten, sondern bis zu der Stelle gekürzt, an der aus ihnen ein Jungtrieb entspringt, der dann die Aufgabe des alten Fruchtasts übernimmt.

Schnitt der Spindel

Im großen und ganzen verfährt man bei einer Spindel genau so wie beim üblichen Schnitt, nur sollten von Anfang an alle Triebe, die direkt dem Mitteltrieb, also dem Stamm entspringen, bis zu einer Höhe von etwa 50 cm ab Boden entfernt werden. Erst hier beginnt also die Verzweigung, die bei dieser kleinen Baumform nur eine wenig ausgeprägte Krone bildet. Selbstverständlich muß dabei auch der obere Konkurrenztrieb der Stammverlängerung fallen.

Für den Rückschnitt stärkerer Äste gilt eine alte Gärtnerregel: Man muß so dicht an der Basis schneiden, daß am verbleibenden Zapfen kein Hut mehr aufgehängt werden kann.

Beim Schnitt setzt man die Schere dicht über einer nach außen wachsenden Knospe an

Beim Nachwinterschnitt kann man ein paar Zweige mit Blütenknospen für die Vase reservieren. Sie sollten vorher zwei Tage der Länge nach in Wasser gelegt, wenigstens aber häufig eingenebelt werden, um das Öffnen der Blüten zu fördern.

Der Sommerschnitt ist gerade bei Spalierobst unentbehrlich. Man entspitzt dabei die jungen Holztriebe, die an den vorjährigen Astverlängerungen entstanden sind.

Insgesamt verbleiben hier vier Triebe, die den schon beschriebenen späteren Leitästen entsprechen und beim Pflanzschnitt waagerecht gebunden werden. Der Mitteltrieb wird soweit eingekürzt, daß nur noch etwa fünf Knospen über dem obersten Seitentrieb übrigbleiben. Der Stamm bleibt also immer etwas länger als die späteren Leitäste. Bilden sich im Lauf der Zeit aus dem Stamm weitere seitliche Verzweigungen, läßt man sie gewähren und nimmt in der Folgezeit nur solche weg, die zu dicht beieinander stehen und sich gegenseitig stören.

In den folgenden Jahren besteht die Formierung lediglich darin, ältere Seitenäste auf einen jungen Trieb zurückzuschneiden. Später kann man auch die Zweige, die Früchte getragen haben, geringfügig einkürzen, und zwar immer so, daß die unteren Astpartien länger sind als die darüberliegenden. Ein richtig geschnittener Spindelbusch soll so aussehen wie ein gut gewachsener Weihnachtsbaum: unten breit, nach oben hin sich verjüngend.

Alle bis jetzt beschriebenen Schnittarbeiten werden im Winter durchgeführt, und zwar an Tagen, an denen die Temperaturen nicht unter - 4 ° C liegen. Eingriffe bei durchgefrorenem Holz können die Bäume schädigen. Im allgemeinen legt man die Schnittarbeiten an Obstgehölzen in den sogenannten Nachwinter, das ist meist Mitte Februar. Der Vorwinterschnitt fällt in die Monate November und Dezember.

Jeder dieser Termine wirkt sich unterschiedlich auf die Entwicklung des Baums aus, eine Tatsache, die im Hausgarten nicht weiter ins Gewicht fällt und an dieser Stelle nur der Vollständigkeit halber erwähnt werden soll. Gegen Herbstende und zum Winteranfang hin befinden sich die Gehölze in vollkommener Ruhe, die Reservestoffe sind schon in die dickeren Äste, im Stamm, vor allem aber in die Wurzeln eingelagert worden. Sie können also durch einen Schnitt, der in dieser Zeit durchgeführt wird, nicht angegriffen werden. Bei Wachstumsbeginn, der früh einsetzt, werden dann die Reservestoffe in die Vegetationspunkte der Krone hinauftransportiert und sorgen dort für einen starken Austrieb. Das heißt: Der Vorwinterschnitt fördert das Wachstum kräftig.

Anders ist das beim Schnitt im Nachwinter: Da sind die Triebspitzen mit den lebenswichtigen Stoffen bereits vollgepumpt, das Gehölz befindet sich sozusagen in den Startlöchern für die bevorstehende Saison. Beim Schnitt nimmt man diese Teile weg, die Reservestoffe werden mit entfernt, und die Entwicklung setzt entsprechend träge ein, der Baum kommt langsamer voran. Versierte Obstbauer werden also Gehölze, die auf einer zu stark wachsenden Unterlage stehen, durch einen Nachwinterschnitt etwas zu bremsen versuchen.

Sommerschnitt

Früher kaum von Bedeutung, hat man mittlerweile die Vorteile dieses Schnittzeitpunkts erkannt und nimmt sie, vor allem im Erwerbsobstbau, vermehrt wahr. Im Grunde genommen handelt es sich dabei um einen teilweise vorgezogenen Winterschnitt, das heißt die gröbsten Arbeiten werden bereits bei angenehm warmen Temperaturen erledigt. Man kann also schon im Sommer alle überalterten, zu dicht oder zu steil stehenden Triebe entfernen beziehungsweise waagerecht binden und Zweige, die ins Kroneninnere wachsen, wegschneiden; dasselbe geschieht mit den Konkurrenztrieben an Stammverlängerung und Seitenästen.

Beim Steinobst läßt sich durch den Sommerschnitt die Formierung im Winter nahezu ersetzen, Beerenobst wird ohnedies am besten gleich nach der Ernte ausgelichtet. Äpfel und Birnen profitieren davon, wenn die Krone schon frühzeitig aufgelockert wird, weil das wiederum ein besseres Ausreifen der Früchte zur Folge hat. Alle diese Vorteile und Annehmlichkeiten sollten jedoch nicht dazu verleiten, den Schnitt im Juli/August gleichwertig neben den Winterschnitt zu stellen. Er kann immer nur eine, allerdings sinnvolle Ergänzung darstellen.

Düngung der Obstgehölze

Wie alle Kulturgewächse benötigen auch unsere Obstbäume eine ausgewogene Versorgung mit den Hauptnährstoffen Stickstoff, Phosphor und Kali. Man düngt mit organischen oder mineralischen Mehrnährstoff-Kombinationen, die zusätzlich meist auch noch die erforderlichen Spurenelemente enthalten. Als Faustregel kann gelten: bei organischer Düngung die doppelte Menge des mineralischen Nährstoffs ausbringen. Düngezeitpunkt sind die Wochen der Schneeschmelze, die meist in den März fällt. Man rechnet pro Baum mit 50 g/m^2 Mineraldünger, der im Bereich der Kröne ausgestreut und eingewässert wird. Bei Bäumen, die im Rasen wachsen, muß flüssig gedüngt werden. Dazu löst man etwa 200 g Mineraldünger in einer 10-Liter-Kanne auf, sticht mit der Grabegabel durch leichtes Hin- und Herbewegen Schlitze in den Boden des gesamten Kronenbereichs und gießt in jede Öffnung etwa 1 l der Nährlösung. Anschließend werden die Schlitze durch Festtreten wieder geschlossen. Bei Bäumen mit starkem Fruchtansatz kann Anfang Juni mit einer etwas kleineren Menge nachgedüngt werden.

Auch im Zusammenhang mit dem Obstanbau im Hausgarten wird immer wieder empfohlen, Bodenproben zu entnehmen und an ein landwirtschaftliches Institut zur Untersuchung einzuschicken. Man kann das natürlich tun, und wenn sich bei den Gehölzen unerklärliche Wachstumsverzögerungen oder andere Anomalien zeigen, ist eine Bodenanalyse sogar empfehlenswert. Solange alles normal gedeiht, Blüte und Ertrag befriedigend sind, besteht kein Anlaß dazu. Es ist im Hausgarten ziemlich bedeutungslos, ob etwas zu viel oder zu wenig von diesem oder jenem Stoff im Boden vorhanden ist, denn bei sachgemäßer, das heißt eher sparsamer Düngung und gutem Humusgehalt regelt sich der Haushalt von selbst. Chemische Analysen muß man zu lesen verstehen; ein festgestellter, gering-

Flüssigdüngung von Obstbäumen: Mit der Grabegabel werden Schlitze in den Boden des gesamten Kronenbereichs gestochen

In jede Öffnung gießt man etwa 1 l Nährlösung. Danach werden die Schlitze durch Festtreten wieder geschlossen

füriger Mangel im Einzelfall verführt nur dazu, das vermutlich Fehlende durch viel zu große Düngermengen wieder auszugleichen. Der Wert von Bodenuntersuchungen für den Hobbygarten wird bei weitem überschätzt.

Kernobst

Apfel

Der Apfel, dessen Heimat in Westasien liegt, gehört heute auch wirtschaftlich zu den wichtigsten Obstarten und nimmt im Hausgarten ebenfalls eine Vorzugsstellung ein. Die Zahl der weltweit verbreiteten Sorten ist unübersehbar, bei uns kommt man auf 80-100 anbauwürdige Züchtungen. Das Spektrum hinsichtlich Frucht- und Baumgröße, Geschmack und Reifezeit ist so breit, daß sich für jeden Garten und jeden Anspruch die geeignete Sorte ausfindig machen läßt.

Da Äpfel, von Ausnahmen abgesehen, in jedem normalen Boden gedeihen und wenig klimaabhängig sind, braucht man sich um den Anbauerfolg keine großen Sorgen zu machen.

Kleinbleibende Formen beanspruchen nur wenig Platz; man kann Äpfel also auch als Hecke pflanzen oder am Spalier ziehen. Spindeln und Spindelbüsche, nur 2 m hoch und breit, passen als überreich blühende Gehölze des Frühlings sogar an die Terrasse oder neben den Hauseingang, sofern sie genügend besonnt sind. Auch Bäumchen mit zwei oder drei aufveredelten Sorten kommen dafür in Frage.

Der höchste Vitamin-C-Gehalt des Apfels konzentriert sich unmittelbar unter der Schale. Man sollte sie also mitessen – vorausgesetzt, die Früchte wurden nicht kurz vor der Ernte gespritzt.

Es kommt dem Ertrag keineswegs zugute, wenn ein Apfelbaum überreich trägt. Die Früchte bleiben dann kleiner und sind qualitativ nicht so gut. In einem solchen Fall ist Ausdünnen besser, wobei nur zwei Äpfel pro Fruchtstand belassen werden.

Befruchtung

Schwierigkeiten können auftreten, weil Äpfel selbstunfruchtbar sind, das heißt es muß ein Pollenspender gefunden werden. Stehen in den Nachbargärten ebenfalls Apfelbäume, erledigt sich dieses Problem meist von selbst. Andernfalls muß man mindestens zwei Bäumchen in den Garten setzen oder eine als Befruchter geeignete Sorte zusätzlich einveredeln. Leider ist nämlich nicht jede Apfelsorte als Pollenspender zu verwenden. Alle sogenannten triploiden Züchtungen, also solche mit dreifachem anstatt des sonst üblichen doppelten (diploiden) Chromosomensatzes, fallen für die Befruchtung aus, obgleich sie selbst vom Blütenstaub diploider Sorten profitieren.

Zu diesen unsicheren Kandidaten gehören 'Boskoop', 'Gravensteiner', 'Karmijn' oder 'Mutsu'. Wer also einen triploiden 'Gravensteiner' zu einem diploiden 'James Grieve' setzt, wird zwar vom 'Gravensteiner' die bekannt aromatischen Früchte ernten können, bei der Sorte 'James Grieve' aber leer ausgehen – vorausgesetzt, es blühen in den Nachbargärten keine anderen geeigneten Bäume.

Noch ein weiterer Punkt kommt hinzu, der bei der Anpflanzung bedacht werden muß: die Blütezeit. Eine frühe und eine späte Sorte, deren Blühtermine so weit auseinanderliegen, daß keine Überschneidung stattfindet, können sich auch nicht gegenseitig befruchten. Am sichersten ist es, mindestens drei unterschiedliche Sorten zu pflanzen, weil es durchaus vorkommen kann, daß die Blüte des einen Baumes einmal nur spärlich ausfällt oder ganz unterbleibt. Diese jährlichen Ertragsschwankungen werden als Alternanz bezeichnet und können verschiedene Gründe haben. Außerdem sind sie sortenabhängig. Schließlich kann man bei einer Mehrfachpflanzung durch geschickte Sortenwahl erreichen, daß sich die Ernte über einen langen Zeitraum hinzieht, also vom Sommer bis zum Spätherbst frische Äpfel aus dem Garten zur Verfügung stehen.

Pflück- und Genußreife

Besonders bei Äpfeln, weniger bei Birnen, unterscheidet man zwischen Baum- oder Pflückreife und Genußreife. Das bedeutet nun nicht, daß frisch gepflückte Äpfel ungenießbar wären. Mit dem Loslösen der Frucht vom Trieb erlischt jedoch nicht schlagartig jegliches „Leben" im Apfel. Vielmehr finden weiterhin Veränderungen in den Zellen und im Gewebe statt, die sich positiv auf den Geschmack auswirken. Man könnte einen etwas gewagten Vergleich mit dem Wein ziehen, der ja ebenfalls „nachreift". Die in der folgenden Liste angeführten Reifezeiten sind Annäherungswerte, die sich je nach Lage, Witterung und anderen äußeren Einflüssen verschieben können. Ähnlichen Schwankungen ist auch der Geschmack unterworfen.

In diesem Zusammenhang sind zwei Feststellungen aus Anbauerkreisen hochinteressant. Man spricht zur Zeit von einer 'Jonagold'-Welle, die mit ungebrochener Kraft weiterrollt. Offenbar ist es der süßsäuerliche, vollmundige Geschmack, der den Käufer von Frischobst anspricht. Dasselbe trifft auf die im Aroma ähnliche Sorte 'Elstar' zu, die erst 1975 in den Handel gebracht wurde. Bei einem Geschmackstest an der Lehr- und Versuchsanstalt für Gartenbau in Auweiler-Friesdorf kamen diese beiden modernen Sorten gleich nach dem altbekannten 'Roten Berlepsch' auf Platz zwei und drei. In der Bewertung folgten dann auf den nächsten Plätzen 'Idared', 'Cox Orange' und 'Roter Boskoop'. 'Landsberger Renette' und 'Blenheim', die beide aus dem 19. Jahrhundert stammen, rangierten weit abgeschlagen im hinteren Feld.

Nun sind Tests, bei denen es um Geschmack geht, immer eine et-

Für den richtigen Termin der Apfelernte gibt es mehrere Anhaltspunkte: leichtes Lösen des Stiels vom Fruchtholz, Aufhellung der Grundfarbe und intensive Färbung der Deckfarbe sowie das Abfallen gesunder Früchte

was fragwürdige Sache, und selbst der Hinweis „hocharomatisch" in der Sortenbeschreibung garantiert noch nicht, daß dieses Aroma auch jedermann gleich gut gefällt.

Für den Zeitpunkt des Pflückens, der Baumreife also, gibt es beim Apfel mehrere Anhaltspunkte: leichtes Lösen des Stiels vom Fruchtholz, Aufhellung der Grundfarbe und intensive Färbung der Deckfarbe, Abfallen gesunder Früchte. Sommersorten

schmecken am besten, wenn man sie am Baum nicht völlig ausreifen läßt, sondern etwa eine Woche vorher pflückt und die Früchte dann noch einige Tage liegen läßt. Bei spät reifenden Lageräpfeln macht es nichts, wenn sie von leichtem Frost überrascht wurden; allerdings wird dadurch meist die Lagerfähigkeit beeinträchtigt. Die Temperaturen am Aufbewahrungsort sollten um 5°C liegen, bei viel Frischluft und hoher Luftfeuchtigkeit.

Apfelsorten

Sorte	Pflückreife/ Genußreife[1]	Geschmack, Fruchtfärbung, Eigenschaften
'Alkmene'	X/X–E XI	süß-fruchtig, aromatisch; Frucht goldgelb bis ziegelrot; wenig krankheitsanfällig
'Berlepsch'	E IX/XI–II	würzig mit angenehmer Säure; Frucht fleischfarben bis dunkelrot; anfällig für Krebs und Kragenfäule, im Ertrag schwankend (alternierend)
'Boskoop'[2]	X/XI–II	kräftig-würzig mit feiner Säure; Frucht orangefarben bis rot; bei schwankenden Wintertemperaturen im Holz etwas empfindlich
'Cox Orange'	X/XI–XII	würzig mit feiner Fruchtsäure; Frucht gelblichgrün bis rötlich; anfällig für Blattläuse, Krebs und Kragenfäule
'Discovery'	M VIII/ M VIII–A IX	aromatisch mit angenehmer Säure; Frucht rötlich bis dunkelrot; sehr robust und pflegeleicht
'Elstar'	A X/A X–E XII	aromatisch, süßsäuerlich; Frucht verwaschen rötlich bis rostrot; vermutlich selbstfruchtbar
'Glockenapfel'	E X/II–IV	frischsäuerlich, angenehm; Frucht länglich-oval, grüngelb; anfällig für Krebs, Schorf und Stippe
'Gloster'	E X/XII–II	sehr aromatisch; Frucht länglich-kantig, dunkelrot mit gelb; anfällig für Schorf und Krebs

[1]Römische Ziffern = Monat; A = Anfang, M = Mitte, E = Ende; [2]Triploide Züchtung

Apfelsorten (Fortsetzung)

Sorte	Pflückreife/ Genußreife[1]	Geschmack, Fruchtfärbung, Eigenschaften
'Golden Delicious'	E X/II–IV	süßlich-aromatisch; Frucht goldgelb mit leichter Rötung; stark schorfanfällig; keine Befruchtersorte für die verwandten 'Maigold', 'Jonagold', 'Mutsu'
'Goldparmäne'	E IX/X–XII	fruchtig-süß; Frucht gelblich, rötlich geflammt; anfällig für Schorf, Krebs, Feuerbrand und Blattläuse
'Granny Smith'	A XI/I–III	saftig, ohne Aroma; Frucht grasgrün; anfällig für Krebs, alternierend; Anbau nur im Weinbauklima möglich
'Gravensteiner'[2]	A IX/A IX–XI	hocharomatisch, intensiver Apfelduft; Frucht gelb mit leichter Rötung; anfällig für Schorf und Mehltau, Blüten spätfrostgefährdet
'Holsteiner Cox'[2]	E IX/E IX–XII	aromatisch, feinsäuerlich; Frucht gelblichgrün mit leichter Rötung; krebsanfällig, gut für kühlere Klimate
'Idared'	E X/I–IV	wenig aromatisch, angenehm säuerlich; Frucht sattrot
'Ingol'	M IX/X–I	feine Fruchtsäure, wenig Aroma; Frucht grüngelb, rötlich überhaucht; schorfanfällig
'Ingrid Marie'	E IX/X–I	leicht säuerlich, wenig Aroma; Frucht rot bis braunrot; sehr krebsanfällig, alternierend
'Jamba 69'	E VIII/ A IX–E X	fruchtig, aromatisch, frisch; Frucht gelblichgrün mit roter Flammung; sehr robust, kaum alternierend
'James Grieve'	A IX/ A IX–M X	würzig, feinsäuerlich; Frucht gelblich bis orange; anfällig für Zweigmonilia, Kragenfäule, Blattläuse
'Jonagold'[2]	A X/XI–I	süß, aromatisch, angenehm säuerlich; Frucht gelb, rötlich geflammt; wärmeliebend, schorfanfällig
'Jonathan'	A X/XII–III	süßlich, feinsäuerlich, wenig Aroma; Frucht rötlichgelb; sehr mehltauanfällig
'Kalco'	X/XII	fein aromatisch, saftig; Frucht gelbrot, schorfresistent

[1]Römische Ziffern = Monat; A = Anfang, M = Mitte, E = Ende; [2]Triploide Züchtung

Apfelsorten (Fortsetzung)

Sorte	Pflückreife/ Genußreife[1]	Geschmack, Fruchtfärbung, Eigenschaften
'Karmijn'[2]	E IX/XI–XII	würzig; Frucht warmgelb bis braunrot, rauhschalig; anfällig für Mehltau und Krebs, geeignet für kühlere Klimate
'Klarapfel'	VII/ M VII–M VIII	frisch, leicht säuerlich, angenehm; Frucht gelb, sehr glattschalig; anfällig für Blutläuse und Krebs
'Maigold'	E X/I–III	süß mit angenehmer Fruchtsäure und leichtem Birnenaroma; Frucht goldgelb mit roter Flammung; wenig krankheitsanfällig; keine Befruchtersorte für 'Golden Delicious' und 'Boskoop'
'Malling Kent'	E X/I–II	aromatisch süß mit leichter Säure; Frucht gelb, rötlich geflammt; wenig krankheitsanfällig, keine Befruchtersorte für 'Cox Orange' und 'Jonathan'
'Mantet'	A VIII/ A VIII–E VIII	aromatisch säuerlich; Frucht kantig-länglich, grüngelb mit orangeroter Fleckung; anfällig für Krebs und Mehltau, stark alternierend
'Melrose'	A X/I–IV	süßsäuerlich, aromatisch; Frucht orange- bis rostrot; anfällig für Krebs, Mehltau und Feuerbrand, schlechter Pollenspender
'Morgenduft'	E X/XII–II	wenig aromatisch, nichtssagend; Frucht dunkelrot; robust, besser in warmen Lagen
'Mutsu'[2]	E X/E X–II	saftig, angenehm fruchtig, wenig Aroma; Frucht gelbgrün bis orangefarben; schorfanfällig, nur für warme Lagen
'Oldenburg'	IX/IX–XI	süßlich, angenehme Säure, wenig Eigenaroma; Frucht orangerot mit dunkelroter Flammung; sehr anfällig für Krebs
'Ontario'	X/I–V	angenehm fruchtig-säuerlich, wenig Eigenaroma; Frucht kantig, grüngelb bis orangerot; anfällig für Blattläuse, Mehltau, Schorf; häufig alternierend, Holz bei starken Frösten gefährdet
'Orangenburg'	X/XII	mild-weinsäuerlich, aromatisch; Frucht gelbrot; schorfresistent

[1]Römische Ziffern = Monat; A = Anfang, M = Mitte, E = Ende; [2]Triploide Züchtung

Apfelsorten (Fortsetzung)

Sorte	Pflückreife/ Genußreife[1]	Geschmack, Fruchtfärbung, Eigenschaften
'Prima'	A IX/ A IX–E X	fruchtig mit angenehmer Säure; Frucht gelb, sonnenseits leuchtendrot; anfällig für Krebs und Mehltau
'Rubinette'	M X/ M X–E XII	fruchtig-aromatisch; Frucht goldgelb, sonnenseits leicht gerötet; wenig krankheitsanfällig, sehr wärmebedürftig
'Summerred'	A IX/ A IX–E IX	leicht säuerlich, mild-aromatisch; Frucht rostrot mit weißer Punktierung; keine Anfälligkeiten bekannt, nicht für extrem warme Lagen geeignet
'Tumanga'	A X/XI–III	süßsäuerlich, aromatisch; Frucht rötlich bis gelb gesprenkelt; anfällig für Mehltau
'Zabergäu'[2]	A X/XI–II	würzig-fruchtig; Frucht goldgelb, sonnenseits rötlich, rauhschalig; anfällig für Krebs und Stippe

[1]Römische Ziffern = Monat; A = Anfang, M = Mitte, E = Ende; [2]Triploide Züchtung

Birne

Birnen sind insgesamt wärmebedürftiger als Äpfel, und vor allem die besonders aromatischen Spätsorten bleiben im Geschmack oft fade, wenn ihnen während der Reife nicht genügend Sonne/Wärme zur Verfügung steht. Dagegen bietet sich als Alternative die Pflanzung am Spalier einer Südwand an. Sommerliche Kühle kann außer der Geschmacksminderung auch noch zur Folge haben, daß sich vermehrt Steinzellen rund ums Kerngehäuse bilden, eine Eigenschaft, die bei Birnen teilweise aber auch sortenbedingt ist. Solche Birnen erhalten dann nicht mehr die Prädikate „schmelzend" oder „vollschmelzend".

Bei der für Birnen geeigneten Bodenbeschaffenheit spielt die jeweilige Unterlage eine gewisse Rolle. Birnen auf Sämlingsunterlagen sind hinsichtlich der Bodenqualität wenig wählerisch, während die kleinbleibenden Bäume auf der Quitte A die wohlschmeckendsten Früchte brin-

Birnen eignen sich gut für die Pflanzung am Spalier

gen, wenn sie in humusreichem, sandig-lehmigem Erdreich stehen. Man wird mit ihnen aber auch in ganz gewöhnlichem Gartenboden keine Enttäuschung erleben, solange im Untergrund keine Nässe vorherrscht oder die Erde extrem schwer und dadurch kühl ist. Die anspruchsloseren Sämlingsbäume, die sich zu Halb- oder Hochstämmen auswachsen, sind für kleinere Gärten nicht so gut geeignet.

Befruchtung

Die Befruchtungsverhältnisse bei der Birne gleichen denen des Apfels, es müssen also, wenn in der Nachbarschaft kein Birnbaum wächst, mindestens zwei Sorten gepflanzt werden. Auf die sogenannte Jungfernfrüchtigkeit (Parthenokarpie), die bei mehreren Birnensorten wie 'Williams Christ', 'Alexander Lucas', 'Trevoux' oder der 'Vereinsdechantsbirne' vorkommen kann, darf sich der Gärtner nicht verlassen. In diesem Fall bilden sich Früchte, ohne daß die Blüten von Fremd-

pollen bestäubt worden sind; meist sind es aber äußere Einflüsse wie zum Beispiel Blütenfröste, die diese Erscheinung auslösen. Die Sortenwahl fällt bei Birnen leichter als bei Äpfeln, da es hier keine so große Rolle spielt, ob man eine Früh- und eine Spätsorte nebeneinanderpflanzt. Die Blütezeiten überschneiden sich so stark, daß in jedem Fall mit einer Befruchtung gerechnet werden kann.

Schnitt

Beim Schnitt der Birne geht es neben den üblichen Maßnahmen noch darum, das Längenwachstum der Stammverlängerung einzudämmen; denn diese Obstart neigt von Natur aus dazu, in die Höhe zu wachsen. Man schneidet den Mittelast deshalb immer wieder bis zu einem weiter unten befindlichen Konkurrenztrieb zurück. Auch die Verlängerungstriebe der Hauptäste können im zeitigen Frühjahr stark eingekürzt, Langtriebe im Spätsommer waagerecht gebunden werden.

Birnensorten

Sorte	Reifezeit[1]	Bemerkungen
'Alexander Lucas'	A–M X	bevorzugt für wärmere Lagen, durch frühe Blüte spätfrostgefährdet; wenig krankheitsanfällig; als Befruchtersorte ungeeignet
'Bosc'	A X	wärmebedürftig und spätfrostgefährdet; anfällig für Schorf
'Clairgeau'	E IX	robust und pflegeleicht, auf Quitte A sehr schwach wachsend

[1]Römische Ziffern = Monat; A = Anfang, M = Mitte, E = Ende

Birnensorten (Fortsetzung)

Sorte	Reifezeit[1]	Bemerkungen
'Clapps Liebling'	E VIII	für warme, geschützte Lagen; schorfanfällig; sollte zwei Wochen vor der Vollreife geerntet werden
'Conference'	E IX	pflegeleicht, wenig krankheitsanfällig; jährliche Fruchtausdünnung wegen starken Behangs empfehlenswert
'Frühe von Trevoux'	M VIII	anspruchslos, auch für weniger günstige Lagen; als Bestäuber für 'Williams Christ' und 'Gute Luise' ungeeignet
'Gellerts Butterbirne'	M IX	anspruchslos, in regenreichen Sommern etwas schorfanfällig
'Gräfin von Paris'	E X	braucht viel Sonne und Wärme; gute Lagerbirne
'Gute Luise'	A IX	hoch schorfanfällig, daher freier Stand und lichte Krone erforderlich; Ertragsschwankungen (Alternanz) wird durch Fruchtausdünnung entgegengewirkt; keine Befruchtersorte für 'Trevoux' und 'Williams Christ'
'Köstliche aus Charneux'	E IX	schorfanfällig; der Alternanzneigung wird durch Fruchtausdünnung begegnet
'Madame Verté'	E X	auch für klimatisch weniger günstige Lagen geeignet; gute Lagerqualität
'Tongern'	E IX	anspruchslos mit hohen Erträgen, im Holz etwas frostempfindlich; volle Genußreife zwei Wochen nach der Ernte
'Vereinsdechantsbirne'	A X	Vollertrag nur in warmem Klima; Delikateßbirne
'Williams Christ'	E VIII	für warme, geschützte Lagen; schorfanfällig; keine Befruchtersorte für 'Gute Luise' und 'Trevoux'

[1]Römische Ziffern = Monat; A = Anfang, M = Mitte, E = Ende

Längliche Birnenquitte

Quitte

Ab dem dritten Standjahr kann man bei dieser Kernobstart mit Blüten und Früchten rechnen. Von diesem Zeitpunkt an ist der Baum oder Busch, der sich gegen Ende Mai in einem rosaweißen Flor präsentiert, zugleich auch ein ansehnliches Ziergehölz. Mit 2 m Höhe und Breite paßt die Quitte in jeden Garten. Besondere Ansprüche werden weder an den Boden noch an das Klima gestellt, doch zieht das aus dem Orient und dem Mittelmeergebiet stammende Gehölz warme, sonnige Plätze vor. Die unvergleichlich duftenden, gelben Früchte werden ab Mitte Oktober gepflückt und zu Gelee, Saft, Most oder Likör verarbeitet; oftmals gibt man sie auch anderen, sehr süßen Fruchtmarmeladen zu. Für den Rohgenuß sind sie nicht geeignet.

Quitten werden auf der Quitte A, neuerdings auch auf der Eberesche veredelt. Da sie selbstfruchtbar sind, kommt man mit einem Exemplar aus. Der Schnitt besteht im gelegentlichen Auslichten, wenn die Krone zu dicht wird. Der Fruchtform nach unterscheidet man zwischen rundlichen Apfel- und länglichen Birnenquitten; zu den Apfelquitten gehören die Sorten 'Konstantinopeler', 'Reas Mammuth' und die 'Riesenquitte von Lescovac'; zu den Birnenquitten 'Portugiesische Quitte' und 'Bereczkiquitte'.

Steinobst

Aprikose

Aprikosen sind besonders wärmebedürftig, in Blüte und Holz durch Fröste, vor allem aber durch nachwinterliche Wechseltemperaturen gefährdet und anfällig für pilzliche Erkrankungen während regenreicher Sommer. Es ist also zu überlegen, ob man seinen Aprikosenbaum nicht unter ein vorspringendes Dach pflanzen sollte, am besten als Spalier an einer Süd- oder geschützten Westwand. Aber wer hat das schon? Außerhalb von Weinbaugebieten mit mildem Klima lohnt deshalb der Anbau nicht, zumindest wird man in rauheren Gegenden kaum mit regelmäßigen, jährlichen Erträgen rechnen können.

Die Ansprüche an den Boden sind nicht sehr hoch, er sollte nur humos und gut durchlüftet, also locker sein. Mit der Bestäubung wird man kaum Schwierigkeiten haben, da Aprikosen selbstfruchtbar sind. Weil sich die meisten Früchte an einjährigen Trieben entwickeln, kann man älteres Fruchtholz bis auf einen Neuaustrieb zurückschneiden, ansonsten sollte man für eine lockere, lichte Krone sorgen, indem man die Konkurrenz- und Steiltriebe entfernt. Aprikosen reifen im Juli und August.

Von den wenigen geeigneten Sorten aus dem Baumschulsortiment sind zu nennen: 'Heidesheimer Frühe Heidi', die als einzige schon im Juni reif wird; die Frucht ist mittelgroß, dunkelgelb, das Fleisch saftig und aromatisch. 'Ungarische Beste' hat mittelgroße, sehr saftige und würzige Früchte; geerntet wird in der ersten Augusthälfte. 'Temporao de Villa Franca' stammt aus Portugal, die Reifezeit der mittelgroßen, orangegelben Früchte (mit ebensolchem Fleisch) fällt in die zweite Julihälfte; der Geschmack ist süßsäuerlich und besonders aromatisch.

Pfirsich

Diese Obstart aus China ist sehr wärmebedürftig und deshalb ungeeignet für kalte Klimate oder Gegenden, in denen Spätfröste die Regel sind. Die sichersten Erfolge hat man dort, wo auch Wein angebaut wird. Wenn man dem heimischen Klima nicht traut, zieht man Pfirsiche besser am Spalier einer Südwand. Ansonsten empfiehlt es sich, kleinbleibende Buschbäume zu wählen, die mit 4 oder 5 m Kronendurchmesser auch noch in kleinere Gärten passen; an ihnen läßt sich durch scharfen Rückschnitt, der beim Pfirsich ohnedies erwünscht ist und vorzeitiger Vergreisung vorbaut, noch ein übriges tun.

Während sowohl das Holz als auch die im März/April erscheinenden Blüten durch Fröste gefährdet sind, werden an die Bodenbeschaffenheit keine besonderen Ansprüche gestellt. Leichteren Böden wird gegenüber schweren der Vorzug gegeben, wenn sie ausreichend Humus enthalten und nicht über einer wasserundurchlässigen Schicht liegen.

Bei Nektarinen, die nichts anderes als glattschalige, unbehaarte Pfirsiche darstellen, sind Ansprüche und Pflege identisch. Beide befruchten sich selbst, die Anpflanzung eines weiteren Baums ist also nicht notwendig.

Beim Schnitt muß man darauf achten, daß ständig die Bildung neuer Zweige gefördert wird, denn der Pfirsich entwickelt nur an den vorjährigen Trieben Früchte. Die beim Pflanzschnitt übrig gebliebenen drei oder vier Leitäste werden im darauffolgenden Jahr um etwa die Hälfte gekürzt, Konkurrenz- und Oberseitentriebe muß man stets entfernen. Nach der Ernte wird alles abgetragene und schwache Holz der Leit- und Nebentriebe bis auf einen Neutrieb zurückgeschnitten. Schnittmaßnahmen nimmt man am besten im Sommer beziehungsweise während oder nach der Blüte vor. Wichtig für den Schnitt beim Pfirsich ist die Unterscheidung zwischen „wahren" und „falschen" Fruchttrieben. Wahre Fruchttriebe sind kräftig, etwa 50 cm lang und dicht mit Knospen besetzt; man kürzt sie um etwa die Hälfte ein, was der Größe und Qualität der Früchte zugute kommt und zur Bildung von neuem Fruchtholz führt. Falsche Fruchttriebe sind schwächlich und meist blattlos; sie werden gänzlich entfernt.

Nektarinensorten

Nektarinen haben neben ihrer besonderen Wärmebedürftigkeit im Vergleich zum Pfirsich den Nachteil, daß sie besonders anfällig sind für die Kräuselkrankheit und Monilia. Dementsprechend spärlich ist das Angebot der Baumschulen: Hier und da trifft man die aus Amerika stammenden Sorten 'Crimson Gold', 'Fire Gold' und 'Independence', die alle im August reifen.

Pfirsiche werden hauptsächlich als Buschbäume gepflanzt

Bei Pfirsichen sollte den spätreifenden Sorten im Hausgarten der Vorzug gegeben werden, weil sie besser schmecken und ein ausgeprägteres Aroma als die frühreifenden Sorten haben.

Wenn man Nektarinen in einer Baumschule vor Ort kauft, sollte man sich nach Sorten erkundigen, mit denen bereits gute Anbauerfahrungen gemacht wurden.

Pfirsichsorten

Sorte	Reifemonat	Fruchtbeschaffenheit
'Amsden'	VII	mittelgroß, Fleisch gelblichweiß
'Cumberland'	VII–VIII	sehr groß, Fleisch gelblichweiß
'Früher Alexander'	VII	mittelgroß, Fleisch gelblichweiß
'Früher Roter Ingelheimer'	VII	mittelgroß, Fleisch weiß
'Haba Finessa'	VIII–IX	sehr groß, Fleisch weiß
'Red Haven'	VIII	groß, Fleisch gelb
'Rekord von Alfter'	VIII–IX	sehr groß, Fleisch grünlichgelb
'Roter Ellerstädter' ('Kernechter vom Vorgebirge')	IX	groß, Fleisch gelblichweiß
'South Haven'	VIII	sehr groß, Fleisch goldgelb
'Spätgold'	IX	mittelgroß, Fleisch gelb

Pflaumen, vor allem aber Zwetschen sollten nicht zu früh geerntet werden. Aroma und optimalen Zuckergehalt erhalten sie erst bei Vollreife.

Zur Verwandtschaft der Pflaumen gehören auch Schlehen. Es sind Wildsträucher, die man kaum in Gärten findet, die aber als Pollenspender für die Pflaumengruppe in Frage kommen sollen.

Pflaume, Zwetsche, Reneklode und Mirabelle

Auch diese Gruppe der Steinobstgehölze ist wenig anspruchsvoll. Akzeptiert wird jeder normale Gartenboden, wenn er nur humos und nicht extrem kühl oder trocken ist. Eine sonnige Lage ist zu bevorzugen, zu viele tägliche Schattenstunden beeinträchtigen Süße und Aroma der Früchte.

Bei Zwetschen, Renekloden und Mirabellen handelt es sich um Unterarten der Pflaume, sie unterscheiden sich in Aussehen, Geschmack und Reifezeit voneinander. Pflaumen sind rund bis oval, meist großfrüchtig, teilweise früh reifend und blau, violett oder rötlich gefärbt; die 'Ontario-Pflaume' und einige andere, weniger bekannte Sorten sind gelb. Zwetschen sind meist kleinfrüchtiger, später reifend, länglich bis spitz zulaufend geformt; die Farbe ist blau bis violett, seltener gelb. Renekloden haben eine grüngelbe bis violettrötliche Haut, eine kugelig-runde Form und kommen ebenfalls spät zur Reife. Mirabellen schließlich erreichen nur etwa Kirschgröße, sind wie diese rund, in Schale und Fruchtfleisch gelb; ihre Reife fällt in den August.

Befruchtung

Bei der Pflaumengruppe sind die Befruchtungsverhältnisse unterschiedlich. Es gibt selbstfruchtbare Sorten und andere, die ohne einen Pollenspender nicht auskommen. Bei einigen ist eine Eigenbestäubung wahrscheinlich, aber nicht sicher, daher können die Erträge solcher Sorten Schwankungen unterliegen. In der Tabelle werden sie daher zu den selbstunfruchtbaren Sorten gestellt und passende Pollenspender angegeben.

Schnitt

Alle Pflaumenbäume, die nicht älter als acht oder zehn Jahre sind, schneidet man am besten gleich nach der Ernte, später auch im Nachwinter. Dabei kommt es darauf an, die Krone auszulichten und Triebe, die auf der Oberseite der Leitäste wachsen, zu entfernen. Fruchtholz an diesen Ästen sollte nach vier Jahren eingekürzt werden, damit der Baum zur Bildung neuer, tragender Zweige angeregt wird. Wo sich am Ende starker Äste sogenannte „Quirle" gebildet haben, also mehrere dicht nebeneinanderstehende Triebe, läßt man nur einen davon stehen.

Pflaumen-, Zwetschen-, Renekloden- und Mirabellensorten

Sorte	Reifezeit[1]	Fruchtmerkmale	Befruchtersorten
'Althans Reneklode'	A VIII–E IX	groß, kugelig, bläulichrot	'Große Grüne Reneklode', 'Kirkes Pflaume', 'Lützelsachser'
'Bühler Frühzwetsche'	A–E VIII	mittelgroß, länglich, blauviolett	selbstfruchtbar
'Cacaks Beste' Zwetsche	M–E VIII	groß, oval, sehr stark duftend, dunkelblau	selbstfruchtbar
'Cacaks Schöne' Zwetsche	A–E VIII	groß, oval, duftend, dunkelblau	selbstfruchtbar
'The Czar'	A–M VIII	klein, rund, dunkelblau und bläulich bereift	selbstfruchtbar

[1] Römische Zahlen = Monat; A = Anfang; M = Mitte; E = Ende

Pflaumen-, Zwetschen-, Renekloden- und Mirabellensorten (Fortsetzung)

Sorte	Reifezeit[1]	Fruchtmerkmale	Befruchtersorten
'Deutsche Hauszwetsche'	A IX–M X	mittelgroß, violett und bläulich bereift	selbstfruchtbar
'Ersinger Frühzwetsche'	E VII–A VIII	klein bis mittelgroß, rötlich bis dunkelviolett, hellblau bereift	'Lützelsachser', 'The Czar', 'Wangenheims'
'Große Grüne Reneklode'	E VIII–M IX	sehr groß, rundlich, bräunlichrot oder gelb mit braunen Flecken	'Althans', 'Bühler', 'Kirkes', 'Mirabelle von Nancy', 'The Czar'
'Kirkes Pflaume'	E VIII–A IX	groß, rund, dunkelviolett	'Althans', 'Ontario', 'Wangenheims', 'Zimmers'
'Lützelsachser Frühzwetsche'	M–E VII	klein, länglich-oval, dunkelviolett bis dunkelblau	'Bühler', 'Ersinger', 'Ontario', 'Stanley', 'The Czar'
'Mirabelle von Nancy'	M–E VIII	klein, rundlich, braungelb, mit roter Fleckung	selbstfruchtbar
'Ontario-Pflaume'	A–M VIII	sehr groß, oval, goldgelb	selbstfruchtbar
'Stanley Zwetsche'	A–M IX	mittel- bis sehr groß, dunkelviolett, weißlich-blau bereift	selbstfruchtbar
'Wangenheims Frühzwetsche'	E VIII–M IX	klein, oval, schwarzblau, hellblau bereift	selbstfruchtbar
'Zimmers Frühzwetsche'	E VII–M VIII	klein, rundlich-oval bis länglich, schwarzblau, hellblau bereift	'Ersinger', 'Lützelsachser', 'The Czar', 'Wangenheims', 'Hauszwetsche'

[1] Römische Zahlen = Monat; A = Anfang; M = Mitte; E = Ende

Sauerkirsche

Von allen unseren Baumobstarten ist die Sauerkirsche die wohl anspruchsloseste. Trockenheit im Untergrund verträgt sie besser als Bodennässe oder Verdichtungen; es bestehen also Ähnlichkeiten mit der Birne. Der Standort kann sonnig bis leicht beschattet sein, pralle Sonne an der Südseite und schattenkühle Nordlagen sind nicht geeignet. Im Garten wird man sich heute überwiegend für die kleinen Buschformen entscheiden, die mit wenigen Metern Standraum auskommen und bequem vom Boden aus geschnitten und gepflückt werden können.

Befruchtung

Obgleich das Sortiment auch Züchtungen aufweist, die auf einen Pollenspender angewiesen sind, ist die Auswahl an hervorragenden selbstfruchtbaren Sorten so groß, daß man im Hausgarten ausschließlich solche Bäume anpflanzen sollte. Sie fruchten außerdem sicherer, und der Ertrag ist höher. Die beliebte 'Schattenmorelle', ebenfalls selbstfruchtbar, gibt es seit bereits fast 200 Jahren, früher hieß sie auch 'Große Lange Lotkirsche'. Sie kann durch Schnitt noch kleiner als die vorgegebene Buschform gehalten werden. Der Name leitet sich vom französischen Château du Moreille ab, hat also nichts mit ausgeprägter Schattenverträglichkeit zu tun. Leider ist diese Sorte sehr stark durch die Monilia-Spitzendürre gefährdet; entfernen erkrankter Triebe bis ins alte Holz und regelmäßiger Schnitt können dieser Pilzinfektion entgegenwirken.

Schnitt

Worauf es beim Schnitt der Sauerkirschen ankommt und was diese Behandlung bewirkt, hat der Berliner Obstbauspezialist Paul Gerhard Wilhelm sehr anschaulich beschrieben: „Sauerkirschen, vor allem Schattenmorellen, fruchten überwiegend an einjährigen Trieben. Bringen diese nur Früchte und außer der Triebverlängerung keine seitlichen Austriebe, so ist zweijähriges Holz bereits kahl. Werden solche Bäume mehrere Jahre nicht geschnitten, dann entfernt sich die fruchtbare Zone immer weiter von den Ästen, so daß der Weg für den Ernährungsstrom ungünstig lang wird. Die dünnen Triebe hängen danach peitschenförmig herab und haben nur am Ende eine von Jahr zu Jahr kürzer werdende fruchtbare Zone. Solche Bäume tragen wohl einige Jahre sehr gut, doch bleiben die Kirschen verhältnismäßig klein.

Durch Schnitt läßt sich die Ausbildung von Jungtrieben stark anregen. Gleichzeitig beugt man dadurch der Holzmonilia vor und verbessert die Fruchtgröße. Denn wo sich reichlich lange Neutriebe bilden, kommen auf eine Frucht etwa sechs Blätter gegenüber vier bei ungeschnittenen Kronen. Der Baum kann also kräftiger assimilieren. Hinsichtlich der Fruchtqualität ist zu beachten: Während sich bei jährlichem, starkem Schnitt – insbesondere Rückschnitt der Jung-

Sauerkirschen blühen relativ spät, die Blüten selbst können außerdem einiges an Kälte aushalten. Deshalb sind hier witterungsbedingte Verluste selten.

Der Schnitt alter Sauerkirschen verfolgt nur noch den Zweck, das Breitenwachstum der Krone einzudämmen und die Bildung neuer Fruchttriebe anzuregen.

Sauerkirsche als Kübelpflanze

triebe um ein Drittel ihrer Länge – die Früchte am größten ausbilden, der Ertrag gewichtsmäßig aber sinkt, ist bei mäßigem Schnitt kaum ein Unterschied zu ungeschnittenen Kronen festzustellen. Ein besonders günstiges Verhältnis zwischen Fruchtgröße und Ertragsmenge erreicht man durch mittelstarkes Auslichten bald nach der Ernte. Auf das Einkürzen junger Triebe, was sehr zeitraubend ist, sollte man verzichten.

Nach dem dritten bis vierten Standjahr, also nach Beendigung des Kronenaufbaus bei Kirschen, hört man mit dem Rückschnitt der Verlängerungstriebe der Leitäste und des Mitteltriebs auf und beschränkt sich auf jährliches Auslichten vor allem im oberen Kronenbereich und am Ende der Leitäste. Hier entfernt man nach dem zehnten Standjahr die starken Triebe, indem man bis auf einen tiefer stehenden, weniger wüchsigen Trieb zurückschneidet. Diesen läßt man aber ungekürzt. So nimmt die Krone an Umfang kaum noch zu, was zur Folge hat, daß die Jungtriebbildung überall gefördert wird. Ins Kroneninnere strebende, starke Neutriebe schneidet man am besten weg. Auch wo Jungtriebe zu dicht stehen, muß man regulierend eingreifen, schwache entfernen und die kräftigsten auf drei bis vier Augen zurückschneiden."

Reife- und Erntezeit

Für den Laien zunächst unverständlich ist die bei Kirschen in sogenannten „Kirschwochen" angegebene Reifezeit. Diese Periode entspricht nun keineswegs einer Kalenderwoche, sondern umfaßt jeweils einen Abschnitt von elf bis zwölf Tagen. Dabei geht man vom Reifetermin der frühesten Sorte aus, der, je nach Witterung und Lage, in die erste Junihälfte fällt. Gegen Ende August endet die Erntezeit mit der 7. Kirschwoche.

Kirschen als Kübelpflanzen

Kirschen kann man übrigens durchaus auch als Balkonobst in Kübeln ziehen. Daß sich die kleinbleibenden Sauerkirschen dafür eignen, ist bekannt. Überraschend war jedoch eine Mitteilung, die wir von dem Hamburger Baumschulbesitzer Peter Klock zum Thema Balkonkirschen erhielten. Klock hat sich auf exotische Nutzpflanzen für Kübelkultur, Veredelung von Obstgehölzen und Topfobst spezialisiert. Von ihm erfuhren wir folgendes: „Durch geeignete Unterlagenwahl und Anzucht können Sauerkirschenbäume erfolgreich als Kübelpflanzen kultiviert werden. So veredele ich mit guten Ergebnissen schon seit mehreren Jahren verschiedene Sauerkirschsorten, insbesondere 'Kelleris 14', auf der Unterlage 'Colt' sowie auf der französischen, meristemvermehrten Unterlage 'Maxma Delbard 14'. Im ersten Jahr machen die nach der winterlichen Kopulation in Dreilitertöpfe gepflanzten Veredelungen bereits mehrere Triebe, die nach dem ersten Wachstumsschub im Juni leicht zurückgeschnitten werden. Ein Blühen und Fruchten tritt oft schon im zweiten Jahr ein, mit Sicherheit jedoch im dritten Jahr nach der Veredelung. Diese Kübel-Sauerkirschen sind während der Blüte überaus dekorativ und tragen hernach eine Menge

Früchte, die genau so groß werden wie die an freiwachsenden Pflanzen. So können auch Obstliebhaber in den Genuß selbst geernteter Kirschen kommen, denen als Kulturfläche nur ein Balkon zur Verfügung steht.

Ebenso lassen sich durch Verwendung der genannten Unterlagen auch Süßkirschenbäume ziehen, die wesentlich schwächer wachsen als auf herkömmlichen Unterlagen. So steht in meinem Garten ein auffallend schön gewachsener, etwa 3 m großer Süßkirschenbaum der Sorte 'Büttners Rote Knorpel', der von mir vor etwa sechs Jahren veredelt wurde. Seit drei Jahren schon ernten wir regelmäßig eine große Menge von Früchten. Außerdem habe ich die Kultur von Süßkirschen im Kübel bei Verwendung der Unterlage 'Colt' und einer amerikanischen Knorpelkirschen-Edelsorte erprobt, die zudem, als angeblich einzige, selbstfruchtbar und genetisch schwachwüchsig sein soll. Der Wuchs im Kübel scheint das zu bestätigen. Eine seit kurzem bei mir im Gewächshaus (Kalthaus) wachsende Pflanze dieser Kirsche hat, ohne durch eine andere Sorte befruchtet werden zu können, Früchte angesetzt. Es ist also durchaus möglich, schwachwachsende Süßkirschenbäume zu ziehen, obgleich derartige Veredelungen bisher kaum angeboten werden."

Selbstfruchtbare Sauerkirschensorten:

'Ludwigs Frühe', 2.-3. Kirschwoche (KW); 'Schwäbische Weinweichsel', 3.–4. KW; 'Heinemanns Rubin', 5. KW; 'Morellenfeuer' (identisch mit 'Kelleris 16'), 5. KW; 'Cerelle', 'Nabella', 'Successa', alles verbesserte Weiterzüchtungen der 'Schattenmorelle' und in der 6. KW reifend; 'Schattenmorelle', 6.–7. KW; 'Kelleris 14', 7. KW.

Die sehr zeitig tragende Sorte 'Ludwigs Frühe' hat jetzt durch die ungarische Züchtung 'Favorit' Konkurrenz bekommen. Sie wurde seit 1979 an der Universität Stuttgart-Hohenheim aufgepflanzt und genau beobachtet. Die Früchte sind zinnoberrot, etwas abgeflacht-kegelförmig und bestechen durch ihre Größe und den Glanz. Das Fleisch der selbstfruchtbaren 'Favorit' ist hellrot und saftreich, hat eine angenehme Säure und relativ hohen Zuckergehalt. Die Kirsche eignet sich besonders zum Frischverzehr.

Süßkirsche

Eine den Sauerkirschen ähnliche kleinwüchsige Form der Süßkirsche ist bisher ins offizielle Sortiment unserer Markenbaumschulen noch nicht aufgenommen worden. Der von Peter Klock beschriebene Versuch muß leider fürs erste noch ein Einzelfall bleiben. Lediglich durch spezielle Schnittmaßnahmen über mehrere Jahre hinweg lassen sich große Bäume verkleinern. Dazu zieht man am besten einen Obstbaufachmann zu Rate.

Auch die Befruchtungsverhältnisse sind bei der Süßkirsche nicht so einfach wie bei der Sauerkirsche, da nicht jede Sorte für jede beliebige andere als Pollenspender in Frage kommt. Von diesen weniger günstigen Aspekten abgesehen, ist aber auch die Süßkirsche hinsichtlich des Bodens und der Lage nicht sonder-

Zwar können sich Sauerkirschen und Süßkirschen teilweise gegenseitig befruchten; da die Blütezeiten jedoch weit auseinanderliegen, läßt sich das für die Praxis kaum nutzen.

Da Süßkirschen durch Wechseltemperaturen im Nachwinter Holzschäden davontragen können, empfiehlt sich in klimatisch ungünstigen Gebieten ein Weißanstrich der Stämme.

lich anspruchsvoll; nur wünscht sie im Gegensatz zur Sauerkirsche einen möglichst sonnigen Platz, und wie bei dieser ist schweres, nasses, kühles Erdreich für eine Pflanzung nicht geeignet. Die Wurzeln sollen leicht und möglichst ungehindert wachsen können, wobei steiniger Untergrund ebenso wenig als störend empfunden wird wie Höhenlagen oder gelegentliche Trockenheit.

Gegen die an Süß- und Sauerkirschen auftretende Kirschfruchtfliege, deren Larven die Früchte vermaden, haben sich in die Kronen gehängte, mit Leim bestrichene Gelbtafeln bewährt.

Schnitt

Beim jährlichen Schnitt, am besten unmittelbar nach der Ernte, geht es vor allem darum, die Krone licht und luftig zu halten; Steiltriebe, die aus den Astoberseiten herauswachsen, werden entfernt, ebenso älteres Fruchtholz. Diese Sommerbehandlung kommt in der Regel nur für starkwachsende, ältere Bäume in Frage, die in der Entwicklung etwas gebremst werden sollen. Bei jüngeren Süßkirschen genügt es, zu steil stehende Seitentriebe waagerecht zu binden, um die Fruchtholzbildung zu fördern.

Bei Süßkirschen unterscheidet man zwei große Gruppen: Knorpelkirschen, die später reifen, festfruchtiger und aromatischer im Geschmack sind; und Herzkirschen, die weich und saftig im Fruchtfleisch sind und früher zur Reife kommen. Sie platzen bei anhaltenden Regenfällen nicht so leicht auf wie Knorpelkirschen.

Süßkirschensorten

Sorte HK = Herzkirsche KK = Knorpelkirsche	Reifezeit (Kirschwoche, KW)	Befruchtersorten (Auswahl)
'Anabella' (KK)	5. KW	'Schneiders Späte'
'Bigarreau' (HK)	2. KW	'Büttners Rote', 'Große Schwarze Knorpel', 'Hedelfinger', 'Schneiders Späte'
'Büttners Rote' (KK)	4.–5. KW	'Bigarreau', 'Germersdorfer', 'Kassins Frühe', 'Schneiders Späte', 'Van'
'Burlat' (HK)	1.–2. KW	'Büttners Rote', 'Hedelfinger', 'Schneiders Späte'; 'Burlat' soll auch selbstfruchtbar sein
'Germersdorfer' (KK)	5. KW	'Büttners Rote', 'Große Prinzessin', 'Hedelfinger', 'Kassins Frühe', 'Schneiders Späte'
'Große Prinzessin' (KK)	4. KW	'Bigarreau', 'Germersdorfer', 'Hedelfinger', 'Kassins Frühe', 'Van'

Süßkirschensorten (Fortsetzung)

Sorte HK = Herzkirsche KK = Knorpelkirsche	Reifezeit (Kirschwoche, KW)	Befruchtersorten (Auswahl)
'Hedelfinger' (KK)	4.–5. KW	'Bigarreau', 'Büttners Rote', 'Große Prinzessin', 'Große Schwarze Knorpel', 'Kassins Frühe', 'Van'
'Große Schwarze Knorpel' (KK)	5.–6. KW	'Bigarreau', 'Große Prinzessin', 'Kassins Frühe', 'Schneiders Späte', 'Van'
'Kassins Frühe' (HK)	1.–2. KW	'Bigarreau', 'Büttners Rote' 'Große Prinzessin', 'Große Schwarze Knorpel', 'Hedelfinger', 'Schneiders Späte'
'Schneiders Späte' (KK)	5.–6. KW	'Bigarreau', 'Germersdorfer', 'Große Prinzessin', 'Große Schwarze Knorpel', 'Hedelfinger', 'Kassins Frühe', 'Van'
'Souvenir des Charmes' (HK)	2.–3. KW	'Büttners Rote'
'Van' (KK)	4.–5. KW	'Büttners Rote', 'Große Prinzessin' 'Große Schwarze Knorpel, 'Hedelfinger'

Schalenobst

Haselnuß

Diese heimischen Großsträucher wachsen in jedem Boden und brauchen praktisch nicht gepflegt zu werden. Im Garten haben sie meist eine Doppelfunktion als Frucht- und Sichtschutzgehölz; besonders die Bluthasel ist mit ihrem schwarzroten Laub eine Zierde für jeden Garten. Da die Kätzchen des männlichen Exemplars sehr früh – manchmal schon im Februar – erscheinen, kann die Befruchtung in spätfrostgefährdeten Lagen gestört werden. Es sind stets zwei Sträucher anzupflanzen, damit eine Pollenübertragung stattfindet. Bei einer Pflanzung an die Grundstücksgrenze müssen die Wuchseigenschaften der Haselnuß bedacht werden, die leicht 8 m hoch und halb so breit werden kann.

Die Reifezeit erstreckt sich, je nach Sorte, von August bis Oktober. Bei der Ernte schüttelt man die Früchte ab oder pflückt sie einzeln. Empfehlenswerte Sorten sind: 'Cosford', 'Englische Riesen', 'Hallesche Riesen', 'Webbs Preisnuß' und 'Wunder von Bollweiler'.

In einem Naturgarten lassen sich Haselnüsse auch als Hecke anpflanzen. Da sie schnittverträglich sind, kann man den Breitenwuchs in Grenzen halten.

Walnuß

Wegen ihrer gewaltigen Ausmaße ist die Verwendung von Walnußbäumen im Garten begrenzt

Wir haben es hier mit einem Gehölz zu tun, das nur für wärmere Gegenden in Frage kommt, in denen Blüten und junge Triebe vor Spätfrösten sicher sind. Der Boden soll warm und durchlässig sein, dann kann man bereits ab dem dritten oder vierten Standjahr mit ersten Erträgen rechnen. Allerdings sollte man sich eine Anpflanzung gut überlegen, denn auch Walnußveredelungen brauchen einen Standraum von 8 x 10 m; der Riesenwuchs der Sämlinge wurde bereits erwähnt (siehe Seite 156).

Bei Walnüssen sitzen männliche und weibliche Blüten an ein und demselben Baum, sie sind also nicht wie bei den anderen Obstgehölzen zwittrig. Zu schneiden gibt es nicht viel; wenn dennoch Zweige und Äste, die zu dicht stehen oder durch Frost geschädigt worden sind, herausgenommen werden müssen, wird das am besten im Sommer, etwa im August, erledigt. Schneidet man im Spätwinter ist zu befürchten, daß der Baum stark blutet.

Walnußsorten

Sorte	Eigenschaften
'Esterhazy II'	große und wohlschmeckende Früchte, reiche Erträge
'Nr. 26'	reich tragend und spät austreibend, daher weniger durch Spätfröste gefährdet; Früchte mittelgroß, oft in Büscheln wachsend, wohlschmeckend
'Nr. 120'	mittlerer bis später Austrieb mit später Blüte; große wohlschmeckende Früchte
'Nr. 139'	spät austreibend, reich tragend; mittelgroße Früchte
'Nr. 286'	mittelfrüher Austrieb, ertragreich; Nüsse mittelgroß, sehr gut im Geschmack
'Nr. 1247'	wegen frühen Austriebs und mittelfrüher Blüte nur für von Spätfrösten nicht bedrohte Gebiete; Früchte mittelgroß mit gutem Geschmack
'Weinsberg 1'	Blüte mittelspät; sehr große, dünnschalige Nüsse

Beerenobst **Brombeere**

Abgesehen davon, daß auch Beerensträucher wie alle anderen Kulturpflanzen von Krankheiten und Schädlingen befallen werden und daß es bei extrem schlechten Böden oder ungeeigneten Lagen Schwierigkeiten geben kann, bereiten diese Gehölze im Garten die geringsten Probleme. Wo man aus Platzmangel auf Baumobst verzichten muß, kann man sich an ein paar Johannis- oder Stachelbeersträuchern, an Himbeeren oder Brombeeren schadlos halten.

Die Pflegemaßnahmen erfordern kaum Aufwand, der Schnitt ist schnell durchgeführt, und zur Nährstoffversorgung genügen einige Handvoll Mineraldünger und/oder reichlich Kompost beziehungsweise Naturdünger.

Was den Wert für unsere Gesundheit angeht, steht Beerenobst dem Baumobst in nichts nach, und lediglich auf eine Frischlagerung muß man bei Beeren (außer bei Kiwis) verzichten. Dafür bieten sich vielfältige Konservierungsmöglichkeiten und nicht zuletzt das Tiefgefrieren an.

Das Sortenspektrum erlaubt eine reiche Auswahl je nach Geschmack, Eigenschaften und Reifezeit, obgleich die Reife einzelner Sorten nicht so weit auseinanderliegt wie teilweise beim Baumobst. Soweit auf Unterlagen veredelt wird, braucht sich der Hobbygärtner darüber keine Gedanken zu machen.

Bei unseren Gartenbrombeeren handelt es sich fast ausnahmslos um Sorten, die in Amerika entstanden. Aus Kreuzungen entwickelte Hybriden wie Boysenbeere, Loganbeere, Youngbeere oder Taybeere sind in den klimabegünstigten Gebieten der USA durchaus auch wirtschaftlich von Bedeutung, werden bei uns dagegen wegen mangelnder Frosthärte kaum angebaut. Vereinzelt tauchen Logan- und Taybeere in Baumschulen südlich des Mains auf, vor allem aber sind sie in den Katalogen des Pflanzenversandhandels zu finden. Versuche mit ihnen im Hausgarten sind stets risikobelastet.

Eine gewisse Empfindlichkeit haftet vielen Brombeerzüchtungen an, und damit wird auch die Platzwahl im Garten so wichtig: Brombeeren sollten sonnig und möglichst geschützt stehen,

Winterschutz
für rankende Brombeersorten:
Die Langtriebe werden
von den Drähten gelöst,
auf den Boden gelegt und
mit Reisig oder Laub abgedeckt

Brombeeren lassen sich sehr einfach vermehren: Triebspitzen, die man im August/ September in den Boden senkt und mit Erde bedeckt, wurzeln schon in kurzer Zeit an. Man trennt sie danach ab und pflanzt ein.

Eine Hecke aus der rankenden, stark bedornten Brombeersorte 'Theodor Reimers' wird mit der Zeit dicht und unüberwindlich. Da man zu diesem Zweck nur wenig schneidet, fallen die Erträge entsprechend geringer aus.

„Frostlöcher" müssen vermieden werden. Die Ansprüche an den Boden dagegen sind gering, selbst leichtes Erdreich wird vertragen, jedenfalls eher als schwerer, lehmiger und daher kühler Boden; bei letzterem muß man mit reichlich Kompost und organischen Düngern für eine Aufbesserung sorgen. In jedem Fall empfiehlt es sich bei den rankenden Sorten, die Langtriebe im Herbst vom Draht des Gerüsts zu lösen, auf den Boden zu legen und mit Fichtenreisig, Stroh, Laub oder einem anderen schützenden Material zu bedecken.

Pflanzung

Wegen ihrer Frostempfindlichkeit ist bei Brombeeren eine Frühjahrspflanzung im März oder April der Herbstpflanzung vorzuziehen. Am günstigsten sind zweijährige Exemplare, die man in der Baumschule mit Topfballen kauft; die Ballen müssen so tief gesetzt werden, daß die Triebknospen am Wurzelhals unter die Erde kommen. Wie bei Himbeeren empfiehlt es sich, die Pflanzstelle nach dem Angießen mit organischem Material abzudecken. Der Pflanzenabstand beträgt bei den rankenden Sorten mit teilweise bis zu 10 m langen Trieben etwa 2,50 m, der Reihenabstand 3 m und mehr.

Die aufrecht wachsenden Züchtungen, von denen bei uns nur eine im Handel ist, begnügen sich mit 50 cm Pflanzen- und 2 m Reihenabstand. Im kleinen Hausgarten wird man kaum so viele Exemplare benötigen, daß Doppelreihen erforderlich sind, zumal man bei den selbstfruchtbaren Brombeeren auf mehrere Pflanzen verzichten kann.

Das Gerüst für die Brombeerstauden muß stabiler sein als bei den wesentlich leichteren und kaum in die Breite wachsenden Himbeeren. Die Haltepfähle für den Spanndraht sollten schon einiges aushalten können und deshalb fest im Boden verankert sein. Zwischen die Pfähle werden drei bis sechs starke Drähte im Abstand von 50 oder 60 cm gezogen, an denen die langen Ranken später festzubinden sind. Bei aufrechtwachsenden Sorten kann man auf ein derartiges Gerüst verzichten.

Für die Düngung und Bodenpflege gelten folgende Grundregeln: möglichst viel organisches Material in den Boden einarbeiten, Kompost und Naturdünger bevorzugen, im Bedarfsfall jedoch mit Mineraldünger fehlende Nährstoffe ergänzen, 100 g/m^2 auf zwei Gaben im zeitigen Frühjahr und nach der Blüte verteilt.

Schnittmaßnahmen

Nach der Frühjahrspflanzung werden die Ruten entweder auf 40 cm Länge zurückgenommen oder ungeschnitten – so wie sie sind – an den unteren Drähten befestigt. Was im Sommer hier an Seiten- oder Geiztrieben erscheint, ist bei 40 cm Länge auf zwei bis vier Knospen einzukürzen, die heranwachsenden Jungtriebe sind fortlaufend am Draht nach rechts und links zu führen und anzubinden. Mehr als sechs bis acht solcher kräftigen Ruten braucht man dem Strauch nicht zu belassen.

Zeitig im Frühjahr werden dann alle Ranken abgeschnitten, die im Sommer Früchte getragen haben, denn Brombeeren tragen wie Himbeeren nur am jungen

Holz. Noch besser ist es, die abgetragenen Ranken sofort nach der Ernte dicht am Boden zu kappen, sie jedoch bis zum Frühjahr im Gerüst hängen zu lassen. Da ihre Blätter zwar vertrocknen, aber nicht abfallen, bieten sie einen gewissen Winterschutz – sofern man die Ranken im Herbst nicht ohnedies abbindet und auf den Boden legt. Auch Triebe, die zu lang geworden sind, werden am besten kräftig eingekürzt, denn 10 m Seitenausbreitung müssen wirklich nicht sein, und an den Triebenden bleibt der Fruchtansatz meist sowieso spärlich.

Bei den aufrechtwachsenden Sorten ist der Schnitt einfach: Wenn man alljährlich sämtliche Tragruten nach der Ernte abschneidet, ist nur noch ein gelegentliches Auslichten nötig, damit der Strauch nicht zu dicht wird.

Brombeersorten

Wir unterscheiden drei Gruppen: rankende Sorten, die mehr oder weniger stark bedornt sind; rankende, aber dornenlose Sorten; und dazu noch nichtrankende Sorten, die aufrecht wie Himbeeren wachsen und meist wenig bedornt sind. Botanisch exakt ausgedrückt, dürfte man bei Brombeeren nicht von Dornen sprechen, sondern von Stacheln, wie sie die Stachelbeere korrekt ja auch in ihrem Namen trägt.

Unsere bekannteste rankende und mit starker Bestachelung versehene Brombeere ist 'Theodor Reimers' oder 'Sandbrombeere'. Trotz ihres deutsch klingenden Namens stammt sie aus den USA und wurde bereits Ende des vorigen Jahrhunderts bei uns eingeführt. Ihre Ranken können bis zu 10 m Länge erreichen und sollten deshalb immer wieder eingekürzt werden. Die Spätsorte, die von August bis September heranreift, stellt keine besonderen Ansprüche, gedeiht auch noch auf Sandböden (man denke an den Namen), ist aber leider frostempfindlich; man sollte daher ihre Ranken im Herbst abbinden und mit Fichtenreisig schützen.

Eine neuere Sorte aus der rankenden Gruppe ist 'Bedfort Giant', deren kugelige, rotschwarze Früchte im Juli reifen.

Unter den dornenlosen Brombeeren macht eine Neuzüchtung aus der Schweiz von sich reden: 'Jumbo', deren Früchte doppelt so groß sind wie die von 'Theodor Reimers'; sie reifen von Anfang August bis Ende September und sind sehr aromatisch. Besondere Ansprüche werden angeblich nicht gestellt.

'Black Satin' ist eine starkwachsende, dornenlose Brombeere mit großen, sehr aromatischen Früchten, die von Ende Juli bis in den September hinein reifen.

'Hull Thornless', eine Sorte, die ebenfalls stark wächst, trägt im August wohlschmeckende, süße Beeren. Die Pflanze ist gesund und winterhart.

'Thornfree' wächst nur mittelstark, die süß-aromatischen Beeren werden im August/September reif und haben leichtes Weinaroma.

'Thornless Evergreen', bereits 1926 in den USA entstanden, ist der Vorläufer aller anderen, bei uns jetzt erhältlichen dornenlosen Züchtungen. Die im August/September reifenden Beeren ha-

Eine Brombeerhybride, mit der man es in warmen Gegenden probieren kann, ist die Neuzüchtung 'Thornless Loganberry'. Sie besitzt große, konische, dunkelrote Früchte mit Himbeeraroma.

Von der dornenlosen, 1966 in den USA entstandenen Brombeersorte 'Smoothstem' ist abzuraten; ihre Erträge sind unregelmäßig, die Beeren weich, daher schlecht zu pflücken und ohne viel Eigengeschmack.

ben ein ansprechendes Aroma und sind festfleischig. Frostschutz für die Ruten ist bei dieser Sorte im Winter angebracht.

'Wilsons Frühe' ist die einzige, aufrechtwachsende, nur wenig bestachelte Brombeere im hiesigen Sortiment. Die mittelgroßen, süßen Beeren reifen gegen Ende Juli. Diese Sorte ist winterfest.

Erdbeere

Einmaltragende, großfrüchtige Erdbeersorten – sie werden im Garten am häufigsten angebaut – müssen bis spätestens Mitte August gepflanzt sein, soll die Ernte im kommenden Jahr reichlich ausfallen. Der frühe Pflanztermin hat seinen guten Grund. In der kurzen Zeitspanne von August bis September bereitet sich die Erdbeerstaude auf die Vegetationsperiode des nächsten Jahres vor. Das Wachstum der Wurzeln setzt jetzt verstärkt ein und stellt die Wasser- und Nährstoffaufnahme noch vor dem Winter sicher. Wenn im September die Tage immer kürzer werden, mit abnehmender Lichtmenge und kühleren Temperaturen, dann löst das bei der Erdbeerpflanze die Bildung der Blütenanlage aus, womit der Ertrag des kommenden Sommers vorprogrammiert ist. Wenn man später setzt, schadet das zwar den Pflanzen selbst nicht, aber der Anbauer hat praktisch ein Jahr verschenkt. Anders verhält es sich bei den mehrmalstragenden Sorten wie 'Ostara' oder 'Hummi Gento'. Sie fruchten mit geringem Behang im Juni, blühen dann ein zweitesmal und bringen den Hauptertrag von August bis Herbst. Man kann sie also getrost auch noch etwas

später, im September pflanzen, da die Juniernte ohnehin nur mit spärlichen Ergebnissen aufwartet. In diese Gruppe der mehrfachtragenden Sorten gehören auch die Klettererdbeeren, deren Ranken man allerdings an einem Gerüst aufbinden muß. Monatserdbeeren wiederum fruchten ohne Unterbrechung von Juni bis zum Frostbeginn, sind zwar keine Massenträger, dafür aber besonders aromatisch. Diese Sorten bilden keine Ausläuferranken, können im Frühjahr auf dem Fensterbrett aus Samen angezogen werden und tragen dann noch im selben Sommer.

Pflanzung

Anders als bei den meisten Baumobstarten braucht man sich bei Erdbeeren nicht um spezielle Befruchtersorten zu kümmern; alle modernen Züchtungen sind selbstfruchtbar. Nur bei der altbekannten und wegen ihres unerreichten Geschmacks heute wieder gefragten, selbstunfruchtbaren 'Mieze Schindler' ist ein Partner als Bestäuber unerläßlich.

Alle Erdbeeren lieben Sonne, an den Boden stellen sie normale Ansprüche. Wenn er nicht bereits sehr feinkrümelig und humos ist, sollte er vor der Pflanzung tiefgründig gelockert, eventuell sogar zwei Spatenstich tief umgegraben und nach dem Glattziehen in der oberen Schicht mit Kompost, organischem Dünger oder Torfmischdünger angereichert werden.

Bei der üblichen Beetbreite von 1,20 m werden drei Reihen Erdbeeren im Abstand von 40 cm angelegt, von Pflanze zu Pflanze sollte der Abstand etwa 20 cm betragen. Wer den Bestand

Monatserdbeeren benötigen kein Extrabeet. Man kann sie sehr gut als Randbepflanzung an Wegen und Rabatten unterbringen.

Die Gefahr des Grauschimmelbefalls verringert sich durch weite Pflanzung der Erdbeeren und Vermeidung stickstoffbetonter Düngung im Herbst.

schon bald durch eigene Jung-pflanzen ergänzen und verjüngen möchte, sollte von vornherein weitere Abstände wählen, um den Ausläufern genügend Platz zu bieten.

Beim Setzen der Erdbeeren kommt es auf die richtige Pflanz-tiefe an. Der Blattstielansatz muß sich mit der Bodenoberfläche auf gleichem Niveau befinden. Man hebt also das Pflanzloch so tief aus, daß die Wurzeln in ihrer gan-zen Länge darin Platz finden.

Pflege

Wie bei anderen Kulturen auch sollte der Boden zwischen den Reihen durch gelegentliches, aber sehr vorsichtiges Hacken (Wurzelschäden!) locker und un-krautfrei gehalten werden. Nach dem Pflanzen und während der Wurzel- und Blütenknospenbil-dung ist für ausreichende Feuch-tigkeit zu sorgen, ebenso in der Zeit der Fruchtreife.

Unmittelbar nach der Ernte und dann nochmals Anfang Septem-ber arbeitet man 50 g/m² eines Volldüngers leicht in den Boden zwischen die Pflanzen ein. Kom-post sollte auf das Beet gestreut werden, wann immer er zur Verfü-gung steht, um das Bodenleben

zu aktivieren und den Humusge-halt kontinuierlich zu ergänzen; demselben Zweck dient das sommerliche Mulchen der Erd-beerbeete, das nicht genug emp-fohlen werden kann.

Auch eine Folienpflanzung ist möglich. Unter der Kunststoff-decke kommt kein Unkraut auf, und die Erde erwärmt sich schneller; aber es gibt auch Nachteile: Ausläufer bekommen ohne Hilfe keinen Erdkontakt, Spätfröste sind für die Blüten ge-fährlicher, da der Boden keine Wärme abstrahlt. Ob man einjäh-rig, zweijährig oder, wie es früher üblich war, mehrjährig zieht, bleibt jedem selbst überlassen. Länger als vier Jahre sollten die Pflanzen jedenfalls nicht auf dem Beet stehen, weil dann die Er-träge so stark zurückgehen, daß sich der Anbau nicht mehr lohnt.

Vermehrung

Bei der Anzucht von Jungpflan-zen nehmen uns die Erdbeeren selbst einen großen Teil der Ar-beit ab, indem sie ihre Ausläufer bereits mit dem Nachwuchs besetzen. Von solchen Erdbeer-jungstauden ist schon im Jahr darauf eine Rekordernte zu er-warten, sofern sie von einer ge-

Erdbeerpflanzung:
Auf einem Beet von 120 cm Breite kann man drei Reihen im Abstand von 40 cm unterbringen; der Pflanzabstand in der Reihe beträgt etwa 20 cm. Eine Mulchschicht aus Stroh, die nach der Blüte ausgelegt wird, sorgt dafür, daß die Früchte nicht allzusehr verschmutzen oder faulen

sunden, reichtragenden Mutterpflanze abstammen und einen guten Start hatten. Deshalb sollten geeignete Altgewächse während der Fruchtausbildung mit einem Hölzchen gekennzeichnet werden.

Und so wird's gemacht: Man senkt einen mit Nährsubstrat gefüllten Blumentopf neben den gewählten Ausläufer bodengleich in die Erde, setzt die Jungpflanze darauf und fixiert sie mit einem Drahtbügel. Ist der Ableger im Topf angewachsen, wird er von dem zur Mutterpflanze führenden Sproß getrennt. Wenig später kann man die kleine Erdbeere austopfen und mit dem Ballen auf den vorgesehenen Beetplatz umquartieren.

> **Wird kein Wert auf Ballenpflanzung der jungen Erdbeeren gelegt, kann man die ausgewählten Ausläufer auch direkt auf dem Beet bewurzeln lassen. Danach werden sie von der Mutterpflanze abgetrennt und neu gesetzt.**

Erdbeersorten

Das riesige Erdbeersortiment ist kaum mehr überschaubar, und vor allem der Liebhabergärtner fühlt sich bei der Sortenwahl alleingelassen. Hinzu kommt, daß viele Züchtungen speziell für den Erwerbsgartenbau entwickelt wurden, die dort geforderten Eigenschaften im Hausgarten jedoch nicht gefragt sind. Eine besonders festfleischige Beere beispielsweise eignet sich hervorragend für die Konservierung und

Ausläuferpflanzen von Erdbeeren kann man in Töpfen wurzeln lassen

kann wegen ihrer Transportunempfindlichkeit auch gut vermarktet werden. Diese Vorzüge sind jedoch im Privatgarten kaum von großem Interesse. Wer Erdbeeranbau zu seinem Hobby macht, wird wahrscheinlich nach und nach mehrere Sorten ausprobieren müssen, um herauszufinden, welche ihm besonders zusagt.

Einmaltragende Erdbeersorten, Reifezeit früh: 'Deutsch Everns Finessa'; 'Elvira'; 'Gorella'; 'Hummi Grande'; 'Karina'; 'Macherauchs Früherernte'; 'Regine'; 'Senga Gigana'; 'Senga Precosa'; 'Senga Precosana'
Reifezeit mittelfrüh: 'Hummi Ferma'; 'Hummi Stugarta'; 'Korona'; 'Red Gauntlet'; 'Senga Dulcita'; 'Senga Litessa'; 'Senga Sengana'; 'Splendida'; 'Vigerla'
Reifezeit spät: 'Asieta'; 'Deutsch Everns Famosa'; 'Deutsch Everns Solveta'; 'Elista'; 'Senga Fructarina'; 'Tago'
Mehrmalstragende Erdbeersorten: 'Hummi Eroma'; 'Hummi Gento'; 'Ostara'; 'Klettererdbeere Hummi'
Monatserdbeersorten: 'Baron Solemacher'; 'Rimona-Hummi'; 'Rügen'

Heidelbeere

Die bis zu 2 m hohen Sträucher der Kulturheidelbeere, die sich im Mai mit weißen bis rosafarbenen Glockenblüten schmücken, sind zugleich auch eine hübsche Zierpflanze außerhalb des Nutzgartenbereichs. Obgleich die Sträucher in unserem Klima gut gedeihen und auch Fröste ihnen kaum etwas anhaben können, gibt es mit diesem Erikagewächs, das ursprünglich aus lichten Wäldern stammt, im Hausgarten immer wieder Probleme. Gemäß ihrer Herkunft verlangen nämlich auch die Zuchtsorten ein saures, durchlässiges, mit viel Humus angereichertes Erdreich. Böden mit einem erforderlichen pH-Wert um 4,5 aber sind in unseren Gärten kaum anzutreffen. Erfolg mit Heidelbeeren ist also nur möglich, wenn der Boden der Pflanzstelle entsprechend hergerichtet wird.

Dafür bieten sich zwei Möglichkeiten an: Entweder hebt man pro Strauch eine etwa 1,5 m^2 große und 50 cm tiefe Grube aus, die man mit einem Gemisch aus feuchtem Torf, Sand und Rindenkompost wieder auffüllt; oder man pflanzt in große Kübel, Fässer, Betonringe mit derselben Mischung; so halten es Heidelbeeren jahrelang aus.

Pflanzung

Gepflanzt wird im Herbst oder Frühjahr an einen sonnigen Platz, der Abstand von Strauch zu Strauch sollte 2–3 m betragen. Man setzt etwas tiefer, als das Gehölz in der Baumschule stand. Obgleich Heidelbeeren sich selbst befruchten, kommt es dem Ertrag zugute, wenn mehrere Exemplare beisammen stehen. Nach der Pflanzung sollte der Boden über den Wurzeln mit einer dicken Mulchschicht aus organischem Material abgedeckt, von Zeit zu Zeit auch mit Torf bestreut werden, um einer Kalkanreicherung entgegenzuwirken.

Mit ersten Erträgen, die sich später auf über 5 kg pro Pflanze steigern können, ist ab dem dritten Standjahr zu rechnen. Die Reifezeit dauert je nach Sorte von Juli bis in den September hinein.

Pflege

Schnittmaßnahmen, bei denen lediglich altes, nicht mehr tragendes Holz zu entfernen und der Strauch damit auszulichten ist, werden erst ab dem fünften Jahr fällig. Für die Düngung sollte man stets organischen Nährstoffen den Vorzug geben, von denen ein Teil schon durch die ständige Mulchdecke entsteht. Machen sich Mangelerscheinungen bemerkbar, kann man im zeitigen Frühjahr mit 30 g eines mineralischen Volldüngers (plus Magnesium) pro Strauch nachhelfen.

Heidelbeersorten

Außer den in Deutschland entwickelten Sorten 'Ama' und 'Heerma' bieten unsere Baumschulen vor allem Züchtungen an, die aus Amerika stammen. Aus dem großen Sortiment sind – nach Reifezeit geordnet – zu nennen: 'Bluette': sehr früh, gleichmäßig reifend; 'Bluecrop': mittelfrüh, große Trauben, sehr frosthart und trockenresistent; 'Berkeley': mittelspät, sehr große, feste Beeren; 'Herbert': spät, großfrüchtig; 'Coville': spät, sehr aromatisch und platzfest; 'Jersey': Beeren groß, hellblau

Schädlinge kommen an Heidelbeeren kaum vor, dennoch kann der Ertrag durch tierische „Feinschmecker" dezimiert werden: Vögel haben für die blauen Beeren eine besondere Vorliebe. Die kompakten Sträucher lassen sich aber gut durch Netze schützen.

Heidelbeeren
kann man in großen Behältern,
zum Beispiel
Betonringen, kultivieren

Himbeere

In der Natur kommen Himbeeren auf Waldlichtungen, an besonnten Hängen und als Begleitpflanzen am Gehölzrand vor. Das gibt bereits Hinweise darauf, was diese Halbsträucher im Garten wünschen: sonnigen Stand und lockeren, humusreichen Boden.

Pflanzung und Schnitt

Die günstigste Pflanzzeit ist der Herbst; wird das Frühjahr dafür gewählt, sollte man die Sträucher so zeitig wie möglich in den Boden bringen. Da die empfindlichen Wurzeln der frisch gekauften Jungpflanzen rasch austrocknen, müssen sie, wenn nicht sofort gesetzt wird, die Überbrückungszeit in einer Wanne mit Wasser verbringen. Achten Sie beim Pflanzen darauf, daß die an den Wurzeln erkennbaren Triebknospen nicht verletzt werden, denn aus ihnen wachsen die Ruten hervor, die bereits im darauf-

folgenden Jahr eine erste Ernte gewährleisten.

Gepflanzt wird in 1,50 m voneinander entfernte Reihen, der Abstand in der Reihe beträgt 50 cm. Wenn man in jede Pflanzgrube Torf gibt, den man mit Hornspänen oder reifem Kompost vermischt hat, fördert das die Wurzelbildung und beschleunigt das Anwachsen. Die Triebknospen an den Wurzeln sollen beim Setzen etwa 5 cm tief unter die Erde kommen; anschließend wird gewässert und jede Pflanzstelle mit organischem Material wie Grasschnitt, Kurzstroh, Rindenmulch, grobem Kompost, verrottetem Stallmist oder Pflanzenabfällen aus dem Garten abgedeckt, also gemulcht. Schon vor dem Setzen oder gleich danach sind die vorhandenen Ruten kräftig einzukürzen, etwa um 50 cm. Die Blätter, die danach noch austreiben, dienen zur Kräftigung der Junggehölze. Sie sterben nach einiger Zeit ab, und die Restruten können dann bodennah weggeschnitten werden.

Dasselbe Schicksal erfahren alle Ruten, nachdem sie getragen haben und im Juli abgeerntet wurden. In der Zwischenzeit haben sich neue Ruten gebildet, die als Träger der nächsten Ernte dienen; von ihnen läßt man nur acht bis zehn je laufendem Meter stehen (das sind vier oder fünf Ruten pro Pflanze) und nimmt auch bodengleich, also ohne Stummel, weg, was schief wächst oder weit entfernt von der Mutterpflanze und der Reihe aus dem Boden kommt. Auf diese Weise bleibt der Bestand luftig und licht, Krankheitserreger und Schädlinge haben weniger Angriffsflächen.

Himbeeren werden in Reihen mit 150 cm Abstand gepflanzt; der Abstand in der Reihe beträgt 50 cm. Die langen Ruten bindet man an zwei oder drei Spanndrähten fest

Die Ruten werden mit Bast oder Gärtnerschnur an Spanndrähten befestigt, für die man einige kräftige Pfähle längs der Reihe in den Boden treibt. Meist sind zwei Drähte in 0,70 und 1,50 m Höhe völlig ausreichend. Weit über die Drähte hinausragende Ruten können auf 2 m Länge eingekürzt werden. Wenn man an den Stützposten ein Querholz und daran zwei parallel zueinander verlaufende Drähte anbringt, zwischen denen die Pflanzen stehen, erübrigt sich das Anbinden.

Düngung

Bei der Bodenpflege und Düngung ist gerade für Himbeeren das Einbringen organischer, humusbildender Stoffe und das Abdecken mit ebensolchem Material besonders wichtig. Da es sich um Flachwurzler handelt, unter denen nicht gehackt werden sollte, unterdrückt man mit Hilfe der Mulchdecke Unkrautwuchs und mindert die Wasserverdunstung. Zusätzlich zur Einbringung von Kompost und Naturdünger kann noch eine mineralische Nährstoffversorgung erfolgen; dazu werden im zeitigen Frühjahr 70 g/m^2 und dann nach der Blüte noch einmal 30 g/m^2 eines chloridfreien, blauen Mineraldüngers gegeben, der als Spurenelement Magnesium enthalten sollte.

Himbeersorten

Neben den einmaltragenden Himbeersorten gibt es auch solche, die zweimal jährlich Früchte bringen, im Sommer und noch einmal im Herbst. Auch bei ihnen müssen im Herbst alle abgetragenen Ruten entfernt werden, von den jungen Trieben läßt man ebenfalls nur acht oder zehn pro laufendem Meter stehen. Beide Sortengruppen sind selbstfruchtbar und wegen der relativ späten Blüte nur selten durch Spätfröste gefährdet.

Einmaltragende Himbeersorten: 'Gelbe Antwerpen': mittelfrüh, gelbfrüchtig; 'Gigant': früh; 'Glen Clova': früh; 'Golden Everest': früh, gelbfrüchtig; 'Golden Queen': mittelspät, gelbfrüchtig; 'Himbostar': spät; 'Kelleris 5': spät; 'Malling Admiral': spät; 'Malling Promise': früh; 'Multiraspa': früh; 'Rucami': spät; 'Rumilo': spät; 'Rutrago': spät; 'Schönemann': spät; 'Zefa 1': mittelfrüh; 'Zefa 2': mittelfrüh

Zweimaltragende Himbeersorten: 'Erntesegen'; 'Korbfüller'; 'Pechts Herbstfreude'; 'Zefa 3' (auch als 'Zefa Herbsternte' bekannt)

Johannisbeere, rote und weiße

Sie sind wohl die Beerensträucher, die man am häufigsten im Hausgarten antrifft. Das mag daher kommen, daß Johannisbeeren in jedem guten, mit Humus versorgten Boden gedeihen und, bis auf die schwarzfrüchtigen Sorten, auch noch bei leichter Beschattung zufriedenstellend fruchten. Dennoch sollte man vollsonnige Standorte vorziehen. Vor allem vermeide man Plätze, die Frösten leicht zugänglich sind, da das die Erträge gefährden könnte. Sonst haben die Sträucher keine übertriebenen Wärmeansprüche. Botanisch besteht zwischen roten und weißen Sorten kein Unterschied, im Geschmack sind die hellfrüchtigen Züchtungen meist anspre-

Ein an Himbeeren häufiger Schädling ist der Himbeerkäfer, dessen Larven die Früchte vermaden. Dagegen kann man zur Blütezeit mit einem giftfreien, bienenungefährlichen Insektizid spritzen.

Bei den zweimaltragenden Himbeeren fällt die erste Ernte meist ziemlich mager aus. Höhere Erträge bringen die im Spätsommer reifenden Beeren.

Rote Johannisbeere

Die meisten Johannisbeersorten sind selbstfruchtbar, bei den schwarzen Züchtungen empfiehlt sich jedoch ein Pollenspender, auch wenn er nicht unbedingt notwendig ist; so fallen die Erträge höher aus.

Düngung

Damit die Johannisbeere gut gedeiht, lohnt es sich, wenn man in jedem Frühjahr reichlich Kompost oder humusbildende organische Dünger ausbringt. Zusätzlich kann mit einem mineralischen Vollnährstoff von etwa 50 oder 100 g/m^2 oder pro Strauch nachgeholfen werden, und zwar je ein Drittel davon beim Austrieb, ein zweites während der Blüte und das letzte etwa Anfang Juli. Danach wird nicht mehr gedüngt, um die Holzausreifung nicht zu gefährden, was wiederum zu einer Frostanfälligkeit der Triebe führen würde.

chender und süßer, tragen dafür aber doch etwas weniger als die roten.

Pflanzung

Als Pflanzzeit ist der Herbst dem März oder April vorzuziehen, weil der Strauch dann bis zum Austrieb im zeitigen Frühjahr bereits Fuß gefaßt hat und Anwuchsschwierigkeiten vermieden werden. Rote und weiße Johannisbeeren pflanzt man nur wenig tiefer, als sie in der Baumschule standen. Stämmchen, die es in verschiedenen Höhen als Fuß-, Halb- oder Hochstämme gibt, brauchen unbedingt einen Stützpfahl. Sie werden auf verschiedenen geeigneten Abkömmlingen der Goldjohannisbeere *(Ribes aureum)* veredelt.

Schnittmaßnahmen

Bei der Pflege ist vor allem auf den richtigen Pflanzschnitt zu achten. Dabei kommt es darauf an, den jungen Strauch kräftig zu stutzen, damit ein desto stärkerer Austrieb erfolgt. Man schneidet im Herbst alle Triebe bis auf fünf oder sechs bodennah heraus und kürzt die verbliebenen dann noch um die Hälfte ein. In der Folgezeit wird das Gehölz so geschnitten, daß es nicht mehr als zehn oder zwölf Zweige behält. Da rote Johannisbeeren nicht länger als vier oder fünf Jahre an ein und demselben Trieb Früchte tragen, sind, am besten gleich nach der Ernte, regelmäßig ältere Zweige zu entfernen, damit die nachwachsenden jungen für gleichbleibende Erträge

Johannisbeer-Hochstämmchen brauchen weniger Platz als die Buschform. Man kann sie auch gut im Ziergarten unterbringen

sorgen. Bei Sträuchern, die sehr schwach im Wuchs sind, können neu gewachsene Triebe im Vor- oder Nachwinter bis zur Hälfte eingekürzt werden; diese Maßnahme führt dann zu einer besseren Verzweigung.

Beim Stämmchen muß man auf einen lichten Kronenaufbau ach-

ten, der aus nicht mehr als sechs bis acht Leitästen bestehen sollte. Diese Hauptäste und deren Verzweigungen soll man jedes Jahr kräftig einkürzen. Mehr als zwei Knospen brauchen an ihnen nicht übrigzubleiben. Alle Johannisbeeren reifen von Juni bis August.

Rote Johannisbeersorten

Sorte	Eigenschaften/Bemerkungen
'Heinemanns Rote Spätlese'	kleine mittelrote Früchte, sehr sauer und samenreich, zum Rohgenuß wenig geeignet, spät reifend
'Heros'	wertvolle ältere Sorte mit großen Beeren, mittelfrüh
'Herosta'	lange Trauben mit großen Beeren, hoher Ertrag, mittelfrüh
'Jonkher van Tets'	gilt als beste Frühsorte mit sehr langen Trauben und sehr großen, glänzend roten Beeren
'Mulka'	sehr hoher Ertrag mit hoher Saftausbeute, keine Blattkrankheiten, rieselfest, spät reifend
'Red Lake'	bis zu 12 cm lange Trauben mit großen Beeren und hohem Ertrag, mittelfrüh
'Rolan'	große Beeren und hoher Ertrag, Blüte spät, Reife mittelfrüh
'Rondom'	große Beeren und hoher Ertrag, mittelspät
'Rotet'	Neuzüchtung mit festen, intensiv roten Beeren und hohem Ertrag, regen- und rieselfest, mittelspät bis spät
'Rovada'	lange Trauben, regenunempfindlich, spät reifend

Johannisbeerstämmchen sehen zwar hübsch aus, sind jedoch teurer als Sträucher, tragen weniger und vergreisen rascher.

Eine gute Bodenpflege ist bei Johannisbeeren wie bei allen anderen Beerenobststräuchern wichtig, weil es sich bei ihnen überwiegend um Flachwurzler handelt. Das Aufhacken der Erde ist deshalb durch verstärktes Mulchen zu ersetzen.

Weiße Johannisbeersorten

Sorte	Eigenschaften/Bemerkungen
'Weiße aus Jüterbog'	altbekannte Sorte, wohlschmeckend und aromatisch; Beeren mittelgroß, Ertrag gering, früh reifend
'Weiße Versailler'	aus Frankreich stammend und schon seit Mitte des 19. Jahrhunderts bekannt, gilt als wertvollste weiße Johannisbeere, angenehmer Geschmack, guter Ertrag, früh reifend

'Titania' ist eine neue Schwarze Johannisbeere, die in Schweden gezüchtet wurde. Sie trägt besonders reich und widersteht Krankheiten und Schädlingen. Die mittelfrühe Neuheit ist selbstfruchtbar, die Fruchtqualität sehr gut.

Johannisbeere, schwarze

Bei der Kultur gibt es gegenüber den roten und weißen Sorten einige Abweichungen. Wegen der hohen Frostempfindlichkeit der Blüten sollte nur an einem geschützten, vollsonnigen Platz gepflanzt werden. Im Garten steht die Schwarze Johannisbeere so tief, daß die Basis sämtlicher Triebe mit Erde bedeckt ist. Dadurch wird ein möglichst großer Neuzuwachs angeregt. Da die Sträucher hauptsächlich am einjährigen Holz fruchten, sollte man gleich nach der Ernte die abgetragenen Triebe bodennah herausschneiden, vorausgesetzt, es sind genügend junge vorhanden. Sonst schneidet man lediglich bis auf einen Jungtrieb zurück; dies bedeutet eine permanente Regenerierung des Strauchs.

Befruchtung

Es wurde schon erwähnt, daß die Befruchtungsverhältnisse der Schwarzen Johannisbeere komplizierter sind als die der roten. Wir kennen selbstfruchtbare, teilselbstfruchtbare und selbstunfruchtbare Züchtungen. Sicherheitshalber empfiehlt sich daher die Pflanzung von zwei oder mehreren Sträuchern, wenn über die Sorte Zweifel bestehen.

Schwarze Johannisbeersorten

Sorte	Eigenschaften/Bemerkungen
'Daniels September'	mittelspät mit langen Trauben, sicheren und hohen Erträgen, selbstfruchtbar
'Dr. Bauers Ometa'	mehltauresistente Neuzüchtung mit großen Beeren und hohen Erträgen, früh reifend

Schwarze Johannisbeersorten (Fortsetzung)

Sorte	Eigenschaften/Bemerkungen
'Invigo'	späte Blüte und Reife, hohe Erträge, rieselfest, selbstfruchtbar
'Lissil'	sehr große Früchte, starkwüchsig, Blüte mittelspät, Reife mittelfrüh
'Phoenyx'	sehr späte Blüte, große Beeren und lange Trauben, reichtragend, mittelfrüh reifend
'Roodknop'	große Beeren, sichere und hohe Erträge, wenig krankheitsanfällig, mittelfrüh reifend, selbstfruchtbar
'Rosenthals Langtraubige'	Beeren groß, Blüten wenig frostgefährdet, früh reifend
'Silgo'	Blüte mittelfrüh bis spät, sehr große Beeren, früh reifend
'Silvergieters Schwarze'	lange Trauben mit großen Beeren, wertvolle Frühsorte, jedoch frostgefährdet, selbstfruchtbar
'Strata'	große Beeren und hoher Ertrag, Blüte kaum frostgefährdet, frühe Reife, selbstfruchtbar
'Stripta'	sehr große Beeren und sichere Erträge, spät reifend, selbstfruchtbar
'Tsehma'	Neuzüchtung mit langen Trauben, großen Beeren und hohen Erträgen, mittelspäte Reife

Jostabeere

40 Jahre Züchtungsarbeit stecken in dieser Kreuzung aus Schwarzer Johannisbeere und Stachelbeere, die 1975 endlich für den Markt freigegeben werden konnte. Das Ergebnis ist beeindruckend und prädestiniert den Strauch geradezu für die Anpflanzung im Hausgarten. Die tiefschwarzen, außerordentlich Vitamin-C-haltigen Beeren liegen in der Größe zwischen den beiden Elternteilen. Auch der Geschmack entspricht einer Mischung aus Johannis- und Stachelbeere, wobei das Aroma der

Vorläufer der Jostabeere war die Jochelbeere, ebenfalls eine Kreuzung aus Johannisbeere und Stachelbeere. Wegen ihrer starken Krankheitsanfälligkeit konnte sich diese Züchtung jedoch nicht durchsetzen.

einen mit der frischen Säure der anderen gepaart ist. Da der Strauch stark wächst, sollte man ihm einen Standraum von 3 m ringsum zugestehen.

Die selbstfruchtbare Jostabeere gedeiht auf jedem Boden und bringt bereits im zweiten oder dritten Standjahr die ersten Erträge, die sich später auf 5–10 kg Beeren je Strauch steigern. Lediglich die Blüten können, wie bei Johannisbeeren auch, durch Spätfröste gefährdet werden.

Ein planmäßiger Schnitt ist nicht notwendig, da junges wie älteres Holz durchgehend Früchte trägt. Es bleibt dem Gartenfreund überlassen, zu dicht erscheinenden Wuchs gelegentlich auszulichten oder zu lang überhängende Triebe einzukürzen. Das

Die rankende Kiwipflanze gedeiht nur in klimabegünstigten Weinbaugebieten wirklich gut. Voraussetzung ist ein möglichst geschützter, windstiller Platz

kann gleich nach der Ernte oder im Winter erfolgen.

Ebenso anspruchslos ist der Strauch hinsichtlich der Düngung. Meist finden die Wurzeln in jedem guten Gartenboden, was sie brauchen; nur wenn Mangelerscheinungen wie schwächliches Triebwachstum auftreten, kann man im Frühjahr mit zwei Handvoll eines blauen Volldüngers Unterstützung geben. Und schließlich ist diese Züchtung völlig resistent gegen die bei Johannisbeeren und Stachelbeeren auftretenden Schädlinge, Krankheiten und Virosen.

Seit neuestem gibt es zwei, von der ursprünglichen Hybride abweichende Sorten: 'Dr. Bauers Jogranda' mit um die Hälfte größeren Beeren und schwächerem Wuchs, früh reifend; ferner 'Dr. Bauers Jostine', mittelspät mit besonders dichtem Fruchtbehang. Die Geschmacksmerkmale beider Sorten sind die gleichen wie bei der 'Josta' von 1975.

Kiwi

Seit die Chinesische Stachelbeere oder der Strahlengriffel, so die deutschen Bezeichnungen, vor etwa 20 Jahren zum erstenmal in unseren Baumschulen und Gartencentern auftauchte, hat es viel Wirbel um diese Schlingpflanze mit den hühnereigroßen, aromatischen Beerenfrüchten gegeben – und ebensoviele Mißverständnisse. Mittlerweile ist es um die Kiwi etwas ruhiger geworden, und in milden Gegenden, wo auch Wein gedeiht, findet man des öfteren Pergolen und Rankgerüste, die unter den großen, ovalrunden Kiwiblättern fast verschwinden.

Wärme braucht der Strahlengriffel aus drei Gründen: Einmal ist es der relativ frühe Austrieb, der durch Spätfröste gefährdet werden kann; zweitens wird vor allem das Holz junger Pflanzen durch winterliche Wechseltemperaturen gefährdet, es kann zu Stammrissen kommen, aber auch der Verlust der ganzen Pflanze ist möglich; drittens schließlich kann die späte Fruchtreife im Oktober und November in Gegenden mit zeitig einsetzenden Frösten empfindlich gestört werden. Gerade diese Frostempfindlichkeit ist aber auch eine der Ursachen dafür, daß man Kiwis nicht in die pralle Sonne einer Südwand setzen soll, an der die winterlichen Wechseltemperaturen zwischen Tag und Nacht das Holz zum Platzen bringen. Die wärmende Frühjahrssonne wiederum veranlaßt die Triebe zu einem noch früheren Wachstum, das dann durch Frosteinbrüche jäh gestoppt wird und das zarte Grün zum Absterben bringt. Außerdem ruft intensive Sonneneinstrahlung auf den Früchten ledrige Flecken hervor, unter denen das Fleisch zu faulen beginnt. Sehr günstig sind dagegen Westlagen oder Spaliere und Pergolen in Nord-Süd-Richtung.

Pflanzung und Befruchtung

Gepflanzt werden sollten Kiwis stets im späteren Frühjahr oder Sommer, wenn keine Frostgefahr mehr besteht. Bei der heute üblichen Containerware stellt das kein Problem dar. Da der Strahlengriffel zweihäusig ist, männliche und weibliche Blüten sich also an getrennten Pflanzen entwickeln, muß immer ein Pärchen gesetzt werden. Bei größeren Anpflanzungen kann ein männliches Exemplar bis zu 10 weibliche Pflanzen befruchten.

Wegen der Kalkempfindlichkeit der Kiwis wird man in den meisten Fällen nicht um eine Bodenverbesserung zur sauren Seite hin herumkommen. Am günstigsten sind ph-Werte zwischen 5,5 und 6,5, also dicht unterhalb des Neutralpunkts pH 7. Wir müssen bei der Verbesserung des Bodens ähnlich verfahren wie bei der Vorbereitung eines Pflanzplatzes für Heide- und Moorbeetgewächse, der Boden muß also reichlich mit Torf angereichert werden. Auch in den Folgejahren sollte man immer wieder Torf auf den Wurzelbereich streuen und möglichst nur mit Regen- oder wenigstens mit abgestandenem Wasser gießen. Kiwis brauchen gerade während der Zeit der Fruchtausbildung viel Feuchtigkeit und vertragen keine Trockenheit im Boden. Mit einer Mulchdecke aus organischem Material hilft man den Pflanzen, sommerliche Hitzeperioden besser zu überstehen.

Düngung

Neben der regelmäßigen Einbringung organischer Dünger ist eine Zusatzversorgung mit mineralischen Nährstoffen besonders hinsichtlich der gleichmäßigen Fruchtausbildung angebracht. Für das Jahr der Pflanzung reichen Horn- und Knochenspäne aus, die man beim Setzen der Erde untermischt. Danach werden im Frühjahr, während der späten Blüte im Juni und dann noch einmal Anfang August jeweils 40 g eines blauen Volldüngers pro Pflanze ausgestreut und eingewässert. Nach August hat

Das Geschlecht von Kiwis läßt sich nur anhand der Blüten bestimmen. Wer nicht gekennzeichnete Jungpflanzen erworben hat, kann erst nach zwei, eher drei Jahren mit Blüten rechnen und die Pflanzen identifizieren.

Der Name Kiwi leitet sich von einem hühnergroßen, flugunfähigen Schnepfenvogel Neuseelands ab. Die nachtaktiven Tiere sind heute im Bestand gefährdet.

jede weitere Nährstoffgabe zu unterbleiben, um die Holzreife und damit die Widerstandsfähigkeit gegen Fröste nicht zu beeinträchtigen.

Schnitt

Blüte und erste Erträge sind frühestens im dritten Standjahr zu erwarten. Erst dann braucht man auch mit den Schnittmaßnahmen zu beginnen. Beim Schnitt im Sommer, etwa im August, werden die Triebe oberhalb der Früchte nach dem vierten bis sechsten Blatt gekappt. Damit verfolgt man den Zweck, daß die Nährstoffe nicht an den Beeren vorbei in die Spitzen der Ranken geleitet werden, sondern dem Ertrag zugute kommen. Im Winter kann man dann zusätzlich alle zwei- bis dreijährigen, abgetragenen Ranken bis auf einen aus ihnen entsprießenden Jungtrieb zurückschneiden. Ziel ist – wie generell im Obstbau – ein lichter, lockerer Wuchs.

Da Kiwis als Schlinger eine Kletterhilfe brauchen, wird man im kleinen Garten kaum mehr als ein männliches und ein weibliches Exemplar unterbringen können; denn von Pflanze zu Pflanze sollte immerhin ein Abstand von 3–4 m eingehalten werden. Läßt man den Strahlengriffel mit seinen bis zu 10 m langen Ranken extrem hochwachsen, zum Beispiel an einer Hauswand, können die Abstände zwar geringer sein, dafür hat man dann aber Schwierigkeiten bei der Ernte. Am günstigsten untergebracht und optisch besonders ansprechend sind Kiwis, wenn sie an und unter einer Pergola entlangranken, wo einem die Früchte auch noch in den Mund wachsen.

Kiwisorten

In letzter Zeit sind zwei Kiwi-Neuheiten auf den Markt gekommen, bei deren Beschreibung man sich auf die Angaben der Züchter verlassen muß. Ergebnisse langjähriger Anbauversuche liegen noch nicht vor. So wurden im Versuchsbetrieb der Technischen Universität München die sogenannten „Bayern-Kiwis" entwickelt, die zwar kleiner als die neuseeländische Stammart sind, dafür aber frostfest sein sollen. In Aroma und Vitamingehalt übertreffen die stachelbeergroßen Früchte sogar das Original. Pro Pflanze, so heißt es, sei in einem guten Jahr mit einem Ertrag von etwa 10 kg zu rechnen.

Noch interessanter für den Hausgarten ist die einhäusige Kiwisorte 'Jenny' der Züchterfirma Deraplant in Nettetal. Hier wird kein Pollenspender mehr benötigt, da der Strauch selbstfruchtbar ist. 'Jenny' entstand aus einer spontanen Mutation, die im Meristemverfahren, also aus Gewebezellen im Reagenzglas vermehrt wurde. Die hieraus hervorgegangenen Pflanzen waren das virose- und bakteriosefreie Ausgangsmaterial für die neue Züchtung. Die Pflege unterscheidet sich nicht von der altbekannter Sorten, doch soll die Winterhärte besser sein.

Die am meisten bei uns angebaute und wohl auch beste, allerdings auch die am stärksten wachsende Kiwisorte ist nach wie vor 'Hayward' mit später Blüte und großen, aromatischen Früchten, die – wie bei allen anderen Sorten – ab Ende Oktober reifen. 'Abbot' blüht etwas früher,

Kiwis gelten zu Recht als Vitaminbomben; ihr Vitamin-C-Gehalt ist zehnmal so hoch wie der einer Zitrone.

Temperaturen um den Gefrierpunkt schaden den Kiwifrüchten nicht. Mit der Ernte muß man allerdings bis zu einem frostfreien Tag warten.

hat mittelgroße, längliche und weniger aromatische Früchte. Die Beeren von 'Monty' sind auf beiden Seiten abgeplattet, der Geschmack ist süßsäuerlich, das Aroma ebenfalls nicht sehr ausgeprägt. Annähernd dieselben Geschmackseigenschaften weisen die langen, ziemlich großen Früchte von 'Bruno' auf.

Bei kühlen Temperaturen lassen sich Kiwis monatelang lagern, andernfalls halten sie in jedem Fall bis Weihnachten.

Preiselbeere

Als Massenträger kommt dieses genügsame Erikagewächs wohl kaum in Frage; dafür sind die Erträge pro Quadratmeter zu gering, die herben Beeren zudem für den Rohgenuß ungeeignet und nur als Marmelade, Gelee oder Konfitüre zu verwenden.

Preiselbeeren brauchen ebenso wie Heidelbeeren einen sauren, dazu aber auch noch mageren, sandigen, eher trockenen Boden. Man muß die Pflanzstelle also im Herbst oder Frühjahr vorbereiten, wie es bei den Heidelbeeren beschrieben wurde (siehe Seite 191); dem Torf sollte aber noch mehr Sand, eventuell sogar Sägespäne zugemischt werden. Am günstigsten ist es, wenn man die im Mai und manchmal noch einmal im Juli/August mit rotweißen Glockenblütchen geschmückten, meist immergrünen und nur 30 cm hohen, kriechenden Kleinsträucher als Bodendecker im Ziergartenbereich verwendet und die Beeren als leckere Beigabe betrachtet.

Da Preiselbeeren in Sonne wie auch noch in Halbschatten gut wachsen, ist der Anwendungsbereich ziemlich breit. Mulchen mit organischem Material und gelegentliches Bedecken mit Torf tragen zur kalkfeindlichen Humusbildung bei, so daß sich eine zusätzliche Düngung erübrigt. Wo die Pflanzen doch einmal Nahrungsmangel anzeigen, kann mit organischen Nährstoffen nachgeholfen werden, bei akuten Mangelsymptomen auch einmal mit 10 g/m^2 eines blauen mineralischen Volldüngers, der etwas Magnesium enthalten sollte.

Preiselbeersorten

Das Preiselbeersortiment ist recht karg und wird es wegen der geringen Nachfrage wohl auch bleiben. Hier und da findet man folgende Sorten im Angebot: 'Aberdeen', 'Erntedank', 'Erntekrone' und 'Erntesegen', wobei letztere auf der Bundesgartenschau in Kassel 1981 eine Gold-

Preiselbeeren lassen sich gut zur Bedeckung des Bodens im Ziergarten verwenden

Die Vermehrung von Preiselbeeren durch Stecklinge ist einfach und lohnend, wenn man eine größere Fläche damit begrünen will. Die Stecklinge werden im September geschnitten und in einem Torf-Sand-Gemisch zum Bewurzeln gebracht. Im Frühjahr muß man umtopfen und im Jahr darauf pflanzen.

medaille erhielt. 'Pilgrim' wird nur 10 cm hoch, ist zur Bodenbegrünung also besonders gut geeignet, jedoch nicht immergrün, im Winter wird das Laub abgeworfen. Bei der immergrünen 'Koralle' handelt es sich um eine Auslese aus Wildpflanzen, was ihrer Anbauwürdigkeit jedoch keinen Abbruch tut.

Stachelbeere

Stachelbeeren sind alte Kulturpflanzen, die auch heute noch wild in höher gelegenen, lichten Wäldern vorkommen. In Bauerngärten wurden sie häufig als Hecke zur Einfriedung angepflanzt.

Als Waldpflanze liebt die Stachelbeere humosen, im Garten auch lehmhaltigen Boden, der nicht so schnell austrocknet. Leichte Beschattung schadet nicht, daher ist auch eine Pflanzung unter lichten Baumkronen möglich. Da Stachelbeeren wie unsere meisten Beerenobstarten Flachwurzler sind, sollte unter den Sträuchern nicht gehackt, dafür aber regelmäßig gemulcht werden. Dadurch wird gleichzeitig Unkraut unterdrückt, und der Boden bleibt länger feucht. Die Pflanztiefe entspricht dem Stand in der Baumschule; Hochstämmchen benötigen einen Stützpfahl. Der Pflanz- und Pflegeschnitt gleicht dem der Johannisbeere.

In Stammform gezogene Stachelbeeren benötigen einen Stützpfahl

Zu dicht stehende Triebe werden entfernt, so daß der Strauch schließlich nur etwa zehn davon behält. Ältere Ruten sind regelmäßig herauszuschneiden, da der Ertrag bei ihnen ab dem dritten Jahr nachläßt.

Stachelbeersorten

Bei den selbstfruchtbaren Stachelbeeren unterscheidet man zwischen grün-weißen, gelben und roten Sorten. Die ersten, noch unreifen Früchte zur Kompottzubereitung kann man oft schon gegen Ende Mai pflücken.
Rote Sorten: 'Achilles'; 'Maiherzog'; 'Mauks Frühe Rote'; 'Rolanda' (mehltaufrei); 'Rote Orleans'; 'Rote Preis'; 'Rote Triumph'
Gelbe Sorten: 'Early Sulphur'; 'Gelbe Triumph'; 'Hönings Früheste'; 'Lauffener Gelbe'; 'Rixanta' (mehltaufrei)
Grün-weiße Sorten: 'Grüne Kugel'; 'Lady Delamere'; 'Weiße Neckartal'; 'Weiße Triumph'; 'Reflamba' (mehltaufrei)

Weinrebe

Gemäß ihrer Herkunft aus klimamilden Regionen sollte man meinen, daß die Rebe nur in Lagen gedeiht, die man heute als Weinbaugebiete bezeichnet. Das ist jedoch keineswegs der Fall. Im Mittelalter fand Weinbau auch in Norddeutschland statt, Wein wurde als „Volksgetränk", Nahrungsmittel oder Medizin konsumiert, vom „edlen Tropfen" konnte keine Rede sein; allerdings wohl auch nicht hinsichtlich des Geschmacks. Heute werden an den Wein ganz andere Ansprüche gestellt, für die sonnenreife Früchte Voraussetzung sind. Das gilt auch für den Weinstock am Haus, von dem man Tafeltrauben zum Frischgenuß ernten möchte. Auch außerhalb der klassischen Weinbaugebiete steht dem nichts im Weg, sofern der Stock einen warmen, windgeschützten und sonnigen Platz erhält und verregnete Sommer sowie ein früher, kühler Herbst nicht die Regel sind.

Im Hausgarten werden Weinreben meist an Außenfassaden, Terrassenmauern oder an windgeschützten Pergolen gezogen

Pflanzung

Nur selten wird man an einer Süd- oder Westwand Platz für mehr als einen Rebstock haben, und ein Partner als Pollenspender wird sowieso nicht benötigt, da Reben selbstfruchtbar sind. Eine Pflanzung an einem freistehenden Spalier oder einer großen Pergola, wo man im Abstand von 2,50 m möglicherweise mehrere Stöcke unterbringen könnte, setzt eine absolut geschützte Lage und ein gleichmäßig warmes Klima voraus; dafür kämen dann also wirklich nur noch Weinbaugebiete in Frage.

Beste Pflanzzeit ist das Frühjahr von April bis Mai, bei Pfropfreben im Container auch der Sommer. Von den Baumschulen werden meist auf reblaussicheren Unterlagen veredelte Sorten angeboten, die in Weinbaugebieten auch für den Hobbygärtner Pflicht sind. In anderen Regionen kann man anstatt der Pfropfreben auch wurzelechte Pflanzen verwenden.

Vor dem Pflanzen wird eine 40–50 cm tiefe und 1 m² große Grube ausgehoben, der Untergrund noch einmal mit dem Spaten gelockert und durch ein paar Handvoll Hornspäne für eine Aktivierung des Bodenlebens gesorgt. Den Aushub vermischt man reichlich mit feuchtem Torf oder reifem Kompost. Die junge Rebe wird dann leicht schräg in das Pflanzloch gebettet, das 30 oder 40 cm von der Wand oder dem Spalier entfernt sein sollte. Nach dem Auffüllen reicht die Veredelungsstelle beziehungsweise die oberste Knospe gerade noch über das Bodenniveau hinaus und wird angehäufelt. Die Meinungen darüber, ob man den Trieb dicht über diesem Punkt abschneiden oder gleich an das Spalier heften soll, sind geteilt; für die weitere Entwicklung der Pflanze spielt das auch keine Rolle. Wichtig für die Fruchtbildung sind allein die Schnittmaßnahmen der folgenden Jahre.

Schnitt

Im Frühjahr nach der Pflanzung wird der Einzeltrieb um etwa die Hälfte eingekürzt, und zwar so, daß über der obersten Knospe des verbliebenen Stücks noch ein kleiner „Zapfen" stehenbleibt. Er soll verhindern, daß das Auge austrocknet. Aus ihm wächst nun ein kräftiger Jungtrieb hervor, den man mit zunehmendem Wachstum immer wieder senkrecht am Spalier festbinden muß. Die anderen Ranken, die sich aus den Knospen des Mittelstämmchens entwickeln, werden wie ein Fächer rechts und links an der Halterung befestigt. Man könnte sie mit den Leitästen der Obstgehölze vergleichen, und gleich ihnen sollten dem Stock nicht zu viele davon belassen werden. Was enger als 20 cm steht, wird also weggeschnitten.

Die Seitentriebe ebenso wie die Verlängerung des Mitteltriebs kürzt man nun Jahr für Jahr im Nachwinter auf vier bis sechs Knospen und verfährt dabei immer so, daß über der obersten Knospe ein kleines, etwa 2 cm langes Triebstück, der Zapfen, stehenbleibt. Was aus diesen Knospen hervorwächst, ist das Fruchtholz, an dem sich Blüten und Trauben entwickeln. Sind die jungen Fruchtstände erkennbar, kürzt man die Tragranken so ein,

Erfahrene Praktiker empfehlen, in den unteren Bereich der Rebpflanzgrube etwas Thomasmehl und Kali einzuarbeiten.

Da Wein weitreichende und auch in die Tiefe gehende Wurzeln besitzt, ist Kübelpflanzung wenig erfolgversprechend. Zwar muß der Stock dabei nicht eingehen, die Erträge sind jedoch so gering, daß sich das Experiment kaum lohnt.

Sehr häufig werden Hausreben vom Echten Mehltau heimgesucht. Wem das einmal widerfahren ist, wird vor und nach der Blüte mit einem – gegen diesen Pilz zugelassenen – Fungizid spritzen.

daß oberhalb der Traube nur noch vier bis fünf Blätter stehen. Geiztriebe, die aus den Blattachseln hervorwachsen, werden bis auf ein Blatt zurückgeschnitten. In der Folgezeit geht es darum, alle Ruten, die getragen haben, im Februar erneut auf zwei Augen mit Zapfen zurückzunehmen, damit sich aus diesen Knospen der neue Fruchttrieb aufbaut. Die laufende Beseitigung von Geiz- und Steiltrieben hält das Spalier licht.

Die gesamte Schnittechnik der Weinrebe wird verständlicher und läßt sich auch ohne exakte Anleitungen durchaus zufriedenstellend und mit gesundem Menschenverstand durchführen, wenn man weiß, auf welche Weise das Fruchtholz der Rebe entsteht: Trauben entwickeln sich nur an den einjährigen Trieben, die an den Ranken des Vorjahres, also dem zweijährigen Holz, entstanden sind. Die Düngung der Rebe entspricht der von Obstgehölzen.

Rebsorten für den Garten

Frühreifende Sorten: 'Augusta Luise': hell; 'Portugieser': blau; 'Gelbe Seidentraube': hell; 'Madeleine Royal': hell; 'Ortega': hell; 'Perle von Czaba': hell; 'Siegerrebe': rosé; 'Volta': blau
Mittelfrühe Sorten: 'Dornfelder': blau; 'Helfensteiner': blau; 'Kar-

dinal': hell; 'Königin der Weingärten': hell; 'Michelsrebe': hell; 'Muskat Gutedel': hell; 'Roter Gutedel': rot; 'Schönburger': rot; 'Thekla': hell; 'Weißer Gutedel': hell
Späte Sorten: 'Black Hamburg': blau; 'Blauer Burgunder': blau; 'Frankenthaler': blau

In klimatisch ungünstigen Gegenden können Weinreben im geräumigen Kleingewächshaus oder im Wintergarten des Eigenheims gezogen werden

Gestaltung

Bei der Gestaltung und Bepflanzung des Ziergartens können die Ratschläge eines Gärtners oder Gartenarchitekten nützlich sein. Man sollte sich aber nichts aufschwatzen lassen, von dem man selbst nicht überzeugt ist.

Die beste Möglichkeit, den Garten für Vögel anziehend zu machen, ist eine dichte Bepflanzung.

Es wurde schon am Anfang dieses Buchs gesagt, daß die Bestimmung eines Gartens darin besteht, Freude zu bereiten. Das trifft auch für den durch Gemüse, Kräuter und Obstgehölze genutzten Teil, erst recht aber für den Ziergarten zu. Und gerade deshalb sollte sich niemand veranlaßt sehen, diesen wichtigen Bereich seines privaten Lebens nach irgendwelchen, gerade aktuellen Normen oder propagierten Ideologien zu gestalten. Niemand würde sich für seine Wohnung Biedermeiermöbel oder barocke Seidentapeten aufschwatzen lassen, wenn er diese Stilrichtungen nicht schätzt, und mit der „Einrichtung" eines Gartens verhält es sich nicht anders.

Auch der Naturgarten ist nur so lange eine gute Sache, wie er mit den Vorstellungen des Gartenbesitzers übereinstimmt, als Dogma taugt er nicht. Die Forderung, nur noch einheimische Gehölze und Wildblumen anzupflanzen, die abschätzige Meinung über Koniferen, der Hochmut mancher und nicht selten selbsternannter „Experten" hat der guten Idee Schaden zugefügt, der vermeidbar gewesen wäre.

Kaum ein anderes Thema unserer Zeit wird so zerredet, mißverständlich interpretiert und mit falscher Elle gemessen wie der Naturschutz. Der desinformierte Hobbygärtner, der jede Anwendung von Pflanzenschutzmitteln empört von sich weist, hat noch niemals eine den Vorgarten prägende Blaufichte durch die Sitkafichtenlaus verloren oder einen Sommer lang mit blütelosen Rosen leben müssen, die nach und nach von Rostpilzen entblättert wurden. Fast jeder Gartenbesitzer wird irgendwann einmal mit einer Situation konfrontiert, in der er entscheiden muß, ob er seine Pflanze einem mißverstandenen Naturschutz opfern und damit den Gedanken, Leben zu bewahren, ad absurdum führen soll.

Um den Garten für Vögel anziehend zu machen, dem unübersehbaren Heer der Insekten und anderer Kleintiere ausreichend Lebensraum zu geben, bedarf es nicht besonderer Anleitungen oder spezieller Kenntnisse; auch der Verzicht auf attraktive Gehölze muß damit keineswegs verbunden sein. Viele der Sträucher und kleinen Bäume, die wir wegen ihrer Blüten oder Laubfärbung, wegen ihrer Wuchsform oder als immergrüne Zierde im Garten anpflanzen, sind gleichzeitig Vogelschutz- und Bienennährpflanzen. Wer mag und genügend Platz hat, kann ja noch eine heimische Eberesche, eine

Bluthasel, Sanddorn oder Pfaffenhütchen dazusetzen. Wo schützendes Astwerk und dichte Laubkronen Zuflucht bieten, werden Vögel schnell heimisch; Amseln sind mittlerweile so weit domestiziert, daß sie sogar Kiefern an der Terrasse als Nistplätze annehmen.

Im übrigen liegen die Erfordernisse des Naturschutzes und die Wünsche nach einer attraktiven Gehölzpflanzung gar nicht so weit auseinander. In beiden Fällen steht eine möglichst große Vielfalt in der Prioritätenliste ganz obenan. Der Garten soll vom Frühjahr bis in den Spätherbst optische Höhepunkte bieten; das schließt eine Monokultur im Zierbereich von vornherein aus.

Überall dort, wo ein Garten neu angelegt wird, aber auch in schon bestehenden Anlagen bereitet die Frage der Bepflanzungsdichte Schwierigkeiten.

Setzt man die Gehölze im vorgeschriebenen Abstand, also sehr weit voneinander entfernt, muß man einige Jahre auf „offener Bühne" leben und Lücken in Kauf nehmen. Der Garten wird in dieser Zeit nicht dem Bild entsprechen, das wir uns von ihm gemacht haben, als wir die Gehölze in Büchern, Katalogen oder durch Augenschein bei Nachbarn aussuchten. Wer diese etwas triste Anfangsphase umgehen oder entscheidend verkürzen will, pflanzt gleich zu Beginn enger als erlaubt. Allerdings muß man sich dann darüber im klaren sein, daß nach einigen Jahren ausgelichtet, das heißt der eine oder andere, inzwischen ans Herz gewachsene Strauch möglicherweise gerodet werden muß. Mit diesem Trennungsschmerz hat im übrigen jeder Gartenbesitzer zu leben; denn unsere Pflanzen bleiben – wie andere Lebewesen auch – von Krankheiten nicht verschont, Pflegefehler oder extreme Witterungsverhältnisse können stets zu Verlusten führen.

Die Liebhabereien und Neigungen des Hobbygärtners können im Ziergarten am ehesten ihren Ausdruck finden

Pflanzung von Ziergehölzen

Die günstigste Pflanzzeit für sommergrüne Laubgehölze ist der Oktober. Dann hat sich der Boden noch nicht abgekühlt, und die Anwachschancen sind am größten, weil sich noch neue Wurzeln bilden können. Wird im Frühjahr gepflanzt, was durchaus möglich ist, muß das vor dem Austrieb erfolgen, also meist im März/April. Immergrüne Laub- und Nadelgehölze setzt man im August oder September; bei einem späteren Termin können sich nicht mehr genügend neue Wurzeln entwickeln, und es bestünde die Gefahr, daß diese Gewächse vertrocknen. Da sie durch ihr grünes Laub im Winter ebenfalls Feuchtigkeit verdunsten, muß der Wassernachschub über ein intaktes Wurzelwerk auch in dieser Jahreszeit gesichert sein.

Bei Containerware ist eine Pflanzung während des ganzen Jahrs, mit Ausnahme der Frostperioden, möglich. Der Pflanzvorgang selbst unterscheidet sich nicht wesentlich von dem, was im Kapitel Obstgehölze gesagt worden ist (siehe Seite 156). Die Pflanztiefe soll dem Stand in der Baumschule entsprechen. Bei Ballenware ist zu prüfen, ob die Erde um die Wurzeln nicht krümelig-trocken ist; in so einem Fall stellt man das Gehölz mehrere Stunden in ein Gefäß mit Wasser. Vor dem Setzen kontrolliert man bei unballierten Junggehölzen die Wurzeln und schneidet weg, was beschädigt oder so lang ist, daß es trotz geräumiger

Eine Herbstpflanzung hat den Vorteil, daß die Auswahl in den Baumschulen und Gärtnereien zu dieser Zeit am größten ist.

Für die Düngung von Rhododendron empfiehlt sich die Verwendung eines Spezialdüngers, den es im Gartenfachhandel zu kaufen gibt.

Grube dort keinen Platz finden würde. Ansonsten sollten die Wurzeln möglichst in Ruhe gelassen werden, da das Gewächs beim Ausgraben in der Baumschule ohnehin schon genug gelitten hat.

Das Ballentuch wird oben am Wurzelhals aufgeknotet und zur Seite geschlagen, nachdem man sich davon überzeugt hat, daß es – den Bestimmungen des Bundes Deutscher Baumschulen gemäß – aus verrottbarem Material besteht. Stammbildende, höhere Gehölze erhalten einen kräftigen Stützpfahl, der schon vor dem Pflanzen senkrecht eingeschlagen wird; bei Ballenware wird er erst nachträglich schräg in den Boden getrieben, damit die Wurzeln nicht beschädigt werden. Das Festbinden mit einem Baststrick oder alten Strümpfen erfolgt erst einige Zeit später, weil man damit rechnen muß, daß sich das Gehölz noch etwas senkt. Zuletzt ist gründlich anzugießen; das dient nicht allein der Wasserversorgung, sondern auch dem Schließen von Löchern und Hohlräumen im Wurzelbereich.

Düngung und Bodenpflege

Mit der Düngung von Ziergehölzen sollte man eher zurückhaltend sein, als des Guten zuviel zu tun. Unter die Pflanzerde dürfen außer Torf, sofern der Boden sehr schwer ist, nur völlig verrotteter Kompost oder Hornspäne gemischt werden. Für andere konzentrierte Nährstoffe wie zum Beispiel Mineraldünger sind die

Wurzeln noch nicht aufnahmefähig. Angewachsenen Bäumen und Sträuchern kann man im Frühjahr 50–100 g/m² eines mineralischen Volldüngers geben, aufgelöst in Wasser oder breitwürfig ausgestreut, wobei man das Einarbeiten nicht vergessen darf.

Besser ist eine Versorgung mit Kompost, organischen Düngern oder häufiges Mulchen. Wird der Boden unter den Gehölzen regelmäßig mit Grasschnitt oder anderen Grünabfällen aus dem Garten bedeckt, sind damit die meisten Düngeprobleme gelöst. Auch vom Herbstlaub sollte man eine dicke Schicht liegen lassen. Es verrottet mit der Zeit, aktiviert das Bodenleben und bietet gleichzeitig zahlreichen Kleintieren Unterschlupf und Kälteschutz. Wichtig bei Flachwurzlern wie den verschiedenen Hartriegelarten (*Cornus*), dem Trompetenbaum (*Catalpa*), Zieräpfeln (*Malus*), Rhododendron, Eberesche (*Sorbus*) und Flieder (*Syringa*) ist das ausreichende Wässern bei anhaltenden, sommerlichen Trockenperioden. Auch an die Omorika- oder Serbische Fichten sollte man in solchen Zeiten denken.

Laubgehölze für den Ziergarten

Auf große Baumformen wurde bei der nachfolgenden Auswahl verzichtet. Sie finden in unseren Gärten nur in Ausnahmefällen Platz, werfen viel Schatten, so daß es mit Unterpflanzungen Schwierigkeiten gibt, und erfordern die Berücksichtigung der nachbarrechtlichen Vorschriften. Sofern diese Kriterien der Anpflanzung eines Großgehölzes nicht im Weg stehen, sollte man sich in den Baumschulen nach etwas Passendem umschauen. Der Reiz eines großkronigen mächtigen Baums ist nicht von der Hand zu weisen, gerade weil solche Pflanzenriesen aus den genannten Gründen nur noch selten anzutreffen sind. Über die Nachteile, die wir uns damit einhandeln, etwa durch die Herbstlaubmassen, die bewältigt werden müssen, aber auch Fruchtfall und Samenflug, müssen wir uns freilich von vornherein im klaren sein.

Acer ginnala, Feuerahorn

Acer palmatum, Japanischer Fächerahorn

Acer campestre, der bei uns heimische Feldahorn, läßt sich auch für Schnitthecken verwenden, die allerdings stark wachsen.

Acer
Ahorn

Diese Gattung hat einige Arten hervorgebracht, die sich als attraktive Ziergehölze einen festen Platz im Sortiment erobert haben. *A. ginnala,* der Feuerahorn, ist ein Großstrauch oder kleiner Baum mit im Herbst leuchtend gelb bis purpurrot gefärbten Blättern. Er wird kaum höher als 6 m, ist völlig anspruchslos, schatten- wie sonnenverträglich und nimmt auch größere Trockenheit hin. Von *A. japonicum,* dem Japanischen Ahorn, ist die Sorte 'Aconitifolium' besonders hervorzuheben, weil der Strauch nur 3 m hoch wird.

A. negundo, der Eschenahorn, zählt mit 7–15 m Höhe je nach Art zwar nicht mehr zu den Kleinbäumen, fällt aber durch seine weißbunten Blätter so auf, daß sich ein Platz für ihn finden lassen sollte. *A. palmatum,* der Japanische Fächerahorn, ist kleinbleibend, 3 m Höhe wird er kaum überschreiten, wächst jedoch mit weit abstehenden Zweigen wie ein zierlicher Schirm in die Breite. Bei der Sorte 'Atropurpureum' sind die feingeschlitzten Blätter ganzjährig tiefdunkel- bis schwarzrot. *A. palmatum* 'Dissectum Garnet' ist mit 1,50 m Höhe ein Zwerg, der aber bis zu 3 m Breitenwachstum aufweisen kann. Das Laub ist ebenfalls ganzjährig leuchtend braunrot. Es gibt noch eine Reihe weiterer Sorten, die alle etwas im Schatten stehen wollen und pralle Sonne nicht vertragen.

Aesculus
Roßkastanie

Für den Garten kommt nur die Strauchroßkastanie (*A. parviflora*) mit ihren 3 m Höhe in Frage. Der ausläuferbildende, dichtbelaubte Busch kann im Lauf der Jahre 10 m breit werden

Amelanchier, Felsenbirne

Aralia elata, Japanischer Angelikabaum

und verträgt Halbschatten. Im Juli/August erscheinen die 30 cm langen und aufrechtstehenden, weißrosa Blütenkerzen. Das anspruchslose Gehölz sieht man im Garten viel zu selten, vielleicht, weil so viel Platz dafür geopfert werden muß. Unvergleichlich attraktiv wirkt die Strauchroßkastanie in Einzelstellung auf einer großen Rasenfläche.

Aralia
Aralie

Der Japanische Angelikabaum (*A. elata*) will in voller Sonne stehen. Der 5 m hohe Solitärstrauch wächst etwas sparrig und wenig verzweigt, hat bis zu 80 cm lange, gefiederte Blätter, stachelige Zweige und einen ebenfalls bestachelten Stamm.

Die 'Variegata'-Formen von Aralia elata mit weiß und gelblich gerandeten Blättern sind besonders reizvoll. Jungpflanzen sind allerdings nicht mit Sicherheit winterhart. Sie können unter Umständen zurückfrieren.

Amelanchier
Felsenbirne

Es handelt sich um 5–8 m hohe Großsträucher mit bronzerotem Austrieb und im Herbst goldgelb bis karminrot gefärbten Blättern. Die im April/Mai erscheinenden Blüten, die in 6 cm langen Trauben herabhängen, sind weiß, die Früchte eßbar. Sonne wird bevorzugt, leichter Schatten noch vertragen. Die Felsenbirne gehört zu den prachtvollsten Blütensträuchern des Gartens.

Berberis
Berberitze

Diese formenreiche Gattung ist mit vielen Arten und Sorten in unseren Gärten vertreten. *B. buxifolia* 'Nana' wird nur 20–30 cm hoch, andere erreichen 3 m Höhe, doch kaum darüber. Es gibt immergrüne wie im Herbst wunderschön purpurrot gefärbte Formen, zu denen *B. x ottawensis* 'Superba' und *B. thunbergii* 'Atropurpurea' gehören. Sie sind auch als Einfassungspflanzen

Berberis thunbergii 'Atropurpurea', Berberitze

Betula, Birke

Im Gegensatz zu Buddleja alternifolia blüht die bekannte B. davidii am diesjährigen Holz. Man schneidet also die langen Ruten des Vorjahrs im Frühjahr bis fast auf den Boden zurück.

oder für Hecken geeignet. Zwergige Formen passen in den Steingarten, alle sind anspruchslos, lieben vollsonnige Plätze, halten es aber im Halbschatten noch aus und brauchen kaum Pflege.

Betula

Birke

Von diesen Großbäumen kommen für den Hausgarten eigentlich nur die kleinbleibenden Strauchbirken wie *B. x fennica*, *B. pumila* und *B. humilis* in Frage, die allerdings schwer zu erhalten sind. Lediglich *B. pendula*, die Sandbirke, wird mit ihrer Sorte 'Youngii' nur 7 m hoch und nicht selten ebenso breit. Die Form hat eine stark herabhängende Krone ohne Mitteltrieb, die Zweige reichen bis zum Boden und bilden eine grüne Laube. Der Baum ist völlig anspruchslos und kann als Solitärgehölz im Vorgarten stehen.

Wegen ihrer Attraktivität werden auch andere, 20 und mehr Meter hohe Birken immer wieder in Gärten angepflanzt, wo sie ausgewachsen meist nichts als Ärger bereiten. Im Bereich ihres flach verlaufenden Wurzelwerks finden andere Gewächse weder genügend Nährstoffe noch Feuchtigkeit, nicht einmal Gras kann sich gegen diese Konkurrenz behaupten, und der Samenflug hat bereits zu Prozessen zwischen Nachbarn geführt. Man sollte auf diese schönen und anmutigen Bäume im Hausgarten also besser verzichten.

Buddleja

Sommerflieder

Das Gehölz aus China trägt seinen zweiten deutschen Namen Schmetterlingsstrauch zu Recht, denn kein anderer Sommerblüher ist von Juli bis September so von Faltern belagert wie *B. davidii*. Seltener sieht man den im

Buddleja alternifolia, die besonders aparte Art des Schmetterlingsstrauches, kann eine Höhe von 4 m erreichen

Juni blühenden Sommerflieder (*B. alternifolia*), der mit zierlichen, überhängenden Zweigen ausgestattet ist.

Von *B. davidii* gibt es eine Reihe Gartensorten mit blauen, violetten, roten und reinweißen Blütenrispen. Der teilweise sehr intensive Geruch, der die Schmetterlinge so magisch anzieht, ist für unsere Nasen nicht immer angenehm. Alle *Buddleja* bevorzugen einen sonnigen, windgeschützten Stand und fühlen sich in eher leichten Böden am wohlsten.

Buxus
Buchsbaum

Die kleinen immergrünen Bäume und Sträucher haben seit jeher die Phantasie der Gärtner angeregt, weil sie sich in punkto Schnitt nahezu alles gefallen lassen. Vor allem in den Parks englischer Landsitze kann man ganze aus *Buxus* geformte Menagerien sehen, aus dem Grün modellierte

Fuchsjagden samt Springreiter und geometrische Figuren bis hin zur Spirale. Bei uns wurde der Buchs früher vor allem als niedrige, streng in Form gehaltene Einfassungspflanze verwendet, und in ländlichen Bauerngärten erfüllt er diese Aufgabe noch heute. Wild findet man den Buchsbaum in Baden und teilweise noch an der Mosel.

Von *B. sempervirens* gibt es einige Gartenformen, die meist klein bleiben. Die reine Art kann 8 m Höhe erreichen. Das Gehölz gedeiht in Sonne wie in Schatten und wächst in leichten, durchlässigen Böden besser als in schweren.

Callicarpa
Schönfrucht

Wie der Name sagt, wirkt der Strauch vor allem durch die in Büscheln zusammenstehenden, leuchtendroten Beeren, die auch nach dem Laubfall an den Trie-

Kleinbleibende Formen des Buchsbaums lassen sich gut im Kübel halten. Werden weiße Behälter gewählt, kommt der Kontrast zum Grün des Laubs besonders zur Geltung.

Callicarpa, Schönfrucht

Calluna vulgaris, Besenheide,
als Einfassung eines Blumenbeets

Das mattgrüne Laub von Calli-
carpa bodinieri var. giraldii
entwickelt eine hübsche
Herbstfärbung. Bekannteste
Sorte mit großen Beeren ist
'Profusion'.

ben haften bleiben. Da das Holz durch Frost geschädigt werden kann, schneidet man erfrorene Zweige (aber nur diese!) im Frühjahr heraus. *Callicarpa* sollte einen sonnigen, geschützten Platz erhalten. Werden mehrere Sträucher gepflanzt, ist die Fruchtbildung sicherer und auch reicher.

Calluna
Besenheide, Heidekraut

Vom immergrünen Kleinstrauch *C. vulgaris,* der je nach Sorte zwischen 20 und 100 cm hoch wird, gibt es eine kaum übersehbare Anzahl von Züchtungen mit Blütenfarben von reinem Weiß über Rosa, Violett, Lachsrot und in allen Rot-Blau-Tönen. Einige sind gefülltblühend. Der Flor erstreckt sich, je nach Sorte, über die Monate August bis Dezember mit Schwerpunkt im September.
Das völlig anspruchslose Gehölz bereitet im Garten dennoch

Schwierigkeiten, weil saures Erdreich mit pH-Werten zwischen 4 und 5 für das Gedeihen unerläßlich ist. Der Pflanzplatz muß daher mit reichlich Torf verbessert werden. Gedüngt wird mit organischen Düngern, noch besser mit einem Spezialnährstoff für Rhododendron und Moorbeetpflanzen. Von Zeit zu Zeit sollte frischer Torf zwischen den Pflanzen ausgebracht werden, damit der Kalk des Bodens nicht zum Zuge kommt. Mischt man gleichzeitig Trockenmist bei, erübrigt sich meist jede weitere Düngung.
Heidekraut möchte möglichst sonnig stehen und sollte, um die Triebbildung zu fördern, in jedem Frühjahr stark zurückgeschnitten werden.

Catalpa bignonioides, Trompetenbaum

Choenomeles, Zierquitte

Catalpa
Trompetenbaum

Ihren Namen hat die *Catalpa* von den interessanten, trompetenför- migen Blüten im Juni/Juli, die in Rispen oder Trauben zusammen- stehen und entfernt den Blüten mancher Orchideen ähneln. Sie sind weiß mit gelb oder braun ge- streiftem Schlund und bilden im Herbst bis zu 30 cm lange, schmale, bohnenähnliche Kap- seln. Die bis zu 15 m hohen Bäume sind in der Jugend etwas frostempfindlich und sollten des- halb einen warmen, sonnigen, geschützten Platz erhalten. Von der einzigen bei uns angebote- nen Art *C. bignonioides* gibt es als Heister wachsende Formen, die auch in einem kleinen Garten Platz finden können. Sie entwik- keln nur einen kurzen Stamm, al- lerdings ist auch bei ihnen die Krone breit ausladend.

Choenomeles
Zierquitte, Scheinquitte

Die interessantesten Sorten fin- den sich bei der Hybride *C.* x *su- perba*, bei der die intensiv rot ge- färbten Blüten eine weithin sicht- bare Signalwirkung haben. Die von April bis Juni blühenden Sträucher werden nur 1–2 m hoch. Die Züchtung 'Elly Mossel' überrascht mit einem zweiten Flor im Sommer; 'Nivalis' ist eine der wenigen reinweiß blühenden *Choenomeles*.
Zierquitten sind bei all ihrer Schönheit völlig anspruchslos, bevorzugen vollsonnige Stand- orte, nehmen aber auch Halb- schatten hin. Die apfelähnlichen Früchte können wie die der Obst- quitte in der Küche verwendet werden.

Mit seinen breiten, bis zu 20 cm großen Blättern ist der Trompetenbaum ein hervorra- gender Schattenspender für warme Sommertage.

Cornus mas, Kornelkirsche

Corylus avellana 'Contorta',
Korkenzieherhasel

**Bei Cornus canadensis handelt
es sich um eine kleine, nur
20 cm hoch wachsende Staude,
die sich gut als Bodendecker
verwenden läßt. Im Juni sind
ihre Blüten von weißen Hoch-
blättern umgeben.**

Cornus

Hartriegel

Diese sehr formen- und farben-
reiche Gruppe sommergrüner
Sträucher ist wegen ihrer Anspruchslosigkeit, den teilweise
panaschierten Blättern und der
schönen Herbstfärbung eine Bereicherung jedes Gartens.
C. florida, der Blumenhartriegel,
schmückt sich im Mai mit Kaska-
den weißer Hochblätter, die die
unscheinbaren Blüten umgeben.
Der Japanische Blütenhartriegel
(*C. kousa*) hat einen ähnlich
schönen Flor; beide Sträucher
bestechen zudem durch ihre
scharlachrote Herbstfärbung
und werden 8 m hoch. Die einheimische Kornelkirsche (*C. mas*)
ist eine gute Bienenweide und
zugleich ein Vogelschutzgehölz;
die Früchte sind eßbar. Der Pa-
godenhartriegel (*C. controversa*)
fällt durch seine in Etagen angeordneten Zweige auf, die Sorte
'Variegata' hat panaschierte Blätter, ebenso *C. alba* 'Argenteo-

marginata'; von dieser 10–15 m
hohen Art gibt es noch weitere
Sorten. Alle Hartriegel vertragen
Sonne wie Halbschatten, *C. alba*
möchte eher vollsonnig, *C. florida* dagegen lieber etwas beschattet stehen.

Corylus

Hasel

Von der Haselnuß als Fruchtge-
hölz war schon im Kapitel Baumobst die Rede (siehe Seite 183).
Die Gattung hat aber noch eine
weitere Form hervorgebracht,
die wegen ihres bizarren Habitus
Erwähnung verdient: *C. avellana*
'Contorta', die Korkenzieherhasel. Die verdrehten Zweige, die
plötzlich die Wuchsrichtung ändern, kommen – von Rauhreif
oder Schnee überglänzt – besonders im Winter zur Geltung,
aber auch im Frühling sieht der
4 m hohe und ebenso breite
Strauch mit den vor dem Austrieb
erscheinenden Kätzchen interes-

Cotinus, Perückenstrauch

Cotoneaster x *watereri,* Zwergmispel

sant bis absonderlich aus. Wer die Aufmerksamkeit auf seinen Garten lenken will, liegt mit diesem Gehölz genau richtig.

Cotinus
Perückenstrauch

Den Reiz dieses 2–5 m hohen breitwüchsigen Strauchs machen nicht die Blüten aus, sondern die im Juni/Juli erscheinenden Fruchtstände mit fedrigen Haaren an bis zu 20 cm langen Rispen. Von weitem ähneln sie tatsächlich Perücken, mit denen das Gehölz besetzt ist. Bei der Sorte *C. coggygria* 'Purpureus' sind diese Haarbüschel karminrot gefärbt, 'Royal Purple' schmückt sich zusätzlich vom Austrieb bis zum Herbst mit tief schwarzroten Blättern. Die Sträucher sollten in Einzelstellung einen warmen, sonnigen Platz bekommen, zum Beispiel in einer Rasenfläche. *Cotinus* bevorzugt kalkhaltige Böden.

Cotoneaster
Zwergmispel

Vom mehrere Meter hohen Großstrauch bis zum über den Boden kriechenden Zwerg reicht die Arten- und Formenvielfalt dieser sommer- wie immergrünen Gehölze. Die zur Bodenbedeckung geeigneten Formen kann man auch über Mauern herabhängen oder die Ränder von Wegen begrünen lassen. Die meisten *Cotoneaster* vertragen Sonne wie Halbschatten und begrünen unter Gehölzen auch dort den Boden, wo selbst robuste Rasengräser nicht mehr recht wachsen wollen.

Viele Zwergmispeln schmücken sich vom Herbst bis zum Winter mit leuchtendroten Beeren. Für Kübelpflanzungen oder Trockenmauern eignet sich der raschwüchsige, kriechende *C.* x *watereri* 'Pendulus', dessen lange Triebe sich auch gut aufbinden lassen. Die *Watereri*-Hybriden sind bei starken Frösten nicht zu-

Von allen Zwergmispeln am bekanntesten ist wohl Cotoneaster dammeri mit seinen kriechenden, dicht dem Boden aufliegenden Formen. Sie eignen sich hervorragend zum Begrünen auch größerer Flächen.

Cytisus x *praecox*, Elfenbeinginster

Daphne mezereum, Seidelbast

Der Rosenginster (Cytisus purpureus) ist wenig frostanfällig; er blüht im Juli überreich purpurrot und wird nur gut einen halben Meter hoch.

---

verlässig hart und sollten in Gegenden mit strengen Wintern durch Fichtenreisig geschützt werden.

Crataegus
Weißdorn

Obgleich der Weißdorn mit seiner prachtvollen roten Herbstfärbung und den apfelähnlichen, rotgelben Früchten ein hervorragendes Vogelschutzgehölz abgibt, muß von einer Verwendung im Hausgarten abgeraten werden. *Crataegus* ist so hochanfällig für Feuerbrand, daß viele Baumschulen das Gehölz aus ihrem Bestand entfernt haben; die gefährliche Bakterienkrankheit unterliegt der Meldepflicht, Bekämpfungsmöglichkeiten gibt es zur Zeit noch nicht.

Cytisus
Geißklee, Ginster

Von *C. scoparius*, dem Besenginster, gibt es eine Vielzahl von gelb bis lachsrot oder orangefarben blühenden Züchtungen. Alle lieben einen warmen, sonnigen Platz, vergreisen relativ schnell und müssen in strengen Wintern wie bei Kahlfrösten durch Fichtenreisig geschützt werden.
Der im April mit rahmweißen Blüten überschüttete Elfenbeinginster (*C. x praecox*) ist ziemlich winterfest, wird aber wie alle Ginster im Alter „besig" und ist außerhalb der Blütezeit kein ausgesprochenes Schmuckstück. Die Sträucher werden 0,50–2 m hoch. *C. x kewensis* bildet mit nur 20 cm Höhe breite Polster und blüht im Mai überreich in Rahmweiß bis Hellgelb.
Wegen des schwachen, spärlichen Wurzelwerks sollte Ginster nur als Topf- oder Containerpflanze erworben werden.

Erica herbacea, Schneeheide

Euonymus europaea, Pfaffenhütchen

Daphne

Seidelbast

Es handelt sich hier um meterhohe bis zwergige Sträucher mit karminroten, duftenden Blüten im April und Mai, manchmal bereits im März. Die roten Beeren des Seidelbasts sind hochgiftig; wo Kleinkinder spielen, sollte man daher auf diesen Frühjahrsblüher verzichten. *D. cneorum*, der Rosmarin-Seidelbast, muß vollsonnig und geschützt stehen, *D. mezereum* verträgt auch Schatten und kommt bei uns in lichten Wäldern wild vor; er steht unter Naturschutz. Beide Arten bevorzugen einen etwas kalkhaltigen Boden mit gutem Wasserabzug.

Erica

Glockenheide

Für den Garten am interessantesten ist die je nach Sorte 15–30 cm hoch wachsende Schneeheide, *E. herbacea*. In den Baum-schulen wird sie meist noch unter ihrer alten Bezeichnung *E. carnea* geführt. Die Blüte fällt in den Nachwinter und ins zeitige Frühjahr, die Blütenfarben reichen von reinem Weiß über Hell- und Dunkelrosa bis zu Rubinrot.
Die zahlreichen Züchtungen dieser immergrünen Art sind nicht kalkempfindlich, man kann sie also in jedem Garten an einem vollsonnigen Platz ansiedeln. Dabei sollte stets flächig gepflanzt werden, damit die Fülle der Blüten besser zur Geltung kommt.

Euonymus

Spindelstrauch

Es gibt laubabwerfende wie immergrüne, aufrechtwachsende, kriechende und kletternde Arten; letztere werden im Kapitel Klettergehölze (siehe Seite 234) beschrieben.
Die Sträucher fallen vor allem durch ihre roten Früchte auf, denken wir nur an unser einheimi-

Erica herbacea 'Praecox Rubra' ist eine besonders wertvolle Züchtung; die hell purpurroten Blüten öffnen sich von November bis März.

Forsythia, Forsythie

Hamamelis japonica,
Japanische Zaubernuß

Von Forsythien gibt es auch zwergig wachsende Formen, die man im Steingarten oder sogar in einem Kübel unterbringen kann. Hierzu gehört Forsythia viridissima mit der „Sektion Weber". Die Pflanzen werden nur 50 cm hoch und haben leuchtend gelbe Blüten.

sches Pfaffenhütchen (*E. europaea*), und/oder durch eine prachtvolle, leuchtendrote Laubfärbung im Herbst. Hier ist an erster Stelle *E. alata* zu nennen, der 3 m hoch wächst und mit unvergleichlich rot flammenden Blättern im Herbst prangt. Die zwergige Form 'Compactus' ist ebenso eindrucksvoll.

Außer den schattenverträglichen, immergrünen Arten wollen Spindelsträucher in voller Sonne stehen. Die Früchte von *Euonymus* sind giftig.

Forsythia
Forsythie

Dieser wohl „populärste" Frühlingsblüher ist in unseren Gärten allgegenwärtig, obgleich der anspruchslose Strauch nach der Blüte ziemlich langweilig und nichtssagend aussieht.
Forsythien lieben einen sonnigen Platz, werden 2–3 m hoch, können aber breit ausladend wachsen. Man sollte sie immer wieder nach der Blüte auslichten, sonst werden sie sparrig, und der Flor läßt nach. Die Schnittverträglichkeit hat dazu geführt, daß man hin und wieder in Kugelform gebrachte Exemplare sieht, ein Eingriff, der zu diesem Strauch aber nicht paßt. Im Dezember geschnittene Triebe eignen sich gut für die Vase.

Hamamelis
Zaubernuß

Als Winterblüher zwischen Januar und März sind vor allem die Japanische Zaubernuß (*H. japonica*) und die Chinesische Zaubernuß (*H. mollis*) interessant; beide Arten werden zwischen 3 und 5 m hoch. Die Blüten sind gelb mit dunklem Kelch und verströmen einen feinen Duft; von beiden gibt es einige Sorten, die in der Blütenfarbe variieren. *H. virginiana*, die Virginische Zaubernuß, blüht bereits im Herbst.

Blüte des Roseneibischs,
Hibiscus syriacus

Hydrangea paniculata, Hortensie

Alle *Hamamelis*-Arten wünschen einen sonnigen bis halbschattigen Standort. Beim Kauf sollte man darauf achten, daß man veredelte Pflanzen erhält, die im Flor sicherer und reicher sind als wurzelechte.

Hibiscus
Eibisch

Den Roseneibisch (*H. syriacus*) darf man nicht mit der beliebten Topf- und Zimmerpflanze *H. rosa-sinensis* verwechseln. Die je nach Sorte weißen, rosa, roten, violetten oder blauen Blüten mit meist kontrastierendem Schlund öffnen sich gegen Mitte/Ende Juli und halten bis zum September oder länger.

Die 2 m hoch wachsenden Sträucher sollten einen vollsonnigen, geschützten Standort erhalten, Jungpflanzen im Winter durch eine Laubabdeckung geschützt werden. Der *Hibiscus* gehört zu den attraktivsten Blütengehölzen

des Gartens und darf deshalb nicht zwischen andere Sträucher gezwängt werden.

Hydrangea
Hortensie

Neben *H. macrophylla*, zu der auch unsere Topfhortensien gehören, ist es vor allem *H. paniculata* 'Grandiflora', die als Gartenhortensie seit altersher kultiviert wird. Die Blüten des 2–3 m hohen Strauchs sind je nach Bodenreaktion im kalkhaltigen Bereich rosa oder rot, bei saurem Boden blau. Man kann die Blütenfarbe durch Beeinflussung des pH-Werts also künstlich verändern. Auch von *H. arborescens* gibt es eine Sorte 'Grandiflora' mit einer Fülle grünweißer Blütenstände.

Hortensien blühen im Sommer und Spätsommer, können in Sonne wie Halbschatten stehen, sollten aber stets reichlich gewässert werden.

Wenn man die Kletterhortensie (Hydrangea petiolaris) freistehend – also ohne Gerüst – wachsen läßt, entwickelt sie sich zu einem ansehnlichen Busch mit breitem Habitus.

Ilex aquifolium, Stechpalme

Laburnum, Goldregen

Von Ilex x meserveae gibt es neue, in Amerika entstandene Hybriden, die durch bläulich-rote Triebe und besonders sattgrüne, glänzende Blätter auffallen.

Ilex

Stechpalme

Die meisten Stechpalmen in unseren Gärten sind immergrüne, zwischen 2 und 10 m hohe Sträucher oder Bäume, viele mit leuchtendroten, schwarzen oder weißen Früchten im Herbst. Es gibt einige gartenwürdige Arten mit zahlreichen Hybriden; da sie alle Schatten bis Halbschatten vertragen, sind sie ideal zur Begrünung schwieriger Partien. Einige Sorten haben sehr hübsche, weißbunte Blätter. Als Immergrüne können sie Koniferen ersetzen; ihre Früchte sind allerdings giftig. Der ausreichend feuchte Boden, den diese Gehölze verlangen, ist durch die Schattenlage meist gegeben.

Laburnum

Goldregen

Dieser Großstrauch, der sich im Frühjahr mit den bekannten, bis zu 50 cm langen, leuchtendgelben Blütentrauben schmückt, ist giftig und wird deshalb in der Nähe von Kinderspielplätzen nicht geduldet.
Die Blütezeit zieht sich über mehrere Wochen hin, wenn der Strauch warm und sonnig steht. Der absolut frostharte Goldregen hat keine besonderen Bodenansprüche, sollte jedoch im Bedarfsfall etwas ausgelichtet werden.

Blüten der Magnolie

Malus, Zierapfel

Magnolia

Magnolie

Zwischen 2 und 6 m Höhe erreichen diese meist nur wenig verzweigten Sträucher oder Bäume mit den auffälligen, rosa oder weißroten, cremefarbenen oder weißen Blüten, die – voll geöffnet – bis zu 30 cm Durchmesser erreichen können.

Magnolien sollten im Garten vollsonnig und möglichst geschützt stehen, weil ihre Frosthärte bei uns nicht immer ausreichend ist. *M. grandiflora* ist eine immergrüne Art, deren Sorte 'Galissonieri' recht winterhart sein soll, durch tiefe Frostgrade jedoch ebenfalls geschädigt werden kann. Als Flachwurzler müssen alle Magnolien im Sommer ausreichend gewässert werden, die immergrünen auch an frostfreien Tagen im Winter.

Malus

Zierapfel

Was die Blütenfülle im Frühling anbelangt, können nur noch Kirschen und andere *Prunus*-Arten mit den Zieräpfeln konkurrieren. Der meist überreiche Flor umfaßt alle Weiß-, Rosa- und Rottöne, im Herbst kommt noch der attraktive Fruchtschmuck von Rot bis Gelb hinzu.

Die Zahl der Gartensorten ist unübersehbar, am besten schaut man sich in einer Baumschule um. Die Bodenansprüche entsprechen denen des Nutzapfels, Staunässe wird nicht vertragen, volle Sonne ist am günstigsten. Niedrige Formen mit 3–4 m Wuchshöhe passen auch in den kleinen Garten. Eine Art mit dunkelrotem Laub wird in den Baumschulen als *M. x purpurea* oder *M. x moerlandsii* 'Nicoline' angeboten. Zieräpfel sind absolut winterhart.

Wer das Risiko scheut, kann Magnolia grandiflora 'Galissonieri' auch gleich als Kübelpflanze kultivieren, um der rahmweißen, großen und duftenden Blüten sicher zu sein.

Große, meist stark duftende Blüten sind die Kennzeichen des Pfeifenstrauchs (*Philadelphus*)

Einer unserer schönsten Frühjahrsblüher, das Mandelbäumchen (Prunus triloba), darf nicht mit der „echten" Mandel (Prunus dulcis var. dulcis), einer mediterranen Nutzpflanze, verwechselt werden.

Potentilla
Fingerkraut

Die strauchigen *Potentilla* sind selten höher als 1 m, meist niederliegend und daher sehr gut auch für Steingartenbepflanzungen geeignet. Von *P. fruticosa* gibt es viele Gartensorten, die meist den ganzen Sommer über ihre weißen oder gelben Blüten öffnen. Mit 'Red Ace' wurde eine rotblühende Züchtung herausgebracht, deren Blütenblätter an der Außenseite allerdings ebenfalls gelb sind.
Fingerkraut stellt an den Boden überhaupt keine Ansprüche, wünscht aber einen möglichst sonnigen Platz.

Philadelphus
Falscher Jasmin, Pfeifenstrauch

In Sonne wie Schatten hält es dieser Sommerblüher gleich gut aus, an den Boden werden keine Ansprüche gestellt, und zu schneiden gibt es außer gelegentlichem Auslichten auch nicht viel. Die weißen oder rosa angehauchten, meist stark duftenden Blüten sind einfach, halb oder ganz gefüllt.
Mit einer Höhe von 1–2 m bleiben die verschiedenen Gartenhybriden kleinwüchsig und lassen sich auch als Hecke ohne Formschnitt verwenden. Alle diese Eigenschaften haben den Pfeifenstrauch zu einem häufigen Gast im Hausgarten werden lassen.

Prunus
Kirsche, Pflaume, Pfirsich, Mandel

Die Gruppe dieser sommergrünen Ziergehölze ist so umfangreich, daß es den Platz sprengen würde, wollte man die einzelnen Formen hier namentlich aufzählen. Am bekanntesten ist wohl *P. serrulata*, die Japanische Zierkirsche mit vielen Sorten und Spielarten. Das Farbenspiel der Blüten reicht von Weiß bis zu allen Rosatönen. Neben den grünlaubigen gibt es auch Hybriden mit leuchtendroten Blättern von Frühjahr bis Herbst wie zum Beispiel *P. cerasifera* 'Nigra', die Blutpflaume, deren Laub besonders intensiv schwarzrot gefärbt ist. Die Sorte 'Atropurpurea' gehört ebenfalls hierher.
An den Boden werden keine besonderen Ansprüche gestellt, nur sollte er nicht staunaß und kühl sein; die Frosthärte ist meist

Potentilla, Fingerkraut

Pyracantha, Feuerdorn, kann zur Wandbegrünung verwendet werden

ausreichend. Pfirsiche und Mandeln benötigen dagegen viel Wärme an einem geschützten Platz und gedeihen nicht in kühlen Gegenden. Sonne brauchen sie alle. *Prunus laurocerasus*, der Kirschlorbeer, besser die Lorbeerkirsche, ist immergrün und verträgt Schatten.

Die Größe aller dieser Bäume und Sträucher schwankt zwischen 1 und 8 m.

Pyracantha
Feuerdorn

Von diesem Strauch mit den uns wohlbekannten gelben, orangefarbenen und leuchtendroten Früchten im Herbst gibt es mehrere, für den Garten besonders geeignete Hybriden. Obgleich der Feuerdorn einiges an Frost aushält, kann er in Wintern mit anhaltend tiefen Temperaturen dennoch zurückfrieren, bei Jungpflanzen ist unter Umständen sogar Totalverlust möglich.

Die immergrünen Sträucher können in Sonne wie in Halbschatten stehen, sind trockenheitsverträglich und ohne Ansprüche an den Boden. Bei einer Prüfung durch den Bund deutscher Baumschulen wurden von 17 Sorten nur drei für empfehlenswert gehalten – mit der Einschränkung, daß auch diese nicht absolut frostverträglich seien: 'Golden Charmer' mit orangegelben Früchten; 'Orange Charmer' mit Früchten in intensivem Orange und 'Soleil d'Or' mit leuchtend gelben Früchten. Obgleich keine Kletterpflanze, lassen sich die langen Triebe des Feuerdorns gut hochbinden und auf diese Weise ganze Wände begrünen. Die kräftigen Farben der Früchte kommen an der hellen Mauer besonders auffällig zur Geltung.

Der Feuerdorn, eines der dankbarsten immergrünen Gehölze, ist als Wind- und Sichtschutzpflanzung, als Wandspalier am Haus, für Hecken und zur Verwendung in Gruppen- und Einzelpflanzungen gleichgut geeignet. Wird er als Solitärstrauch gepflanzt, braucht man ihn nicht zu schneiden. Heckenpflanzen schneidet man im März oder Juli.

Rhus, Sumach

Botanisch gesehen gehören auch Azaleen zur Gattung Rhododendron. Man kann eine gewisse Unterscheidung vornehmen, indem Azaleen den laubabwerfenden und Rhododendren den immergrünen Arten zugerechnet werden. Es gibt aber auch halbimmergrüne Japan-Azaleen.

Rhododendron
Alpenrose

Das Sortiment der immergrünen Hybriden ist riesig, ständig kommen neue Sorten hinzu, andere verschwinden. Im Garten wollen Rhododendren beschattet stehen, brauchen aber vor allem sauren Boden mit einem pH-Wert zwischen 4 und 5. Für den Gartenfreund bedeutet das eine sorgfältige Vorbereitung des Pflanzplatzes, wobei meist reichlich Torf eingearbeitet werden muß. Frisch gesetzte Pflanzen sollten im Winter einen Sonnenschutz erhalten, der die Verdunstung herabsetzt.

Die Höhe der breit ausladenden Gehölze reicht von 1–5 m, die Blütenfarbe umfaßt die gesamte Farbskala einschließlich reizvoller Mischungen. Der Flor dauert von Anfang April bis weit in den Juni hinein bei den Spätblühern.

Rhus
Sumach, Essigbaum

Zwei Arten kommen für den Garten in Frage: *R. glabra*, der Scharlachsumach, und *R. typhina*, der Hirschkolbensumach, so genannt nach seinen großen, roten Fruchtkolben, die bis weit in den Winter haften bleiben. Beide Gehölze werden 3–5 m hoch, haben weit ausladende Kronen und zum Herbst rot leuchtendes Laub, dem Abstufungen in Gelb und Orange vorangehen.

Die zahlreichen Wurzelausläufer können ziemlich lästig werden; ansonsten ist *Rhus* völlig anspruchslos, trockenheitsverträglich und winterhart.

Robinia
Robinie, Scheinakazie

Die großen Arten, die über 20 m Höhe erreichen, kommen für den Hausgarten weniger in Frage, doch gibt es von *R. pseudoacacia* auch Sorten, die nur 3 oder 4 m hoch werden. *R. hispida*, die Rosenakazie, ist ein kaum 2 m hoher, breitwüchsiger Strauch mit rosaroten Schmetterlingsblüten, die in Trauben zusammenstehen und sich im Juni, manchmal noch einmal im September, entfalten.

Robinien brauchen einen warmen, sonnigen, vor allem aber windgeschützten Standort, da die Äste leicht brechen.

Robinia pseudoacacia, Scheinakazie

Sambucus, Holunder

Salix

Weide

Unter den Weiden gibt es einige Formen, die als kleine Bäume oder Sträucher auch im Hausgarten Platz finden können. *S. purpurea* 'Gracilis' wird nur knapp 2 m hoch, wächst sehr gedrungen und fällt durch silbrig überhauchte Blätter auf. 'Pendula' hat herabhängende, rote Zweige und bleibt noch niedriger. *S. acutifolia* 'Pendulifolia', 4–6 m hoch, schmückt sich mit blau bereiften, bogig überhängenden Trieben und 6 cm langen, goldgelben Kätzchen im Januar. Bei *S. caprea* 'Pendula' handelt es sich um eine auf Stämmchen veredelte Züchtung, deren Zweige bogig bis zum Boden herabhängen; die weißgelben Kätzchen erscheinen im März/April.

Alle genannten Weiden haben keine besonderen Bodenansprüche, gedeihen in Sonne wie in Halbschatten, dürfen jedoch nicht zu trocken stehen.

Sambucus

Holunder

Von diesen altbekannten Großsträuchern, die im Juni/Juli mit bis zu 20 cm breiten, weißen Dolden blühen und mit genießbaren, schwarzblauen Beeren aufwarten, werden mehrere Gartenformen angeboten, teils mit panaschierten und in der Fiederform und Färbung voneinander abweichenden Blättern. Im geräumigen Naturgarten sollte ein „Hollerbusch" nicht fehlen, im üblichen Ziergarten trifft man ihn seltener. Da er auf Blattläuse eine magische Anziehungskraft ausübt, ist er hier auch nicht unbedingt zu empfehlen. Andererseits hat das anspruchslose Gehölz den Vorteil, auch noch im Vollschatten zu wachsen, salzverträglich und industriefest zu sein.

Von Sambucus canadensis gibt es die Sorte 'Maxima', die durch ihre bis zu 40 cm breiten, rahmweißen Blüten hervorsticht. 'Aurea' hat goldgelbes Laub.

Sorbus, Eberesche

Spiraea, Spierstrauch

Sorbus aria, die Mehlbeere, öffnet ihre weißen oder hellroten Blüten im Mai, auf die dann scharlachrote Früchte folgen. Die ovalen Blätter sind auf der Unterseite silbrig behaart. Dekorativ ist die aufrecht wachsende Sorte 'Lutescens'.

Sorbus
Eberesche

Sorbus ist ein einheimisches Gehölz, das wegen seiner hübschen Belaubung mit teilweise attraktiver Herbstfärbung, vor allem aber wegen der weithin leuchtenden, meist orange oder tiefroten, seltener auch weißen Früchte mehr zu bieten hat als der Holunder – von den Blüten abgesehen. Von *S. aucuparia* gibt es einige besonders hübsche Gartenformen, die aus der Mährischen Eberesche entwickelt wurden und deren vitaminreiche, leuchtendrote Früchte – als Saft oder Marmelade – ausgesprochen wohlschmeckend sind. Allerdings handelt es sich bei diesen Formen bereits um bis zu 15 m hohe Bäume.

Spiraea
Spierstrauch, Spiräe

Nur 0,40–2 m hoch wird dieser Strauch, den man in vielen Gärten antrifft. Seine weißen oder roten, in dichten Dolden angeordneten Blüten erscheinen im Sommer. Am bekanntesten sind die *Bumalda*-Hybriden (zum Beispiel *S. x bumalda* 'Anthony Waterer'), die sich auch für eine Heckenpflanzung eignen und jährlich im Frühjahr zurückgeschnitten werden sollten.
S.-Bumalda-Hybriden haben eine Wuchshöhe von meist unter 1 m; sie sind anspruchslos, was den Boden betrifft, blühen zwar am schönsten in voller Sonne, entwickeln sich aber auch in halbschattigen Lagen noch zufriedenstellend.

Tamarix, Tamariske

Syringa
Flieder

Syringa vulgaris, der in Europa heimische Flieder, ist der Stammvater der großblütigen Züchtungen, die unsere Gärten im Mai schmücken. Die Sortenvielfalt ist riesengroß, weltweit sollen es um die 1000 sein.

Mit 30 cm langen, duftenden Blütenrispen in allen Schattierungen von reinem Weiß über die ganze Skala der Blautöne bis hin zu tiefem Rot gehört dieser Strauch zu unseren attraktivsten Schmuckgehölzen. Leider ist er nur im Flor derart ansehnlich, die übrige Zeit des Jahres wirkt Flieder eher langweilig. Man sollte sich deshalb im Hausgarten mit einem oder zwei Exemplaren zufriedengeben.

Tamarix
Tamariske

Der je nach Art 2–5 m hohe Strauch öffnet im Sommer zartrosa oder rosarote kleine Blüten, die in großen Trauben zusammensitzen. Die Frühlingstamariske (*T. parviflora*) blüht bereits im Mai. An den dünnen, bogig überhängenden Zweigen sitzen winzigkleine Blättchen.

Die nicht besonders anspruchsvollen Gehölze bevorzugen leicht kalkhaltigen Boden und einen möglichst sonnigen Platz. Da sie sich schwer verpflanzen lassen, sollte man nur Containerware verwenden.

Tamarix-Arten kann man einzeln oder in Gruppen auf freien Rasenflächen oder in Verbindung mit Natursteinmauern, zum Beispiel Sandstein, pflanzen. Gut zu kombinieren sind Tamarisken mit Nadelgehölzen.

Viburnum opulus, Gemeiner Schneeball   *Weigela,* Weigelie

Bei Viburnum farreri handelt es sich um einen Winterblüher. Der rosaweiße, duftende Flor zeigt sich manchmal schon im November und Dezember. Die Hauptblütezeit liegt jedoch im März/April.

Viburnum

Schneeball

Die immergrünen oder laubabwerfenden, 2–3 m hohen Sträucher blühen im April und Mai mit weißen oder weißrosa, dicht gefüllten Blütenbällen bzw. Doldentrauben, haben kaum Ansprüche und vertragen Schatten. Der bei uns heimische Gemeine Schneeball (*V. opulus*) stellt zudem ein gutes Vogelschutzgehölz dar, obgleich die leuchtendroten Früchte von den Tieren weitgehend verschmäht werden. Die Herbstfärbung dieser Art zeigt ein dunkles Rot. Es gibt davon einige Gartensorten. Alle Arten bevorzugen einen etwas feuchten, nährstoffreichen Boden.

Weigela

Weigelie

Weiß, Rosa und ein leuchtendes Rot sind die Blütenfarben der zahlreichen *Weigela*-Hybriden, die der Handel anbietet. Der Flor des anspruchslosen, 2–3 m hohen Strauchs erscheint im Mai und Juni.

Die Sorte 'Eva Rathke' erreicht nur 1,50 m Höhe, wächst relativ schwach, wird aber in der Fülle ihrer karminroten Blüten von kaum einer anderen Züchtung übertroffen. Obgleich die Sträucher schattenverträglich sind, blühen sie in voller Sonne am reichsten und schönsten.

Klettergehölze

Im Zusammenhang mit der viel-diskutierten Haus- und Stadtbe-grünung sind die ausdauernden Kletterpflanzen seit einiger Zeit wieder im Gespräch. Wir hatten bereits am Anfang des Buchs an einigen Beispielen gezeigt, in welchem Umfang diese Ge-wächse zur Gestaltung eines Gartens eingesetzt werden kön-nen und was sich mit ihnen an Überraschungseffekten erzielen läßt (siehe Seite 28 ff.).

Inwieweit der Hausbewuchs mit Efeu oder Wildem Wein Einfluß auf die Wohnqualität hat oder für das Mauerwerk schädlich ist, soll hier nicht untersucht werden. Die Ansichten zu diesem Thema sind ziemlich kontrovers. Jedenfalls wäre es wenig sinnvoll, sein Ei-genheim nur deshalb in einen im-mergrünen Mantel aus Efeu zu hüllen, weil man sich davon im Winter Heizkostenersparnis und im Sommer Kühle erhofft. Diese vorgeblichen Effekte dürften hauptsächlich eine Alibifunktion für die Befürworter derartiger Pflanzungen darstellen. Wer da-gegen Kletterpflanzen um ihrer selbst willen einsetzt, kann durchaus mehr aus Haus und Garten machen.

Wir unterscheiden bei Kletter-pflanzen, die botanisch keine ein-heitliche Gruppe sind, vier ver-schiedene Wuchstypen mit un-terschiedlichen Klettereigen-schaften. Rankpflanzen haben spezielle Organe entwickelt, mit deren Hilfe sie die nächstgele-gene Stützmöglichkeit umwin-den und sich an ihr festhalten. Bei Schlingpflanzen sind es die Triebe oder Stengel, die in Links-oder Rechtsdrehung die Halte-rung umschlingen. Spreizklim-mer gehören genau genommen gar nicht zu den Kletterpflanzen, da ihnen die entsprechenden Spezialorgane wie Eigenschaf-ten fehlen; ihre langen Triebe sind allerdings häufig bestachelt bzw. bedornt (wie bei der Brom-beere oder Rose) und verschaf-fen sich auf diese Weise Halt. Mit einer Ausnahme brauchen alle Pflanzen dieser Gruppen Klet-terhilfen und Stützen, an denen sie sich festhalten können.

Anders die Wurzelkletterer mit ih-rem bekanntesten Vertreter, dem Efeu. Die an den Trieben entste-henden Haftwurzeln klammern sich an der Unterlage fest, so daß mühelos auch glatte Mauern oder verputzte Hauswände in Besitz genommen werden. Übri-gens zählt der Wilde Wein nicht zu den Wurzelkletterern, weil seine Haftscheiben sich nicht aus Wurzeln, sondern aus umge-bildeten Ranken entwickeln; er ist also eine Rankpflanze, benö-tigt aber dennoch keine Stützvor-richtung und „klebt" auch an fugenlos glatten Materialien. Man spricht bei ihm wie bei den Wurzelkletterern auch von Selbstklimmern.

Aristolochia, Pfeifenwinde

Campsis, Trompetenblume

Actinidia
Strahlengriffel, Kiwi

Die Gattung wurde bereits im Kapitel Beerenobst ausführlich besprochen, und wer sich Kiwi (*Actinidia chinensis*) in den Garten holt, hat wohl in erster Linie die vitaminreichen Früchte im Sinn. Tatsächlich verbindet sich bei Kiwi in geradezu idealer Weise das Angenehme mit dem Nützlichen; man kann den Strahlengriffel nämlich gleichzeitig als dekorative Pflanze zum Begrünen ganzer Hauswände oder von Pergolen verwenden. Immerhin werden die Triebe bis zu 12 m lang, was einen Freiburger Pflanzenfreund bewog, die Frontseite seines zweistöckigen Heims vom Sockel bis zum Dachfirst mit Kiwis bewachsen zu lassen. Näheres über die Kultur dieses Schlingers lese man im Abschnitt Beerenobst nach (siehe Seite 198). Die Art *A. arguta* ist etwas weniger wüchsig, Blätter und Früchte bleiben kleiner. Nur 3 m lange Triebe entwickelt *A. kolomikta*, die sich zum Herbst hin mit dreifarbigen Blättern in Grün, Weiß und Rosa schmückt.

Aristolochia
Pfeifenwinde

Das Auffälligste an dieser Schlingpflanze sind die 30 cm großen, herzförmigen, dunkelgrünen Blätter, die wie Fischschuppen übereinander liegen. Die Ranken können bis zu 10 m Länge erreichen, die kleinen Blüten, die Pfeifen ähneln, sind unscheinbar. Wer sich im Garten eine geschützte, grüne Laube wünscht, ist gut beraten, wenn er am Gerüst eine *Aristolochia* ranken läßt, die das Innere allen neugierigen Blicken entzieht.

Da die Blattmasse viel Feuchtigkeit verdunstet, muß in Sonnenlagen reichlich gegossen werden; es ist deshalb besser, dieser Pflanze einen schattigen Platz zu geben.

Campsis
Trompetenblume

Wie die meisten reichblühenden Kletterer will dieser Wurzelklimmer möglichst sonnig stehen. Ab Juli bis in den Spätsommer erscheinen die 6–8 cm langen, orangefarbenen bis scharlachroten Trompetenblüten, die in Büscheln zusammenstehen.

Ein besonderer Schnitt ist nicht erforderlich, man bricht im Frühling lediglich die trockenen, langen Vorjahrestriebe heraus, da die Pflanze am jungen Holz blüht. *C. radicans* ist ein anspruchsloser Kletterer, der auch ohne Blüten durch seine fiederteiligen Blätter sehr dekorativ wirkt. In heißen Sommern sollte man reichlich Wasser geben.

Celastrus
Baumwürger

Mit einem Längenzuwachs von 1 m pro Jahr gehört dieser Schlinger zu den Sprintern unter den Kletterpflanzen; an einer stabilen Stützkonstruktion, einem abgestorbenen Baum zum Beispiel, erreicht er bis zu 12 m Höhe. Die leuchtendroten, erbsengroßen Samen werden ab Oktober nur gebildet, wenn man ein männliches und ein weibliches Exemplar pflanzt, was die Verwendungsmöglichkeiten als Fruchtschmuckgewächs einschränkt.

Die bekannteste Art ist *C. orbiculatus*, die überall willig wächst, von Jungbäumen aber tunlichst ferngehalten werden sollte, weil sie dann ihrem Namen tatsächlich gerecht werden könnte. Als Standort kommen sonnige wie halbschattige Plätze in Frage.

Clematis, Waldrebe

Clematis
Waldrebe

Sie ist unter den Kletterpflanzen des Gartens wohl der Star schlechthin. Neben den teilweise auch sehr hübschen, aber kleinblütigen Wildarten, unter denen *C. montana* zu den robustesten gehört, sind vor allem die riesenblütigen Hybriden der Stolz jeden Gartenbesitzers. Das Sortiment ist so groß und vielgestaltig, daß die Auswahl schwerfällt. Die Rankenlänge schwankt je nach Art und Sorte zwischen 2 und 10 m, liegt bei den Hybriden aber meist zwischen 2 und 4 m mit Blütendurchmessern bis zu 15 cm. Blütezeit sind Frühjahr und Sommer bis Spätsommer.

Als ursprünglich aus lichten Wäldern stammende Rankpflanze darf man *Clematis* nicht der Prallsonne einer Südwand aussetzen; günstig sind sonnige West- oder Ostseiten, wobei der Pflanzenfuß durch Vorpflanzungen oder große Steine beschattet sein

Wo man der Clematiswelke nicht mehr Herr wird, sollte auf die weniger oder gar nicht anfälligen Arten Clematis alpina, C. macropetala, C. viticella oder C. montana und deren Sorten ausgewichen werden.

Fallopia, Schlingknöterich

Für den Schlingknöterich sind
Drähte als Kletterhilfe weniger
günstig, da sie schnell ins Holz
der Triebe einwachsen und den
Saftstrom unterbrechen.

sollte. Wichtig ist reichliches und häufiges Gießen im Sommer, denn als Ursache der gefürchteten Clematiswelke wird unter anderem gelegentliche Bodentrockenheit vermutet. Einmal wöchentlich sollte wie bei Kübelpflanzen flüssig gedüngt werden. Damit die Wurzeln nicht in Regenschatten geraten, wird bei der Pflanzung an Mauern oder Wänden ein Abstand von etwa 40 cm eingehalten. Man muß die Clematis also leicht schräg in die Pflanzgrube legen und den Trieb zum Wandgerüst hinleiten.

Euonymus fortunei
Kletterspindel

Von diesem bis zu 5 m hoch kletternden, immergrünen, langsam wachsenden Strauch gibt es einige hübsche Sorten mit gelbweiß gefärbten Blättern wie zum Beispiel 'Esmeralda Gold' oder 'Variegatus'. Bei 'Coloratus' wird das Laub im Herbst purpurrot. Viele Spindelsträucher warten im Herbst zusätzlich mit rotem Fruchtschmuck auf. Dieser Wurzelkletterer eignet sich ebensogut zur Bodenbegrünung, etwa unter Bäumen, weil er schattige Plätze bevorzugt. Die buntblättrigen Formen sollten etwas mehr Sonne abbekommen und machen sich hübsch auf einer Trockenmauer.

Fallopia
Schlingknöterich

Bekannter ist dieser rasante Kletterer unter seinem alten Namen *Polygonum aubertii.* Er schafft es, innerhalb eines Jahres große Flächen in Besitz zu nehmen und völlig mit Trieben und Blättern zu bedecken. Dazu kommen von Sommer bis Herbst die kleinen weißen Blüten, die in langen Rispen zusammensitzen und Pergolen, Lauben und Kletterhilfen wie mit schimmerndem Schaum überziehen.

Bei einem jährlichen Zuwachs von zwei und mehr Metern überwindet der Schlingknöterich im Lauf weniger Jahre eine Distanz von bis zu 10 m. Diesem Ausdehnungsbedürfnis kann man nur durch scharfen Schnitt begegnen, den die Pflanze durch vermehrtes Blühen dankt. Da die

Blüten ausschließlich an jungem Holz erscheinen, macht es nichts, wenn man reichlich ältere Triebe entfernt.

Sonnige wie schattige Plätze sind gleich gut geeignet, nur sollte man im Sommer reichlich wässern und der Pflanze einige Male mineralischen Volldünger verabreichen. Nahrungs- und/oder Wassermangel werden durch den Massenabwurf von Blättern angezeigt.

Hedera, Efeu

Hedera
Efeu

Am bekanntesten in dieser formenreichen Gattung ist die immergrüne *H. helix* mit einigen Sorten und bis zu 30 m weit wachsenden Trieben. Andere Arten wie *H. colchica* und *H. hibernica* sollte man im Garten besser nicht verwenden, da ihre Frosthärte zu wünschen übrig läßt. Auch bei den sehr hübschen, weiß oder gelb panaschierten Züchtungen ist aus demselben Grund Vorsicht geboten.

Sofern der Platz halbschattig bis schattig ist, kann man mit *H. helix* fast alles machen: Wände begrünen, Mauern und Zäune hinter einem dichten Blättervorhang verschwinden lassen oder dem Boden, unter Rhododendron etwa, ein grünes Kleid verpassen. Allerdings muß man Geduld haben, denn Efeu – und das ist sein einziger Nachteil – wächst langsam. Ansonsten ist er völlig unkompliziert, benötigt keine Pflege und kann nach Herzenslust geschnitten werden.

Will man den Wurzelkletterer senkrecht an einer Wand hochwachsen lassen, sollte man die ersten Ranken mit Textilband am Mauerwerk befestigen; es dauert seine Zeit, bis sich so viele Haftwurzeln gebildet haben, daß die Pflanze sich aus eigener Kraft festhalten kann.

Hydrangea
Kletterhortensie

Die botanisch korrekte Bezeichnung lautet *Hydrangea anomala* ssp. *petiolaris*. Es handelt sich bei ihr um einen Wurzelkletterer, der bis zu 10 m Trieblänge erreichen kann. Neben den hübschen, dunkelgrünen, herzförmigen Blättern sind es vor allem die flachen, großen, dem Holunder etwas ähnlichen Blütendolden und die rotrindigen Triebe, die diesem Strauch aus Japan und Korea sein unverwechselbares Aussehen verleihen.

Die Ansprüche an den Boden sind nicht besonders ausgeprägt, nur sollte im Sommer reichlich gewässert und gele-

Als immergrüne Pflanze sollte Efeu vor Winterbeginn noch einmal gründlich gewässert und damit der Vertrocknung vorgebeugt werden.

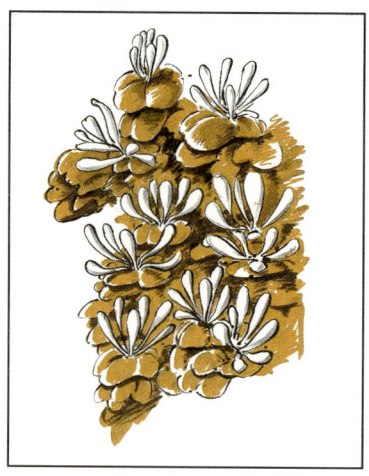

Lonicera, Geißblatt

rüst begrünen. Man kann Winterjasmin aber auch in ein hochgestelltes, größeres Gefäß auf Balkon oder Terrasse pflanzen, wo sich die blütenbesetzten Ruten dann im Winter graziös nach unten neigen.

J. nudiflorum gehört zu unseren dankbarsten Winterblühern, stellt keine Ansprüche an den Boden, liebt aber sonnige Lagen. Etwas Schatten wird auch noch vertragen. Ein gelegentlicher Rückschnitt älterer Triebe ist empfehlenswert.

Lonicera
Geißblatt, Heckenkirsche

gentlich gedüngt werden. Die Pflanze wächst zunächst sehr langsam, legt aber nach drei oder vier Jahren im Tempo beträchtlich zu und blüht nach Ablauf dieser Zeit auch zum erstenmal. Man muß also etwas Geduld haben, wird dann aber mit einem Blütengehölz belohnt, das man bei uns nicht allzu häufig antrifft.

Jasminum
Winterjasmin

Die kleinen gelben Sternblüten von *J. nudiflorum* aus China öffnen sich häufig bereits im Dezember. Wenn sie spätere Winterfröste bald wieder dahinraffen, blüht der Strauch im Februar oder März unbeirrt noch einmal, als sei nichts geschehen.

Der Spreizklimmer mit bis zu 4 m langen Trieben wirkt besonders hübsch, wenn die schmalen Zweige mit den kleinen, dunkelgrünen Blättern über eine Mauer bogig herabhängen oder ein Ge-

Es gibt verschiedene Arten und Sorten dieses dichtbelaubten Schlingers mit rosa, roten, gelben oder weißen Blütenständen im Sommer und Herbst. Kleinbleibende, immergrüne Arten sind gute Bodendecker. Die kletternden Formen erreichen Höhen bis zu 6 m, einige davon schmücken sich mit roten oder schwarzen, leider giftigen Beeren. Durch den teilweise sehr intensiven Blütenduft werden Bienen magisch angezogen, so daß im Naturgarten unser bekanntes Jelängerjelieber (*L. caprifolium*) nicht fehlen sollte.

Die Pflanzen sind völlig anspruchslos, wachsen in jedem Boden und vertragen auch starke Beschattung ausgezeichnet. Bei älteren Sträuchern empfiehlt es sich, dem Verkahlen durch maßvolles Auslichten oder Verjüngen entgegenzuwirken.

Parthenocissus, Wilder Wein

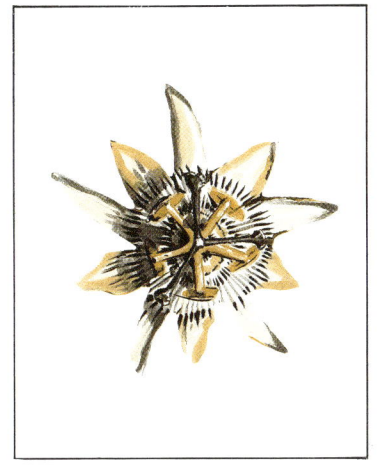

Passiflora caerulea, Passionsblume

Parthenocissus
Wilder Wein, Jungfernrebe

Man unterscheidet hier die drei-blättrige (*P. tricuspidata*) und die fünflappige Art (*P. quinquefolia*). Beide klettern bis zu 15 m hoch und bedecken Mauern und Wände völlig. Bei sonnigem Standort überzieht sich der Strauch mit einer rotglühenden Herbstfärbung, für die er be-rühmt ist. Je schattiger die Lage, desto weniger ausgeprägt ist diese Pracht. Wegen seines dichten, schützenden Blattwuch-ses wird *Parthenocissus* von Vö-geln aller Art hoch geschätzt, die sich dort vor allem am Abend bei der Vorbereitung der Schlaf-plätze ein Stelldichein geben.
Ansprüche irgendwelcher Art werden nicht gestellt, gelegentli-che Nährstoffgaben mit Mineral-düngern und Wässern in som-merlichen Hitzeperioden fördern den Blatt- und Triebwuchs. Schnitt bis ins alte Holz ist ohne weiteres möglich.

Passiflora
Passionsblume

Sie gehört eigentlich nicht hier-her, weil sie nicht winterhart ist und wie andere Kübelpflanzen bei Frostbeginn ins Haus geholt werden muß. In Gegenden mit milden Wintern gelingt aber auch ein Freilandaufenthalt, wenn die Ranken im Herbst abgeschnitten und die Pflanzstellen dick in Laub eingepackt werden. Das trifft frei-lich nur auf die blaublühende, bis zu 4 m hoch rankende *P. caeru-lea* zu, die meisten anderen Arten sind Warmhauspflanzen.

Passiflora caerulea kann man durch Stecklinge vermehren, die von Februar bis April geschnitten und im Anzucht-kasten bewurzelt werden.

Wisteria, Glyzine oder Blauregen

nimmt auch überalterte Langtriebe dicht am Boden weg; Seitenzweige können, wenn sie älter als vier Jahre sind, eingekürzt werden. Wässern ist nur bis zum dritten Standjahr notwendig, danach holen sich die Tiefwurzler selber, was sie brauchen. Im Mai sollte mit einem mineralischen Dünger für Nährstoff gesorgt werden, ab Mitte Juli hat jede Düngung zu unterbleiben, damit das Holz ausreift und Frösten widersteht.

Für beschattete Partien, zum Beispiel an Nordwänden, haben sich die Kletterrosen 'Sympathie' und 'Veilchenblau' gut bewährt.

Rosa
Kletterrose

Es würde zu weit führen, sollten hier die vielen Sorten dieses Spreizklimmers einzeln aufgeführt werden. Eine Auswahlliste findet sich am Schluß des Rosenkapitels (siehe Seite 255).
Die meisten Kletterrosen entwickeln bis zu 4 m lange Triebe, sollten wie alle anderen Rosen in voller Sonne stehen und brauchen ein Gerüst oder eine Stütze. Die einmalblühenden Arten warten im Juni und Juli mit einem überreichen Flor auf; die öfterblühenden schmücken sich meist etwas zurückhaltender, dafür aber den ganzen Sommer über. Man sollte darauf achten, daß die langen Triebe in möglichst flachen Bögen verlaufen, da sich auf der der Sonne zugewandten Seite die meisten Blütentriebe bilden. Bei steil aufrecht gebundenen Ruten ist der Besatz geringer.
Im zeitigen Frühjahr schneidet man alles tote Holz heraus und

Wisteria
Wistarie, Blauregen, Glyzine

Beim Kauf ist darauf zu achten, daß man veredelte Pflanzen von reichblühenden Eltern erhält; ist das nicht der Fall, läßt die Blüte oft jahrelang auf sich warten. Außerdem sollte man bedenken, daß diese Schlingpflanzen nicht nur 8–10 m hoch werden, sondern auch eine enorme Vitalität und Kraft entwickeln, die schon manches Gerüst zum Einsturz gebracht und Dachrinnen aus ihrer Verankerung gerissen hat.
Die im Mai erscheinenden, bläulichen Blütenstände können 50 cm und länger werden und hüllen die Pflanze völlig ein. Am schönsten und reichsten ist dieser Flor, wenn die *Wisteria* an einen sonnigen Platz gepflanzt wurde, wo sie warm und geschützt steht. Junge Exemplare müssen im Sommer reichlich und regelmäßig gegossen werden, aber auch ältere brauchen stets feuchtes Erdreich um die Wurzeln und von Zeit zu Zeit kleinere Gaben eines Mineraldüngers. Die erste Blüte ist nach zwei oder drei Jahren zu erwarten.

Klettergehölze

Botanischer Name	Deutscher Name	Wuchshöhe in m	Kletter-hilfe	Standort
Actinidia	Strahlengriffel, Kiwi	5–10	X	○ (keine Südseite)
Aristolochia	Pfeifenwinde	5–10	X	●
Campsis	Trompetenblume	4–8	X[1]	○
Celastrus	Baumwürger	6–12	X	○–◐
Clematis	Waldrebe	3–10	X	○ (beschattete Wurzel)
Euonymus	Spindelstrauch	3–5		○–●
Fallopia	Knöterich	4–10	X	○–●
Hedera	Efeu	5–30		◐–●
Hydrangea	Kletterhortensie	6–10		◐–●
Jasminum	Winterjasmin	2–5	X	○
Lonicera	Geißblatt, Heckenkirsche	4–6	X	○–◐
Parthenocissus	Wilder Wein	8–15		○–◐
Passiflora	Passionsblume	4	X	○
Rosa	Kletterrose	2–6	X	○
Wisteria	Wistarie Blauregen, Glyzine	8–15	X	○–◐

○ = sonnig ◐ = halbschattig ● = schattig [1] obwohl ein Wurzelkletterer

Nadelgehölze

Die – von der Lärche abgesehen – immergrünen Gehölze sind in Habitus, Nadelfärbung und Größe viel variabler, als der Laie meint. Es gibt Riesen ebenso wie Zwerge, und die Farbpalette reicht von allen Grünschattierungen über Gelb und Gold bis zu Stahlblau. Dennoch sollte man bei der Pflanzung von Koniferen Maß halten, weil sie die Vielfalt von Laubgehölzen nie erreichen, das ganze Jahr über ihr Erscheinungsbild kaum verändern und einen Garten deshalb eintönig erscheinen lassen. Im Zusammenspiel mit anderen Pflanzengestalten können sie dagegen durchaus reizvolle Akzente setzen, und vor allem im Winter ist man froh, wenn frisches Grün das Einerlei belebt. Als Heckenpflanze ist der Lebensbaum (*Thuja*) allgegenwärtig, während man die gefälligere Leylandzypresse (x *Cupressocyparis leylandii*) viel seltener sieht; in ihrer Form 'Castlewellan Gold' ist sie gelbbenadelt.

Abies
Tanne

Tannen sind Großkoniferen, von denen nur die Koreatanne (*A. koreana*) mit 15 m Höhe kleiner bleibt. Bei den Zwergbäumen handelt es sich meist um Kulturformen, von denen manche gut in den Steingarten oder sogar in Tröge oder Kübel passen.
'Spreading Star', ein von der 80 m hoch werdenden Purpurtanne (*A. amabilis*) Alaskas abstammender Zwerg, wird knapp 1 m groß mit breit ausladenden Ästen; *A. pinsapo* 'Horstmann', eine Zuchtform der Spanischen Tanne, schafft in 20 Jahren nicht mehr als 2 m an Wuchs.

Cedrus
Zeder

Von der Himalajazeder (*C. deodara*) ist selbst in Weinbaugebieten abzuraten, weil die Frosthärte sehr zu wünschen übrig läßt. Härter ist die Atlaszeder (*C. atlantica*), obgleich Bäume dieser Art in Wintern mit ungewöhnlich tiefen Temperaturen in Südbaden sogar als ausgewachsene Exemplare erfroren sind.

Nadelgehölze sichern dem Garten auch in seinen Ruhezeiten eine gewisse Farbigkeit und Fülle

Chamaecyparis
Scheinzypresse

Verluste durch Kälteeinwirkung braucht man bei der Scheinzypresse kaum zu befürchten. Diese ungemein formenreiche Gruppe von 0,50 bis zu 20 m hohen Koniferen ist, vielleicht gerade wegen der Sortenvielfalt, zu einem beliebten Gartengehölz geworden, das man einzeln oder in Gruppen pflanzen kann. Viele sind kleinbleibende Büsche mit blauer oder gelber Benadelung. Es lohnt sich, in Baumschulen oder Katalogen diese Koniferengattung genauer in Augenschein zu nehmen, um das Geeignete auszusuchen.

Juniperus
Wacholder

Eine reiche Vielfalt an Farben und Formen findet sich auch beim Wacholder. Sehr beliebt sind die 'Pfitzeriana'-Typen, die zum China-Wacholder (*J. chinensis*) gehören und in vielen Sorten angeboten werden. Es handelt sich um niedrige Gehölze, die aber bis zu 5 m breit werden können. Bekannt sind auch die dunkel benadelten, steil aufrecht und säulenförmig aufragenden Kultursorten des Gemeinen Wacholders (*J. communis*). 'Nana Aurea' wird nur 50 cm groß und hat goldgelbe, im Winter bronzegelbe Nadeln.

Auffällig und beliebt ist die Züchtung 'Tamariscifolia' von *J. sabina*, dem Sadebaum; obwohl er insgesamt nicht mehr als 1 m hoch wird, breiten sich die Zweige, in Etagen angeordnet, bis zu 2 m weit aus.

Larix
Lärche

Lärchen, die zum Winter ihre Nadeln abwerfen, können sich nur bei völlig freiem Stand entfalten, also als Einzelbaum ohne beschattende Nachbarn und mit sehr viel Licht. Andernfalls kümmern sie dahin, verkahlen und werden von Wolläusen befallen. Die lindgrünen Nadeln des Frühlings färben sich im Herbst gelb, so daß Lärchen zu diesen beiden Jahreszeiten am reizvollsten aussehen.

Picea
Fichte

Mehr Möglichkeiten im Garten bieten sich für Fichten, unter denen vor allem die Blaufichte (*P. pungens*), oft fälschlich als „Blautanne" bezeichnet, in der Beliebtheitsskala ganz obenan steht. Neben Großbäumen finden wir auch gedrungene, kaum 1 m hohe, kompakte Formen wie 'Compacta' oder 'Moll', die zudem auch noch sehr langsam wachsen. Zwar recht hoch, aber schmalwüchsig ist *P. omorika*, die Omorika- oder Serbische Fichte, die zu einer Art Modebaum avancierte. Bei dieser anspruchslosen Konifere, von der es ebenfalls niedriger bleibende Sorten gibt, ist eine gute Versorgung mit Magnesium in Form von Bittersalz oder Kieserit wichtig.

Larix kaempferi 'Pendula' hat überhängende Zweige und wächst nur sehr langsam.

Als Flachwurzler halten es Fichten auch in leichteren Böden aus; sie sollten dort aber in heißen Sommern öfter gewässert werden.

Pinus

Kiefer

Unter den Kiefern sind es vor allem die Bergkiefer oder Latsche (*P. mugo*), die Mädchenhaarkiefer (*P. parviflora*) und die Schwarzkiefer (*P. nigra*), denen wir einige hübsche Gartenformen verdanken. Auch bei Kiefern gibt man den kleinerbleibenden Bäumen den Vorzug. Winzlinge, wie zum Beispiel *P. pumila*, die Zwergkiefer, werden selten höher als 50 cm. Wie die Lärchen gehören Kiefern zu den Lichtbäumen, die versagen, wenn man sie in den Schatten anderer Gehölze pflanzt.

Bei der „Rose von Jericho" handelt es sich um Anastatica hierochuntica, einen einjährigen Kreuzblüter der Wüstengebiete des Iran und Marokkos.

Die Wurzeln der Rosen benötigen viel Luft. Deshalb darf der Boden nicht zu schwer und verdichtet, vor allem aber nicht naß sein.

Taxus

Eibe

Die Eibe verhält sich in der Gruppe weniger zimperlich, obgleich eine Zusammenpflanzung in der Regel nur in Heckenform erfolgen wird. Der Gartenbesitzer kann aus einem reichhaltigen Sortiment verschieden großer Bäume auswählen, vom kleinen Strauch bis zu aufrechtwachsenden oder hängenden Formen wie *T. baccata* 'Pendula Graciosa'. 'Semperaurea' wird 2 m hoch und hat gelbe Nadeln ebenso wie die säulenförmig wachsende 'Standishii'.

Thuja

Lebensbaum

In seinen Ansprüchen, aber auch in seiner Schnittverträglichkeit gleicht der Lebensbaum der Eibe. Neben der schon erwähnten Heckenpflanzung kommt für viele Züchtungen auch Einzel- oder Gruppenpflanzung in Frage, was im Garten viel zu wenig ausgenutzt wird. Bei dem Abendländischen Lebensbaum, *T. occidentalis,* finden sich kugelige oder breitwüchsige und niedrige Sorten ebenso wie 15 m hohe, säulen- oder kegelförmig wachsende Bäume.

Rosen

Man nennt sie die „Königin der Gärten", und ihr Weg läßt sich zurückverfolgen durch die Kulturen bis ins Altertum. Dichter haben sie besungen, berühmte Maler auf Bildern dargestellt; rote Rosen sind das Zeichen der Liebe, aber merkwürdigerweise haben die weißen nichts mit dem Tod zu tun, das blieb der Lilie vorbehalten.

Es läßt sich also viel über die Rose sagen, Romantisches wie Mystisches. Botanisch jedoch ist auch sie nichts weiter als ein Blütenstrauch, und wie andere Kulturgewächse muß sie gepflegt werden; denn Schönheit ist vergänglich. Dem Gartenbesitzer vergeht die Freude gründlich, wenn seine Rosen buchstäblich über Nacht mit Mehltau bepudert sind oder wenn die mit Sternrußflecken verunzierten Blätter zu Boden rieseln, bis der eben noch vor Kraft strotzende Stock fast kahl im Beet steht. So etwas passiert nicht einmal selten, und ganz gefeit dagegen ist leider niemand.

Man kann das Risiko aber verringern, wenn man so gut es geht für Bedingungen sorgt, die Rosen lieben. Und das ist fast überall möglich.

Bodenbeschaffenheit

Zunächst einmal: Geeignet ist jeder Gartenboden, der nicht schon in zwei Spatenstichen Tiefe so verfestigt oder steinig ist, daß die Wurzeln nicht weiterkommen, womöglich ins Grundwasser hineinwachsen, wo sie schnell verfaulen würden. Als Faustregel gilt: Näher als 70 cm darf die Nässe der Oberfläche nicht kommen. Wie für die meisten Kulturpflanzen ist eine normale Bodenreaktion, also ein pH-Wert um 7, völlig ausreichend. Ein bißchen darüber oder darunter tut nichts. Rosen tendieren jedoch eher zum sauren Bereich hin, also zu pH 6. „Wo in einem Garten Sonnenblumen, Schneeglöckchen, Stachelbeeren, Rhabarber und Brennesseln gut gedeihen, da wachsen auch Rosen vorzüglich." Dieser Satz stammt von Karl Heinz Hanisch, gelernter Gärtner, Journalist und Autor von Büchern über Rosen, der sich ein Leben lang mit diesen Pflanzen beschäftigt hat.

Ist der Boden sehr durchlässig, so daß das Wasser wegfließt und die Nährstoffe gleich mitnimmt, stabilisiert man die Krume in der gewohnten Weise mit Zugaben von humusbildenden Stoffen wie Kompost, Tonmineralen oder organischen Düngern; bei sehr lehmigem Erdreich sorgen Sand, Torf und wieder Kompost für eine bessere Krümelstruktur.

Standort

Der Platz für Rosen sollte sonnig sein; leichte, stundenweise Beschattung schadet weniger als eine Südlage in Prallsonne, womöglich noch vor einer weißen Wand, die die Sommerhitze reflektiert. An solchen Stellen wird es vor allem im Nachwinter kritisch, wenn überhöhte Tageswärme, die den Austrieb anregt, mit kalten Nächten abwechselt. Von Sommerblumen abgesehen, ist die Mittagssonne des Hochsommers allen unseren Gartenpflanzen viel weniger zuträglich als leichter Schatten. Daraus läßt

Zwei beliebte Zuchtformen der Rose: Dauerblühende Strauchrose und Hochstämmchen, die gut mit niedrig wachsenden Stauden oder Lavendel unterpflanzt werden können

sich ableiten, daß man Rosen nicht zu dicht pflanzen sollte. Die Blätter brauchen frische Luft, der Wind muß um sie herum und durch das Laub hindurchstreifen können. Stauende Hitze zwischen den Stöcken fördert Krankheits- und Schädlingsbefall, verzögert das Abtrocknen nach einem Regen, wodurch das Auftreten von Schadpilzen wie dem Echten Mehltau, Rosenrost und Sternrußtau begünstigt wird. Ganz zu schweigen davon, daß zu dichtes Pflanzen automatisch die Belichtung verringert, und Licht brauchen die Blätter zur Assimilation.

Welchen Abstand soll man also wählen? Das hängt entscheidend davon ab, wie groß der Strauch einmal wird; doch 1 m von Stock zu Stock ist bei Edelrosen nicht zu hoch gegriffen. Bei großen, buschig wachsenden Strauchrosen kann man gut das Doppelte rechnen. Auf die Angaben in Katalogen sollte man sich in diesem Zusammenhang nicht allzusehr verlassen. Dort werden nicht selten für die modernen Edelrosen acht Exemplare pro Quadratmeter empfohlen. Unter dem Aspekt möglichst großen Absatzes ist das verständlich, dem Wunsch nach gesunder Pflanzenentwicklung wird dabei jedoch gewiß nicht Rechnung getragen.

In Gegenden, in denen man damit rechnen muß, daß die Rosen durch Frosteinwirkung regelmäßig einen Teil ihrer Triebe einbüßen, kann man dichter als sonst üblich pflanzen.

Pflanzzeit, Pflanzenkauf

Der beste Pflanztermin ist der Herbst, also die Zeit von Mitte Oktober bis Mitte November. Dann haben die Rosen noch ausreichend Gelegenheit, frische Wurzeln zu bilden und anzuwachsen. Denn solange der Boden nicht gefroren ist, geht das Leben der unterirdischen Organe weiter.

Wo der Winter erfahrungsgemäß sehr früh einsetzt, wählt man besser den März oder April als Pflanzzeit; das gilt auch für Gärten mit sehr schweren Böden. In keinem Fall darf das Erdreich zum Zeitpunkt des Setzens naß sein. Rosen in Containern können außerhalb der Frostperioden von Frühjahr bis Herbst in den Boden kommen, also auch den ganzen Sommer über.

Beim Kauf ist darauf zu achten, daß sich die grüne Rinde der Triebe glatt anfühlt und das Holz auf Fingerdruck nicht nachgibt. Die Gütebestimmungen des Bundes deutscher Baumschulen (BdB) besagen außerdem: Pflanzen der Güteklasse A zeigen drei oder mehr Triebe, wovon mindestens zwei aus der Veredelungsstelle kommen müssen, während der dritte Trieb bis 5 cm darüber entspringen darf. Pflanzen der Güteklasse B weisen zwei Triebe auf, die aus der Veredelungsstelle entspringen müssen. Pflanzen, die nicht den unter A und B aufgeführten Bestimmungen des Bundes deutscher Baumschulen entsprechen, dürfen von Mitgliedern des BdB weder angeboten noch verkauft werden.

Pflanzung

Es heißt immer wieder, daß man die Rosen vor der Pflanzung mit den Wurzeln ins Wasser stellen soll. Diese Mühe schadet zwar nicht, ist im Herbst aber auch nicht unbedingt nötig, wenn nach der Pflanzung reichlich angegossen wird – ohnedies eine Notwendigkeit. Die Pflanzstelle wird vorher, genau wie beim Setzen von Obstgehölzen, auf einer Fläche von ungefähr 1 m² spatentief umgegraben. Diese Maßnahme dürfte aber nur bei sehr schwerem Boden notwendig sein und dient der besseren Durchlüftung und Wasserführung.

Beim Ausheben des Pflanzlochs ergibt sich die Tiefe der Grube aus der Tatsache, daß die Veredelungsstelle am Wurzelhals eine Handbreit tief in die Erde kommen muß. Sollte wirklich einmal alles oberirdische Holz abfrieren, treiben die an dieser Stelle befindlichen schlafenden Augen aus und sorgen für neue Triebe. Die Wurzeln werden, sofern sie sehr lang oder sichtbar beschädigt sind, eingekürzt, bevor sie in die Pflanzgrube kommen; dort sollen sie ohne Quetschungen oder Abknickungen genügend Platz haben. An den Schnittstellen bilden sich verstärkt neue Faserwurzeln, was das Anwachsen erleichtert und damit beschleunigt.

Die Erde wird nun etwa bis zur Hälfte in die Grube gefüllt, danach gewässert, dann folgt der Rest des Aushubs, den man mit organischem Dünger oder Hornspänen etwas verbessern kann. Frischer Stallmist oder Mineraldünger dürfen den jungen Pflanzen nicht gegeben werden, schon gar nicht ins Pflanzloch, wo sie mit den Wurzeln in Berührung kommen.

Schließlich häufelt man die Rosen so weit an, daß nur noch die Spitzen der Triebe hervorschauen; so ist die Pflanze vor Austrocknung durch Sonne und Wind geschützt. Aus demselben

Pflanztiefe bei Rosen: Man setzt die Rose so tief, daß die Veredelungsstelle am Wurzelhals eine Handbreit tief in die Erde kommt

Nach der Pflanzung wird angehäufelt, um die Rose vor Austrocknung durch Sonne und Wind zu schützen

Grund sollte auch bei der Frühjahrspflanzung so verfahren werden. Zeigen sich die ersten Austriebe, ist der Haufen wieder glattzuziehen, und zwar an einem trüben Tag, damit sich das frische Grün, das meist eine rötliche Färbung hat, an die neue Situation gewöhnen kann.

Düngung und Bodenpflege

Ab dem zweiten Jahr nach der Pflanzung erhalten die Rosen im März und dann noch einmal zu Beginn der Blüte Anfang Juni je eine Handvoll chloridfreien, blauen Volldünger. Wer bei der Nährstoffwahl unsicher ist, verwendet einen speziellen Rosendünger. Später als Mitte Juli sol-

Erfahrene Rosengärtner schwören auch heute noch auf Kuhmist. Man kann ihn im Frühjahr nach der Pflanzung in den Boden einarbeiten oder mit Wasser verdünnt gießen.

len keine Nährstoffe mehr gegeben werden, um die Ausreifung des Holzes nicht zu gefährden. Besonders Stickstoff ist dann gefährlich, weil er die Zellen aufschwemmt und den Pflanzen die Winterhärte nimmt. Gelegentliches Aufhacken des Bodens, besonders wenn starke Regenfälle schweres Erdreich verschlämmt haben, wirkt sich günstig auf Wachstum und Blüte aus, ebenso das Mulchen mit organischem Material oder die Bedeckung des Wurzelbereichs mit verrottetem Stallmist oder Kompost. Unkräuter unter Rosen sollte man nicht dulden; eine Unterpflanzung mit anderen, niedrigbleibenden Kulturgewächsen ist durchaus möglich, wenn der Boden humos ist und nicht tief aufgehackt zu werden braucht.

Gießen

Die Notwendigkeit der zusätzlichen Wasserversorgung durch Gießen wird immer noch falsch eingeschätzt. Selbstverständlich brauchen Jungrosen bis zum zweiten oder dritten Standjahr ausreichend Feuchtigkeit – wie alle anderen Gewächse auch. In langanhaltenden sommerlichen Trockenperioden muß unter Umständen ebenfalls gewässert werden. Sonst aber kann man gut angewachsene Rosenstöcke in dieser Beziehung getrost sich selbst überlassen. Ihre Wurzeln reichen so tief in den Boden, daß sie genügend Feuchtigkeit herbeischaffen können.

Viele Rosen, die in normalen Gartenböden stehen, haben noch nie die Bekanntschaft von Kanne oder Schlauch gemacht, nicht einmal während ausdauernder

Wichtiger als Gießen ist gelegentliches Hacken. Durch Regen verdichteter Boden wird dadurch aufgelockert, und die Wurzeln bekommen das von ihnen so geschätzte „Luftbad".

Wenn man, wie es früher oft geschah, die Rosen im Frühjahr bis auf ein paar Stummel zurückschneidet, beraubt man sich selber des Flors und muß länger auf die Blüte warten.

Trockensommer. Wird dennoch gewässert, dann nur direkt an die Wurzeln, nie über die Blätter. Es wurde bereits darauf hingewiesen, daß nasses Laub Pilzinfektionen Tür und Tor öffnet und weite Pflanzung das rasche Abtrocknen der Blätter fördert. Deshalb auch Vorsicht mit dem Beregnen des Rasens, wenn Rosen in der Nähe stehen.

Schnitt

Um es vorweg zu sagen: Ganz gleich, ob man viel oder wenig oder gar nicht schneidet, der Rose selbst ist das egal; unsere Erwartungen an einen möglichst reichblühenden Strauch könnten ohne Schnitt jedoch enttäuscht werden, der Flor möglicherweise spärlicher ausfallen, als wir es uns wünschen.

Wirklich wichtig sind eigentlich nur zwei Schnittmaßnahmen, eine im Frühjahr und eine im Sommer. Dazu bedarf es so wenig besonderer Kenntnisse, wie das Ausputzen der Beet- und Rabattenstauden gärtnerisches Können verlangt. Und um nichts anderes als ein Ausputzen handelt es sich auch bei diesem Rosenschnitt.

Dabei entfernen wir im März/April alle vertrockneten, abgestorbenen, erfrorenen Triebe und solche, die ins Innere des Strauchs hineinwachsen. Diese Arbeit könnte ebensogut im Spätherbst erledigt werden; denn die Rose schert sich nicht darum, wann man sie vom toten Holz befreit. Nur läßt sich im Frühjahr besser ausmachen, welche Triebe wirklich abgestorben sind. Außerdem kommen im Lauf des Winters meist noch einige

Triebe hinzu, die dem Frost zum Opfer fallen.

Der sogenannte Sommerschnitt bedeutet nichts weiter als das Entfernen abgewelkter Blüten. Da die meisten modernen Züchtungen nach dem ersten Flor einen zweiten hervorbringen, darf man es nicht zur Ausbildung kräftezehrender Hagebutten kommen lassen, die die Folgeblüte beeinträchtigen. Die Blüte wird also zusammen mit den unter ihr sitzenden zwei obersten Blättern entfernt. Dann erfolgt aus den darunter befindlichen Augen (Knospen) der Neuaustrieb mit neuen Blüten. Einmalblühende Rosen und Wildrosen brauchen im Sommer nicht ausgeputzt zu werden, da sollen die Hagebutten erhalten bleiben. Sie lassen den Strauch im Spätsommer und Herbst noch einmal aufleuchten. Aus der Tatsache, daß die Rose um so stärker austreibt, je weiter sie zurückgeschnitten wird, ergeben sich drei Grundregeln: stark wachsende Sorten kürzt man nur wenig ein; mittelstark wachsende vertragen etwas mehr Schnitt, schwach wachsende Rosen werden am tiefsten zurückgenommen, damit sich der Strauch mit möglichst vielen, starken Trieben neu aufbaut. Denn je rigoroser man ihn seiner alten Ruten beraubt, mit desto dickeren und längeren Zweigen versucht er, das Verlorene wettzumachen. Alle diese Maßnahmen sind – wie das Ausputzen – Arbeiten des zeitigen Frühjahrs. Will man von Edelrosen im Sommer Blüten für die Vase nehmen, ergibt ein starker Rückschnitt langstielige, ein schwacher zwar mehr, aber dafür eher kurzstielige Blüten.

Zu dicht stehende Zweige müssen weggeschnitten werden

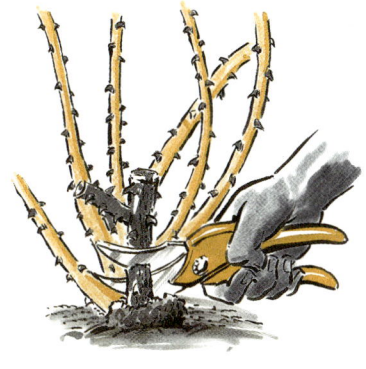

Abgestorbenes Holz wird entfernt

Bei Kletterrosen ist das bogige Anbinden der langen Triebe am Gerüst wichtiger als der Schnitt. Je waagerechter die Ruten zum Licht stehen, desto üppiger blühen sie. Nur Langtriebe, die abgestorben oder sichtbar überaltert sind, werden im Frühjahr möglichst tief am Boden herausgenommen. Dort entsprießende Jungtriebe sind keine Wildschosse, sondern die Träger neuer Blüten, die an ihren seitlichen Verzweigungen erscheinen; man darf sie also nicht entfernen. Die blütentragenden Seitenzweige werden jedoch nur weggeschnitten, wenn sie zu dicht wachsen oder älter als vier Jahre und deshalb unbefriedigend im Flor sind.

247

Hochstammrosen erfahren lediglich „kosmetische Korrekturen", damit die gefällige Form ihrer Krone erhalten bleibt. Man wird also die zu hoch wachsende Verlängerung des Mitteltriebs einkürzen und die Seitenverzweigungen, wenn notwendig, entspitzen. Daß auch hier alles Abgestorbene der Schere zum Opfer fällt, versteht sich von selbst. Bei der Schnittechnik ist folgendes zu beachten: Man setzt die Schere stets ungefähr einen halben Zentimeter über einem Auge an. Ist der Abstand größer, gibt es einen „Zapfen", der zu nichts nutze ist und nur die Anflugstelle für Krankheitskeime bildet. Wird zu dicht am Auge geschnitten, kann die Knospe vertrocknen. Sie soll möglichst nach außen weisen, damit der neue Trieb nicht in den Schatten des Strauchinnern wächst. Wenn leicht schräg geschnitten wird, kann das Wasser von der Wunde ablaufen, und die Knospe ist vor Fäulnis bewahrt. Eine extreme Schräglage birgt die Gefahr, daß das Auge vertrocknet.

Winterschutz

Der wichtigste und beste Schutz gegen Frost ist das Anhäufeln. Das sollte nicht zu früh geschehen, denn je länger die Triebe Luft und Sonne bekommen, desto besser reifen sie aus. Meist wird man damit bis Anfang Dezember warten können. Zusätzlich kann man frisch gepflanzte Rosen mit Fichtenreisig abdecken, das bewahrt vor allem im Nachwinter vor Austrocknung durch Sonne und Wind.
Koniferenzweige verwendet man auch als Schutz für Kletterrosen,

indem man sie dachziegelartig am Gerüst befestigt oder zwischen die Triebe hängt und festbindet. Bei Hochstammrosen bindet man die Krone zusammen, nachdem Holzwolle oder Kurzstroh hineingestopft wurde. Dann wird ringsum Fichtenreisig angebracht, und zwar so weit nach unten reichend, daß auch die verdickte Veredelungsstelle unterhalb der Krone davon bedeckt ist. Man kann auch die Blätter und die weichen Triebspitzen abschneiden und das ganze Bäumchen vorsichtig bis zur Erde herunterbiegen; dort wird es dann mit Drahtbügeln am Boden fixiert, die blanke Krone wird gegen Astbruch mit Laub oder Stroh ausgestopft und mit Erde bedeckt.

Einteilung der Rosen

Es ist noch gar nicht so lange her, daß der Neuling – und nicht nur er – bei der Klassifizierung der Rosen vor einem schier unlösbaren Wirrwarr stand. Polyantharosen und Teehybriden, Edel-, Busch-, Beet-, Strauch- und Parkrosen, Zwergrosen, Trauerrosen, Hochstammrosen usw. – was gehörte wozu?
Es war schließlich der Verein Deutscher Rosenfreunde e. V. (VDR), der den Mut fand, Ordnung in das Durcheinander der Begriffe zu bringen; und da der Bund deutscher Baumschulen mittlerweile diese vereinfachte Einteilung übernommen hat, findet sich jetzt auch der Laie einigermaßen in den Katalogen der Rosenzüchter zurecht. Wir übernehmen hier leicht gekürzt die Einteilung des VDR, der übrigens auch Fragen von Nichtmitglie-

Zum Schutz vor dem austrocknenden Winterwind behängt man Kletterrosen mit Tannen- oder Fichtenzweigen

dern sachkundig beantwortet (Anschrift: Verein Deutscher Rosenfreunde, Waldseestraße 14, 7570 Baden-Baden, Telefon: 0 72 21 / 3 13 02).

Beetrosen

Das sind Sträucher, die sich mit der Schere leicht auf Höhen zwischen 40 und 100 cm halten lassen. Es gibt zahlreiche Sorten in allen Rosenfarben. Die Blumen sind einfach, halb oder ganz gefüllt, teilweise wohlriechend, und sie blühen sommerlang und zahlreich an dolden- oder rispenartigen Blütenständen.

Edelrosen

Auch hiervon gibt es zahlreiche Sorten, die sich in denselben Wuchshöhen wie Beetrosen halten lassen. Der Unterschied besteht lediglich darin, daß es bei dieser Gruppe weniger doldenartige Blütenstände gibt, sondern daß die großen, gefüllten, oftmals duftenden Blumen vielfach einzeln auf längeren Stielen stehen. Edelrosen sind auch als Teehybriden und Remontant-Rosen bekannt.

Strauchrosen

Hierunter sind Sträucher zu verstehen, die von ihrer Natur her, also auch ohne regulierenden Schnitt, zwischen 1 und 3 m groß werden und bleiben. Innerhalb der Strauchrosen gibt es zwei Gruppen: Das sind erstens Rosen, die besonders winterhart sind, sehr harmonisch wachsen, keines Schnitts bedürfen und zumeist bis in den Winter hinein mit roten oder gelben Hagebutten geschmückt sind. Dafür blühen sie, allerdings überaus üppig, nur einmal im späten Früh-

ling oder im frühen Sommer während eines Zeitraums von bis zu zwei Wochen. Die zweite, modernere Gruppe, die durch die Arbeit unserer Rosenzüchter entstanden ist, erfordert gelegentlich den Eingriff mit der Schere. Sie ist ein klein wenig schwieriger zu behandeln, dafür blüht sie aber des öfteren im Sommer bis in den Herbst hinein.

Kletterrosen

Das sind Rosen, deren Triebe besonders lang werden. Man pflanzt sie deshalb gern an Laubengänge und Spaliere. Kletterrosen besitzen nicht die Fähigkeit, sich wie Wilder Wein oder Efeu selbst am Mauerwerk festhalten zu können und brauchen deshalb eine Kletterhilfe. Wie bei den Strauchrosen gibt es auch bei den Kletterern zwei Gruppen: Die eine, ältere Gruppe wächst mit einzelnen Sorten bis zu 6 m hoch und blüht überreich, aber nur einmal etwa zwei Wochen

Hagebutten, herbstlicher Schmuck vieler Strauch- und Wildrosen

lang im frühen Sommer. Die andere, modernere Gruppe wächst mit einzelnen Sorten allenfalls 4 m hoch, blüht aber des öfteren im Sommer.

Zwergrosen

Diese Rosen haben die Eigenart, nur etwa 30 cm hoch zu werden, wobei sie jedoch sehr reich verzweigt sind und teilweise während des ganzen Sommers blühen. An ihnen ist züchterisch besonders viel gearbeitet worden. Zwergrosen sind auch als Topfpflanzen und für Balkonkästen in den Städten geeignet.

Bodendeckende Rosen

In diese Gruppe gehören zunächst einmal Rosen mit kriechendem Wuchs. Andere wachsen bogenartig, aber sehr flach; eine dritte Gruppe bestockt sich reichlich. Alle sind für flächige Pflanzungen geeignet.

Hochstammrosen

Hierbei handelt es sich um Beet- oder Edelrosen, die auf Stämmen veredelt sind und sich üblicherweise in Höhen von 60 oder 90 cm zu Blütenkronen entwickeln. Die sogenannten Trauerrosen mit Stammhöhen von etwa 1,40 m gehören auch in diese Gruppe. Aufveredelt sind Klettersorten mit dünnen, lang herabhängenden Trieben.

ADR-Rosen

Darunter versteht man Züchtungen, die die „Alldeutsche Rosenneuheiten-Prüfung" mit Erfolg bestanden haben und die Bezeichnung „Anerkannte Deutsche Rose" (ADR) führen dürfen. Diese Prüfungen erstrecken sich über zwei oder drei Jahre und werden in neun neutralen Prüfungsgärten unter unterschiedlichen Boden- und Klimaverhältnissen durchgeführt.

Die Rosen müssen diesen Langzeittest ohne irgendwelche Bekämpfungsmittel gegen Krankheiten bestehen und damit ihre Robustheit – ein wesentliches Merkmal der Prüfung – unter Beweis stellen.

Eine Kombination von besonderem Reiz: Bodendeckende und Hochstammrosen auf ein und derselben Fläche

Dazu schreibt der deutsche Rosenspezialist Prof. Dr. Josef Sieber, Weihenstephan: „Es ist bekannt, daß neue Rosensorten bei der ARD-Prüfung besonders harten Bedingungen ausgesetzt sind und einer strengen Beurteilung unterworfen werden. Die ADR-Prüfung wurde schon vielfach von Experten, die sich im In- und Ausland mit der Bewertung von Rosen-Neuheiten befassen, als die härteste Prüfung der Welt bezeichnet. Kennzeichnend dafür ist zum Beispiel auch, daß 1983 nach zwei- bis dreijähriger Prüfung von 26 zur Endbeurteilung anstehenden Sorten keine einzige das ADR-Prädikat erhielt."

Nun sollte man auch von ADR-Rosen keine Wunderdinge erwarten oder gar meinen, bei derart geprüften Züchtungen brauche man sich um Krankheiten und Schädlinge nicht mehr zu kümmern. Denn wirklich krankheitsresistente Züchtungen fehlen bisher. Das Prädikat besagt lediglich, daß die Rose unter den bei der Prüfung gegebenen – allerdings extrem harten – Bedingungen bestanden hat. Im Hausgarten können auf Grund verschiedener äußerer Einflüsse auch ADR-Rosen versagen.

Und noch etwas ist wichtig zu wissen: Diese geprüften Sorten sind nicht gleichzeitig auch die schönsten. Schließlich wird man bei den seit Jahrzehnten bewährten, altbekannten Züchtungen das ADR-Zeichen vergeblich suchen. Es handelt sich, wie der Name sagt, um eine Neuheitenprüfung, die es erst seit 1948 gibt. In den nachfolgenden Sortenlisten wurde dennoch den ADR-Rosen der Vorzug gegeben, nicht zuletzt, weil sich bei ihnen notwendige Hinweise auf spezielle Krankheitsanfälligkeiten oder Schwächen erübrigen. Es muß aber noch einmal gesagt werden: Eine Garantie auf Erfolg ist damit nicht verbunden!

In den Katalogen der großen Rosenschulen sind ADR-Rosen meist durch einen besonderen Hinweis kenntlich gemacht.

Beetrosen (ADR)

Sorte	Blütenfarbe	Duft
'Amsterdam'	scharlachrot	
'Andalusien'	leuchtend rot	
'Bonica'	rosa	
'Chorus'	zinnoberrot	
'Dalli Dalli'	blutrot	
'Duftwolke'	korallenrot	xxx
Duft: x = schwach xx = gut xxx = stark		

Beetrosen (ADR) (Fortsetzung)

Sorte	Blütenfarbe	Duft
'Escapade'	lilarosa	x
'Friesia'	leuchtend goldgelb	xx
'Goldtopas'	bernsteinbraun	x
'Gruß an Bayern'	leuchtend blutrot	
'Insel Mainau'	reinblutrot	
'Lagerfeuer'	blutrot	
'La Sevillana'	scharlachrot	
'Lilli Marleen'	dunkelrot	
'Ludwigshafen am Rhein'	karminrosa	xx
'Marlena'	dunkelrot/orange	
'Molde'	blutorange	
'Montana'	blutorange	
'Neues Europa'	rotorange	
'Prominent'	reinorange	xx
'Ponderosa'	leuchtend orange	
'Pussta'	dunkelrot	
'Schloß Mannheim'	blutorange	
'Schweizer Gruß'	samtdunkelrot	
'Taora'	scharlachrot	
'Tornado'	blutrot	
'Travemünde'	dunkelrot	
'Yesterday'	rosa	

Duft: x = schwach   xx = gut   xxx = stark

Edelrosen (ADR)

Sorte	Blütenfarbe	Duft
'Aachener Dom'	silbrig rosa	
'Alec's Red'	kirschrot	xxx
'Alexander'	zinnoberrot	x
'Alexandra'	kupfergelb	x
'Carina'	rosa	x
'Duftwolke'	korallenrot	xxx
'Erotica'	dunkelrot	xxx
'Florentina'	dunkelblutrot	
'Freude'	lachsfarben/gelb	xx
'Harkness' Alexander'	zinnoberrot	x
'Herzog von Windsor'	lachsrot	xxx
'Königin der Rosen'	lachsorange/hellgelb	xx
'Lolia'	leuchtend kupferfarben	x
'Mainauperle'	dunkelrot	xx
'Mainzer Fastnacht'	hellila	xxx
'Melina'	blutrot	
'Mildred Scheel'	tiefdunkelrot	xx
'Neue Revue'	goldgelb/rot	xx
'Pariser Charme'	reinrosa	xx
'Rebecca'	hellrot/gelb	
'Sylvia'	dunkelrosa	

Duft: x = schwach   xx = gut   xxx = stark

Strauchrosen, öfter blühend

Sorte	Blütenfarbe	Duft
'Angela' (ADR)	reinrosa	
'Benvenuto' (ADR)	blutrot	
'Bischofsstadt Paderborn'	leuchtend zinnoberrot	
'Bonanza' (ADR)	leuchtend gelb	
'Dirigent' (ADR)	blutrot	
'Elmshorn' (ADR)	lachsrosa	
'Feuerwerk'	lachsrosa	
'Fontaine' (ADR)	samtig dunkelrot	
'Freudentanz'	lachsrot	xxx
'Grandhotel' (ADR)	samtig blutrot	
'Ilse Haberland'	karminrosa	xxx
'Lichtkönigin Lucia'	zitronengelb	x
'Lydia'	leuchtend orange	x
'Mannheim'	kirschrot	
'Robuste' (ADR)	leuchtend rot	
'Romanze'	dunkelrosa	x
'Schneewittchen' (ADR)	schneeweiß	x
'Stadt Rosenheim' (ADR)	lachsorange	
'Westerland' (ADR)	leuchtend gelb	xxx

Duft: x = schwach   xx = gut   xxx = stark

Kletterrosen

Sorte	Blütenfarbe	Duft
'Compassion' (ADR)	lachsrosa	xxx
'Coral Dawn'	korallenrosa	xx
'Dortmund' (ADR)	leuchtend rot	x
'Flammentanz' (ADR)	blutrot	
'Goldstern'	tiefgoldgelb	
'Gruß an Heidelberg' (ADR)	feurigrot	x
'Harlekin'	cremeweiß/rot	x
'Lawinia'	reinrosa	xxx
'New Dawn'	weißlichrosa	x
'Paul's Scarlet Climber'	blutrot	
'Schwanensee'	reinweiß	x
'Sympathie' (ADR)	samtig dunkelrot	xx

Duft: x = schwach   xx = gut   xxx = stark

Bodendeckende Rosen

Sorte	Blütenfarbe	Duft
'Bonica 82'	hellrosa	
'Dagmar Hastrup'	pastellrosa	x
'Fairy Dance'	rot	
'Fiona'	leuchtend rot	
'Heidekönigin'	reinrosa	

Duft: x = schwach   xx = gut   xxx = stark

Bodendeckende Rosen (Fortsetzung)

Sorte	Blütenfarbe	Duft
'Heideröslein Nozomi'	perlmuttrosa	x
'Heidesommer'	reinweiß	x
'Immensee'	perlmuttrosa	xxx
'Max Graf'	leuchtend rosa	
'Moja Hammarberg'	violettrosa	xxx
'Pink Spray'	kräftig rosa	
'Roseromantic'	leuchtend rosa	
'Rotelfe'	leuchtend blutrot	
'Roter Max Graf'	leuchtend rot	
'Smarty'	gelblichweiß	
'Snow Ballet'	reinweiß	
'Swany'	reinweiß	
'Weiße Max Graf'	leuchtend weiß	x

Duft: x = schwach   xx = gut   xxx = stark

Zwergrosen, nicht duftend

Sorte	Blütenfarbe
'Alberich'	karminrot
'Baby Maskerade'	leuchtend goldgelb
'Bubikopf'	mandarinenrot
'Guletta'	zitronengelb
'Orange Meillandina'	orangerot
'Scarletta'	scharlachrot

Zwergrosen, nicht duftend (Fortsetzung)

Sorte	Blütenfarbe
'Sonnenkind'	tiefgoldgelb
'Starina' (ADR)	lachsrot
'Zwergenfee'	blutrot
'Zwergkönig 78'	leuchtend blutrot
'Zwergkönigin 82'	reinrosa

Hecken

Im Wort Hecke ist die alte Bezeichnung für Einfriedung – „der Hag" – versteckt. Der als Heckenpflanze häufig verwendete Weißdorn *(Crataegus)* heißt im Volksmund auch Hagedorn, womit eine seiner gartenbaulich wichtigen Funktionen treffend gekennzeichnet ist.

Eigentlich ist also alles Hecke, was uns Sichtschutz gewährt, als Zaun dient und unser Grundstück mit lebendem Grün umgibt. Wie man nun diese Einfriedung gestaltet, bleibt dem einzelnen überlassen. Grob gesehen wird zwischen Schnitt- oder Formhecken und ungeschnittenen oder freiwachsenden Hecken unterschieden. Innerhalb dieser beiden Gruppen gibt es dann noch immergrüne Laub- und Nadelhecken sowie Hecken aus Blütengehölzen.

Feldhecken aus größer werdenden heimischen Bäumen oder Sträuchern und doppelreihige Anpflanzungen sollen hier nicht weiter behandelt werden, im kleinen Garten fehlt dafür fast immer der Platz.

Am raumsparendsten kommt man mit Schnitthecken weg, seien sie nun sommer- oder immergrün. Bei richtiger Pflanzenwahl werden Breite wie Höhe von der Schere bestimmt, die zugleich den Dichtenwuchs reguliert. Laubabwerfende Sträucher wie Hainbuche *(Carpinus betulus)*, Weißdorn *(Crataegus monogyna)*, Feldahorn *(Acer campestre)*, Rainweide *(Ligu-*

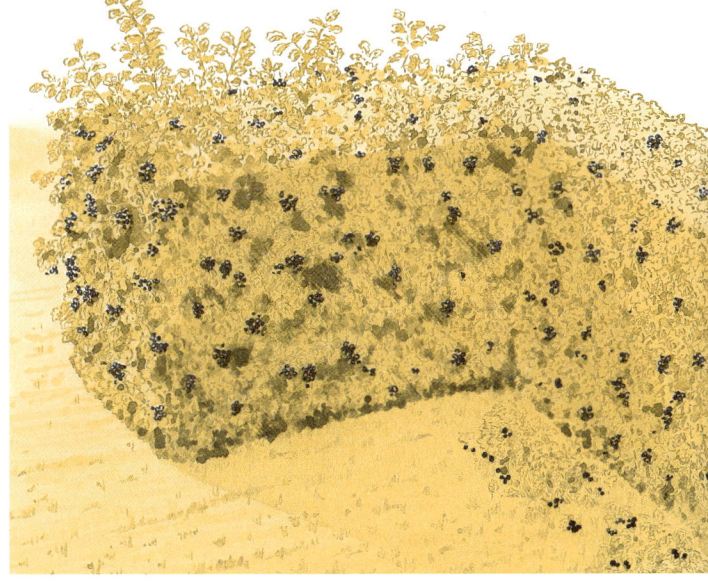

Die Schnitthecke hält man mit der Schere in den ihr zugedachten Grenzen

strum vulgare), Kornelkirsche *(Cornus mas)* oder die sommergrünen Berberitzen (zum Beispiel *Berberis thunbergii)* sind etwas für Menschen, deren Gartenjahr mit dem Laubfall beendet ist. Immergrüne haben den Vorteil, auch im Winter gut auszusehen und Sichtschutz zu gewähren. Das kann durchaus erwünscht sein, denn wo die gnädige Hülle einer Schneedecke ausbleibt, zeigt sich auch der gepflegteste Garten von seiner schlechtesten Seite.

Freiwachsende, also ungeschnittene Blütensträucher bringen zweifellos den größten Gewinn, besonders wenn zusätzlich auf eine abwechslungsreiche Blattfärbung geachtet und Fruchtschmuck wie buntes Herbstlaub berücksichtigt wird; allerdings werden sie nie so dicht wie Schnitthecken und geben im Winter ebenfalls nichts her. Wem freilich daran gelegen ist, Vögeln und Kleingetier in seinem Garten eine Heimstatt zu schaffen, sollte sich dennoch für diese Möglichkeit entscheiden. Das rege Leben im Gezweig, an den farbenfrohen Blüten und in der den Boden bedeckenden Laubschicht dauert vom zeitigen Frühjahr bis weit in den Herbst und ist Entschädigung genug.

Heckenpflanzung: Die Sohle des Pflanzgrabens wird mit der Grabegabel gelockert. Anschließend bringt man eine Schicht Torf auf

Pro laufenden Meter setzt man drei bis fünf Heckenpflanzen in den vorbereiteten Graben. Dann wird der eventuell mit Kompost vermischte Aushub eingefüllt und festgetreten

Pflanzzeit und Pflanzung

Gepflanzt wird im Herbst oder im Frühjahr. Laubabwerfende Gehölze kommen im Oktober/November beziehungsweise im März/April in den Boden, immergrüne Ende August/September oder im April und Mai. Da besonders bei Schnitthecken die Einzelpflanzen dicht bei dicht sowie in Wasser- und Nährstoffkonkurrenz zueinander stehen, muß der Boden bereits vor der Pflanzung entsprechend vorbereitet und in einen guten Zustand gebracht werden. Klappt es mit dem Start nicht, kommt eine Hecke auch

Zum Schluß zieht man beiderseits der Pflanzung eine Gießrinne und wässert kräftig

später schwer voran, es entstehen Lücken, die sich nur mit Mühe wieder schließen lassen.

Wer es ganz genau nimmt, hebt auf dem für die Pflanzung vorgesehenen Streifen eine etwa 60 cm breite und zwei Spatenstiche tiefe Grube aus. Der Aushub wird mit Horn- und Knochenspänen oder garteneigenem Kompost vermengt, die Grubensohle noch einmal gelockert. Ist das Erdreich sehr schwer, kann man es mit Zusätzen von Sand durchlässiger machen, leichter Boden erhält zusätzlich Kompost, Rindenkompost oder andere, organische, humusbildende Stoffe – auf keinen Fall jedoch Stallmist oder Mineraldünger. Derartige scharfe Kost wird von den jungen Pflanzen noch nicht vertragen.

Je nach Größe und Wuchseigenschaften wird pro laufenden Meter mit drei bis fünf Pflanzen gerechnet; bei Kleinsträuchern, die durch Schnitt zusätzlich niedrig gehalten werden, aber dicht wachsen sollen, kann man bis zu zehn Exemplaren je Meter veranschlagen.

Die Pflanztiefe soll der in der Baumschule entsprechen. Zum Schluß ist mit langsam aus dem Schlauch rieselndem Wasser anzugießen und beiderseits der Pflanzung für eine Gießrinne zu sorgen.

Pflege

Sie muß bei einer Schnitthecke, wo viele Einzelpflanzen auf engstem Raum stehen, besonders sorgfältig sein. Um die Nährstoffversorgung sicherzustellen, gibt man im Frühjahr, etwa im März/April, pro laufenden Meter 150 g eines organisch-mineralischen,

oder um dieselbe Zeit und dann im Sommer noch einmal 40 g eines mineralischen, blauen Volldüngers. Der Dünger, gleich welcher Art, ist zu beiden Seiten der Hecke auszustreuen und anschließend einzuwässern. Wo die Möglichkeit besteht, den Heckenpflanzen Kompost zu verabreichen, ist das den ganzen Sommer über möglich. Sehr vorteilhaft wirkt sich auch eine Mulchschicht aus, die den Boden feucht hält und Unkrautwuchs unterdrückt.

Nicht minder wichtig ist ein geregelter Wasserhaushalt, denn der Verbrauch einer derartigen Anpflanzung ist höher als bei anderen Kulturen. Bei länger anhaltenden sommerlichen Trockenperioden sollte man den Schlauch Meter für Meter unter den Pflanzen entlangführen und das Wasser jedesmal reichlich rieseln und in den Boden eindringen lassen. Bei Immergrünen, die auch im Winter Feuchtigkeit verdunsten, empfiehlt es sich, sowohl im Spätherbst als auch später an frostfreien Tagen zum Schlauch zu greifen.

Schnitt

Als Schnittermine kann man sich merken: Sommergrüne Formhecken werden im Juni oder im August geschnitten, immergrüne derselben Art nur im August/Anfang September. Allerdings kann es sich als notwendig erweisen, den Junischnitt erst später vorzunehmen, um das Brutgeschäft der Vögel nicht zu stören. Das ist auch nicht weiter schlimm. Grundsätzlich gilt, daß empfindliche Gehölze nie im Herbst, sondern immer erst im

Die Austrocknung der oberen Bodenschicht läßt sich etwas eindämmen, wenn man unter der Hecke für eine möglichst dicke Mulchdecke sorgt; gut geeignet dafür ist der jede Woche anfallende Rasenschnitt.

Bei Formhecken ist eine ausreichende Ernährung besonders wichtig; denn durch den regelmäßigen Schnitt gehen ständig lebensnotwendige Aufbaustoffe verloren.

Frühjahr oder eben im Sommer geschnitten werden. Für Frühjahrsblüher, ob in Heckenform oder freiwachsend, kommt eine Schnittbehandlung erst nach Beendigung des Flors in Frage. Blütensträucher, die in lockerer Formation gepflanzt sind, müssen lediglich ausgelichtet werden: Man entfernt, was zu dicht wächst, erfroren ist oder optisch stört.

Der jährliche Schnitt der Formhecke setzt ein, sobald die Gewächse die gewünschte Höhe erreicht haben. Von diesem Zeitpunkt an nimmt man stets das weg, was in der Zwischenzeit nachgewachsen ist, wird also meist gerade bis ans alte Holz kommen.

Bei einer längeren Hecke sollte eine straff gespannte Schnur zu Hilfe genommen werden; aufs Augenmaß ist dabei kein Verlaß! Damit auch die wichtigen Zweigpartien an der Basis genügend Luft und Licht abbekommen, gibt man der Hecke beim Schneiden eine leicht trapezartige Form, das heißt, sie ist oben etwas schmaler als an der Grundlinie; pro Meter Höhe kann diese Abweichung zirka 10 cm betragen.

Wo eine Hecke wegen Überalterung licht zu werden beginnt, kann nur noch eine Radikalkur Abhilfe bringen. In diesem Fall muß man sich dazu entschließen, die Gehölze bis auf die Hälfte oder sogar noch weiter zurückzunehmen. Sofern die Sträucher mitspielen, erfolgt ein kräftiger neuer Austrieb, und die Hecke kann wieder bis zur erwünschten Höhe aufgebaut werden. Dafür ist eine Unterstützung durch Düngen und reichliches Wässern unerläßlich.

Der radikale Rückschnitt einer vergreisten Hecke ist immer mit einem Risiko verbunden; es kann durchaus passieren, daß die Pflanzen den starken Blatt- und Triebverlust mit völligem Versagen quittieren.

Laubgehölze für Schnitthecken (i = immergrün)

Botanischer Name	Deutscher Name	Schnitthöhe in m	Lage
Acer campestre	Feldahorn	2–4	○–◑
Berberis thunbergii	Sauerdorn	2–4	○–◑
Berberis buxifolia 'Nana'	Zwergsauerdorn (i)	0,50	◑
Buxus sempervirens var. *aborescens*	Buchsbaum (i)	2–4	○–◑
Buxus sempervirens 'Suffruticosa'	Einfassungsbuchs (i)	0,50	○–◑
Carpinus betulus	Hainbuche	2–4	○–◑
Cornus mas	Kornelkirsche	1–2	○–◑
Cotoneaster acutifolius	Zwergmispel	1–2	○–◑
Crataegus laevigata	Weißdorn	1–2	○–◑
Crataegus monogyna	Weißdorn	1–3	○–◑
Fagus sylvatica	Rotbuche	2–4	○–◑
Ilex aquifolium	Stechpalme (i)	1–2	◑–●
Ligustrum vulgare 'Atrovirens'	Rainweide (i)	2–4	○–◑
Ligustrum vulgare 'Lodense'	Rainweide	0,50–1	○–◑
Lonicera coerulea	Heckenkirsche	1–2	◑–●
Lonicera xylosteum 'Clavey's Dwarf'	Heckenkirsche	0,50–1	◑–●
Mahonia aquifolium	Mahonie (i)	0,50–1	◑–●
Prunus laurocerasus 'Caucasica'	Lorbeerkirsche (i)	1–2	◑–●
Ribes alpinum	Alpenjohannisbeere	0,50–1	○–◑
Spiraea, verschiedene Arten	Spierstrauch	1–2	○–◑

○ = sonnig ◑ = halbschattig ● = schattig

Nadelgehölze für Schnitthecken (alle immergrün)

Botanischer Name	Deutscher Name	Schnitthöhe in m	Lage
Chamaecyparis lawsoniana	Scheinzypresse	2–4	○–◑
x *Cupressocyparis leylandii* 'Castlewellan Gold'	Leylandzypresse	2–4	○–◑
Picea abies	Fichte	2–3	○–◑
Taxus baccata	Eibe	1–2	◑–●
Taxus x media 'Hicksii'	Säuleneibe	1–3	◑–●
Thuja occidentalis	Lebensbaum	1–3	○–◑
Thuja plicata	Riesenlebensbaum	1–4	○–◑
Tsuga canadensis	Hemlocktanne	2–6	◑–●

○ = sonnig ◑ = halbschattig ● = schattig

Gehölze für freiwachsende und Blütenhecken

Botanischer Name	Deutscher Name	Wuchshöhe in m	Immer-grün	Blüte-monat	Lage
Acer ginnala	Feuerahorn	5–6		VI	○–◑
Amelanchier laevis	Felsenbirne	8–10		IV–V	○–◑
Berberis, Arten und Sorten	Sauerdorn	1–4	(x)	V–VI	◑–●
Buddleja alternifolia	Schmetterlingsstrauch	3–4		VI	○
Buxus sempervirens	Buchsbaum	6–8	x	– –	○–●
Carpinus betulus	Hainbuche	15–20		– –	○–●
Choenomeles, Arten und Sorten	Zierquitte	1–2		III–V	○–◑

○ = sonnig ◑ = halbschattig ● = schattig; (x) = in Arten immergrün

Gehölze für freiwachsende und Blütenhecken (Fortsetzung)

Botanischer Name	Deutscher Name	Wuchshöhe in m	Immer- grün	Blüte- monat	Lage
Cornus, Arten und Sorten	Hartriegel	2–6		V–VI	○–●
Corylus avellana	Haselnuß	3–5		II–III	○–●
Corylopsis spicata	Scheinhasel	1–2		III–IV	○–◐
Cotoneaster, Arten und Sorten	Zwergmispel	1–4	(x)	V–VI	○–◐
Crataegus	Weißdorn	6–10		V–VI	○–◐
Deutzia-Hybriden	Deutzie	1–3		VI	○
Eleagnus multifera	Ölweide	1–3		V	○–◐
Euonymus planipes	Pfaffenhütchen	2–5		V	○–◐
Forsythia, Arten und Sorten	Forsythie	2–4		III–V	○
Ilex aquifolium	Stechpalme	1–2	x	– –	◐–●
Kerria japonica	Kerrie	1–2		IV–V	○–◐
Kolkwitzia	Kolkwitzie	2–3		V–VI	○–◐
Ligustrum obtusifolium	Rainweide	1–2		VII	◐–●
Lonicera, Arten und Sorten	Heckenkirsche	1–5	(x)	VI–VIII	○–●
Mahonia aquifolium	Mahonie	1	x	IV–V	◐–●
Philadelphus, Arten und Sorten	Pfeifenstrauch	2–4		VI–VII	○–●
Physocarpus	Blasenspiere	3–4		VI–VII	○–●
Prunus cerasifera	Kirschpflaume	4–8		III–IV	○–◐
Pyracantha, Arten und Sorten	Feuerdorn	2–4	x	V–VI	◐–●

○ = sonnig ◐ = halbschattig ● = schattig; (x) = in Arten immergrün

Gehölze für freiwachsende und Blütenhecken (Fortsetzung)

Botanischer Name	Deutscher Name	Wuchshöhe in m	Immergrün	Blütemonat	Lage
Ribes sanguineum	Blutjohannisbeere	2–4		IV–V	○–◐
Rosa	Wildrosen	2–4		VI–VIII	○–◐
Sorbus, Arten und Sorten	Eberesche	4–12		V–VI	○
Spiraea, Arten und Sorten	Spierstrauch	1–2		V–VIII	○
Viburnum, Arten und Sorten	Schneeball	2–4	(x)	XI–VI	○–●
Weigela-Hybriden	Weigelie	2–3		V–VII	○–◐

○ = sonnig　◐ = halbschattig　● = schattig; (x) = in Arten immergrün

Stauden

Im Gegensatz zu Sommerblumen handelt es sich bei Stauden um ausdauernde Gewächse, die ihr Laub im Herbst verlieren, im darauffolgenden Jahr aber wieder neu austreiben. Bei etwas Pflege kann man also lange Zeit Freude an ihnen haben, obgleich es hinsichtlich der Langlebigkeit gattungsbedingte Unterschiede gibt. Manche blühen über Jahre hinweg unermüdlich, andere neigen zu vorzeitiger Vergreisung und müssen durch rechtzeitige Teilung verjüngt werden. Mit Blütenstauden lassen sich im Garten dauerhafte Akzente und Schwerpunkte setzen, ohne daß damit Unwiderrufliches geschaffen würde. Denn natürlich kann man stets Neues hinzukaufen, das Bild verändern.

Bei richtiger Wahl der Gattungen und Arten dauert die Staudenblüte zwölf Monate, mit einer Pause, je nach Wetter, allenfalls im November; danach schieben bereits die Christrosen ihre Blüten durch den Schnee, bald gefolgt von den ersten Frühlingszwiebelblumen. Die größte Fülle bieten dann freilich die Sommermonate, und mit Chrysanthemen und Astern gleitet der Flor schließlich in den Herbst hinein. Es kommt also darauf an, das riesige Sortiment so auszunutzen, daß eine Blütenwelle der anderen folgt, wobei auch die unterschiedlichen Ansprüche und Eigenschaften in den Dienst des immerblühenden Gartens gestellt werden können; denn es gibt kaum einen Bereich, in dem eine Staudenanpflanzung nicht möglich wäre.

An Schattenplätzen blühen Primeln, Anemonen, Veilchen, Elfenblumen oder Tränendes Herz, in Teichnähe finden bevorzugt

Stauden mit Wildpflanzencharakter ihren Platz, Steingarten und Trockenmauer werden von sonnenanbetenden Winzlingen bevölkert, und für offene Partien in Sonne oder Schatten empfiehlt sich die Vielzahl der Bodendecker und Polsterer.

Vom meterhohen Riesen bis zum nur wenige Zentimeter messenden Zwerg steht in den Gärtnereien alles zum Abruf bereit, ob man sich nun für die Farbenpracht einer dicht gefüllten Rabatte entscheidet, an passende Plätze einzelne Gruppen setzt, einen Weg mit bunten Blüten markiert oder die Umgebung der Terrasse in eine Staudenlandschaft verwandelt. Das Spektrum wird noch breiter, wenn man sich daran erinnert, daß ja auch Zwiebelblumen, Farne und Ziergräser mit vielen Gattungen zu den Stauden zählen.

Bodenvorbereitung

Wo bereits ein lockerer, humoser Gartenboden vorhanden ist, braucht man sich um das Beet für die Staudenwurzeln nicht weiter zu kümmern. Sie finden hier alles vor, was sie benötigen.

Wird ein Garten neu angelegt, ist das Staudenbeet bis zu zwei Spaten tief zu lockern. Bei zu schwerem, lehmig-tonigem oder sehr leichtem, also sandhaltigem Erdreich empfiehlt sich eine Bodenverbesserung. Im ersten Fall werden Sand, Torf und/oder Rindenhumus, eventuell auch Kunststoffflocken (Styromull), eingearbeitet; das hilft, die Krume aufzulockern und für Wasser durchlässiger zu machen. Die größte Gefahr schwerer Böden ist Staunässe, die zu Wurzelfäule, außer-

dem zu Versalzung durch mineralische Dünger führen kann, weil die Nährstoffe festgehalten werden und so allmählich ein Überangebot entsteht, das von den Pflanzen nicht mehr zu verkraften ist.

Gerade umgekehrt verhält es sich bei Sandböden. Sie können weder Wasser noch Dünger langfristig speichern, so daß Mangelerscheinungen die Folge sind. Beimischungen von Lehm und Bentonitmehl erhöhen die Bindigkeit, Torf steigert den Humusanteil und aktiviert das Bodenleben. Demselben Zweck dient das flache Einarbeiten von garteneigenem Kompost oder Rindenkompost, Materialien, die man später auch zur Abdeckung der Rabatte einsetzen sollte. Sie sorgen für konstante Fruchtbarkeit, mindern die Verdunstung und stellen eine ständig fließende Nährstoffquelle dar. Stallmist, heutzutage ohnedies rar, darf in frischem Zustand nur in die Erde gelangen, wenn die Beete bereits im Herbst vor der Pflanzung vorbereitet werden, andernfalls läßt man ihn vor dem Einsatz gut anrotten.

Zu den Stauden, die im Schatten einer Mauer gedeihen, gehören Funkien, Primeln, Veilchen und das Tränende Herz

Pflanzzeit und Pflanzung

Stauden mit Wurzelballen, also Topf- oder Containerware, können außer bei gefrorenem Erdreich das ganze Jahr über in den Boden kommen. Alle anderen pflanzt man entweder im Frühjahr, sobald sich die Erde etwas erwärmt hat und abgetrocknet ist, oder im Spätsommer und Herbst. Dieser Termin ist auch vom örtlichen Klima abhängig; denn die zarten Wurzeln sollen noch Zeit zum Wachsen haben, ehe Fröste ihnen zusetzen. Gattungen und Arten, denen die Winterkälte zusetzt, werden ebenfalls besser im Frühjahr gepflanzt.

Bei der Frage nach dem richtigen Pflanzenabstand kommen immer wieder Zweifel auf. Die Beachtung einer einfachen Faustregel macht die Sache aber einfacher. Hohe Stauden wie Rittersporne, Rudbeckien oder Herbstastern sind mit 60–80 cm Abstand zufrieden; für mittelhohe Stauden, zum Beispiel Phlox, Lupinen oder Margeriten, wählt man 40 bis 60 cm; Kleinstauden wie Nelken oder Purpurglöckchen können mit 10–20 cm noch enger

Abstand bei der Pflanzung von Stauden:
1. Hohe Stauden (Rittersporn, Rudbeckie, Herbstastern): 60–80 cm
2. Mittelhohe Stauden (Margerite, Phlox, Lupine): 40–60 cm
3. Kleinstauden (Purpurglöckchen, Nelken): 10–20 cm

gesetzt werden. Dasselbe gilt für niedrigbleibende Bodendecker, die dichte Polster bilden sollen. Wo eine Pflanzung nicht gefällt, sind fast immer nachträgliche Korrekturen möglich; indem man dieses herausnimmt oder jenes dazupflanzt, verändert man automatisch die Abstände.

Pflege

Sie richtet sich nach den Ansprüchen der einzelnen Gewächse. Stauden aus sonnig-heißen Trockengebieten wünschen auch im Garten nicht ständig Wasser um die Wurzeln; sie wachsen am besten in leichtem, durchlässigem und magerem Boden. Folgerichtig braucht man sich bei diesen Stauden auch um die Düngung nicht groß zu kümmern; was die Erde von sich aus anbietet, reicht aus. Zeigen Kümmerwuchs und nachlassender Flor wirklich einmal Nahrungsmangel an, kann man mit kleinen Gaben eines organischen Nährstoffs Abhilfe schaffen. In diese Gruppe gehören beispielsweise Salbei, Adonisröschen, Steinkraut, Schafgarbe, Blaukissen, alle Distelgewächse, Lavendel, Feder- und Grasnelke sowie die meisten Staudengräser. Dieselben Pflegeregeln gelten auch für alle Wildstauden.

Prachtstauden, also alle mittelhohen und hohen Züchtungen, sind nicht so genügsam und brauchen eine zusätzliche Nährstoffversorgung. Einige von ihnen, wie zum Beispiel der im Schatten wachsende Eisenhut, sind sogar ausgesprochene „Fresser". Dennoch wird man auch bei ihnen mit organischen

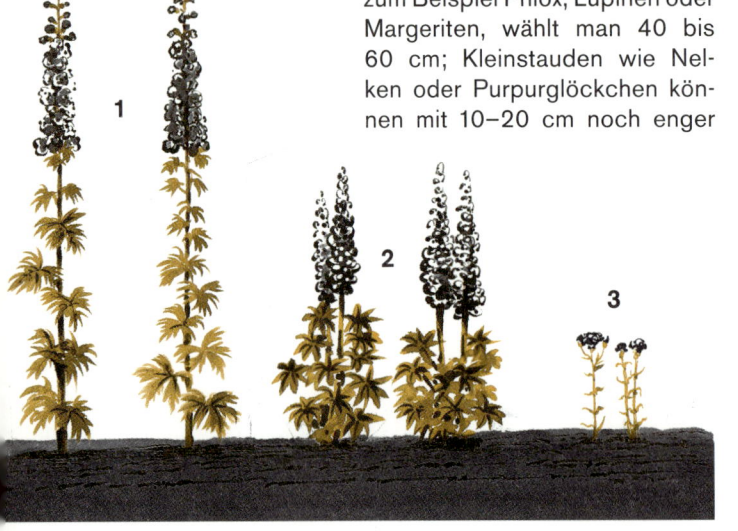

Düngern auskommen, sofern die Versorgung regelmäßig erfolgt. Geeignet sind Horn- und Knochenspäne, organisch-mineralische Mischungen oder Torfmischdünger. Man gibt davon im Frühjahr ein paar Handvoll pro Quadratmeter. Unterstützt werden kann und sollte diese Versorgung mit Kompost, den man ganz flach einarbeitet oder als Bodenbedeckung ausbringt.

Alle diese Stoffe wirken gleichzeitig bodenverbessernd, weil sie den Humusanteil erhöhen und damit die Aktivität der Mikroorganismen bis hin zum Regenwurm fördern. Wo es notwendig erscheint, ist natürlich auch der Einsatz von blauen, chloridfreien Mineraldüngern im Staudenbeet möglich; jeweils 40 g/m² im April und noch einmal im Juni oder Juli ausgestreut und eingewässert, dürften ausreichend sein. Rittersporne und einige andere Großstauden, von denen man nach dem Abschneiden der ersten Blütenstände einen zweiten Flor erwartet, bekommen nach dem Schnitt zur Kräftigung eine Extraportion Mineraldünger, allerdings nur in Maßen. Zuviel Stickstoff regt die Bildung von reichlich Blattwerk an, für die erhoffte Nachblüte langt es dann nicht mehr.

Überhaupt sollte die Schere im Staudenbeet viel öfter in Aktion treten, als es gemeinhin der Fall ist. Damit kann man den in die Höhe strebenden Pflanzen wie Phlox, Herbstastern oder Sonnenbraut zu viel kompakterem Wuchs verhelfen, indem man sie vor der Blüte um etwa die Hälfte einkürzt. Zwar setzt der Flor dann etwas später ein, dafür gibt es eine bessere Verzweigung, und das bedeutet mehr Blüten. Mit dem Schnitt nach der Blüte soll die Samenbildung unterbunden werden, die nichts bringt und die Pflanzen nur unnötig schwächt. Die Folge davon ist ein Nachlassen des Flors, und die Rabatte sieht für den Rest des Jahrs wenig attraktiv aus.

Beim schon erwähnten Rittersporn, aber auch bei Feinstrahl, Lupine, Frühlingsmargerite oder Salbei schneidet man die abgeblühten Teile bis auf eine Handbreit über dem Boden zurück, damit eine Nachblüte erfolgen kann. Sie fällt zwar spärlicher als der Hauptflor aus, würde andernfalls aber ganz unterbleiben.

In der Regel sind alle unsere Gartenstauden winterhart und bedürfen keines besonderen Schutzes. Eine Ausnahme bilden die Immergrünen des Steingartens, die man besser mit Fichtenreisig vor Verdunstung durch die Wintersonne und vor Austrocknung durch den Wind bewahrt.

Allen Gartenpflanzen, auch den Gehölzen, setzt ja nicht so sehr der Frost zu; es sind vor allem die Wechseltemperaturen zwischen Tag und Nacht oder die Sonnenwärme, unter deren Einfluß der Austrieb früher beginnt, als den Gewächsen gut tut, weil nachfolgende Fröste das zarte Grün gefährden.

Ähnliche Auswirkungen hat ein milder, regenreicher Vorwinter, der die Pflanzen nicht zur Ruhe kommen läßt und sie empfindlich für nachfolgende, plötzlich auftretende, tiefe Temperaturen macht. Bei manchen Stauden muß man auch im Frühjahr etwas Fichtenreisig zur Abdeckung bereithalten, falls es nach den Eisheiligen noch einen überra-

---

Container, bei denen die Staudenwurzeln bereits durch die Wasserabzugslöcher wuchern, schneidet man am besten mit einer Schere auf. Diese Maßnahme beugt einer Schädigung der Gewächse vor.

Wo Stauden im Herbst frisch gepflanzt wurden, ist es nie verkehrt, im ersten Winter etwas Schutz durch Reisig zu geben.

Pflanzen des Steingartens, der Trockenmauer sowie Wildstauden düngt man besser nicht mineralisch. Hier sind Kompost, Torfmischdünger oder Horn- und Knochenspäne angebrachter.

Vermehrung durch Wurzelschnittlinge: Seitlich einer Staude gräbt man den Boden auf und schneidet eine kräftige Wurzel ab

Der Wurzelstrang wird in 4–6 cm lange Stücke zerteilt. Das untere Ende schneidet man schräg an, damit es beim Stecken keine Verwechslung gibt

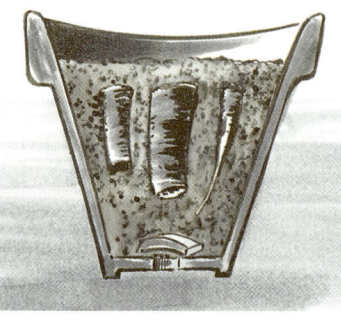

Die Schnittlinge werden mit der Spitze nach unten in einen mit sandiger Erde gefüllten Blumentopf gesteckt und feucht gehalten

schenden Frosteinbruch geben sollte. Zu den schutzbedürftigen Pflanzen zählen beispielsweise Federmohn, Tränendes Herz, Lilienschweif, Königslilie und Schaublatt.

Vermehrung

Von der Aussaat abgesehen, kann man Stauden durch Wurzelschnittlinge, Stecklinge oder Teilung vermehren. Um Wurzelschnittlinge zu gewinnen, nimmt man die Mutterpflanze vorsichtig aus dem Boden und schneidet einige längere Wurzelstücke ab. Manchmal genügt es auch, seitlich aufzugraben, um an eine kräftige Wurzel zu kommen. Der gewonnene Strang wird in 4–6 cm lange Stücke geteilt und das untere Ende schräg angeschnitten, damit es beim Stecken keine Verwechslung gibt. Mit der Spitze nach unten kommen die Schnittlinge sodann in Blumentöpfe oder Kistchen, die mit sandiger Erde gefüllt wurden. Danach stellt man sie an ein helles Kellerfenster oder ins Frühbeet, wo die kleinen Pflänzchen heranwachsen. Die beste Zeit für diese Art der Vermehrung ist das Frühjahr, sobald der Boden nicht mehr gefroren ist. In Frage kommen dafür zum Beispiel Türkenmohn, hoher Staudenphlox und Königskerze.

Am gebräuchlichsten ist auch bei Stauden die Stecklingsvermehrung. Dazu schneidet man, meist im Frühjahr nach dem Austrieb, 5–8 lange Triebspitzen dicht unterhalb eines Blattansatzes ab. Wird das untere Ende des Stecklings vor dem Einpflanzen in ein pulverförmiges Bewurzelungshormon gesteckt, kommt die

Wurzelbildung meist schneller voran. Als Vermehrungssubstrat eignet sich leicht feuchter, mit viel Sand vermischter Gartenboden oder ein Torf-Sand-Gemisch zu gleichen Teilen; da hinein werden dann die kleinen Triebstücke mit etwa 5 cm Abstand gesteckt. Günstig ist die Abdeckung mit einer durchsichtigen Plastikhaube und ein heller, warmer, aber nicht sonniger Standort.

Die einfachste Vermehrungsmethode bei Stauden ist das Teilen. Hierfür kommen in erster Linie die Ziergräser in Frage und alle polsterbildenden Gattungen und Arten. Aber auch unter den Prachtstauden gibt es viele, die sich mühelos auf diese Art vermehren lassen. Entweder wird dazu die ganze Pflanze ausgegraben und je nach Zustand des Wurzelballens mit einem scharfen Spaten zerteilt beziehungsweise mit den Händen auseinandergezogen; oder man läßt die Staude im Boden und sticht ein Stück von ihr ab. In jedem Fall ist darauf zu achten, daß der Mutterpflanze genügend viele Wurzeln zum Weiterleben verbleiben. Der beste Zeitpunkt für diese Arbeiten an Stauden sind das Frühjahr oder der Herbst; für Gräser kommt nur das Frühjahr in Frage. Das Teilen dient aber nicht nur der Vermehrung des eigenen Pflanzenbestands. Viel wichtiger ist seine erhaltende Funktion, das heißt die Verjüngung, die dadurch erreicht wird und die bei einer Reihe von Stauden unerläßlich ist, wenn der Flor nicht nachlassen soll. Zu den Stauden, die nach drei oder vier Jahren blühfaul werden und nach Ablauf dieser Zeitspanne geteilt werden müssen, gehören unter anderem Alpenastern, Margeriten, Schwertlilien, *Iris germanica* und Knöterich. Nach dem fünften bis sechsten Standjahr zeigen sich nicht selten Ermüdungserscheinungen bei Schafgarbe, Rauhblattaster, Glattblattaster, Rittersporn, Feinstrahl, Sonnenbraut, Staudensonnenblume, Rudbeckie und Goldrute.

Weil man oftmals nicht mehr so genau weiß, wann welche Staude gepflanzt wurde, sollte man den Zustand seiner Rabatte in jedem Jahr sorgfältig überprüfen und bei nachlassendem Flor nicht gleich einen Schädling oder eine Krankheit als Ursache vermuten. Oft ist die Lebensuhr der Pflanze einfach abgelaufen und braucht durch Teilung nur von neuem in Gang gesetzt zu werden.

Standort, Wuchshöhe, Blütezeit

Wir können die Stauden grob nach ihren Standorten einteilen. Pracht- oder Beetstauden sind in der Regel Sonnenkinder, die einen guten, nahrhaften Gartenboden zu schätzen wissen. Es handelt sich bei ihnen um mittelhohe bis hohe Gewächse mit reichem Blütenflor vom Frühjahr bis zum Herbst.

Eine andere Gruppe ist hitzeverträglich und kommt mit wenig Wasser sowie kargem, magerem Boden aus. Viele der Pflanzen dieser Gruppe gehören in den Bereich Steingarten oder Trockenmauer und gedeihen am besten, wenn man auch bei der Düngung Zurückhaltung übt. Stauden für lichten Schatten oder gar Schatten stehen an ihren natürlichen Standorten meist

Als Rißlinge bezeichnet man unterirdische, bewurzelte Sprosse, die bereits eine Triebspitze entwickelt haben. Die meisten polsterbildenden Stauden können auf diese Weise vermehrt werden.

Bei Gräsern empfiehlt es sich, die Teilstücke zunächst in einem Topf einen kräftigen Wurzelballen bilden zu lassen und erst im nächsten Frühjahr auszupflanzen.

Bei Wildstauden lohnt sich der Versuch, eigenen Samen zu ernten und Jungpflanzen heranzuziehen. Hybriden dagegen fallen selten sortenecht aus.

in frischem, humosem Erdreich mit ausreichender Feuchtigkeit. Aus der Tatsache, daß manche Arten oder Sorten der hier aufgeführten Gattungen zu unterschiedlichen Jahreszeiten blühen, erklären sich die Mehrfachnennungen. Dasselbe trifft auch auf die Lage zu; denn die Grenzen etwa zwischen sonnig und lichtem Schatten sind bei den Standortansprüchen vieler Gewächse fließend. Die Gruppeneinteilung der folgenden Auswahlliste gibt also nur Hinweise auf die optimalen Kulturbedingungen und läßt Spielraum für Toleranzen.

Prachtstauden für sonnige Lagen

Botanischer Name	Deutscher Name	Wuchshöhe in cm
FRÜHLING/FRÜHSOMMER		
Arabis arendsii	Gänsekresse	10–20
Armeria maritima	Grasnelke	10–15
Chrysanthemum maximum	Margerite	70–100
Dianthus plumarius	Federnelke	20–30
Doronicum orientale	Gemswurz	30–70
Iberis sempervirens	Schleifenblume	15–30
Iris barbata	Schwertlilie	70–100
Monarda-Hybriden	Indianernessel	100–140
Paeonia lactiflora	Pfingstrose	60–100
Papaver orientale	Hoher Gartenmohn	80–100
SOMMER		
Achillea filipendulina	Schafgarbe	80–140
Aster amellus	Sommeraster	40–60
Campanula persicifolia	Pfirsichblättrige Glockenblume	100
Campanula poscharskyana	Polsterglockenblume	15
Delphinium, Arten und Sorten	Rittersporn	150–200
Erigeron-Hybriden	Feinstrahl	60

Prachtstauden für sonnige Lagen (Fortsetzung)

Botanischer Name	Deutscher Name	Wuchshöhe in cm
SOMMER		
Gypsophila paniculata	Schleierkraut	100
Helenium-Hybriden	Sonnenbraut	80–130
Heliopsis scabra	Sonnenauge	80–150
Hemerocallis-Hybriden	Taglilie	60–100
Lupinus-Hybriden	Lupine	80–120
Phlox paniculata	Hoher Staudenphlox	80–120
Rudbeckia, viele Sorten	Sonnenhut	50–200
Salvia nemorosa	Salbei	40
Scabiosa caucasica	Skabiose	60–80
SPÄTSOMMER/HERBST		
Aster dumosus	Kissenaster	20–50
Aster novae-angliae	Rauhblattaster	120–150
Chrysanthemum, Arten und Sorten	Gartenchrysantheme	60–80
Helenium-Hybriden	Sonnenbraut	80–120
Solidago-Hybriden	Goldrute	80

Genügsame Sonnenstauden für karge Böden

Botanischer Name	Deutscher Name	Wuchshöhe in cm
FRÜHLING/FRÜHSOMMER		
Adonis vernalis	Adonisröschen	20
Alyssum saxatile	Steinkraut	20–30
Armeria maritima	Grasnelke	10–15
Aubrieta-Hybriden	Blaukissen	10

Genügsame Sonnenstauden für karge Böden (Fortsetzung)

Botanischer Name	Deutscher Name	Wuchshöhe in cm
FRÜHLING/FRÜHSOMMER		
Dianthus plumarius	Federnelke	20–30
Iris pumila	Zwergschwertlilie	15
Linum narbonense	Lein	40
Nepeta faassenii	Katzenminze	30
Pulsatilla vulgaris	Küchenschelle	20
SOMMER		
Achillea filipendulina	Schafgarbe	100–150
Eryngium planum	Edeldistel	50–100
Geranium sanguineum	Blut-Storchschnabel	20
Lavendula angustifolia	Lavendel	30–50
Liatris spicata	Prachtscharte	40–80
Kniphofia-Hybriden	Fackellilie	60–150
Salvia nemorosa	Salbei	30
Sedum spectabile	Hohe Fetthenne	40
Stachys byzantina	Ziest	30
Verbascum-Hybriden	Königskerze	100
Veronica incana	Ehrenpreis	30
Yucca filamentosa	Palmlilie	140
SPÄTSOMMER/HERBST		
Aster ericoides	Myrtenaster	120
Sedum spectabile	Hohe Fetthenne	40
Solidago-Hybriden	Goldrute	60–80

Stauden für lichten Schatten bis Schatten

Botanischer Name	Deutscher Name	Wuchshöhe in cm
FRÜHLING/FRÜHSOMMER		
Ajuga reptans	Günsel	10
Anemone blanda	Kleines Buschwindröschen	10–15
Asarum europaeum	Haselwurz	10
Aquilegia-caerulea-Hybriden	Akelei	60–80
Bergenia cordifolia	Bergenie	30–40
Brunnera macrophylla	Kaukasus-Vergißmeinnicht	40–50
Convallaria majalis	Maiglöckchen	20
Doronicum orientale	Gemswurz	30–70
Epimedium	Elfenblume	30
Helleborus-Hybriden	Christrose	20–30
Hepatica nobilis	Leberblümchen	10
Omphalodes verna	Waldvergißmeinnicht	10
Polygonatum commutatum	Salomonssiegel	120
Primula denticulata	Kugelprimel	30
Pulmonaria angustifolia	Lungenkraut	30
Tiarella wherryi	Schaumblüte	30
Vinca major	Großes Immergrün	20
Viola odorata	Duftveilchen	20
SOMMER		
Alchemilla mollis	Frauenmantel	30
Astilbe-Arendsii-Hybriden	Prachtspiere	60–80
Astilbe chinensis var. pumila	Zwerg-Astilbe	25
Campanula latifolia	Waldglockenblume	100

Stauden für lichten Schatten bis Schatten (Fortsetzung)

Botanischer Name	Deutscher Name	Wuchshöhe in cm
SOMMER		
Cimicifuga cordifolia	Lanzen-Silberkerze	140
Dicentra eximia	Herzblume	20
Dicentra spectabilis	Tränendes Herz	80
Digitalis purpurea	Purpurroter Fingerhut	150
Geranium endressii	Storchschnabel	20–40
Geranium platypetalum	Storchschnabel	50
Geum coccineum	Nelkenwurz	30
Heuchera-Hybriden	Purpurglöckchen	40–70
Hosta-Hybriden	Funkie	30–80
Hosta lancifolia	Lanzenfunkie	30
Iris sibirica	Sibirische Iris	100
Lysimachia punctata	Goldfelberich	80
Rodgersia pinnata	Schaublatt	100–150
SPÄTSOMMER/HERBST		
Aconitum x arendsii	Eisenhut	100
Aconitum var. wilsonii	Eisenhut	150
Anemone japonica	Japanische Herbstanemone	80

Ziergräser

Gemessen an der Größe dieser Pflanzenfamilie ist die Anzahl der in Kultur befindlichen Ziergräser gering. Immerhin sind es weit über 100 Arten und Sorten, die Eingang in unsere Gärten gefunden haben. An erster Stelle der Großgräser steht hier das Pampasgras (*Cortaderia selloana*), außerdem Chinaschilf (*Miscanthus sinensis*); hinzu kommen, dem Bekanntheitsgrad folgend, einige Kleingräser wie Blaustrahlhafer (*Helictotrichon sempervirens*) oder Bärenfellschwingel (*Festuca scoparia*). Die Bedeutung der Staudengräser für die Gestaltung von Beeten, Rabatten, Wegrändern, für Steingarten und Trockenmauer oder den Teichbereich ist von den Gartenbesitzern noch nicht erkannt worden, die einjährigen Gattungen finden, von Ausnahmen abgesehen, allenfalls in der Blumenbinderei Verwendung.

Die folgende Zusammenstellung enthält nur einige besonders hervorstechende Gattungen und Arten von ausdauernden Gräsern. Bambus wurde gar nicht berücksichtigt; nach diesen asiatischen Großpflanzen, deren Winterhärte nicht immer gesichert ist, erkundigt man sich am besten in einer Staudengärtnerei oder Baumschule.

Mit wenigen Ausnahmen bevorzugen alle Gräser einen sonnigen Platz und verlangen kaum Pflege. Beste Pflanzzeit ist das Frühjahr.

Staudengräser

Botanischer Name	Deutscher Name	Wuchshöhe in cm
Achnatherum calamagrostis	Silberährengras	100
Arundo donax	Pfahlrohr	400
Briza media	Herzzittergras	50
Calamagrostis acutiflora	Gartensandrohr	150
Carex, Arten und Sorten	Segge	5–80
Chrysopogon nutans	Goldbartgras	150
Cortaderia selloana	Pampasgras	200
Deschampsia cespitosa	Rasenschmiele	80
Eriophorum angustifolium	Schmales Wollgras	30
Eriophorum latifolium	Breites Wollgras	60
Eriophorum vaginatum	Schleppenwollgras	50

Staudengräser (Fortsetzung)

Botanischer Name	Deutscher Name	Wuchshöhe in cm
Festuca, viele Arten	Schwingel	5–60
Glyceria maxima	Wasserschwaden	100
Helictotrichon sempervirens	Blaustrahlhafer	50
Hystrix patula	Flaschenbürstengras	60
Juncus effusus 'Spiralis'	Spiralbinse	40
Juncus inflexus	Blaubinse	60
Koeleria glauca	Blaukammschmiele	30
Luzula nivea	Schneemarbel	25
Melica altissima	Riesenperlgras	100
Melica nutans	Nickendes Perlgras	50
Miscanthus floridulus	Riesenmiscanthus	400
Miscanthus sacchariflorus	Silberfahnengras	200
Miscanthus sinensis	Chinaschilf	200
Miscanthus sinensis 'Strictus'	Stachelschweingras	200
Molinia caerulea	Pfeifengras	50
Pennisetum orientale	Lampenputzergras	40
Phalaris arundinacea	Rohrglanzgras	150
Phragmites australis	Schilfrohr	400
Poa glauca	Blaues Rispengras	10
Scirpus lacustris	Teichsimse	100
Scirpus tabernaemontani 'Zebrinus'	Zebrasimse	100
Stipa barbata	Reiherfedergras	100
Stipa gigantea	Riesenfedergras	250 (Blüte)
Uniola latifolia	Plattährengras	80

Farne

Farnpflanzen gab es bereits in der Trias, also vor mehr als 230 Millionen Jahren. Was sich von der damaligen Vielfalt in die heutige Zeit herübergerettet hat, ist eine vergleichsweise kleine Restgruppe, und für den Garten blieb noch weniger übrig. Es ist aber immer noch genug, um schattige Winkel oder Partien unter oder zwischen Bäumen und Sträuchern zu begrünen; denn die meisten Farne brauchen das schützende Blätterdach, durch das die Sonne den Boden nur in gedämpften Kringeln erreicht. Das Erdreich muß humos und vor allem dauerfeucht sein. Wo Farne unter Gehölzen wachsen, bleibt deshalb das Herbstlaub liegen. Um die nötige Durchlässigkeit zu erreichen, ist das Farnbeet vor einer Neupflanzung tief umzugraben und mit verrottetem Kompost, Laub und anderen humusbildenden Materialien anzureichern.

Es gibt auch Kleinfarne für den Steingarten und die Fugen der Trockenmauer, so zum Beispiel die Mauerraute (*Asplenium rutamuraria*), ein höchstens 15 cm, manchmal aber auch nur 5 cm kleiner Zwerg, oder die etwas größere Steinfeder (*Asplenium trichomanes*), die im Winter ihre grünen Wedel behält. Beide Farne mögen viel Licht, aber keine pralle Sonne. Ebenfalls wintergrün ist der 30 cm hohe Rippenfarn (*Blechnum spicant*), dessen nur halb so große Art *B. penna-marina* ebenfalls gut an absonniger Stelle im Steingarten untergebracht ist.

Der Filigranfarn (*Polystichum setiferum* 'Plumosum Densum')

kann einen halben Meter Höhe erreichen und besticht durch seine feinen, auch im Winter grünen Fiederblätter. Von *Adiantum pedatum*, dem Frauenhaarfarn, ist vor allem die 20 cm kleine Sorte 'Imbricatum' interessant, die in der Größe vom Frauenfarn (*Athyrium filix-femina*) kaum überragt wird. Der Schildfarn (*Polystichum setiferum*) ist absolut winterhart, seine 80 cm langen Blattrispen behalten ihre grüne Farbe bis weit in das Frühjahr hinein. Etwas aus der Art geschlagen scheint der Hirschzungenfarn (*Phyllitis scolopendrium*), denn seine Blätter weisen keine Fiederung auf.

Alle diese Schattenbewohner werden von *Osmunda regalis*, dem Königsfarn, bei weitem überragt; 2 m Höhe und Breite sind bei dieser einheimischen Waldpflanze keine Seltenheit, was im Garten eines Tages zu Platzproblemen führen kann. Etwas bescheidener ist mit 1,20 m Höhe und schmalerem Wuchs die Sorte 'Purpurascens', der man nicht zuletzt auch wegen ihres bronzefarbenen Austriebs den Vorzug geben sollte.

Phyllitis scolopendrium, Hirschzungenfarn

Polystichum, Schildfarn

Winterharte Zwiebel- und Knollengewächse

Die Blütezeit der Zwiebel- und Knollenpflanzen erstreckt sich – die nicht winterharten mit einbezogen – je nach Art von Januar bis November, wobei natürlich auch die Witterung ihren Einfluß

Eranthis, der Winterling, zählt zu den ersten Blühern des Jahres

Die Blüten von *Fritillaria meleagris*, der Schachbrettblume, weisen ein auffallendes Karomuster auf

Muscari, Traubenhyazinthe

auf den Flor hat. Schon im Januar erscheinen Winterling (*Eranthis*) und Schneeglöckchen (*Galanthus*), die meist bis in den März hinein durchhalten. Ihre Blüte überschneidet sich oder wird abgelöst von der des Frühlingskrokus mit seinen vielen Arten und Sorten, vom Schneeglanz (*Chionodoxa*), Märzbecher (*Leucojum*) und Blaustern (*Scilla sibirica*). Die Glockenscilla, die früher ebenfalls zu dieser Gattung gezählt wurde, heißt heute *Hyacinthoides hispanica*, wird mit 30 cm etwa doppelt so hoch wie der Blaustern und öffnet ihre blauen, rosa oder weißen Blüten im Mai.

April und Mai sind die Monate, in denen unsere Zwiebelgewächse die ganze Pracht ihres vielfarbigen Flors entfalten: Anemonen, Kaiserkronen und Schachbrettblumen (*Fritillaria imperialis, Fritillaria meleagris*), Hyazinthen (*Hyacinthus*), Zwiebeliris (*Iris xiphium, Iris xiphioides*), Traubenhyazinthe (*Muscari*), Narzissen (*Narcissus*), Milchstern (*Ornithogalum*), Ranunkeln (*Ranunculus*) und natürlich das unübersehbare Heer der Tulpen.

Der Sommer gehört dann den Madonnenlilien (*Lilium candidum*), den anderen Lilien und den nicht frostfesten Gladiolen, Dahlien, Knollenbegonien und *Canna*. Zu ihnen gesellen sich im Spätsommer und im Herbst die ebenfalls nicht winterharte Sterngladiole (*Acidanthera*), ferner Montbretie (*Crocosmia*) und Kap-Hyazinthe (*Galtonia*). Die Herbstzeitlose (*Colchicum*) und einige im Herbst blühende Krokusse sowie die Sternbergie (*Sternbergia*) beschließen den Reigen und sind winterhart.

Pflanzzeit, Pflanzung, Pflege

Alle Frühlingsblüher werden im Spätsommer oder Herbst gepflanzt, am besten im Lauf des Oktobers. In Gegenden mit frühem Wintereinbruch sollte man einen etwas früheren Termin wählen, in milden Klimaten geht es auch noch bis Mitte November. Generell sollte man die Pflanzung nicht zu lang hinauszögern, damit die Zwiebeln gut anwachsen können, ehe sie vom Frost überrascht werden.

Spätblüher wie Herbstzeitlose, Herbstkrokus oder Madonnenlilie kommen bereits im August in die Erde, die überwinterten Knollen von Gladiolen, Dahlien, Begonien oder *Canna* pflanzt man ab Mitte Mai, nachdem sie an einem warmen und hellen Platz angetrieben wurden.

Wie das Wurzelgemüse des Nutzgartens bevorzugen auch Blumenzwiebeln einen eher leichten, sandhaltigen, in jedem Fall aber durchlässigen Boden. Schweres, verdichtetes Erdreich, in dem es zu Staunässe kommen kann, ist ungeeignet; in diesem Fall muß man die Pflanzstelle gründlich auflockern und Sand, Torf, Kompost oder Rindenhumus der Erde beimischen. Für die Pflanztiefe gibt es eine Faustregel, bei der man kaum etwas falsch machen kann: Es wird doppelt bis dreimal so tief gelegt, wie die Zwiebel hoch ist; in sehr sandigen Böden geht man etwas tiefer, in schweren pflanzt man flacher.

Vorratsdünger in Form milder organischer Mischungen oder in Form von Horn- und Knochenmehl sowie gut ausgereifter Kompost können bereits in die Pflanzerde gegeben werden, auf keinen Fall aber Stallmist oder mineralische Nährstoffe. In den Folgejahren liegt der Zeitpunkt für die regelmäßige Düngung im Frühjahr; da kann man sich dann auch mineralischer Dünger bedienen und sie – streng nach Angaben des Herstellers – ausbringen. Vom Austrieb an bis zum Verwelken – dem „Einziehen" des Laubs – müssen die Zwiebeln ausreichend ernährt werden. Das dient nicht nur der aktuellen Blüte, sondern vor allem auch der Einlagerung der dringend benötigten Reservestoffe, die den nächsten Flor sicherstellen. Beginnen die Blätter zu welken, wird nicht mehr gedüngt, weil die Zwiebel dann eine Ruhezeit durchmacht.

Dieser Lebensrhythmus der Zwiebelblumen führt im Hausgarten dann zu Schwierigkeiten, wenn sie im Rasen stehen. Da ihr Laub der Ernährung dient und, anders als verwelkte Blüten, nicht abgeschnitten werden darf, muß in dieser Zeit auch das Rasenmähen unterbleiben. Wer aber möchte schon, zumal im Vorgarten, bis in den Juni hinein statt eines gepflegten „grünen Teppichs" eine hochragende Gräsergesellschaft betrachten? Die einzige Alternative besteht darin, die Zwiebelblumen aus dem Rasen zu verbannen und sie auf einen Extrastreifen am Rand zu pflanzen, wo sie ungestört blühen und abwelken können. Oder man setzt Rondelle in die Fläche, auf denen die Krokusse, Tulpen und Narzissen von Sommerblumen abgelöst werden.

Leucojum vernum, Märzbecher

Winterharte Zwiebel- und Knollengewächse (Auswahl)

Botanischer Name	Deutscher Name	Blütemonat
Allium	Lauch, verschiedene Arten	V–VI
Anemone	Anemone	IV–V
Chionodoxa	Schneeglanz	III–IV
Crocus	Krokus	II–III
Eranthis	Winterling	I–III
Erythronium	Hundszahn	IV–V
Fritillaria imperialis	Kaiserkrone	IV–V
Fritillaria meleagris	Schachbrettblume	IV–V
Galanthus	Schneeglöckchen	I–III
Hyacinthus	Hyazinthe	IV–V

Winterharte Zwiebel- und Knollengewächse (Fortsetzung)		
Botanischer Name	**Deutscher Name**	**Blütemonat**
Iris xiphium und *Iris xiphioides*	Zwiebeliris	V–VI
Leucojum vernum	Märzbecher	III–IV
Lilium candidum	Madonnenlilie	VI
Lilium	Lilie	VI–IX
Muscari	Traubenhyazinthe	IV–V
Narcissus	Narzisse	III–V
Ornithogalum	Milchstern	IV–V
Scilla	Blaustern	III–IV
Sternbergia	Sternbergie	IX–X
Tulipa	Tulpe	IV–V

Da Lilienneuheiten aus den USA oft sehr spät bei uns eintreffen, empfiehlt es sich, den Pflanzplatz schon vorher herzurichten und mit Laub und Styroporplatten abzudecken. Dann können die Zwiebeln auch nach Frosteintritt noch in den Boden kommen.

Lilien

Da die Zwiebeln nicht ganz billig sind und Lilien zu den ausgesprochenen Attraktivitäten unter den Stauden gehören, sollte man ihnen von Anbeginn an die notwendige Aufmerksamkeit schenken. Das beginnt bereits mit dem Standort und den Bodenverhältnissen. Lilien wünschen zwar viel Licht, aber nicht unbedingt pralle Südsonne. Ebenso sollte der Fußbereich beschattet sein, was zwangsläufig der Fall ist, wenn man Lilien in Gruppen pflanzt; im Ensemble kommen sie ohnedies am besten zur Wirkung.

Lilien kommen in der Gruppenpflanzung am besten zur Wirkung

Für die Bodenbeschaffenheit gilt, was bereits bei den allgemeinen Kulturbedingungen gesagt wurde: bevorzugt wird locker-humoses Erdreich ohne Nässe oder gar Dauerfeuchtigkeit. Da auch Lilien etwa doppelt so tief in den Boden kommen, wie die Zwiebel hoch ist, sollte man die jeweilige Pflanzgrube nicht zu flach ausheben und dabei berücksichtigen, daß eine einfache Dränageschicht aus Sand oder Kies in keinem Fall verkehrt ist. Nach dem Einpflanzen muß die Zwiebel etwa 15–20 cm dick mit Erde bedeckt sein. (Auch hier bilden Madonnenlilien eine Ausnahme; ihre Zwiebeln kommen dicht unter die Oberfläche, in nur 3 cm Tiefe, zu liegen.)

Die günstigste Pflanzzeit für Lilien ist der frühe Herbst, spätestens der November. Für die Goldbandlilie (*Lilium auratum*) und die Prachtlilie (*L. speciosum*) wählt man besser das Frühjahr. Aber auch die anderen Arten, Rassen, Sorten und Hybriden können im Frühjahr gesetzt werden; wer auf neue amerikanische Züchtungen Wert legt, wird häufig zu diesem Termin gezwungen sein, weil die bestellte Ware bei uns zu spät für eine Herbstpflanzung eintrifft.

Obgleich Lilienzwiebeln frosthart sind, empfehlen erfahrene Praktiker Winterschutz durch eine Torfdecke, damit vor allem Wechseltemperaturen, bei denen die Speicherorgane auftauen und wieder gefrieren, nicht zum Zuge kommen können. Eine Mineraldüngergabe im zeitigen Frühjahr und dann noch einmal während der Blüte sichert den Nährstoffbedarf. Jede spätere Düngung hat zu unterbleiben.

Aus der für den Laien nicht mehr überschaubaren Fülle von Gartenlilien sollen hier nur einige wenige nach Wuchshöhe und Blütezeit genannt werden; denn die Züchtung, vor allem in Amerika, läuft ungebrochen auf vollen Touren. Jedes Jahr kommen neue Sorten auf den Markt, von denen nur ein geringer Teil die Händler in Europa erreicht.

Außer der Madonnenlilie muß auch die Isabellenlilie (Lilium x testaceum) bereits gegen Ende August gepflanzt werden.

Bewährte Gartenlilien

Botanischer Name	Deutscher Name	Wuchshöhe in cm	Blütemonat
Lilium auratum	Goldbandlilie	150	VI–VIII
L. bulbiferum	Feuerlilie	100	VII
L. candidum	Madonnenlilie	120	VI–VII
L. davidii var. *willmotiae* und *L.-Davidii*-Hybriden	Tibettürkenbund	150	VII–VIII
L. hansonii und *L.-Hansonii*-Hybriden	Goldtürkenbund	100	VI

Bewährte Gartenlilien (Fortsetzung)

Botanischer Name	Deutscher Name	Wuchshöhe in cm	Blütemonat
L. henryi	Riesentürkenbund	180	VIII–IX
L. martagon	Türkenbundlilie	100	VI–VII
L. paradalinum und *L.-Paradalinum*-Hybriden	Pantherlilie	120–180	VII
L. pensylvanicum	Taurische Lilie	60	VI
L. pumilum	Filigran-Türkenbund	50	VII
L. regale	Königslilie	100	VII
L. speciosum und *L.-Speciosum*-Hybriden	Prachtlilie	80	IX
L. tigrinum, jetzt *L.-lancifolium* und *L.-Tigrinum*-Hybriden	Tigerlilie	100	VII–VIII

Die ausgepflanzten, nicht winterharten Zwiebel- und Knollenblumen sollten schon bald eine kleine Düngergabe erhalten und gewässert werden, damit sie sich besser und schneller entwickeln.

Nicht winterharte Knollengewächse

Zu den bekanntesten Pflanzen dieser Art, die in vielen Gärten anzutreffen sind, zählen das Indische Blumenrohr (*Canna*) sowie Dahlien, Gladiolen und Knollenbegonien. *Canna* werden erst Ende Mai an einen sonnigen, warmen Platz ausgepflanzt. Im Herbst wird das Laub abgeschnitten, die Knollen kommen an einen mäßig warmen Platz, wo man sie in leicht feuchten Sand bettet; sie dürfen nicht völlig austrocknen.

Auch mit dem Auspflanzen der frostempfindlichen Dahlien sollte man besser bis Mitte Mai warten. Im Spätherbst – erste, leichte Fröste schaden nicht – werden Laub und Stengel abgeschnitten, der ganze Knollenklumpen wird mit der Grabegabel vorsichtig aus dem Boden gehoben und nach dem Abtrocknen und Entfernen der anhaftenden Erde in einem frostfreien und kühlen Raum überwintert.

Gladiolen können schon im April gepflanzt werden – nicht zu flach, damit die schweren Blütenstengel später nicht umkippen. Unter Umständen empfiehlt sich bei ihnen wie bei hochwachsenden Dahlien eine Stützvorrichtung. Überwintert werden diese Pflanzen wie Dahlien.

Begonien kann man bis zu den ersten Frösten im Boden lassen. Dann werden die Knollen ausgegraben, von Laub und Wurzelresten befreit und bei mäßiger Wärme trocken gelagert. Begonien können bereits im Lauf des Februars angetrieben werden: Man pflanzt die Knollen in Töpfe und stellt diese an einen hellen, nicht sonnigen, aber warmen Platz. Nach den Eisheiligen Mitte Mai werden die voll entwickelten Pflanzen ins vorbereitete Beet gesetzt.

Mäßig warme, trockene Überwinterung gilt auch für die Sterngladiole (*Acidanthera bicolor* var. *murielae*), Montbretie (*Crocosmia*), Duftfreesie (*Freesia*-Hybriden) und einige andere.

Sommerblumen

Zu ihnen zählt man Gewächse, deren Lebensdauer im Gegensatz zu den ausdauernden nur ein oder zwei Jahre beträgt; dement-

sprechend bezeichnet man sie als Ein- oder Zweijahrsblumen. Zu den Einjährigen gehören beispielsweise so dankbare Blüher wie Ringelblume *(Calendula)* oder Strohblumen *(Helichrysum)*. Zweijahrsblumen sind unter anderem Vergißmeinnicht *(Myosotis), das* Gänseblümchen *(Bellis perennis)* und, wohl am bekanntesten, die Stiefmütterchen. Diese Sommerpflanzen wachsen im Jahr der Aussaat heran, überwintern und blühen im Frühjahr und Sommer des folgenden Jahres; man bezeichnet sie auch als Bienne. Im Gegensatz dazu spielt sich das Pflanzenleben bei den Einjährigen oder Annuellen im Verlauf eines einzigen Jahres ab. Mit dem Aussamen im Spätsommer oder Herbst ist für sie alles vorbei.

Es kommt freilich bei beiden Gruppen vor, daß einzelne Gewächse, bedingt durch günstige Witterungsverhältnisse, länger aushalten und in einem der Folgejahre erneut blühen. Das pas-

Gladiolen sind die wohl schönsten Schnittblumen des Sommers

Einjahrsblumen, wie zum Beispiel Petunie, Löwenmaul und Sonnenhut, gehören zu den beliebtesten Gartenpflanzen

Tagetes oder Studentenblumen sind hervorragende Lockpflanzen für Schnecken, die dafür alle in der Nähe stehenden, anderen Gewächse in Ruhe lassen. In Frage kommen dafür aber nur die alten, unangenehm riechenden Sorten.

Achten Sie bei der Anzucht von Sommerblumen auf die Kulturhinweise der Samentütchen. Das Fleißige Lieschen beispielsweise ist ein Lichtkeimer; der Samen geht nur auf, wenn er nicht mit Erde bedeckt wird.

Der Goldmohn (Eschscholzia californica) wird auch Schlafmützchen genannt, weil sich die gelben Blüten an trüben Tagen schließen. Wo diese Einjährigen einmal Fuß gefaßt haben, säen sie sich selbst immer wieder aus.

siert bisweilen bei Pflanzen, die in ihrer Heimat zu den Stauden zählen und dort demzufolge ausdauernd sind, bei uns aber wegen fehlender Winterhärte nur einjährig kultiviert werden.

Wem daran liegt, möglichst schnell Farbe in den Garten zu bekommen oder in jedem Jahr neue Kombinationen zusammenzustellen, kommt mit Einjahrsblumen am raschesten ans Ziel. Auch wenn der Garten gerade neu angelegt ist, läßt sich der erste Sommer damit gut überbrücken. Man hat Freude an den Blumen, bis die frisch gepflanzten Stauden und Junggehölze so weit sind. Beete und Rabatten, Wegränder oder Hauseingänge müssen ebenfalls nicht unbedingt nur den ausdauernden Gewächsen vorbehalten bleiben. Und wo sich in einer Staudenpflanzung gewollte oder ungewollte Lücken zeigen, sind Einjahrsblumen hervorragend dazu geeignet, diese zu schließen.

Kräftige Farbakzente erzielt man, wenn Sommerblumen flächig Ton in Ton oder in buntem Durcheinander wachsen dürfen. Eine schattige Vorgartenpartie läßt sich kaum wirkungsvoller gestalten als mit einem Teppich aus Fleißigen Lieschen, wobei man ein und dieselbe Farbe oder unterschiedliche Töne auswählen kann. Oder probieren Sie es einmal mit der Bechermalve (Lavatera trimestris) in Weiß und Rosa; sie kann hüfthoch werden und blüht von Juli bis September.

Tips zur Pflanzenkombination

Bei Sommerblumen muß man, wie bei allen anderen Blütenge-

wächsen auch, stets zwei Dinge im Auge behalten: die Farbzusammenstellung und die Wuchshöhe. Vorsicht also bei der Kombination von Rosa und Rot, von Blau und Violett; Gelb und Orange können sich in der Wirkung gegenseitig aufheben, Braun und Rot mangelt es häufig an Kontrast.

Wo sehr viele unterschiedliche Sommerblumen dicht bei dicht in einem Beet zusammenwachsen, braucht man sich freilich um diese Feinheiten nicht zu kümmern. Dafür spielt der Habitus der einzelnen Pflanzen eine um so größere Rolle. Zwerggestalten würden von hochwachsenden Exemplaren hoffnungslos unterdrückt werden, und man sähe schon bald nichts mehr von ihnen. Unter Lupinen, die bis zu 1 m hoch werden, müßten die bunten Blüten des Winzlings Portulak ungesehen dahinkümmern. In solchen Fällen ist, wie bei den Stauden auch, eine Staffelpflanzung angebracht: hohe Gewächse in den Hintergrund, die niedrigen davor.

Aussaat, Ansprüche, Anzucht

Viele Sommerblumen sät man im Frühjahr direkt an Ort und Stelle aus, am besten im Lauf des Aprils. Die richtigen Abstände sind auf den Samentüten angegeben. Der Boden soll humos und durchlässig sein, schweres Erdreich mit Neigung zur Staunässe hat Ausfälle zur Folge. Bis auf ganz wenige Ausnahmen – Fleißiges Lieschen (Impatiens) und Gauklerblume (Mimulus) gehören dazu – wollen alle Ein- und Zweijährigen sonnig stehen; was wiederum nicht bedeutet, daß ihnen die pralle Mittagssonne einer Südlage besonders behagt. Je wärmer und vor austrocknenden Winden geschützter der Standort ist, desto reicher wird die Blüte ausfallen.

Mit dem Düngen sollte man bei Sommerblumen zurückhaltend sein. Zunächst genügt es, wenn dem Boden Kompost oder Trockenmist untergemischt wird. Erst im Frühsommer kann dann mit 40 g/m² eines blauen Volldüngers nachgedüngt werden. Zu viele, vor allem stickstoffbetonte Nährstoffe fördern zwar den Zuwachs grüner Pflanzenteile, also vor allem den der Blätter, für die erwünschte Blüte bleibt dann aber nicht mehr viel Kraft übrig. Beim Gießen, das an heißen Sommertagen unbedingt erforderlich ist, gilt die alte Gärtnerregel: besser etwas seltener, dafür aber durchdringend, als oftmals nur wenig! Und niemals sollte man während der größten Tageswärme zu Kanne oder Schlauch greifen. Gegossen wird grundsätzlich am Morgen oder in den Abendstunden. Die weiteren Pflegearbeiten bestehen im Ausjäten von Unkraut und, sofern das möglich ist, im Entfernen welkender Blüten. Dieser gut gemeinte Rat, bei Stauden durchaus angebracht, ist freilich wenig praxisnah, wenn es sich um kleinblütige Vielblüher wie Schleifenblume oder Fleißiges Lieschen handelt. Einige Annuelle, die wegen ihrer Frostempfindlichkeit erst nach Mitte Mai in den Garten dürfen, zieht man besser am Fensterbrett vor oder kauft sie gleich als Jungpflanzen beim Gärtner; bei Direktsaat würde ihre Blütezeit zu spät einsetzen. Selbstanzucht aus Samen vor Anfang März führt häufig nur zu Mißerfolgen; die jungen Pflänzchen sind in hohem Maß lichtbedürftig, und da es daran um diese Zeit noch mangelt, strecken sich die Sämlinge auf der Suche nach Helligkeit in die Länge und kippen um.

Zur Keimung reicht die Wohntemperatur von in der Regel 20°C völlig aus; auf ein sonniges Fensterbrett dürfen die Anzuchtgefäße allerdings nicht gestellt werden, aber eine Abdeckung mit einer Glasscheibe oder Klarsichtfolie zahlt sich immer aus. Um kräftige Pflanzen zu erhalten, sollte man mit dem Pikieren nicht zu lange warten; bewährt haben sich für diesen Zweck Torftöpfchen, die man überall erhält und die später mitsamt der Jungpflanze in den Boden kommen.

Zu den bekanntesten Zweijahrsblumen gehören neben den schon erwähnten Gänseblümchen Stiefmütterchen (*Viola-Wittrockiana*-Hybriden) und Vergißmeinnicht (*Myosotis*), außerdem noch Stockmalve (*Alcaea*), Marienglockenblume (*Campanula medium*), Goldlack (*Cheiranthus*), Bartnelke (*Dianthus barbatus*), Fingerhut (*Digitalis*), Silberling (*Lunaria*) und Islandmohn (*Papaver nudicaule*). Man sät im Juni oder Juli auf ein kleines Extrabeet oder in einen leerstehenden Frühbeetkasten, vereinzelt, sobald die Pflänzchen gut zu fassen sind, und setzt sie im Herbst an den endgültigen Gartenplatz. Während des ersten Winters empfiehlt sich leichter Schutz mit Fichtenreisig.

Nicotiana alata, Ziertabak

Nigella, Jungfer im Grünen

Einjahrsblumen (Vorkultur empfehlenswert)

Botanischer Name	Deutscher Name	Wuchshöhe in cm	Blütemonat
Ageratum	Leberbalsam	10–80	VI–X
Antirrhinum	Löwenmaul	20–100	VI–X
Begonia	Begonie	10–25	V–X
Calceolaria	Pantoffelblume	20–30	VI–X
Callistephus	Sommeraster	20–60	VIII–X
Cineraria (Senecio)	Aschenblume	20–40	VIII–IX
Cleome	Spinnenpflanze	80–100	VII–X
Cosmos	Schmuckkörbchen	80–120	VII–X
Dianthus	Sommernelke	20–60	VI–X
Dorotheanthus	Mittagsblume	10–20	VI–X
Euphorbia	Wolfsmilch	30–40	VI–IX
Gazania	Gazanie	20–25	VI–X
Heliotropium	Sonnenwende	30–50	VI–X
Impatiens walleriana	Fleißiges Lieschen	10–30	VI–X
Lobelia	Lobelie	10–15	VI–X
Matthiola	Levkoje	30–100	VI–IX
Mimulus	Gauklerblume	20–30	V–X
Mirabilis	Wunderblume	80–100	VII–X
Nicotiana	Ziertabak	20–150	VII–X
Penstemon	Bartfaden	40–80	VII–X
Petunia	Petunie	30–70	V–X
Phlox	Sommerphlox	20–60	VII–IX
Rudbeckia	Sonnenhut	70–100	VII–IX

Einjahrsblumen (Vorkultur empfehlenswert) (Fortsetzung)

Botanischer Name	Deutscher Name	Wuchshöhe in cm	Blütemonat
Salvia	Salbei	20–80	VI–X
Verbena	Verbene	25–150	VII–X
Zinnia	Zinnie	30–80	VI–X

Einjahrsblumen (Direktsaat ins Freie)

Calendula	Ringelblume	30–70	V–IX
Chrysanthemum	Wucherblume	20–60	VI–X
Coreopsis	Mädchenauge	30–100	VI–IX
Delphinium	Rittersporn	20–100	VI–VIII
Eschscholzia	Goldmohn	20–40	VI–X
Gaillardia	Kokardenblume	30–80	VIII–X
Gypsophila	Schleierkraut	30–50	VII–IX
Helianthus	Sonnenblume	40–300	VII–X
Helichrysum	Strohblume	60–80	VII–X
Helipterum	Sonnenflügel	30–60	VI–IX
Iberis	Schleifenblume	20–30	VII–VIII
Lavatera trimestris	Bechermalve	80–120	VII–X
Lobularia	Duftsteinrich	10–20	V–X
Nigella	Jungfer im Grünen	40–50	VI–IX
Papaver	Gartenmohn	40–80	VI–IX
Portulaca	Portulakröschen	10–15	VI–VIII
Scabiosa	Skabiose	70–90	VII–IX
Schizanthus	Spaltblume	20–40	VI–X
Tagetes	Samtblume	15–90	VI–X

Cobaea scandens, Glockenrebe

Einjährige Kletterpflanzen

Diese Schnellstarter stehen fast immer im Schatten der ausdauernden Schlinger, obgleich sie eine solche Mißachtung wahrhaftig nicht verdient haben. Lediglich Balkon- und Terrassengärtner haben erkannt, wozu Feuerbohne, Schwarzäugige Susanne oder Prunkwinde gut sind und schmücken Klettergerüste oder Spannschnüre mit den sommerlang haltenden Blühern. Viele von ihnen wachsen üppig in Töpfen, Kästen oder Kübeln und geben daher auch noch einen passablen Sichtschutz ab. Wer an der Pergola im Garten, an der Haus- oder Garagenwand ein Plätz-

Thunbergia alata, die Schwarzäugige Susanne, läßt sich auch willig aus Ampeln herabhängen

chen für ein paar Drähte oder Gerüststangen frei hat, sollte sich diesen Spaß nicht versagen. Da im Herbst die ganze Pracht ohnedies vorbei ist, kann man sich ja, falls der Versuch nicht zur Zufriedenheit geklappt hat, im folgenden Jahr einem neuen Experiment zuwenden.

Die Glockenrebe, *Cobaea scandens,* öffnet im Sommer ihre großen, lilablauen Blüten, von denen die Pflanze ihren Namen hat; die Sorte 'Alba' wirkt mit ihren weißen Blütenfarben im grünen Laub fast noch attraktiver. Die Prunkwinde *(Ipomoea tricolor)* braucht einen vollsonnigen Platz und öffnet die himmel- oder samtblauen Trichterblüten mit dem weißen Kelchgrund nur an schönen Tagen; dann aber ist sie mit ihren Farben an Leuchtkraft kaum zu übertreffen. Duftwicken *(Lathyrus odoratus)* stehen am besten vor einem Zaun, an dem sie emporranken können und an dem sich die Blüten wie bunte Schmetterlinge ausnehmen. Von Feuer- oder Prunkbohnen *(Phaseolus),* die es auch im Halbschatten gut aushalten, gibt es rot- wie weißblühende Sorten. Die jungen Hülsen und später auch die Kerne lassen sich wie Gartenbohnen in der Küche verwenden. Die Schwarzäugige Susanne *(Thunbergia alata)* blüht gelb mit dunklem Auge unermüdlich den ganzen Sommer lang, sofern er nicht kühl und verregnet ist. Die Kapuzinerkresse *(Tropaeolum)* schlingt oder kriecht gleich gut und blüht leuchtend gelb bis orangerot von Juni bis September; sie ist, gleich der Duftwicke, eine alte Bekannte aus dem Bauerngarten, die man jetzt wieder häufiger sieht.

Der Gartenteich

Der richtige Standort

Wie so vieles wird uns auch die Einrichtung eines kleineren oder größeren Teichs, eines Wassergartens mit Flachzone, Sumpfbereich und pflanzengemäßer Randfläche heutzutage leicht gemacht. Während es in früheren Zeiten recht mühsam war und einige Fachkenntnisse erforderte, die dafür nun einmal notwendige Betonwanne zu gießen, zu armieren und zu verschalen, können wir uns das alles mit Hilfe verschiedener Industrieprodukte sparen. Am mühelosesten herzustellen ist ein Teich aus Spezialfolie; außerdem gibt es vorgefertigte Teiche aus glasfaserverstärktem Polyesterharz, die in allen Formen und Abmessungen in Gartencentern, Bau- und Heimwerkermärkten oder in Baumschulen und Staudengärtnereien mit Wasserpflanzensortiment angeboten werden.

Wofür man sich entscheidet, hängt sowohl vom Platz ab, der zur Verfügung steht, als auch von der geplanten Bepflanzung und vom Engagement des Gartenbesitzers. Bei einem Folienteich sind den eigenen Wünschen kaum Grenzen gesetzt; man kann die Tiefenzonen selber bestimmen, einen Flachwasserbereich einplanen oder ein Sumpfbeet anschließen. So lassen sich allmähliche und natürlich wirkende Übergänge von der umgebenden Gartenbepflanzung zum Teich hin schaffen, dessen Formgebung ganz in der Hand des Gestalters liegt.

Wichtig ist, daß der Gartenteich möglichst viel Sonne abbekommt. Die meisten Wasserpflanzen, allen voran aber die Seerosen, sind außerordentlich lichtbedürftig. Denken Sie bei der Anlage daran, daß Bäume und Sträucher, die erst kürzlich in der Nähe des geplanten Teichs gepflanzt wurden, im Lauf der Zeit größer werden und eines Tages die Wasserfläche beschatten könnten.

Aber nicht nur das. Auch der herbstliche Laubfall, Blütenblätter und -staub wirken sich ungünstig auf die Wasserqualität aus. Alles, was herabfällt, sinkt schon bald auf den Grund, zersetzt sich dort, wird zu Dünger und bringt das biologische Gleichgewicht des kleinen Teichs durcheinander. Das Wasser beginnt sich einzutrüben, und das Aufkommen von Algen ist so gut wie vorprogrammiert.

Um den richtigen Platz für den Gartenteich herauszufinden, legt man an der vorgesehenen Stelle mittels einer langen Schnur jene Form aus, die der Teich einmal haben soll.
So läßt sich dann beobachten, wieviel Sonne und Schatten er im Laufe des Tages bekommt

Bau des Teichs

Wer sich für einen Folienteich entschieden hat, sollte zuallererst auf das richtige Material achten. Polyäthylen-Folie (PE-Folie) ist für diesen Zweck ungeeignet, weil es ihr an Stabilität mangelt. Die Haut für den Teich muß einiges aushalten können, den ultravioletten Strahlen standhalten und dem Wurzeldruck der Gewächse im und außerhalb des Wassers widerstehen. Außerdem ist nicht sicher, was derartige Kunststoffprodukte an Fremdstoffen, wie zum Beispiel Weichmacher, abgeben, durch die Tier- und Pflanzenwelt des Teichs geschädigt werden. Der günstigere Kaufpreis kommt uns dann letzten Endes teuer zu stehen.

Spezielle Teichbaufolien haben Stärken zwischen 0,5 und 2 mm, eine lange Lebensdauer und erfüllen alle Anforderungen, die ein Wassergarten an sie stellt. Man erhält sie entweder als Meterware direkt von der Rolle oder läßt sie sich, falls der Teich den Maßen der Einzelbahn nicht entspricht, beim Kauf zur gewünschten Größe zusammenschweißen. Kalkulieren Sie beim Ausmessen der Teichgrube die Tiefe mit ein und berücksichtigen Sie, daß die Folie ringsum etwa 30–40 cm überstehen muß, damit man genügend Spielraum für die Randgestaltung hat.

Wie hoch der Wasserstand im Teich später sein soll und ob verschiedene Wassertiefen zu schaffen sind, hängt von der vorgesehenen Bepflanzung sowie dem gewünschten Fischbestand ab. Wird von vorherein in der Teichmitte ein „Überwinterungsloch" von etwa 80 cm Tiefe eingeplant, können Fische und Frösche dort vor starken Frösten Zuflucht finden; denn so tief greift der Frost in unseren Breiten kaum jemals. Damit eine vielseitige Bepflanzung möglich ist, sollte das Teichprofil zwei oder drei Stufen aufweisen, mit einer Flachwasserzone am Rand. Bei einer größeren Anlage ist das alles kein Problem, ein kleiner

Bau eines Folienteichs: Innerhalb der Wasserfläche muß das Erdplanum möglichst steinfrei hergestellt und dann mit einem Handstampfer oder einer Walze verdichtet werden

Teich aber wird zwangsläufig einen niedrigeren Wasserstand haben.

Ist genügend Platz vorhanden, kann man an den Wasserbereich noch eine Sumpfzone anschließen, also eine flache, ebenfalls mit Folie ausgelegte Mulde beliebigen Umfangs; in diesem Fall wird die Kunststoffeinlage nicht bis über den Grubenrand hinaufgezogen, man läßt sie vielmehr etwa eine Handbreit darunter enden, damit überschüssiges Wasser, nach starken Regenfällen etwa, in der Erde versickern kann; denn Sumpfgewächse wollen zwar viel Nässe um die Wurzeln, sind aber dennoch keine Schwimmpflanzen.

Beim Einbau eines Beckens aus Polyesterharz sind alle Maße – Länge, Breite und Tiefe – vorgegeben. Je nach Modell gibt es verschiedene Tiefenzonen, mitunter sind bereits Pflanzmulden für die Aufnahme von Gewächsen mit eingearbeitet.

Die Grube wird möglichst genau den Beckenabmessungen entsprechend ausgehoben, Abweichungen auf der Sohle lassen sich mit Sand ausgleichen. Allerdings sollte unbedingt mit einer Wasserwaage gearbeitet werden, denn auf Augenmaß ist kein Verlaß. Erst beim Einfüllen des Wassers wird die Schieflage optisch bemerkbar, und dann kann man auspumpen und wieder von vorn beginnen.

Bepflanzung

Soll man nun eine Schicht Erde einbringen, in der die Gewächse wurzeln können, oder pflanzt man gleich in Container und Körbe? Eine verständliche Frage, die je-

den künftigen Wassergärtner beschäftigt, die sich aber nicht mit einem klaren Ja oder Nein beantworten läßt.

Entscheidet man sich dafür, direkt in ein Substrat auszupflanzen, muß man sich bemühen, ungedüngte, möglichst lehmhaltige Gartenerde auszubringen. Dikker als 15 oder 20 cm braucht die Schicht nicht zu sein, da Wasserpflanzen durch die Bank Flachwurzler sind. Es ist aber ebensogut möglich, die Gewächse, wie schon erwähnt, in Gefäße zu setzen und gemäß der verlangten Tiefe einzusenken. Das hat vor allem bei den nährstoffbedürftigen Seerosen den Vorteil, daß man gezielt düngen kann, ohne den gesamten Teichinhalt mit den ansonsten unerwünschten Stoffen anzureichern. Außerdem handelt es sich bei vielen Wasserpflanzen um ausgeprägte Wucherer, die sich bis zur Lästigkeit ausbreiten können.

Bei einer Behälterkultur deckt man den Beckenboden mit nicht

Sehr hübsch sieht es aus, wenn man ein Zypergras in den Randbereich des Teichs setzt. Es muß allerdings im Herbst herausgenommen und im Haus frostfrei überwintert werden.

Schädlinge an den Pflanzen im Gartenteich sind ziemlich selten. Trotzdem kommt es vor, daß sich Blattläuse auf den Seerosenblättern breit machen. In so einem Fall hilft es manchmal schon, die Schädlinge mit Wasser abzuspritzen.

Die Beschaffung von Pflanzen für den Gartenteich bereitet in der Regel keine Schwierigkeiten. Nicht nur Staudengärtnereien, sondern auch Gartencenter und Baumschulen warten mit einem großen Sortiment auf.

Die Bepflanzung des Teichrands darf bei der Gestaltung des Wassergartens nicht unterschätzt werden. Sie ist mit entscheidend für das kleine Biotop, das hier entstehen soll.

zu feinkörnigem Kies ab – eine rein kosmetische Maßnahme für den Anfang, denn nach einiger Zeit sieht man von diesem hellen Belag nichts mehr, er verschwindet unter Ablagerungen und sich zersetzenden Pflanzenresten. Wird direkt in ein Erdsubstrat gepflanzt, sollte das aus praktischen Gründen vor dem Einlassen des Wassers geschehen. Weidenkörbe oder andere Gefäße können ebensogut nachträglich an die passenden Stellen gesetzt werden. Damit der Bodenbelag nicht aufgewirbelt und das Pflanzenmaterial nicht aus dem Untergrund geschwemmt wird, füllt man das Wasser mit Hilfe eines in den Teich gestellten Eimers ein, der das Schlauchende aufnimmt. Das Wasser quillt nur langsam über den Gefäßrand und steigt – ohne Wirbel zu verursachen – an.

Seerosen öffnen ihre Blüten nur für die Dauer von etwa einer Woche

Pflanzen im und am Teich

Wählen Sie für Ihren neuen Teich zumindest für den Anfang nur solche Pflanzen, die bei uns winterhart sind. Für einen naturgemäßen Wassergarten – und jedes Feuchtbiotop soll ja ein kleines Stück Natur widerspiegeln – kommen ohnedies keine anderen in Frage. Exoten müssen vor Frostbeginn ins Haus geholt und in einem Aquarium hell und warm über die kalte Jahreszeit gebracht werden, eine Notwendigkeit, die häufig Ausfälle zur Folge hat.

Den ersten Platz unter den Wunschpflanzen nehmen naturgemäß die Seerosen oder Nymphen (Nymphaea) ein. Unter den zahllosen Hybriden finden sich die richtigen Pflanzen für jede Wassertiefe: Zwergformen, mittelgroße und große Arten. Die Blütenfarben decken das Spektrum von Weiß und Gelb über Rosa bis zu den verschiedensten Rottönungen ab; Blau taucht nur bei einigen tropischen Arten auf. Während die Zwerge mit einer Wassertiefe von 30–40 cm auskommen, brauchen die anderen Arten einen Wasserstand zwischen 40 und 80 cm. Gehen Sie mit der Anzahl der einzusetzenden Nymphenblumen nicht zu großzügig um. Die meisten Seerosen sind, wenn sie sich wohlfühlen, starke Wucherer und bedecken mit ihren großen Schwimmblättern nach einiger Zeit ganze Teichpartien. Das führt zur Beschattung des Wassers, kleinere Gewächse werden dadurch unterdrückt. Da das Ausbreitungsbedürfnis jedoch auch anderen Teichgewächsen eigen ist, steht der Anfänger im zweiten oder dritten Jahr nicht selten vor der Notwendigkeit, durch Auslichten wieder etwas Ordnung in seinen Wildwuchs zu bringen.

Für den Randbereich, der bei einem Wassergarten keinesfalls vernachlässigt werden sollte, eignen sich alle Gewächse, die ihren Wildpflanzencharakter bewahrt haben. Große und kleine Staudengräser passen genauso dorthin wie etwa die Sibirische Schwertlilie, Lungenkraut, Trollblume, Frauenmantel, Astilben, Funkien und viele andere. Für Edelrosen und Prachtstauden sollte ein anderer Platz gewählt werden.

Wer mit der Bepflanzung nicht bis unmittelbar an das Becken herangehen möchte, kann rings um den Rand Bruchplatten aus Natursteinen verlegen; das sieht nicht nur gut aus, sondern ermöglicht auch den direkten Zugang zum Wasser. Und der sollte in jedem Fall an einer Stelle möglich sein. Denn das Leben im kleinen Teich spielt sich weitgehend im Verborgenen ab, es erschließt sich dem Auge erst bei näherer Betrachtung – wenn man vom Treiben der Goldfische absieht. Und damit sind wir bei einem anderen Thema: Es wird immer wieder gesagt, daß diese Zuchtformen der asiatischen Silberkarausche in einem bewußt naturbelassenen Teich fehl am Platze sind. Zugegeben, aber so viel Unheil, wie von Naturgärtnern gern behauptet wird, richten die Fische auch in einem kleinen Teich keineswegs an. Dafür können sie sehr zahm werden, lassen sich schließlich sogar mit der

Hand berühren, und es ist eine Freude, sie zu beobachten. Füttern darf man sie freilich so wenig wie andere Zierfische, um den Stickstoffgehalt des Wassers so gering wie möglich zu halten und einer Veralgung vorzubeugen.

Miniaturteich im Bottich

Wo sich aus Platzgründen ein „richtiger" Wassergarten nicht anlegen läßt, kann man sich immer noch mit einem Miniteich behelfen, den man sogar auf dem geräumigen Balkon, der Terrasse oder an einem sonnigen Gartenplätzchen unterbringen kann. Geeignet dafür sind alle Gefäße, die das Wasser halten und optisch ansprechen, zum Beispiel halbierte Holzfässer. Ist man nicht sicher, ob das Gefäß auch wirklich dicht ist, legt man schwarze Folie hinein. Dann wird gepflanzt: Ein oder zwei Seerosen, überragt von einer Binse, einem Zwergrohrkolben oder – nicht winterhartem – Zypergras, schaffen bereits Atmosphäre; Goldfische halten es im Miniaturteich allenfalls den Sommer über aus.

Pulmonaria, Lungenkraut

Einige stattliche Arten der Ligularie sind für Uferbepflanzungen gut geeignet

Der Rasen

Besonders von professionellen Gartengestaltern nicht immer hochgeschätzt, weil er ihren vermeintlich originellen Ideen im Wege ist, spielt der grüne Teppich unangefochten seinen wichtigen Part im Hausgarten und läßt sich nur schwer und nur in bestimmten Situationen ersetzen. Für junge Familien ist er un-

Hosta, die Funkie, eine dekorative Blattpflanze für den Teichrand

verzichtbar, weil die strapazierfähige, lebendige Matte im Sommer das Kinderzimmer ersetzt, kaum etwas übel nimmt und bis auf das wöchentliche Mähen wenig Pflege benötigt. Das ist allerdings nur dann der Fall, wenn man beim Anlegen des Rasens besonders sorgfältig vorgeht. Unterlaufen dabei gravierende Fehler, kommt man aus dem Ärger nicht mehr heraus.

Bodenvorbereitung

Zwei Dinge sind wichtig, bevor es ans Aussäen geht: ein absolut ebener Untergrund und ein guter Mutterboden. Die vorgesehene Fläche wird zunächst sorgfältig umgegraben und mit dem Rechen glattgezogen. Danach entfernt man Steine, Wurzelstücke, liegengebliebenes Un-

Der grüne Teppich spielt nach wie vor eine wichtige Rolle im Hausgarten

kraut und nicht zerkrümelte Erdbrocken. Wer es nicht gar so eilig hat, wartet dann noch einmal zehn Tage, in denen weitere, noch im Erdreich vorhandene Unkräuter aufgehen und ausgejätet werden können. Verwenden Sie kein Unkrautvernichtungsmittel (Herbizid), um sich das etwas mühsame Jäten zu sparen. Dem Laien ist nicht bekannt, wie lange die in dem Mittel enthaltenen Giftstoffe wirksam sind oder wohin sie mit dem Regenwasser abgeschwemmt werden können. Sofern man sich mit der Neuanlage besonders viel Zeit lassen kann, lohnt es sich durchaus, auf der für den Rasen vorgesehenen Fläche zunächst Kartoffeln anzupflanzen und die Aussaat erst im Jahr darauf vorzunehmen; Kartoffeln lockern den Boden und regen die Kleinlebewesen zu erhöhter Aktivität an.

Aussaat

Die günstigsten Aussaatmonate sind April/Mai und August/September. Hochsommerliche Hitze und Trockenheit bergen das Risiko, daß der Samen nicht aufgeht oder Gewitterregen die feinen Körner ausschwemmt. Gesät wird entweder breitwürfig mit der Hand, wobei man mit 25 bis 30 g/m² rechnet, oder – wegen der Gleichmäßigkeit – besser mit einem Säwagen. Die nicht übermäßig kostspielige Anschaffung lohnt sich, weil man das Gerät später auch zur Ausbringung des Düngers verwenden kann. Nach der Aussaat wird der Samen leicht eingeharkt, anschließend tritt man die Fläche fest, am besten mit Brettstücken, die man sich unter die Schuhe schnallt. Professionelle Gärtner verwenden für die Planierung eine Walze. Die Bauhöfe der meisten Gemeinden besitzen so ein Gerät und leihen es gegen ein paar Mark Gebühr aus.

Bis sich die ersten grünen Spitzen zeigen, darf der Boden nun nicht mehr austrocknen, man sollte also Schlauch mit Spritzdüse oder Rasensprenger stets bereithalten. Ist die Keimung der Samenkörner wegen mangelnder Feuchtigkeit auch nur ein einziges Mal unterbrochen, sterben sie ab, und man muß noch einmal von vorn anfangen.

Pflege

Schnitt

Um den regelmäßigen, wöchentlichen Schnitt kommt kein Gartenbesitzer herum, wenn sein Rasen ansehnlich und begehbar bleiben soll. Häufigerer Schnitt ist nur dort nötig, wo der grüne Teppich ausschließlich optische Funktionen zu erfüllen hat, also extrem dicht und niedrig sein soll. Dazu müssen bereits bei der Aussaat spezielle Mischungen, (meist als Golf- oder Super-Zierrasen bezeichnet) verwendet werden, und man wird einen nicht unbeträchtlichen Teil der Gartenpflege dem Rasen opfern müssen. Bei Gebrauchs-, Spiel-, Wohn- oder Strapazierrasenmischungen ist das gewiß nicht notwendig.

Beim Schnitt, der uns durch die motorbetriebenen Mäher leicht gemacht wird, sollte das Gras immer 4–5 cm lang bleiben, das heißt, es darf nicht zu kurz gemäht werden. Dieser leider häufige Fehler fördert den Befall mit Krankheiten; der Boden trocknet auch schneller aus, und die kleinen Graspflanzen entwickeln zu wenig Blattmasse, die sie zum Wachsen und Gedeihen nun einmal brauchen. Mit dem wöchentlichen Schnitt erübrigt sich auch die oft gestellte Frage, ob man das Mähgut liegen lassen oder entfernen soll. Ganz davon abgesehen, daß selbst Handmäher heute mit Grasfangeinrichtungen ausgestattet sind, die das mühsame Zusammenrechen überflüssig machen: Alles Abgemähte gehört auf den Kompost oder als Mulch in den Garten. Nur wenn wie beim Golfrasen extrem häufig gemäht wird und praktisch nur die Halmspitzen den Messern zum Opfer fallen, kann auf die Beseitigung eventuell verzichtet werden.

Ein gesunder Rasen trägt keinerlei Dauerschaden davon, wenn man ihn, zum Beispiel während des Urlaubs, einige Zeit sich

Manchmal sind die Rasengräser im Frühjahr fahlgrün bis braun verfärbt und sterben ab. Verursacher ist ein Pilz; meist genügt es, die Fläche im Frühjahr zu vertikutieren, damit die Wurzeln wieder Spielraum und Luft bekommen.

Viele unserer Singvögel, im Garten sonst als Schädlingsvertilger gern gesehen, sind Körnerfresser und daher auch auf frische Raseneinsaat erpicht. Wenn die Fläche nicht zu groß ist, hilft nur das Spannen von Zwirnsfäden, die man an in den Boden gesteckten, kleinen Stöckchen befestigt.

Die Rasenaussaat kann mit dem Säwagen erfolgen. Das Gerät sorgt für eine gleichmäßige Verteilung des Samens

So nützlich Regenwürmer sonst sind, im Rasen hat man die von ihnen verursachten kleinen Erdhäufchen nicht so gern. Die Tiere kommen aus ihren Gängen und können abgesammelt werden, wenn man mit dem Spatenblatt auf den Boden klopft.

Wer der Elektronik vertraut, kann sich eine vollautomatische Rasensprengeranlage installieren lassen. Sie schaltet sich ein, sobald der Boden trocken geworden ist, und wieder ab, wenn die Feuchtigkeit ausreicht.

Motorbetriebener Vertikutierer

selbst überläßt. Er sollte vor Reiseantritt wie üblich gemäht werden, auf keinen Fall extrem kurz, eher gibt man in der Länge noch etwas zu, damit der Boden besser beschattet wird und bei anhaltender Dürre weniger rasch austrocknet. Daß das gute Stück bei der Rückkehr eher einer Wiese ähnelt als dem gewohnten Repräsentationsgrün, läßt sich nicht vermeiden. Durch Mähen in Intervallen, wobei man mit der höchsten Schnitteinstellung beginnt und erst im zweiten oder dritten Durchgang auf die ursprüngliche Halmlänge gelangt, ist der alte Zustand bald wieder hergestellt. Ausgiebige Beregnung und eine Düngergabe tun das ihre.

Düngung

Düngen ist beim Rasen unbedingt erforderlich, dabei bieten sich zwei Möglichkeiten an: Entweder man verwendet einen der üblichen, mineralischen blauen Volldünger, oder es wird ein etwas teurerer Spezialrasendünger mit Langzeitwirkung gewählt. Letzterer hat den Vorteil, daß man mit zwei, bei gutem Humuszustand des Bodens sogar nur mit einer Düngung pro Jahr auskommt, und zwar im Frühjahr, wenn das Graswachstum beginnt, und dann eventuell noch einmal im Juli/August.

Schnell wirkende Allround-Volldünger sollten etwa im April, im Juni und dann noch einmal im August ausgestreut werden. Phosphor- oder kalibetonte Spezialmischungen sind ungeeignet, weil es beim Rasen vor allem auf die Zufuhr von Stickstoff ankommt, der bekanntlich das Blattwachstum fördert.

Anders verhält es sich mit einer Spätherbstdüngung, bei der Stickstoff zurückzutreten hat, da er den Gräsern die Winterfestigkeit nimmt; Düngen im Herbst ist bei einem normal ernährten Rasen aber nicht notwendig. Unabhängig von den genannten Terminen und Düngerarten tut es den Graspflanzen wie allen Gewächsen gut, wenn sie von Zeit zu Zeit mit humusbildenden Stoffen wie Kompost oder Trockenmist versorgt werden.

Wässerung

Mit dem Sprengen des Rasens schließlich kann wesentlich zurückhaltender verfahren werden, als das gemeinhin der Fall ist. Graspflanzen, die sich in gutem Zustand befinden, verkraften einiges an Trockenheit und sind durch Wassermangel nicht so leicht umzubringen. Wen freilich die Braunverfärbung des Rasens während längerer Hitzeperioden stört, wird um gelegentliches Sprengen nicht herumkommen. Das sollte dann aber nur am frühen Morgen oder erst am Abend geschehen und nicht in der prallen Sonne. Erstens wirken die Wassertropfen wie Minibrenngläser und zerstören das Blattgrün, zweitens geht ein Teil der Feuchtigkeit sofort wieder verloren, weil sie verdunstet, ehe sie die Wurzeln erreicht.

Vertikutieren

Ein wesentliches Merkmal überlegter Rasenpflege ist das Vertikutieren im Frühjahr, sobald der Boden abgetrocknet ist. Dafür gibt es sowohl Hand- als auch Motorgeräte; ihre auf einer Achse zu mehreren nebeneinander angeordneten Messer dringen oberflächig in den Boden ein, zerschneiden Wurzelfilz und verdichtete Narbe und fördern zugleich Moos und andere Unkräuter zutage. Der Rasen bekommt Luft, Wasser und Nährstoffe dringen fortan wieder besser in die Wurzelschichten ein, wodurch Wuchskraft und Dichte der Gräser ganz wesentlich gefördert werden.

Die Blumenwiese

Bereits zu Anfang dieses Buchs wurde darauf hingewiesen, daß eine Blumenwiese nur zur Geltung kommen kann, wenn ihr genügend Platz eingeräumt wird, und daß sie den Rasen, weil sie unbegehbar ist, nicht zu ersetzen vermag. Außerdem haben die zahllosen Mißerfolge vergangener Jahre gezeigt, mit welchen Schwierigkeiten die Anlage einer Blumenwiese verbunden ist, wie viele Voraussetzungen zu erfüllen sind und wie mager das Ergebnis ausfallen kann.

Da es sich bei den im Handel erhältlichen Mischungen um Samen von Wildblumen der unterschiedlichsten Gattungen handelt, kann man nicht erwarten, daß sie alle gleichzeitig und gleichmäßig aufgehen, und auch die Lebensdauer der einzelnen Pflanzen ist ungewiß. Bestimmte Blumen erscheinen, oftmals als einzige, bereits im ersten Jahr und verschwinden dann auf Nimmerwiedersehen, werden erst im Jahr darauf, wenn man Glück hat, von den Zweijährigen ersetzt. Die Rechnung, daß es durch Selbstaussaat immer wieder Nach-

schub gibt, geht nicht auf, weil bei den Samenkörnern mehrere, von uns nicht bestimmbare Faktoren zusammentreffen müssen, damit sich der Keimling zu regen beginnt. Mit einem Wort: Die Wildblumenwiese ist eine spröde Schönheit, die sich nur allzugern dem hoffnungsfrohen Hobbygärtner verweigert.

Anlage und Pflege

Erste Voraussetzung für die Wildblumenwiese ist ein ungedüngter, karger Boden, den es in unseren Gärten nicht gibt. Man muß den Platz also zunächst einmal ein, besser zwei Jahre „abmagern" lassen, bevor man ihn genau wie das Rasenbeet umgräbt und glättet. Erst dann ist an eine Aussaat zu denken. Dazu mischt man den feinen Samen am besten mit Sand oder Sägespänen und streut anschließend hauchdünn ebenfalls mit Sand ab, da es sich bei vielen der Wild-

Fertige Samenmischungen für die Wildblumenwiese sind im Fachhandel erhältlich

Wer Spaß an einem Naturgarten hat, muß nicht unbedingt eine Blumenwiese anlegen. Hübsche Wildstauden, heute in Gärtnereien erhältlich oder aus Samen selber anzuziehen, können auch in Staudenbeeten oder zwischen anderen Gewächsen ihren Platz finden.

blumen um Lichtkeimer handelt. Im ersten Jahr darf nur gemäht werden, wenn man früh ausgesät hat und die Pflänzchen bis zum Herbst gut herangewachsen sind, ansonsten verschiebt man diese Arbeit auf den nächsten Sommer. Das ist auch der Termin für die Folgeschnitte, denn öfter als einmal im Jahr sollte die Blumenwiese nicht getrimmt werden. Wem die Gräser dennoch über den Kopf zu wachsen drohen, kann es mit einem zweiten Schnitt im Herbst versuchen.

Die Meinung, daß die Pflanzen der Blumenwiese überhaupt keine zusätzlichen Nährstoffe benötigen, ist mittlerweile revidiert worden. Allerdings sollte nur einmal jährlich, am besten nach dem Sommerschnitt, gedüngt werden, und dann nur mit organischen Nährstoffen wie Kompost oder Torfmischdünger, in jedem Fall aber stickstoffarm; Mineralprodukte kommen für die Wiese also nicht in Frage.

Nun klingt das alles wenig aufmunternd, doch erfahrene Praktiker, die von der Idee der eigenen Blumenwiese im Garten nicht lassen mochten, haben auch hier Mittel und Wege gefunden, um das gesteckte Ziel zu erreichen. Erstens lassen sich recht gut Frühlingszwiebelblumen in die Wiese setzen, die ihre Blüten öffnen, bevor sie von den Gräsern erstickt werden. Zweitens kann man Wildblumen aus der Staudengärtnerei hineinpflanzen oder von Spaziergängen mitbringen – sofern es sich nicht um geschützte Pflanzen handelt; wie weit sich diese Findlinge am neuen Ort wohlfühlen und einwachsen, steht allerdings auf einem anderen Blatt. Schließlich bietet sich dem Hobbygärtner ein weites und interessantes Experimentierfeld, indem er Wildgewächse aus eigener Anzucht verwendet. Samen davon gibt es im Fachhandel zu kaufen, und wenn es mit ihnen später in der Wiese nicht klappt, hat man doch wenigstens den Spaß mit der Pflanzenkinderstube gehabt.

Abschließend noch ein Punkt, der im Zusammenhang mit der Blumenwiese im Hausgarten aber auch bedacht werden muß: die Reaktion der lieben Nachbarn. Nicht jedermann vermag dem Naturgarten Geschmack abzugewinnen, schon gar nicht, wenn sich auf den gepflegten Beeten und Rabatten unerwünschte Kräuter breitmachen. Daß die Samen der Wiesengewächse verbreitet werden, läßt sich jedoch nicht verhindern; so kann es notwendig werden, im Hinblick auf gutnachbarliche Beziehungen auf die Blumenwiese zu verzichten.

Pflanzenschutz

Es ist noch gar nicht so lange her, da schien man nicht nur in der Landwirtschaft, sondern auch im Hausgarten die Probleme mit Pflanzenkrankheiten und -schädlingen gut im Griff zu haben. Die chemische Industrie bot für nahezu alles ein spezielles Präparat an, dessen Einsatz auch tatsächlich Hilfe brachte. Warnende Stimmen wurden überhört, weil der durchschlagende Erfolg die Methode zu rechtfertigen schien. Mittlerweile weiß man um die Gefährlichkeit giftiger Pflanzenschutzmittel und vor allem um die Langzeitfolgen, die ihre regelmäßige Anwendung mit sich bringt. Umweltschutz beginnt in Haus und Garten, und dazu gehört auch, Leben zu erhalten, statt es zu zerstören. Man muß also nach Mitteln und Wegen suchen, mit den Schadorganismen fertig zu werden, ohne dabei die zahlreichen Nützlinge mit zu vernichten beziehungsweise ihnen die Lebensgrundlage zu nehmen.

Daß seit 1988 Pflanzenschutzmittel nicht mehr frei über die Theke verkauft werden dürfen, kommt diesen Bestrebungen entgegen. Damit wird die Möglichkeit derartiger Bekämpfungsmaßnahmen, wenn sie in Extremfällen doch einmal nötig sein sollten, aber nicht ausgeschlossen. Der meist nicht sachkundige Käufer wird – so der Idealfall – über die Anwendungs- und Wirkungsweise der Präparate von entsprechend geschultem Personal aufgeklärt, bevor er sich zum Erwerb eines bestimmten Mittels entschließt.

Vorbeugende Maßnahmen

Viele Schädigungen an unseren Gartenpflanzen sind auf falsche oder mangelnde Pflege zurückzuführen, und wo man auf den ersten Blick zunächst Fremdeinwirkung durch Tiere oder Pilze vermutete, handelt es sich bei näherem Hinsehen um Kulturfehler. Deshalb beginnt der wirksamste Pflanzenschutz bereits beim Anbau, bei Aussaat und Pflanzung. Die der jeweiligen Kultur entsprechende Lage – sonnig oder beschattet – muß ebenso berücksichtigt werden wie der Abstand auf den Beeten und die spätere Pflege. Wer sich um den Zustand seines Bodens nicht kümmert und meint, mit ein paar Handvoll des praktisch auszubringenden Mineraldüngers sei es getan, braucht sich über kümmernde Gewächse nicht zu wundern. Schwächliche Pflanzen aber haben dem Befall durch Krankheiten oder Schädlinge wenig entgegenzusetzen, sie sind auch durch drastische Gegenmaßnahmen nicht mehr zu retten.

Nicht alles, was als chemisches Pflanzenschutzmittel angeboten wird, ist giftig; über die Gefährlichkeit wird man beim Kauf informiert.

Inzwischen sollte jeder Hobbygärtner und jeder Verbraucher wissen, daß Mineraldünger nicht gesundheitsschädlich sind. Es handelt sich um Pflanzennährstoffe, die die natürliche Bodenfruchtbarkeit, wo das notwendig ist, sinnvoll ergänzen.

Biologische Möglichkeiten des Pflanzenschutzes

Man braucht keineswegs ein konsequenter Biogärtner zu sein, um sich der Natur als Helfer im Garten zu bedienen. Bodenpflege durch regelmäßigen Einsatz von Kompost oder organischen Düngern ist ein erster Schritt, der die gezielte Verwendung mineralischer Zusatznährstoffe keineswegs ausschließt. Solange die Erde genügend Humusstoffe enthält, die ein reges Leben der Mikroorganismen und damit eine fruchtbare Krume sicherstellen, können Mineraldünger nicht schaden.

Der zweite Schritt besteht darin, daß man alle Organismen, denen Schädlinge als Nahrungsgrundlage dienen, schont und fördert; davon gibt es mehr, als man glaubt, und ihr Nutzen wird nur deshalb unterschätzt, weil sie meist im Verborgenen wirken. Und selbst wo sich ihre Tätigkeit beobachten läßt – wer weiß schon, daß ein einziges Meisenpärchen während der Brutzeit bis zu 30 kg Raupen an seine Jungen verfüttert?

So gesehen sind auch die im Garten nicht immer geschätzten Amseln und Sperlinge durchaus nützlich, weil auch sie ihre Nachkommenschaft mit eiweißreicher, also tierischer Nahrung aufziehen müssen. Durch das Anbringen von Nistkästen kann man gerade Meisen im Garten heimisch werden lassen, wobei sich die Zahl der Brutpaare keineswegs

parallel zur Zahl der aufgehängten Nistplätze verhält. Das ausgeprägte Revierverhalten der Tiere läßt einen dichten Besatz nicht zu. Wo einige kleine Bäume oder Laubsträucher Schutz bieten und zum Verweilen einladen, werden sich bald schon Singvögel im Garten einfinden, zumindest öfter Station im schützenden Blätterdach machen oder in beschatteten Unterpflanzungen nach Nahrung suchen.

Wenn das Herbstlaub nicht bis auf das letzte Blatt entfernt, sondern liegengelassen wird, wenn sich in einer verschwiegenen Gartenecke ein Reisighaufen findet oder einige große Steine aufgetürmt werden, ein paar dickere Holzstücke langsam vermodern, vielleicht sogar ein Gartenteich vorhanden ist, sind die Voraussetzungen für Leben aller Art geschaffen. Freilich: Eine Garantie, daß sich hier nun zwangsläufig Igel und Blindschleiche einfinden, ist damit nicht gegeben, auch wenn es sich in vielen Büchern über den Naturgarten so liest. Und auf die als Insektenvertilger gerühmten Fledermäuse wird man erst recht vergeblich warten; ihr Lebensraum ist im wahrsten Sinne des Wortes zugebaut worden.

Insekten als Nützlinge

Wo Insekten und anderen Kleinorganismen günstige Lebensbedingungen geboten werden, sind sie allgegenwärtig, ohne daß der Gartenbesitzer ihrer immer ansichtig wird. Sie gehören zur heimischen Fauna und wären kaum erwähnenswert, hätte man nicht ihre Bedeutung als Nützlinge im Garten erkannt.

Eine Marienkäferlarve vertilgt bis zu 600 Blattläuse

Zahlreiche Vogelarten ernähren sich und vor allem ihre Brut von Insekten, die größtenteils Schädlinge sind

FLORFLIEGEN ernähren sich von Kleininsekten und Honigtau, den zuckerhaltigen Ausscheidungen der Blattläuse. Die Larven dieser zartflügeligen Insekten sind auf die Läuse selber aus, von denen jede einige Hundert vertilgen kann.

LAUFKÄFER, unter denen der goldgrün schimmernde „Goldschmied" besonders auffällt, vertilgen Raupen, Puppen und gelegentlich auch einmal eine Schnecke. MARIENKÄFER und ihre Larven haben es auf Blattläuse abgesehen: Eine einzige Larve bringt es in ihrem Leben auf bis zu 600 Blattläuse. Auch von den OHRWÜRMERN wird den Läusen zugesetzt; Ohrwürmer fallen manchmal allerdings auch unangenehm auf, weil sie sich an grünen Pflanzenteilen gütlich tun und mit Vorliebe die Blütenknopsen von Dahlien heimsuchen. Blatt- und Blutläuse, Schmetterlingseier und Puppen anderer Insekten werden von SCHLUPFWESPEN parasitiert, indem sie ihre Eier in die lebenden Wirtstiere ablegen; ein Schlupfwespenweibchen kann dabei bis zu 1000 Läuse vernichten. Die Larven der SCHWEBFLIEGEN dringen in Blattlauskolonien ein, wobei jede Larve bis zu 800 Läuse aussaugt. Die Rote Spinne oder Spinnmilbe wird von RAUBWANZEN und -MILBEN dezimiert, den SPINNEN gehen neben nützlichen auch Schadinsekten ins Netz, zum Beispiel die geflügelten Blattlausstadien.

Einige dieser Nützlinge werden heute bereits in Speziallabors gezüchtet und als Verpackungseinheit in Gartenfachgeschäften zur biologischen Schädlingsbekämpfung angeboten, zum Beispiel Schlupfwespen gegen die Weiße Fliege. Ein erfolgversprechender Einsatz ist allerdings nur unter Glas oder in anderen geschlossenen Räumen möglich.

Biologische Präparate

Neben den chemischen bietet der Handel auch sogenannte biologische Schädlingsbekämpfungs- oder Pflanzenbehandlungsmittel an, von denen sich einige durchaus bewährt haben. Nur darf aus der Kennzeichnung „biologisch" nicht automatisch eine völlige Ungefährlichkeit abgeleitet werden. Pyrethrum-Präparate beispielsweise gewinnt man aus einer afrikanischen Chrysanthemenart; sie haben auf Insekten, schädliche wie nützliche, eine absolut tödliche Wirkung, ebenso aber auf die Bewohner eines Gartenteichs und dürfen deshalb keinesfalls in Gewässernähe ausgebracht werden. Für Warmblüter sind sie ungefährlich, ihre Harmlosigkeit gegenüber Bienen ist anzuzweifeln. Im Biogarten kommen außerdem verschiedene Pflanzenbrühen, -jauchen, -auszüge und -tees bei der Schädlings- und Krankheits-

Igel leben dort, wo sie ein passendes Nahrungsangebot und ausreichende Unterschlupfmöglichkeiten finden

bekämpfung zur Anwendung. Ob ihre Wirkung tatsächlich auf insektizide oder fungizide Inhaltsstoffe zurückzuführen ist, oder ob die Pflanzen durch die in den Jauchen enthaltenen Düngesubstanzen gestärkt und damit widerstandsfähiger werden, soll dahingestellt bleiben. Ebenso muß die Frage offen bleiben, ob Gesteinsmehle und Algenkalke nicht einfach deswegen Schadorganismen zurückdrängen, weil sie ihnen das Leben schwer machen.

Dem Gärtner dürfte das alles ziemlich gleichgültig sein, sofern seine Maßnahmen zum Erfolg führen. Mit der Natur kann man jedoch nur dort arbeiten, wo man alle ihre Erscheinungsformen respektiert. Deshalb müssen die Methoden des biologischen Gartenbaus dort versagen, wo konventionell gewirtschaftet wird, wo mineralische Düngung den

Vorrang hat und chemische Pflanzenschutzmittel zur geläufigen Praxis gehören, wo man sich um den Erhalt der Nützlinge nicht viel schert und auf eine möglichst große Pflanzenvielfalt keinen Wert legt.

Natürliche Bekämpfung von Schädlingen

Blattläuse

Bei punktuellem Befall genügt es manchmal schon, die betroffene Pflanze mit einem scharfen Wasserstrahl abzuspritzen – sofern man bei zarten Gewächsen dadurch nicht mehr Schaden anrichtet als die Läuse selbst. Unangenehm ist für die Tiere auch das Einpudern mit Gesteinsmehlen, Asche oder Algenkalk. Rainfarntee oder ein Brennesselauszug (1 kg frische Brennesseln über Nacht in kaltem Wasser ziehen lassen und unverdünnt spritzen) sollen ebenfalls helfen.

Dickmaulrüßler

Sie sind Problemschädlinge, die den Gartenbesitzern zunehmend Sorge bereiten. Während man der flugunfähigen Käfer nach Anbruch der Dunkelheit mit Hilfe einer Taschenlampe an Rhododendron oder Rosen habhaft wird, entziehen sich die im Boden lebenden und die Wurzeln befressenden Larven dem direkten Zugriff. Der Rat, befallene Pflanzen auszugraben und die Larven abzunehmen, kann allenfalls bei getopften Gewächsen befolgt werden. In diesem speziellen Fall ist das Gießen mit einem Insektizid ausnahmsweise wirklich die einzige Möglichkeit, die betroffenen Pflanzen zu retten.

Drahtwürmer

Die Larven der Schnellkäfer leben ebenfalls im Boden, wo sie die Wurzeln anfressen. Dagegen helfen halbierte Kartoffeln, die man mit der Schnittseite nach unten ins Erdreich drückt. Nach einiger Zeit kann man die Drahtwürmer vom Köder absammeln.

Erdraupen

Bei Erdraupen handelt es sich um die Larven verschiedener Eulenfalter, die vor allem Gemüsesetzlinge durch Blatt-, Trieb- und Stengelfraß schädigen. Zur Abwehr kann man den Boden um die Pflanzen aufhacken und die Raupen, die dort den Tag verbringen, aufsammeln. Nach Einbruch der Dunkelheit, wenn die Raupen zu ihren Freßplätzen aufsteigen, kann man ein *Bacillus-thuringiensis*-Präparat spritzen oder stäuben. Der zellzerstörende Bazillus wirkt nur in den Raupen und ist für alle anderen Organismen völlig unschädlich.

Gemüsefliegen

Sie suchen unter anderem Zwiebeln und Möhren heim und lassen sich durch Zusammenpflanzungen der beiden Gattungen auf einem Beet recht gut abwehren, da die Geruchsentwicklung der einen den Schädiger der anderen vom Befall abhält. Bei Kohlgewächsen ist das Abdecken der Kulturen im Hauptbefallszeitraum von Mitte April bis Mitte Mai mit feinmaschigen Spezialnetzen wirksam; diese werden im Gartenhandel angeboten.

Schnecken

Vor allem Nacktschnecken können, wenn sie in feuchten Sommern massenweise auftreten, den Gärtner zur Verzweiflung bringen. Kleine Flächen wie Saat- und Anzuchtbeete lassen sich durch sogenannte Schneckenzäune schützen, die von den Tieren nicht überkrochen werden können. Es bringt wenig, wenn man Gesteinsmehle, Sägemehl oder Asche unter den gefährdeten Kulturen ausstreut, da der Belag seine abschreckende Wirkung verliert, sobald er feucht geworden ist. Wirkungsvoller sind kleine Gefäße wie Marmeladengläser oder Joghurtbecher, die man mit Bier füllt und anschließend ebenerdig eingräbt. Bier lockt Schnecken an, und die Tiere ertrinken.

Weil sich Schnecken tagsüber in feuchte Schlupfwinkel zurückziehen, kann man größere Steine oder Bretterstücke auslegen und die Schädlinge dort auflesen. Außerdem hat es sich bei starkem Befall bewährt, beim Schein der Taschenlampe einen Gartenrundgang zu machen und die Tiere von ihren Futterpflanzen abzusammeln. Schneckenkorn, das an sich eine gute Wirkung hat, ist nicht ganz unproblematisch, weil man nicht weiß, ob es auch von anderen Tieren des Gartens aufgenommen wird.

Weiße Fliege, Mottenschildlaus

Wir haben es dabei mit einem gefürchteten Schädling bei Unter-

Als Abwehrmaßnahme gegen die Zwiebelfliege hat sich die Mischkultur von Möhren und Zwiebeln recht gut bewährt

Von den rund 3000 Blattlausarten sind etwa 830 in Mitteleuropa verbreitet

Wühlmausgänge unterscheiden sich von denen des Maulwurfs durch ihren hochovalen statt runden Querschnitt. Außerdem fehlen bei der Wühlmaus die typischen Erdhaufen.

Wo sich die Blätter von Kernobstbäumen und Ziergehölzen braun bis schwarz verfärben, besteht Verdacht auf den Befall durch Feuerbrand. Diese gefährliche Bakterienkrankheit, gegen die es noch kein Mittel gibt, muß sofort dem nächsten Pflanzenschutzdienst oder im Zweifelsfall der Gemeindeverwaltung gemeldet werden.

glaskulturen zu tun, aber auch im Garten kann die Weiße Fliege an Kohlgewächsen, Gurken und Tomaten auftreten. Die Tiere, die trockene Wärme lieben, werden durch häufiges Gießen der Kulturen sowie durch Feuchtigkeit verdunstende Mulchabdeckungen unter den Pflanzen abgeschreckt. Der Biogärtner behilft sich außerdem bei Befall mit dem Spritzen einer 2%igen Schmierseifenlösung.

Wühlmäuse

Sie sind die hartnäckigste Plage, die einem Gärtner widerfahren kann. Die Wirkung von abwehrenden Pflanzen wie Kaiserkronen, Hundszungen oder Knoblauch ist fragwürdig, die Empfehlung, derartige Gewächse zwischen gefährdete Kulturen zu pflanzen, nicht sehr realistisch, denn was ist nicht durch Wühlmäuse gefährdet? Und den ganzen Garten mit Knoblauch vollzupflastern, ist auch nicht nach jedermanns Geschmack.

Man kann es mit Ködermitteln probieren, die der Fachhandel anbietet, am sichersten ist aber immer noch der Fallenfang, bei dem allerdings einiges beachtet werden muß, damit die scheuen Tiere nicht abgeschreckt

werden. Zuerst muß man durch eine „Verwühlprobe" feststellen, ob der für die Falle vorgesehene Gang überhaupt noch bewohnt ist. Das zeigt sich, wenn ein geöffnetes Gangstück nach kurzer Zeit von dem Tier wieder geschlossen wurde. Beim Aufstellen der Falle oder Auslegern der Ködermittel sollten Gummihandschuhe übergestreift werden, damit die Maus keinen Fremdgeruch wahrnimmt.

Bekämpfung von Pilzkrankheiten

Wo sie an Zierpflanzen auftreten wie die Rost- und Mehltaupilze der Rosen, ist eine wirksame Bekämpfung nur mit ungiftigen Fungiziden möglich. Der beste Pflanzenschutz besteht auch in diesem Fall in der Vorbeugung: nicht zu dicht pflanzen und artgerecht pflegen. Um die Kraut- und Braunfäule an Tomaten nicht hervorzurufen, sollte man keine Kartoffeln in die Nähe setzen, die von demselben Erreger befallen werden.

Die gefürchtete Kohlhernie wird von einem im Boden lebenden Schleimpilz hervorgerufen, gegen den es im Hausgarten bisher noch kein wirksames Fungizid gibt. Um sich vor Befall zu schützen, muß der Platz für Kohlgewächse und andere Kreuzblütler wie Rettiche und Radieschen möglichst jedes Jahr gewechselt werden. Bei eingetretenem Befall dürfen diese Gewächse vier oder fünf Jahre lang nicht mehr auf das betroffene Beet kommen. Da der Pilz kalkfliehend ist, empfiehlt es sich, die für den Anbau von Kohlgewächsen vorgesehene Fläche vorher aufzukalken.

Nutzgarten

Die Wintermonate sind gerade richtig, um den Anbauplan für den Gemüsegarten festzulegen. Dazu müssen eventuell noch vorhandene Samentütchen gesichtet werden, damit man weiß, was neu zu kaufen oder per Katalog zu bestellen ist.

Älteres Saatgut, sofern nicht keimschutzverpackt, ist auf seine Brauchbarkeit zu überprüfen. Legen Sie von feinem Samen 50, von gröberem (z. B. Erbsen, Bohnen, Gurken) 20 Körner auf feuchtem Fließpapier in einer flachen Schale (Suppenteller) aus, und decken sie mit Klarsichtfolie oder einer Glasscheibe ab. Wenn die Keimung bei Zimmertemperatur erfolgt ist, wird durchgezählt. Sind etwa 75 % der Samen aufgegangen, ist alles in Ordnung, bei weniger als der Hälfte muß man zumindest dichter als üblich säen, bei unter 30 % gekeimter Körner hat eine Aussaat keinen Zweck mehr, der Samen ist überaltert oder verdorben. Denken Sie bei der Beetplanung auch daran, daß Gemüsemischkulturen den Boden schonen, Schädlinge abwehren und die Erträge steigern.

Sofern die Temperaturen nicht unter −5°C liegen, können ältere Obstbäume ausgelichtet werden. Größere Schnittwunden muß man mit einem Wundwachs verstreichen. Gleichzeitig kann man die Stämme mit einer Drahtbürste abkratzen, um Schädlinge in ihren Winterquartieren aufzustöbern und zu entfernen.

Ziergarten

Wenn im Spätherbst die Aussaat von Frostkeimern versäumt wurde, läßt sie sich jetzt noch nachholen. Säen Sie in kleine Töpfe oder Schalen, die mit gewöhnlicher Gartenerde gefüllt wurden; nach dem Anfeuchten des Substrats werden die Töpfe mit einer fest schließenden Plastikfolie als Verdunstungsschutz umhüllt und an einen schattigen Platz im Freien gestellt. Wenn alles klappt, setzt im Frühjahr mit beginnender Erwärmung die Keimung ein, und es kann bald darauf pikiert werden. Zu den Frostkeimern gehören unter anderem Steinbreche *(Saxifraga),* alpine Glockenblume *(Campanula*-Arten), Tränendes Herz *(Dicentra spectabilis),* Purpurglöckchen *(Heuchera),* Hungerblümchen *(Draba),* Primelarten und Enzian *(Gentiana).*

Immergrüne Laub- und Nadelgehölze, die im Vorjahr gepflanzt wurden, sollten jetzt eine leichte Schattierung aus Strohmatten oder eingehängten Fichtenzweigen bekommen, damit die Verdunstung herabgesetzt und dadurch die Austrocknungsgefahr bei Sonne gemindert wird. Besonders betroffen davon sind Rhododendren.

Im Februar zu viel Sonne am Baum,
läßt dem Obst keinen Raum.

So viel Nebel im März,
soviel Fröste im Mai,
so viel Gewitter im Sommer.

Nutzgarten

Im warmen Frühbeet sind bereits Ende dieses Monats erste Aussaaten von Radieschen, Salat und Kohlrabi möglich. Sie können aber auch Jungpflanzen (mit Ausnahme von Radieschen) beim Gärtner kaufen und in den warmen Kasten setzen. Wo das Beet nicht elektrisch beheizt wird, packt man es wie zu früheren Zeiten mit stallfrischem Pferdemist, auf dem Land vielleicht bei einem Bauern erhältlich, sonst bei Reitställen.

Beerenobststräucher sind jetzt auszulichten, altes oder erfrorenes Holz wird entfernt.

Bei Baumobst in sehr sonnigen Lagen empfiehlt sich ein Weißanstrich mit Kalkmilch oder einem entsprechenden Handelspräparat, um das Aufplatzen von Holz und Rinde durch Wechseltemperaturen zu verhindern.

Ziergarten

Sommer- und Spätsommerblüher wie Schmetterlingsstrauch (*Buddleja davidii*), Säckelblume (*Ceanothus*) oder Bartblume (*Caryopteris*) werden radikal, das heißt bis zum Boden, zurückgeschnitten; frühjahrsblühende Gehölze, zum Beispiel die Forsythie, darf man erst nach dem Flor schneiden.

Ab Monatsmitte kann man Sommerblumen aussäen – auf dem Fensterbrett bei Wohnwärme oder im warmen Frühbeet bzw. Kleingewächshaus.

Gegen Ende Februar empfiehlt es sich, mit dem Antreiben der überwinterten *Canna*- und Begonienknollen zu beginnen, damit die Pflanzen möglichst früh blühen.

Nutzgarten

Wenn Sie jetzt Frühkartoffeln vortreiben, ist bereits gegen Mitte Juni Erntezeit: Man legt die Knollen in flachen Steigen in einem Erde-Sand-Gemisch aus, Knospen nach oben, und stellt sie bei etwa 10 °C in einen hellen Raum.

Unter Folie, Folientunnel oder Vlies können nun auch Kopfsalat, Rettiche und Radieschen gesät beziehungsweise frühe Kohlarten gepflanzt werden. Beginnen Sie, die noch nicht belegten Gemüsebeete vorzubereiten, sobald der Boden abgetrocknet ist. Für den Obstbaumschnitt läuft die Zeit ab, dafür können neue Gehölze gepflanzt werden.

Sofern das nicht bereits im Herbst erledigt wurde, bekommen sämtliche Obstbäume eine Portion blauen Volldünger (etwa 80 g/m²).

Ziergarten

Jetzt ist Pflanzzeit für Stauden, Ziersträucher und Rosen. Wo schon Rosen im Garten stehen, wird die Reisigabdeckung entfernt, abgehäufelt sowie Vertrocknetes und Erfrorenes herausgeschnitten; zuletzt wird gedüngt.

Wer ganz ungeduldig ist, kann am Monatsende unempfindliche Sommerblumen direkt ins Freiland säen. Unbedingt zu empfehlen ist dieser frühe Termin aber nicht, denn der Boden hat sich noch zu wenig erwärmt und die Samen liegen, ohne zu keimen, in der Erde; ob sie später noch aufgehen, ist ungewiß.

Vergessen Sie nicht, einen Blick auf die überwinternden Kübel- und Balkonpflanzen zu werfen; vorzeitige, lange Geiltriebe, zum Beispiel von Geranien (Pelargonien), werden weggeschnitten.

Nutzgarten

Jetzt ist Anbauzeit im Freien für alle nicht kälteempfindlichen Gemüse. Die frühen Aussaaten von Rettichen und Radieschen werden fortgesetzt, außerdem sind Rote Rüben, Erbsen und Chicorée an der Reihe.

Gepflanzt werden Kopfsalat, Kohlrabi und alle frühen Kohlarten. Denken Sie auch an die ein- und mehrjährigen Küchenkräuter; nur für die frostempfindlichen wie Basilikum, Bohnenkraut oder Majoran ist es draußen noch zu früh, sie werden besser am Zimmerfenster vorkultiviert.

Wer Weinreben pflanzen will, kann das ab April tun, und auch für das Umveredeln von Obstgehölzen ist jetzt der günstigste Zeitpunkt.

Ziergarten

Im April beginnt, je nach Witterung und Bodenzustand, die intensive Rasenpflege mit der ersten Düngung. Vorher sollte man die Fläche vertikutieren, damit der Filz entfernt wird und die Wurzeln wieder Luft bekommen. Außerdem ist diese Form der Rasenpflege – zusammen mit einer anschließenden Kalkung – das beste Mittel, Moos im grünen Teppich loszuwerden.

Hat der April mehr Regen als Sonnenschein, wird's im Juni trocken sein.

Ausdauernde Ziergräser, zu denen auch der Bambus gehört, sollte man nur im Frühjahr pflanzen; wo eine Teilung zu groß gewordener Horste notwendig erscheint, kultiviert man die Teilstücke zunächst in Gefäßen weiter und pflanzt erst im darauffolgenden Frühjahr an Ort und Stelle.

In den Staudenrabatten ist nun ein Frühjahrsputz fällig. Was vom Herbst und Winter liegengeblieben und vermodert ist, wird herausgelesen, Unkraut wird entfernt.

Außerdem können neue Staudenbeete angelegt werden; der Handel bietet in dieser Jahreszeit ausreichend Containerpflanzen mit Wurzelballen an.

Im und am Gartenteich sollten Sie ebenfalls für Ordnung sorgen und sich überlegen, ob Ihr Wasserpflanzenbestand ergänzt werden muß.

Ein rechter Mai fürwahr, ist der Schlüssel zum ganzen Jahr.

Nutzgarten

Ab Mitte des Monats können auch die wärmeliebenden Gemüsearten – selbst gezogen oder als Setzlinge gekauft – aufs Freilandbeet: Tomaten, Gurken, Paprika, Zucchini, Neuseeländer Spinat, Zuckermais, an einem sehr geschützten Platz auch Auberginen und Melonen, obgleich sie besser unter Glas aufgehoben sind.

Halten Sie vor den Eisheiligen (12.–15. Mai) für empfindlichere Kulturen, die bereits im Freiland stehen, vorsorglich Folien, Vliese oder Tunnel zum Abdecken bereit.

Mit der Aussaat von Stangen- und Buschbohnen wartet man sicherheitshalber bis Mitte des Monats, mit der Pflanzung von Knollensellerie bis zum 20. Mai. Wenn Sie die wegen ihrer Kälteunempfindlichkeit bereits im März oder April gesteckten Dicken Bohnen oder Puffbohnen jetzt entspitzen, werden Sie weniger Ärger mit der Schwarzen Bohnenlaus haben, die auf diese Pflanzen spezialisiert ist.

Im Obstgarten muß bei Trockenheit gewässert werden – das gilt auch für Erdbeeren. Außerdem ist ab jetzt auch für eine Mulchabdeckung unter den Bäumen zu sorgen, das erste Mähgut vom Rasenschnitt fällt ja nun dafür an. Besonders Beerenobststräucher und hier wieder ganz obenan die Himbeeren sind für eine Mulchschicht dankbar.

Ziergarten

Rasenneuanlage und Teichbau sind größere Arbeiten, für die der Monat Mai wie geschaffen ist. Auch das Angebot an Wasser- und Sumpfpflanzen ist jetzt am umfangreichsten.

Beetstauden werden gedüngt und, falls nötig, gewässert. Der Boden zwischen ihnen wird vorsichtig gelockert, das Unkraut entfernt.

Abgeblühte Polsterstauden kann man ausputzen und teilen, verwelkte Blüten der Zwiebelblumen abschneiden. Die Blätter müssen aber erhalten bleiben, damit die Zwiebel Reservestoffe für den nächsten Flor einlagern kann.

Zwiebel- und Knollenpflanzen, die im Sommer blühen, kommen in den Boden: Dahlien, Gladiolen, Montbretien, Pfauen- oder Tigerblume, *Canna,* Lilienschopf, Knollenbegonien und Freesien.

Ab Mitte Mai können die vorher bereits heller und wärmer gestellten Kübelpflanzen ebenfalls endgültig ins Freie. Denken Sie aber daran: Auch die sonnenliebenden unter ihnen müssen zum Eingewöhnen zunächst an einen beschatteten Platz gestellt werden.

Nutzgarten

Die Beete, auf denen das Frühgemüse stand, werden nun allmählich für Folgekulturen frei. Lockern Sie vor einer Neuanpflanzung den Boden gut auf, und arbeiten Sie organischen Dünger oder Kompost oberflächig ein.

Außer bei Buschformen müssen von jetzt an die Geiztriebe in den Blattachseln der Tomaten entfernt werden. Buschbohnen, Porree und Kohl kann man etwas anhäufeln.

Mit der Ernte von Rhabarberstengeln ist es gegen Ende Juni vorbei, die Pflanze braucht die verbliebenen Blätter, um neue

Kräfte zu sammeln. Die Spargelernte schließt ebenfalls traditionell mit dem 24. Juni ab.

Wer Erdbeeren selbst vermehren will, sollte jetzt die besonders gut tragenden Pflanzen mit einem Stäbchen markieren, um später Ausläufer von ihnen zu nehmen. Wenn Sie die Möglichkeit haben, unter die heranreifenden Beeren Stroh zu schieben, bleiben sie sauberer.

Bei Apfelbäumen, die überreich tragen, liest man die kleinsten Früchte heraus, damit sich die verbleibenden um so besser entwickeln.

Wo bei Brombeeren aus den Blattachseln Geiztriebe herauswachsen, und das wird stets der Fall sein, sind sie bei etwa 40 cm Länge bis auf vier Knospen wegzuschneiden.

Ziergarten

Der Juni ist der Rosenmonat. Damit der Flor anhält bzw. bei öfterblühenden Sorten weitergeht, ist alles Verblühte fortlaufend zu entfernen. Wo Rosen wegen anhaltender Trockenheit doch einmal gewässert werden müssen, legt man den Schlauch einzeln unter jeden Stock – auf keinen Fall darf der Rasensprenger in Aktion treten; auf nassen Blättern breiten sich sofort Mehltau- und Rostpilze aus.

Abgeblühte Rittersporne sind bis auf eine Handbreit über dem Boden zurückzuschneiden, damit sich ein neuer Flor entwickeln kann; danach wird gedüngt und gewässert. Auch bei anderen Stauden sowie bei Einjährigen und Flieder entfernt man, so gut es geht, alle verwelkten Blütenstände.

Nordwind, der im Juni weht,
nicht im besten Rufe steht;
kommt er an mit kühlem Gruß,
bald Gewitter folgen muß.

Gegen Monatsende ist der Schnitt von Laubhecken an der Reihe; falls Vögel im dichten Zweiggewirr nisten, muß man diese Maßnahme freilich auf später verschieben.

Nutzen Sie die Zeit dann für die Aussaat von Zweijahrsblumen, die in diesem Sommer heranwachsen, überwintern und im nächsten Frühjahr blühen werden. Dazu gehören u. a. Goldlack, Stiefmütterchen, Gänseblümchen, Vergißmeinnicht.

Der Rasen kann gegen Monatsende erneut gedüngt werden.

Auch die Obstbäume dürfen jetzt bei anhaltender Hitze nicht trocken stehen. An ihnen kann nun außerdem der Sommerschnitt durchgeführt werden.

Bei Johannisbeeren und Stachelbeeren nimmt man nach der Ernte die älteren Triebe weg (sie sind am dunklen Holz erkennbar) und lichtet die Sträucher auf diese Weise aus. Abgetragene Himbeerruten sind bodengleich abzuschneiden.

Für Erdbeeren ist ab Ende des Monats bis spätestens Mitte August Pflanzzeit.

Ziergarten

Auch Schwertlilien *(Iris germanica)* müssen nun gepflanzt, Stauden- und Sommerblumenbeete gewässert, gehackt, verwelkte Blüten weiterhin abgeschnitten werden. Stauden, die ihren Flor abgeschlossen haben, teilt man etwa zwei Wochen nach der Blüte.

Der Rasen sollte jetzt nicht zu tief abgemäht werden, schon gar nicht, wenn der Urlaub bevorsteht. Die Graspflanzen verlangsamen in diesen Hochsommerwochen ihr Wachstum ohnedies etwas; läßt man ihnen mehr Länge, wird der Boden beschattet und trocknet nicht so schnell aus.

Bringt der Juli heiße Glut, so gerät der September gut.

Nutzgarten

Weitere Gemüsebeete werden frei, denn die Ernte ist jetzt in vollem Gang. Wo es möglich ist, kann man Gründüngungspflanzen aussäen, um dem Boden eine Atempause zu verschaffen und die Humusbildung in Ordnung zu bringen.

Gleich zu Anfang des Monats lassen sich noch Endivien und Chicorée aussäen, zur Monatsmitte Kohlarten, Pak Choi, Chinakohl und Knollenfenchel, ab Juliende Spinat. Gepflanzt werden Grünkohl und Porree.

Bestehende Kulturen sind zu hacken und zu wässern (Tomaten, Gurken, Paprika und Melonen nur mit abgestandenem, luftwarmem Wasser).

Ziergarten

Madonnenlilie, Kaiserkrone und Herbstzeitlose müssen noch in diesem Monat gepflanzt werden. Wurden Zweijahrsblumen ausgesät, kommen sie jetzt an ihren endgültigen Platz im Garten. Außerdem ist Schnitt-Termin für Nadelgehölzhecken, ab der zweiten Monatshälfte kann man Koniferen und Waldreben *(Clematis)* pflanzen.

Stauden, Rosen und andere Ziergehölze dürfen nun keinen Dünger mehr bekommen; wenn man jetzt das Wachstum fördert, würde das die Winterfestigkeit der Pflanzen beeinträchtigen.

Nutzgarten

Wo ein Beetplatz frei ist, sät man Feldsalat, Winter- und weiße Frühlingszwiebeln. Sofern nicht rein biologisch gegärtnert wird, bekommt das Herbst- und Wintergemüse als Kopfdüngung etwa 20 g/m² eines mineralischen Vollnährstoffs.

Petersilie, die man jetzt sät, bereitet meist weniger Schwierigkeiten als im Frühjahr angebaute. Zwiebeln werden erst geerntet, wenn das Laub abgestorben ist. Tritt man die Blätter vorzeitig herunter, wie das früher manchmal praktiziert wurde, beeinträchtigt das die Lagerfähigkeit.

Im Obstgarten beginnt nun die Haupterntezeit. Bei der Schattenmorelle empfiehlt es sich, alle abgetragenen Triebe bis auf das junge Holz zurückzuschneiden; diese Sauerkirschensorte trägt nämlich vorwiegend an den jungen Zweigen.

Fallobst und faulende Früchte dürfen als mögliche Krankheits- und Schädlingsüberträger nicht liegenbleiben.

Nutzgarten

In Gegenden mit rauhem Klima kann es gegen Monatsende bereits erste Nachtfröste geben. Für empfindliche Gemüse wie Gurken, Paprika und Tomaten sollte man Abdeckmaterialien bereitlegen.

Von den abgeernteten Bohnen schneidet man das Laub zum Kompostieren ab, läßt die Wurzeln als Stickstofflieferant aber im Boden; sie lockern ihn auf und verrotten über Winter.

Beim winterharten Rosenkohl wird die Spitze herausgebrochen, damit sich die Röschen besser entwickeln.

Ist der August im Anfang heiß,
wird der Winter streng
und weiß;
stellen sich Gewitter ein,
wird's bis Ende auch so sein.

Septemberwetter warm
und klar,
verheißt ein gutes
nächstes Jahr.

Spätgemüse wie Winterkohl, Knollensellerie, Porree ist noch voll in der Entwicklung und sollte eine weitere Kopfdüngung und reichlich Wasser erhalten.

Im September ist außerdem Pflanzzeit für Rhabarber, wobei die rotstieligen Sorten den Vorzug verdienen.

Schneit's im Oktober gleich, wird der Winter warm und weich.

Birnen und Äpfel dürfen nicht zu früh geerntet werden. Der richtige Zeitpunkt ist gekommen, wenn sich der Stiel beim Drehen der Frucht selbst vom Holz löst. Erdbeeren, die jetzt Kräfte für die nächste Saison sammeln, bekommen noch einmal eine Kopfdüngung von 20 g/m² eines mineralischen Vollnährstoffs.

Ziergarten

Ab der zweiten Monatshälfte kann man mit dem Pflanzen von Zwiebelblumen beginnen, und auch die anderen Stauden folgen dann bald. Die Pflanzplätze sollten bereits vorher vorbereitet, das heißt umgegraben und mit einem organischen Dünger versorgt werden. Garteneigener Kompost ist das beste Mittel, die Bodenfruchtbarkeit zu erhöhen. Günstig ist es, die Beete oder vorgesehenen Stellen danach mit Mulch abzudecken. Bis zum Pflanztermin bleibt die Erde darunter feucht und krümelig.

Die gleichen Bodenvorbereitungen kann man dort treffen, wo noch in diesem Jahr Rosen oder andere Ziergehölze in den Boden kommen sollen.

Nutzgarten

Jetzt ist Erntezeit für Lagergemüse: Spätkohl, Rote Rüben, Möhren, Schwarzwurzeln. Wurzelgemüse sollte nur mit der Grabegabel aus dem Boden gehoben werden, damit es nicht beschädigt wird und im Lager verdirbt.

Da Schwarzwurzeln winterhart sind, kann man sie auch auf dem Beet lassen. Rosenkohl, Grünkohl, Porree und natürlich Feldsalat sind frostbeständig und können ebenfalls draußenbleiben. Rotkohl, Weißkohl und Wirsing vertragen leichte Fröste, werden also erst spät geerntet.

Wurzelgemüse und Kopfkohl läßt sich für den Winter im Frühbeet oder in einer Erdmiete einschlagen – unsere warmen, trockenen Keller sind für eine längere Aufbewahrung meist ungeeignet.

Ausdauernde Heil- und Gewürzkräuter werden jetzt geteilt oder neu gepflanzt.

Späte Apfel- und Birnensorten sollte man nicht zu früh ernten, leichte Nachtfröste werden vertragen. Die Früchte dürfen allerdings nicht in gefrorenem Zustand vom Baum genommen werden.

Außer in sehr rauhem Klima mit frühem Wintereinbruch, wo man besser bis zum Frühjahr damit wartet, ist ab Mitte Oktober die beste Pflanzzeit für Obstgehölze und Beerensträucher (mit Ausnahme der Brombeere). Der Pflanzschnitt wird in jedem Fall erst im Frühjahr durchgeführt.

Um sich vor dem Frostspanner zu schützen, legt man jetzt Leimringe um die Stämme der Obstbäume.

Ziergarten

Der Oktober ist der Hauptpflanzmonat für Stauden, Zwiebelblumen, Ziergehölze und Rosen. Gleichzeitig werden die Staudenbeete abgeräumt und gesäubert, die nicht winterharten Zwiebeln und Knollen aus dem Boden genommen und nach Abtrocknen ins Winterquartier gebracht.

Der Rasen muß noch gemäht, sollte aber nicht mehr gedüngt werden, das Herbstlaub auf ihm ist zu entfernen. Unter Gehölzen dagegen sollte man eine Blätterdecke liegenlassen, sie dient als düngende Mulchschicht und bietet gleichzeitig vielen Kleintieren Schutz.

Der Gartenteich ist zu „entrümpeln", faulendes Laub von Seerosen und anderen Wasserpflanzen wird abgesammelt.

Nutzgarten

Jetzt müssen die restlichen, nicht winterharten Gemüse geerntet werden.

Chicoréewurzeln zur Treiberei im Winter sind in einem kühlen Keller in feuchten Sand einzuschlagen, bis man im Dezember mit dem portionsweisen Treiben beginnt.

Spargellaub ist abzuschneiden und zu verbrennen oder via Müll zu vernichten. Endivien und Zuckerhutsalat lassen sich, sofern man sie bei Bedarf mit einem Folientunnel schützt, weiterhin direkt vom Beet ernten.

Bei schwerem Boden kommt man ums Umgraben nicht herum, was man am besten noch im Herbst erledigt. Wo Stallmist zur Verfügung steht, wird er dabei mit eingearbeitet. Das kann auch mit allen gesunden Ernterückständen geschehen, sofern man es nicht vorzieht, sie auf den Kompost zu geben.

Ist ein Hügel- oder Hochbeet geplant, sollte man es noch vor dem Winter anlegen.

Bei offenem Boden dauert die Pflanzzeit für Obstgehölze an. Das unter Obstbäumen durch Erntearbeiten oftmals verfestigte Erdreich ist mit einer Hacke vorsichtig zu lockern, die Baumscheibe mit einer Mulchschicht zu bedecken. Das gleiche gilt für Beerensträucher.

November tritt oft hart herein, muß nicht viel dahinter sein.

Ziergarten

Wie Obstbäume können auch Ziergehölze in diesem Monat neu gepflanzt werden.

Rosen sind anzuhäufeln, in sehr rauhen Gegenden empfiehlt sich später ein zusätzlicher Schutz mit Tannen- oder Fichtenreisig; man sollte es rechtzeitig besorgen. Hochstammrosen bindet man damit ein oder biegt die Stämme, wenn sie elastisch genug sind, zum Boden, wo die Krone mit Erde bedeckt wird.

Die Halme des Pampasgrases werden zu einem Schopf zusammengebunden, um Regen- und Schmelzwasser vom Pflanzeninnern fernzuhalten. Außer dem empfindlichen Pfahlrohr *(Arundo donax),* dessen Halme abgeschnitten werden, damit die Pflanze eine dicke Laubaufschüttung erhalten kann, bleiben die Staudengräser, wie sie sind. Sie sehen im Winter reifüberzogen recht attraktiv aus.

Alle immergrünen Laub- und Nadelgehölze müssen vor Frosteintritt noch einmal gründlich gewässert werden, damit sie wegen ihrer unvermindert anhaltenden Verdunstung nicht vertrocknen. Empfindliche Stauden kann man vorsichtshalber mit Fichtenreisig schützen.

> Herrscht im Advent recht strenge Kält',
> sie volle achtzehn Wochen hält.

Nutzgarten

In Gegenden mit erfahrungsgemäß schneearmen Wintern dient eine Reisigabdeckung der auf dem Beet verbleibenden Gemüsearten weniger dem Winterschutz als einer Frostabwehr, um besser ernten zu können.

Lagergemüse und -obst ist von nun an regelmäßig zu kontrollieren, damit man Schadhaftes aussortieren kann. Die Lagerstätten müssen, sooft es die Temperaturen erlauben, gelüftet werden.

Im Obstgarten beginnt nun die Zeit der winterlichen Schnittarbeiten; sie können bis zum Frühjahr durchgeführt werden, sofern die Temperaturen nicht unter − 5°C liegen.

Ziergarten

Vogelnistkästen sind abzunehmen und zu säubern, katzensichere Futterstellen für eine Winterfütterung einzurichten.

Wenn im Gartenteich nicht ohnedies Halmbüschel oder sonstige Pflanzenteile aus dem Wasser ragen, muß man ein Stroh- oder Reisigbündel hineinstellen, damit die Sauerstoffzufuhr bei geschlossener Eisdecke gewährleistet ist und Faulgase entweichen können.

Gartengeräte sind zu säubern, eventuell einzufetten und frostfrei aufzubewahren, Wasserleitungen und -behälter zu entleeren.

Register

Halbfette Seitenzahlen verweisen auf eine ausführliche Erläuterung des Begriffs, kursive Seitenzahlen verweisen auf Abbildungen.

Register

Zum Thema Garten sind im FALKEN Verlag zahlreiche Bücher erschienen.
Hier eine kleine Auswahl:
„Garten heute " (4283); „Garten ohne Gift" (4425);
„Blütenpracht auf Balkon und Terrasse" (928); „Wasser im Garten" (4230);
„Gesunde Zierpflanzen im Garten" (4429)

ISBN 3 8068 4453 4

© 1990/1991 by Falken-Verlag GmbH, 6272 Niedernhausen/Ts.
Die Verwertung der Texte und Bilder, auch auszugsweise, ist
ohne Zustimmung des Verlags urheberrechtswidrig und strafbar.
Dies gilt auch für Vervielfältigungen, Übersetzungen, Mikro-
verfilmung und für die Verarbeitung mit elektronischen Systemen.
Titelzeichnung und grafische Gestaltung: C V & L, Wiesbaden
Zeichnungen: C V & L / Kurt Dittrich / Mitarbeit: B. Keller, H. Helle
Die Ratschläge in diesem Buch sind von dem Autor und vom Verlag
sorgfältig erwogen und geprüft, dennoch kann eine Garantie
nicht übernommen werden. Eine Haftung des Autors bzw. des
Verlags und seiner Beauftragten für Personen-, Sach- und
Vermögensschäden ist ausgeschlossen.
Satz: Grunewald Satz & Repro GmbH, Kassel
Druck: Ernst Uhl, Radolfzell

817 2635 4453 62